ROBERTO DIÓGENES
DITADO POR **SULAMITA**

ÓRFÃOS DO AMOR

LÚMEN
EDITORIAL

Órfãos do Amor
Roberto Diógenes
Copyright © 2017 by
Lúmen Editorial Ltda.

2ª edição – Abril de 2018
2-4-18-3.000-8.000

Direção editorial: *Ronaldo A. Sperdutti*
Revisão: *Alessandra Miranda de Sá*
Copidesque: *Roberto de Carvalho*
Projeto gráfico e arte da capa: *Juliana Mollinari*
Diagramação: *Juliana Mollinari*
Assistente editorial: *Ana Maria Rael Gambarini*
Imagem da capa: *Shutterstock*
Impressão e acabamento: *Lis Gráfica e Editora LTDA*

Dados Internacionais de Catalogação na Publicação (CIP)
(Câmara Brasileira do Livro, SP, Brasil)

Sulamita (Espírito).
  Órfãos do Amor / ditado por Sulamita; [psicografado por] Roberto Diógenes. – 1. ed. – São Paulo : Lúmen Editorial, 2017.

  ISBN 978-85-7813-183-8

  1. Espiritismo 2. Romance espírita I. Título.

17-09428   CDD-133.93

Índice para catálogo sistemático:
1. Romances espíritas : Espiritismo   133.93

Rua dos Ingleses, 150 – Morro dos Ingleses
CEP 01329-000 – São Paulo – SP
Fone: (0xx11) 3207-1353
visite nosso site: www.lumeneditorial.com.br
fale com a Lúmen: atendimento@lumeneditorial.com.br
departamento de vendas: comercial@lumeneditorial.com.br
contato editorial: editorial@lumeneditorial.com.br
siga-nos no twitter: @lumeneditorial

2017
Proibida a reprodução total ou parcial desta
obra sem prévia autorização da editora

Impresso no Brasil – *Printed in Brazil*

O amor foi o sentimento base da Doutrina do Mestre Jesus. Ele nos legou esse sentimento por saber que somos carentes e para nos mostrar que é amando que conseguiremos atingir nossas metas e daremos um passo na escala espiritual.

Devemos compreender o amor em sua totalidade e fazer desse sentimento o objetivo das nossas conquistas, pois, no dia em que conseguirmos amar sem esperar nada em troca, compreenderemos a verdadeira lição deixada pelo Ilustre Mestre.

Demétrius/Roberto Diógenes

SUMÁRIO

Capítulo 1 – Derek 9

Capítulo 2 – Padrinhos de fim de semana 26

Capítulo 3 – Fabrício 35

Capítulo 4 – Na residência de Marcello......................43

Capítulo 5 – Garoto inteligente 51

Capítulo 6 – Afilhados e órfãos do amor 65

Capítulo 7 – Aprovações..83

Capítulo 8 – Filhos adotivos.......................................92

Capítulo 9 – Apelo ao coração 105

Capítulo 10 – O testamento e a polícia 118

Capítulo 11 – A vida sabe o que faz..........................130

Capítulo 12 – Allan Kardec e rompimento.................141

Capítulo 13 – Colégio 155

Capítulo 14 – Visita e redação 172

Capítulo 15 – Adolescência 191

Capítulo 16 – Giovanna 209

Capítulo 17 – Superdotados......................................221

Capítulo 18 – Sintomas...235

Capítulo 19 – A palestra..243

Capítulo 20 – A doença 252

Capítulo 21 – Namoro..264

Capítulo 22 – Casa de praia 274

Capítulo 23 – Acidente...284

Capítulo 24 – Inocência e mensagem...................................299

Capítulo 25 – Apresentação musical.....................................312

Capítulo 26 – Doador...324

Capítulo 27 – O transplante 331

Capítulo 28 – Eldric...341

Capítulo 29 – Tobias..354

Capítulo 30 – A revelação..370

Capítulo 31 – Campo de Concentração.................................385

Capítulo 32 – Bom tio 401

Capítulo 33 – Nova vida...415

Capítulo 1

DEREK

Sentado no banco traseiro do carro, assim que o automóvel passou na frente de sua residência e não estacionou, Derek cutucou o ombro da moça que estava no banco do carona e disse:

– Moça, a nossa casa ficou para trás. Por favor, peça para o motorista fazer uma conversão e estacionar em frente ao número 384. Eu e meus irmãos continuaremos morando lá. Vou cuidar deles.

– Vocês não têm casa. O imóvel onde residiam com os seus pais era alugado, e a chave foi entregue ao proprietário – ela respondeu sem olhar para trás. – Mesmo que o imóvel pertencesse a seus pais, vocês não poderiam viver nele. Você é muito novo para cuidar de seus irmãos. Afinal, são trigêmeos de seis anos; nessa idade, uma criança não consegue cuidar de outras duas.

– Minha mãe dizia que eu sou inteligente e trabalhador – retrucou o menino. – Eu já sei ler e escrever, fazer contas, tomar banho, organizar a cama, limpar a casa, esquentar a comida, lavar, secar a louça e guardá-la no armário... Posso ensinar o que já aprendi aos meus irmãos.

– E quem comprará os alimentos? A água que usariam para tomar banho não chegará de graça até seu lar. É necessário pagar pelo consumo dela. E, por mais que você seja inteligente e trabalhador, ainda não tem idade para trabalhar e receber salário. Quem decidiu o destino de vocês foi o juiz Nicholas Kawot, enviando-os para um orfanato. É para lá que estamos indo.

A mulher retirou o cinto de segurança e, virando-se, encarou o menino.

– Derek, agora feche sua matraca! Há três dias tem me irritado com sua tagarelice e essa mania de querer se comportar como adulto. Imite os seus irmãos, que estão em silêncio e quietinhos sentados no banco. – Virou-se e recolocou o cinto.

– Bá tchê, Michelle! Que mau humor! Tu não precisavas falar dessa forma com o guri – repreendeu o motorista. – Essas crianças acabaram de perder os pais, e o Derek só está querendo cuidar dos irmãos.

– Nunca pedi a sua opinião sobre como devo falar e lidar com os órfãos, nem lhe dei liberdade para repreender a forma como exerço minha profissão – disse Michelle. – Coloque-se em seu lugar e reconheça que sou superior a você, que fiz curso superior e sou assistente social da Vara da Infância e da Juventude, estando habilitada para lidar com órfãos, crianças e adolescentes indesejáveis. Agora pare de se meter em assunto que não lhe diz respeito e se concentre em sua função.

"Insuportável!", pensou o motorista, olhando pelo retrovisor. Ao avistar Derek com os braços estendidos abraçando os irmãos, achou linda a atitude do garoto. Depois voltou a se concentrar no trânsito das ruas de Porto Alegre, seguindo em direção ao bairro onde estava localizado o orfanato dirigido por freiras.

Transcorridos vinte minutos, estacionou o veículo na frente do portão de um prédio azul cercado por um muro alto onde estava escrito: "Orfanato Menino Jesus". Desceu do carro e tocou a campainha.

Passados dois minutos, uma freira abriu o portão. O motorista se identificou e foi autorizado a entrar. Estacionou no interior do orfanato e abriu a porta do carona. A assistente social, uma loira

10 | Órfãos do amor

de 26 anos, olhos azuis, alta e esbelta, deixou o veículo segurando uma pasta.

O motorista abriu a porta traseira do carro e ajudou os trigêmeos a deixarem o automóvel. A freira se aproximou e os cumprimentou:

– Boa tarde! Sou a irmã Goreth. Posso ajudá-los?

– Leve-nos à madre Felícia! – ordenou Michelle. – Quero falar com ela.

– Qual é o seu nome?

– Michelle Rodrigues Kawot. Sou assistente social da Vara da Infância e da Juventude.

– Por favor, sigam-me! – pediu a freira, que tinha 29 anos. Ela usava um hábito creme e uma corrente no pescoço com um pingente do Menino Jesus.

Michelle ordenou aos trigêmeos:

– Sigam-me em silêncio!

– Queremos voltar para a nossa casa – disse Derek.

– Vocês não têm casa! O novo lar dos três será este orfanato. Venham atrás de mim, ou os arrastarei até a sala da madre. – Michelle virou-se e seguiu a freira.

Derek segurou a mão dos irmãos e começaram a caminhar atrás da assistente social.

Bem próximo a eles, porém habitando o plano espiritual, o espírito Georg, de 27 anos, cabelos e olhos pretos, acompanhava tudo com grande interesse. O motorista, carregando duas sacolas e uma mala, seguia o cortejo. Entraram no prédio, e a freira os conduziu à sala da madre, onde foram atendidos por um jovem de 25 anos, alto, moreno-claro, cabelos castanhos e olhos verdes, que usava um jaleco branco.

– Boa tarde, irmã Goreth – ele cumprimentou a freira. – Eu e madre Felícia estamos conversando, mas a irmã pode entrar e mencionar o que deseja. Se o assunto for particular, eu me retiro.

– Boa tarde, doutor Marcello! Não sou eu quem deseja falar com a madre, é outra pessoa – disse irmã Goreth, que havia deixado os demais esperando no corredor.

Entrou na sala e se aproximou de uma religiosa de cinquenta anos, olhos pretos, de baixa estatura, que estava sentada atrás de uma mesa.

– Madre, uma assistente social da Vara da Infância e da Juventude, chamada Michelle Rodrigues Kawot, deseja falar com a senhora. Irá recebê-la ou peço para aguardar?

– Não aguardarei – disse Michelle, invadindo a sala e interrompendo a freira. – Sou uma mulher ocupada e não posso ficar a tarde inteira à disposição de freiras desocupadas que perdem o tempo em conversas inúteis com pessoas inúteis iguais a elas.

Marcello fixou o olhar em Michelle, estranhando sua falta de educação. A madre, que já era ciente da indelicadeza da assistente social, indagou em que lhe poderia ser útil.

– O juiz Nicholas Kawot enviou trigêmeos de seis anos, órfãos e pobres, para viver neste orfanato. Seus pais foram assassinados e enterrados há três dias – disse Michelle, abrindo a pasta, de onde tirou um papel, colocando-o sobre a mesa.

– Assine o documento. Nele está escrito que entreguei aos seus cuidados os trigêmeos Matielin, documentação dos três, Certidões de Óbito dos pais, roupas e calçados deles.

Madre Felícia leu o documento. Carimbou-o e o devolveu, dizendo:

– Por favor, peça aos trigêmeos que entrem em minha sala. Eu e o doutor Marcello, pediatra voluntário do orfanato, queremos conhecê-los.

Michelle colocou o documento na bolsa, foi até o corredor e ordenou aos garotos:

– Entrem na sala! Madre Felícia quer conhecê-los.

– Não vamos entrar. Orfanato é para crianças que não têm lar, e nós temos uma casa. Queremos viver nela – disse Derek.

O pediatra, ao escutar o que Derek disse, saiu à porta da sala. A madre e a freira o acompanharam.

– Seus pais eram pobres e nunca conseguiram comprar um imóvel – respondeu Michelle. – A casa onde viviam era alugada e nela não poderão viver, porque são crianças e não têm dinheiro para pagar o aluguel. Não sei para que serve se fingir de inteligente e se comportar como adulto, se é incapaz de compreender algo tão simples. Orfanato é um lar que acolhe órfãos pobres e crianças chatas e insuportáveis, iguais a você, que deveria ser grato por estar aqui. – Agarrou o braço esquerdo de Derek e começou a apertá-lo e a arrastá-lo em direção à porta da sala.

– Largue-me! Tu estás me machucando! – gritou o menino com lágrimas nos olhos, tentando se libertar.

O médico, que até então assistia em silêncio, puxou Michelle pelo ombro e ficou na frente dos trigêmeos.

– Bá tchê! Tu és louca! Não se lida com uma criança como estás lidando. Que espécie de assistente social tu és? – perguntou com voz áspera. – Afaste-se! Eu conversarei com os três.

– Afaste-se você! – gritou Michelle. – Não pedi sua ajuda, porque a assistente social habilitada para lidar com órfãos pobres, chatos e insuportáveis sou eu, e não você, que faz trabalho voluntário para que alguém possa enxergá-lo como pediatra. Preocupe-se com seu voluntariado. Eu sei exercer a minha profissão.

– Se fosse eficiente em sua profissão não seria uma assistente social grossa e mal-educada, nem machucaria uma criança – disse Marcello. – Você pode ter um diploma em Serviço Social, mas se esqueceu de colocar em prática o que aprendeu nas teorias durante o curso. Aliás, um curso que jamais deveria ter feito, porque não é apta a exercer uma profissão em que se lide com crianças. Eu vou conversar com os guris e não quero que se intrometa em nossa conversa. – Deu as costas para ela e, retirando um lenço branco e limpo de um dos bolsos do jaleco, inclinou-se e o ofereceu a Derek. – Por favor, use-o. Se seus lindos olhos continuarem cheios de lágrimas, deixarão de se parecer com os de seus irmãos, que estão secos.

– Com ou sem lágrimas nos olhos, eles se parecerão com os dos meus irmãos, porque somos trigêmeos univitelinos – disse Derek, pegando o lenço e levando-o aos olhos.

Marcello admirou-se da inteligência daquele menino de apenas seis anos.

– Trigêmeos univitelinos! – exclamou o pediatra. – Os três são moreno-claros, têm cabelos castanho-claros, olhos verdes, e fisicamente são idênticos, o que prova serem trigêmeos univitelinos. E você está correto sobre o fato de as lágrimas não impedirem seus olhos de se parecerem com os dos seus irmãos. – Cravou seu olhar no de Derek. – Prazer em conhecê-lo! Sou o doutor Marcello Tilewes, o pediatra que cuida da saúde das crianças e dos adolescentes que moram neste orfanato. Aqui é um lar acolhedor e com muitas coisas interessantes e legais para se fazer. Sou amigo das crianças que aqui vivem e ficarei feliz se, no futuro, me tornar seu amigo e de seus irmãos – disse, estendendo a mão direita.

– Derek Matielin! – disse o garoto cumprimentando-o e, ao puxar sua mão, devolveu o lenço. – Obrigado! O senhor é um homem gentil!

"Como ele é educado!", pensou o pediatra.

– Se eu e meus irmãos fôssemos viver no orfanato, muito apreciaríamos a sua amizade, mas a nossa orfandade não nos deixou sem um lar. Nós temos onde viver e...

– Vocês não têm nada! Muito menos um lar onde possam viver – disse Michelle, interrompendo o menino. – A casa onde viviam era alugada...

– Não se intrometa em nossa conversa. Fique em silêncio e não nos interrompa – disse Marcello, que, virando-se para Derek, pediu: – Por favor, continue. Estou prestando atenção no que me diz.

– Eu e os meus irmãos temos um lar. A casa onde moramos desde que nascemos. Eu sou ciente de que o imóvel era alugado – disse o menino. – Sei que sou uma criança e não tenho idade para trabalhar. Então, vou pedir ao proprietário do imóvel para morarmos gratuitamente na casa até eu completar quinze anos. Nessa idade, poderei conseguir um emprego e aos poucos quitarei os aluguéis atrasados. O dono do imóvel é bonzinho e talvez concorde.

– Se ele loca o imóvel é porque precisa do valor do aluguel e talvez não atenda à sua solicitação – ponderou Marcello.

14 | Órfãos do amor

– Mas como saber a resposta, se eu ainda não conversei com ele? – questionou Derek.

– Bá tchê! Como tu és inteligente! – exclamou o pediatra. – Para que morar no imóvel dele e no futuro ter de pagar os aluguéis atrasados, se poderão morar gratuitamente no orfanato?

O espírito Georg se aproximou de Derek e, colocando a mão direita na cabeça do garoto, começou a sussurrar:

– Não desejo viver no orfanato porque não quero que os trigêmeos Matielin se transformem em órfãos do amor – respondeu Derek, repetindo o que o espírito lhe sussurrara.

– Órfãos do amor? – perguntou Marcello.

– Órfãos do amor são crianças que, com a morte dos pais, não mais receberão carinho, atenção e amor, deixando de contar com quem faria tudo por elas e se empenharia em vê-las felizes. Após o falecimento dos nossos pais, eu, David e Daniel seremos os novos órfãos do amor se vivermos neste orfanato. As freiras e o senhor não se tornarão nova mãe e novo pai para nós, pois aqui vivem outros órfãos, e elas e o senhor não serão capazes de igualmente amarem todas as crianças e adolescentes, concedendo-lhes carinho e atenção. Nós três, não recebendo o amor de que necessitamos, ficaremos semanas, meses e anos cultivando a esperança de ser adotados. A adoção poderá acontecer ou não, e, enquanto ela não se concretizar, eu e os meus irmãos seremos órfãos do amor – explicou Derek, sem suspeitar que repetia na íntegra o que o espírito sussurrava.

Encostado à parede, Georg pensou não ser adequado recorrer à mediunidade de uma criança para transmitir algo aos encarnados, mas, estando a serviço de Deus para auxiliar Derek e seus irmãos, recorria ao que estivesse ao seu alcance, desde que não prejudicasse o menino[1].

O pediatra se emocionou com a explicação que o garoto atribuiu aos órfãos do amor. Madre Felícia nunca havia ouvido uma explicação tão verdadeira sobre os órfãos. O motorista também

---

[1] Quando a faculdade mediúnica se manifesta de forma espontânea numa criança, é que pertence à sua própria natureza e que a sua constituição é adequada (*O Livro dos Médiuns* – Capítulo XVIII – Questão 7). (Nota da autora espiritual.)

ficou comovido. Irmã Goreth e Michelle, contudo, não se importaram com as palavras de Derek.

– Foi linda sua explicação sobre quem são os órfãos do amor – exclamou Marcello. – Você tem razão em mencionar que as freiras não se tornarão novas mães para os trigêmeos, nem eu um novo pai. Mas eu e madre Felícia faremos o que estiver ao nosso alcance para lhes ofertar atenção e amor fraterno.

– Eu me empenharei em lhes ofertar o que o doutor Marcello mencionou – falou a madre.

– Amor fraterno é o amor que pessoas ofertam aos amigos. Se tivermos de viver no orfanato, acolheremos o amor fraterno que nos ofertarão porque é melhor receber esse amor do que não receber nenhum – mencionou Derek.

O pediatra e a madre se entreolharam e voltaram a olhar para o garoto. Aquele menino era muito inteligente para a sua idade. Seria um superdotado?, indagou-se Marcello.

– Derek, durante a sua explicação sobre os órfãos do amor, você disse o nome dos seus irmãos. Qual deles é o David, e quem é o Daniel? – perguntou o médico.

– Sou o David – apresentou-se o que estava à direita de Derek. – Ele é o Daniel. Ele não é mudo, mas não gosta de falar.

– Ele é tímido – disse Derek.

– Eu e o Daniel não somos inteligentes como o Derek. Ele é mais esperto e já cuidava de nós dois, antes que mamãe Eunice e papai Wesley morressem – falou David.

– Não entendo por que nossos pais morreram, se eram jovens – observou Derek.

– Quando jovens pais morrem é porque Deus chamou a alma deles para viver no Céu, ao lado Dele. Foi o que aconteceu a eles – respondeu a madre com ternura.

– Se existem muitos jovens pais no mundo, por que Deus não escolheu a alma de outros para viver ao lado Dele? Deveria ter poupado a vida dos nossos pais, deixando-os conosco – disse Derek.

– Seus pais morreram porque não prestavam. Eram usuários de drogas caloteiros que deviam dinheiro aos traficantes e foram mortos por eles – falou Michelle. – Deus não quer almas de drogados no Céu, e as de seus pais estão no Inferno, sendo torturadas pelo Demônio porque...

– Cale-se! – ordenou Marcello. – Tu és completamente despreparada para lidar com crianças e já está na hora de retornar para onde trabalhas, porque já entregou os garotos aos cuidados de madre Felícia. Eu sou um dos voluntários e não mais permitirei que voltes a dizer absurdos para os trigêmeos. – Cravou o olhar no dela. – Os poucos minutos em que tive o desprazer de ficar próximo de ti foram suficientes para comprovar que não tens amor à profissão. Ainda hoje irei à Vara da Infância e da Juventude e apresentarei ao juiz uma reclamação sobre o teu comportamento. – Deu as costas para ela.

"Finalmente, a insuportável ouviu o que há muito andava merecendo", pensou o motorista sorrindo discretamente.

"Com quem esse pediatrinha pensa que está lidando?", indagou-se a assistente social.

– Senhorita Michelle, está enganada sobre nossos pais serem usuários de drogas. Eles nunca foram viciados em drogas lícitas ou ilícitas – disse Derek. – Foram assassinados quando traficantes que estavam fugindo da polícia invadiram nossa casa e atiraram neles assim que...

– A polícia disse que seus pais foram assassinados porque eram usuários de drogas caloteiros, e é na polícia que eu acredito. Morreram porque não prestavam, e a alma deles está no Inferno – disse Michelle, fixando o olhar em Marcello. A seguir, desviando os olhos para o motorista, disse: – Deixe as sacolas e a mala no chão, e vamos embora. Não vou perder meu valoroso tempo neste orfanato – e saiu caminhando para o estacionamento.

O motorista obedeceu e, despedindo-se dos trigêmeos, seguiu-a.

– Derek, David e Daniel, por favor, entrem na sala da madre – pediu Marcello. – Vou lhes dizer o que penso sobre a morte de seus jovens pais. Depois madre Felícia conversará com vocês.

– Mas, antes, o senhor promete que nos levará para conversar com o proprietário do imóvel onde morávamos? – perguntou Derek. – Eu sei o endereço.

O médico olhou para a madre. Esta fez um gesto afirmativo com a cabeça.

– Atenderei ao seu pedido – disse Marcello.

– Daniel, eu o conduzirei até a sala da madre – falou Derek. – David, siga-nos e se comporte.

Derek caminhou segurando uma das mãos de Daniel. David seguiu atrás deles. Marcello, irmã Goreth e a madre entraram na sala levando a mala e as sacolas. Após se sentarem, Marcello olhou para os trigêmeos e disse:

– Deus é o criador de tudo o que existe na Terra e no mundo espiritual. As plantas, os insetos, os animais e os espíritos foram criados por Ele. Os espíritos, antes de deixar o mundo espiritual para viver na Terra, em corpos carnais, são informados de que nela permanecerão por alguns anos. Ao reencarnar em nosso planeta, eles se esquecem de quem eram e da cidade espiritual onde viviam ao lado de outros espíritos. Mas Deus, que tudo sabe e de nada se esquece, convoca os espíritos para retornarem ao mundo espiritual assim que termina o tempo que devem permanecer na Terra. Uns regressam quando são bem velhinhos; outros quando são jovens, adolescentes ou até mesmo crianças. Quando esse dia chega e Deus convoca os espíritos para a pátria espiritual, eles precisam...

– ... livrar-se dos corpos por meio da morte, como aconteceu com nossos pais, cujo tempo na Terra era curto. Já entendi o que o senhor quer nos explicar – disse Derek, interrompendo-o. – Deus, por ser um Pai muito "bonzinho", deveria ter se importado com o fato de eu e meus irmãos nos transformarmos em novos órfãos do amor.

– Deus, sendo um Pai muito bondoso e justo para com todos os seus filhos, agiu com justiça ao convocar seus pais no tempo estipulado para retornarem ao plano espiritual – falou Marcello. – Sendo um Pai muito amoroso, enviou vocês a um novo lar onde espíritos que continuam em corpos carnais, como madre Felícia, as freiras e eu, se empenharão em zelar pela segurança e bem-estar de vocês, ofertando-lhes atenção e amor fraterno.

Irmã Goreth olhou para a madre, estranhando o fato de ela não recriminar o pediatra por ter usado a filosofia de outra religião para dizer aos trigêmeos o que pensava sobre a morte dos pais deles.

Madre Felícia disse aos garotos ser a diretora do orfanato e lhes informou quais eram os direitos e deveres dos órfãos ali acolhidos bem como as regras que deveriam cumprir enquanto vivessem no orfanato.

– Cumpram as regras e os deveres, e seus direitos de órfãos serão respeitados – falou a madre. – Irei me empenhar para, no futuro, serem adotados por casais que lhes ofertem amor paterno e materno, o que os ajudará a não se sentirem órfãos do amor.

– Se vivermos no orfanato, a madre deverá se empenhar para sermos adotados pelo mesmo casal, pois não permitirei que ninguém me afaste de meus irmãos – disse Derek, ficando em pé e abrindo os braços na frente dos irmãos, para mostrar sua determinação em protegê-los.

A madre gostou da fala e da atitude do menino, pensando que, se naquela idade já se preocupava com a segurança dos irmãos, futuramente seria um grande protetor deles.

"Será difícil os três serem adotados pelo mesmo casal, porque a maioria dos casais inscrita na lista de adoção só quer adotar bebês. Raros são os que se interessam pela adoção tardia e, geralmente, não querem adotar mais de um filho", pensou o pediatra.

– Doutor Marcello, já escutamos o que a madre e o senhor queriam nos dizer – falou Derek. – Por favor, cumpra sua promessa.

– Madre, a senhora não deve permitir que um voluntário conduza três órfãos a um local desconhecido sem uma das freiras a acompanhá-los – proferiu irmã Goreth. – Alguns lobos costumam usar pele de cordeiro. – Fixou o olhar na madre, esperando que ela houvesse entendido o sentido de suas palavras.

– Doutor Marcello Tilewes é um bom rapaz, e só tem feito bem aos nossos órfãos – respondeu a madre. – Eu confio nele e dou minha permissão para conduzir os meninos.

– Irmã Goreth, será um prazer levá-la conosco até o lar que acolheu os trigêmeos. Em nossa companhia, descobrirá que fora do orfanato continuo com a mesma pele de doutor Marcello Tilewes – disse o médico, sem se alterar.

– Madre Felícia confia no senhor e não há necessidade de acompanhá-los – disse a freira secamente.

Marcello pegou a mala e as sacolas dos trigêmeos, e os quatro deixaram a sala. O espírito Georg os acompanhou. Madre Felícia fixou o olhar na irmã Goreth, dizendo-lhe:

– Há três anos, o doutor Marcello é voluntário no orfanato, e há dois meses a irmã veio residir nele. Nesse tempo, já deve ter observado o pediatra exercer o voluntariado com responsabilidade e tratar bem a todos os órfãos, que o estimam. Foi indelicado de sua parte dizer que ele pode fazer mal aos garotos. Ele se esforça para colocar em prática o ensinamento de que "Fora da caridade não há salvação". Tanto aqui quanto em outros locais em que o acompanhei, sempre o vi portar-se de forma caridosa e digna para com as pessoas. E, sendo ele um bom cristão, não me incomodo com que responda às perguntas dos órfãos respaldado em sua religião. Foi por isso que não me incomodei com o olhar que a irmã me lançou quando ele disse aos Matielin o que pensava sobre seus pais terem morrido jovens, segundo a concepção da Doutrina Espírita.

Fez uma pausa e depois, cravando o olhar no da freira, prosseguiu:

– Não é um erro não nos simpatizarmos com algumas pessoas, mas é um grande erro não aproveitar a oportunidade que Deus nos deu para aprendermos a conviver com quem pensa diferente de nós. Se a irmã não tem simpatia pelo doutor Marcello, evite fazer julgamentos precipitados sobre ele. – Deu-lhe as costas e, sentando-se, pediu: – Por favor, diga à irmã Aureliana que venha à minha sala.

Abriu a pasta e começou a analisar os documentos que tinham sido deixados pela assistente social. Após oito minutos, uma freira morena, aparentando uns quarenta anos, bateu à porta e entrou a seguir. Sentou-se e ouviu o que a madre tinha a lhe dizer sobre a chegada dos trigêmeos ao orfanato.

Marcello bateu à porta, que foi aberta por irmã Aureliana. Ele e os meninos entraram na sala da madre. O pediatra conduzia a mala e as sacolas dos garotos. Invisível a eles, Georg, que continuava acompanhando os trigêmeos, encostou-se a uma parede para observar os acontecimentos.

— Se retornaram ao orfanato, significa que o proprietário do imóvel não atendeu ao pedido que Derek lhe fez – disse a madre. – O Orfanato Menino Jesus os acolherá e se tornará o novo lar dos três.

— Aquele homem tem uma pedra no lugar do coração, que o tornou insensível ao triste destino de três crianças órfãs – proferiu Derek. – Eu implorei que me permitisse, e a meus irmãos, morarmos gratuitamente no imóvel onde nascemos. Disse que pediria esmolas para quitar uma parte do aluguel e conseguir alguns alimentos. Ele atirou na minha cara que lugar de órfãos é embaixo de pontes. Foi doloroso escutar isso. Hoje à noite, antes de dormir, vou agradecer ao Pai Celeste por ter colocado o juiz Nicholas Kawot em nosso caminho e ele ter nos enviado para este orfanato, onde encontraremos um novo lar.

Irmã Aureliana contemplou Derek, admirada pela forma como o menino se expressara.

— O Orfanato Menino Jesus os acolherá de braços abertos. Juntamente com as freiras, eu e o doutor Marcello nos esforçaremos para que cresçam em segurança e sejam felizes aqui, até o dia em que forem adotados e se mudarem para seus novos lares – disse a madre. – Eu e a irmã Aureliana – apontou para a freira – já organizamos o dormitório para acolhê-los. Acompanhem-nos até lá. Se o doutor Marcello desejar, poderá ir conosco.

E seguiram todos em direção ao dormitório masculino, no primeiro andar do prédio. Madre Felícia explicou que ele era dividido em outros dois pequenos dormitórios, que não tinham portas. O primeiro acolhia os garotos de até dez anos. O segundo, os de onze a dezessete anos. Existiam banheiros anexos aos dormitórios. Duas religiosas vigiavam o banho dos órfãos e uma ficava de plantão nos dormitórios, durante a noite, para impedir que os maiores fizessem algo errado aos menores. Outras freiras faziam o mesmo no dormitório feminino.

A madre apontou para uma cama, um beliche e três armários ao lado deles, e disse:

– Os três ocuparão o beliche e a cama, e serão responsáveis por zelar por eles e por tudo o que receberem. Nos armários deverão guardar suas roupas e objetos pessoais, e os calçados embaixo. Eu e irmã Aureliana colocamos a cama próximo do beliche para os três ficarem juntos.

– Sou grato por tudo isso – falou Derek. – Madre Felícia, quando a senhora mencionou as regras do orfanato, deveres e direitos dos órfãos, eu os repetia mentalmente e os memorizei. Respeitarei as regras, cumprirei os deveres e ensinarei meus irmãos a fazerem o mesmo.

E Derek repetiu o que a madre havia dito, mostrando ser uma criança diferente de todas as outras que viviam no orfanato. Compreendia tudo, era muito inteligente, expressava-se com uma linguagem impecável e agradecia a Deus pelas bênçãos colocadas em seu caminho e no dos irmãos.

Madre Felícia percebeu que precisaria ficar de olho nele para descobrir se era uma criança superdotada, pois estava pressentindo que Derek poderia necessitar de uma atenção diferente da que era concedida às outras crianças. Assim pensando, falou:

– Você tem uma boa memória, e o que falou sobre respeitar as regras e cumprir os deveres revela que é um bom garoto e ensinará seus irmãos a serem bondosos. Venham conosco conhecer as dependências do orfanato.

Deixaram o dormitório, e Georg, que continuava ao lado dos trigêmeos, seguiu atrás deles. No segundo andar do prédio, os trigêmeos conheceram a capela onde eram rezadas as missas e avistaram as portas dos quartos individuais das freiras.

– Não iremos ao dormitório das meninas, que é idêntico ao dos meninos – falou irmã Aureliana. – Como Derek já memorizou, garotos não vão ao dormitório feminino e meninas não devem ir ao dormitório masculino.

Foram para o térreo do edifício, e os garotos conheceram a biblioteca, o consultório pediátrico, o refeitório e a escola com turmas dos anos iniciais do Ensino Fundamental, onde os órfãos de até dez anos estudavam. As próprias freiras eram as professoras da escola do orfanato. Os órfãos mais velhos estudavam em escolas públicas da cidade.

Foram ao local de recreação, onde os trigêmeos avistaram garotos jogando bola e meninas sentadas em bancos, brincando ou conversando. Uma menina de sete anos, loira e de olhos azuis, aproximou-se deles e exclamou:

– Bá tchê! Vocês são iguaizinhos! São gêmeos?

– Trigêmeos, pois somos três – respondeu Derek.

– Vão morar no orfanato?

– Irão – disse a madre.

– Os três são bonitinhos e, sendo iguaizinhos, não saberei com qual namorarei. Para descobrir qual é o namorado perfeito, terei que namorar os três – disse a garota.

Marcello e irmã Aureliana sorriram, mas a madre permaneceu séria.

– Giselle, namoro não é permitido no orfanato e você sabe disso – falou a madre. – Mesmo que fosse permitido, você ainda é muito jovem para pensar nessas coisas. Retorne à sua brincadeira!

A garota obedeceu. Madre Felícia então apresentou os trigêmeos aos órfãos que estavam brincando. Depois os apresentou às freiras que viviam no orfanato. Uma sirene soou, e irmã Aureliana disse aos trigêmeos:

– É o sinal que informa o fim da recreação. Agora os órfãos devem se dirigir aos dormitórios para tomar banho. Depois lancharão e irão para a aula de catequese, que é ministrada pela irmã Goreth. Como vocês chegaram hoje, não precisam ir à aula. Após o lanche, devem guardar as roupas nos armários.

– E colocar os calçados embaixo. Não me esqueci de assim proceder – falou Derek.

– Derek, Daniel, David, está na hora de o tio Marcello ir embora. Às dezoito horas, eu começo a trabalhar em um hospital da cidade – disse o pediatra pegando a carteira, de onde tirou um cartão de visitas e o entregou a Derek.

– Tome. Aí constam os números dos meus telefones. Se precisarem de mim quando eu não estiver no orfanato, peçam à madre para me telefonar.

Derek colocou o cartão no bolso da bermuda e pediu ao pediatra que se inclinasse até a altura dele. Marcello assim procedeu. O garoto o abraçou e, beijando-lhe a fronte, agradeceu:

– Obrigado pela atenção que nos ofertou desde que chegamos ao orfanato. O senhor é um homem educado, gentil e bondoso. Em minhas orações, pedirei a Deus que o abençoe com paz e saúde e o ajude a atingir seus objetivos.

Marcello se emocionou. Retribuiu o abraço e abraçou David também. Quando ia abraçar Daniel, este se afastou e, escondendo-se atrás de Derek, cobriu o rosto com as mãos.

– Desculpe! O Daniel não gosta que ninguém toque nele, a não ser eu e o David – disse Derek.

Georg, o mentor espiritual de Derek, ou anjo da guarda, como alguns preferem chamar, saiu volitando em direção à cidade espiritual onde vivia.

Marcello se despediu de todos. Foi ao consultório do orfanato e ali deixou o jaleco branco. Seguiu para o estacionamento, entrou em seu veículo e se dirigiu à Vara da Infância e da Juventude, cujo titular era o juiz Nicholas Kawot. Redigiu uma reclamação sobre a forma como Michelle se comportara no orfanato e entregou pessoalmente ao juiz, verbalizando seu protesto. Retornou ao veículo e seguiu para o bairro Petrópolis, onde residia.

༒ ༒

Às 18h30, assim que entrou em seu quarto, Michelle jogou a bolsa na cama, aproximou-se da penteadeira, pegou o telefone e discou o número da residência do namorado. Combinaram de se encontrar às 21 horas. Ao concluir a ligação, dirigiu-se ao banheiro e disse para si mesma:

– Tomarei um banho demorado e caprichado, que me ajudará a pensar em como me vingar do pediatrinha do orfanato. Ele não deveria ter se queixado de mim ao juiz. No dia da vingança, mostrarei que Michelle Rodrigues Kawot é uma mulher que elimina de seu caminho todos aqueles que a prejudicam. – Entrou no banheiro e iniciou o banho.

Capítulo 2

PADRINHOS DE FIM DE SEMANA

Nas semanas seguintes, chegando ao Orfanato Menino Jesus para o voluntariado em pediatria, Marcello, depois de atender aos órfãos necessitados de seus serviços, dava atenção aos trigêmeos Matielin, brincando com eles e conversando com Derek e David. Ele só não fazia o mesmo com Daniel, que, por ser muito tímido, vivia à sombra dos irmãos e não falava com ninguém.

O rapaz e a madre, após constatarem ter Derek uma inteligência superior à condizente com sua idade, começaram a estudar a superdotação, levando o garoto a psicólogos e outros profissionais, que, por meio de testes psicológicos e outras ferramentas, comprovaram que se tratava de uma criança superdotada.

⁕⁕⁕

Em uma sexta-feira, Marcello chegou ao orfanato, pegou algumas sacolas no banco do carona de seu carro e se dirigiu à sala de madre Felícia. Colocou o material sobre a mesa da religiosa e, sentando-se em uma das cadeiras, falou:

26 | Órfãos do amor

– Estive no laboratório farmacêutico que doa amostras grátis de seus medicamentos ao orfanato. Consegui com o diretor amostras de novas medicações e a garantia de que continuarão sendo doadas. Passei em um supermercado e trouxe leite e biscoitos. Estão no meu carro.

– Agradeço pela caridade para com os órfãos e as religiosas. Que Deus o abençoe e lhe conceda a realização dos seus sonhos! – desejou a madre.

– Agradecimentos não são necessários, madre. Reencarnamos para estender as mãos para quem delas necessita.

– Sou testemunha de que o senhor tem estendido as mãos caridosas àqueles que necessitam delas – disse madre Felícia. – Falando em estender as mãos ao próximo, o senhor não tem interesse em estendê-las aos trigêmeos Matielin, tornando-se padrinho de fim de semana deles? Já tentei encontrar alguém, mas não obtive êxito, porque as pessoas que se inscreveram ao apadrinhamento só querem um afilhado. Como Derek não aceita separar-se dos irmãos, até hoje eles estão sem padrinho de fim de semana.

– Tenho afeição pelos trigêmeos, mas não posso me tornar o padrinho deles porque sou contra o apadrinhamento. Não considero correto as pessoas levarem os afilhados para seus lares nos fins de semana, paparicá-los e, durante a semana, não os visitarem, nem mesmo quando ficam doentes – disse o pediatra.

– É uma pena o senhor não poder lhes ofertar essa caridade, porque, assim como tem afeição pelos três, eles também a possuem pelo senhor – falou a madre. – Se o apadrinhamento fosse possível, o senhor e seus pais descobririam o quanto o lar de vocês se encheria de alegria nos fins de semana. Sobre um lar onde existem crianças, as bênçãos de Deus caem como chuva, pois elas são um presente enviado pelo Pai Celeste à residência. A pureza, as brincadeiras, os risos e as alegrias infantis contagiam a todos, tornando o lar mais feliz e muito abençoado por Deus.

Ela fez uma pausa, depois continuou:

– O senhor já conhece os trigêmeos e é ciente de como cada um deles se comporta. Embora seja contra o apadrinhamento, sugiro que os leve à sua casa em um fim de semana, como experiência – sugeriu madre Felícia, sem suspeitar de que repetia o que Georg sussurrava em seu ouvido, pensando que tais sugestões eram seus próprios pensamentos.

O bondoso espírito Georg há duas horas acompanhava o pediatra.

– A senhora é ciente de que resido com meus pais e que não recebo um bom salário no hospital. Se recebesse, teria condições financeiras para arcar com as despesas dos trigêmeos Matielin quando estivessem comigo – falou Marcello. – Há cinco meses, prestei concurso público na Secretaria de Saúde do Estado e estou aguardando a publicação do resultado para descobrir se fui aprovado. Se a aprovação acontecer, voltaremos a tocar no assunto, está bem?

– Converse com seus pais. Talvez eles sejam favoráveis à ideia de acolherem os trigêmeos mesmo antes de o resultado do concurso ser publicado.

– Conversarei com eles sobre o assunto – disse o rapaz levantando-se. – Levarei os remédios até o consultório e depois irei ao refeitório pedir a uma das freiras que me ajude a levar os leites e biscoitos à cozinha.

– Eu auxiliarei o senhor – falou a madre, erguendo-se e pegando duas sacolas. O pediatra pegou as outras e saíram juntos.

Após terem colocado os medicamentos no consultório, pegaram as sacolas que estavam no porta-malas do carro e as levaram para o refeitório. Ali, Marcello avistou Derek, que colocava duas lixeiras na cozinha e dizia:

– Irmã Aureliana, já coloquei o lixo no local em que será recolhido pelos garis. Deseja que a auxilie em outra atividade?

– Por hoje, não mais precisaremos dos seus préstimos. Agradecemos por ter nos auxiliado com o lixo e a secagem da louça.

– Eu que agradeço a oportunidade de ter sido útil. É uma forma de demonstrar minha gratidão por tudo de bom que as freiras e o orfanato ofertam a mim e aos meus irmãos – falou o menino.

– Derek, se deseja então continuar sendo útil, poderá auxiliar a mim e ao doutor Marcello. Precisamos conduzir algumas sacolas do carro dele até a cozinha – falou madre Felícia.

O garoto virou-se e, cumprimentando o pediatra, disse que iria ajudar. Quando conduziram as sacolas de biscoitos até a cozinha, Derek virou-se para a madre e disse:

– Madre Felícia, o Daniel está com o David, enquanto este se diverte com os outros órfãos. A senhora me permite ir à biblioteca ler o jornal de hoje?

– Permito. E a partir de hoje não precisa solicitar minha permissão para ler o jornal – falou a madre. – Eu e o doutor Marcello também iremos à biblioteca para ler as notícias.

Os três seguiram para a biblioteca. Sentaram-se em torno de uma mesa, madre Felícia distribuiu as páginas do jornal entre eles e iniciaram a leitura.

Passados quatro minutos, Derek se levantou e, dirigindo-se a uma das prateleiras, subiu em um banquinho e pegou um dicionário. Voltou a sentar-se e consultou o significado de uma palavra.

– De qual palavra queria descobrir o significado? – perguntou a madre.

– Esdrúxulo; que significa estranho, esquisito, extravagante e fora do comum – respondeu Derek. – Nunca mais esquecerei seu significado.

– Com quem aprendeu a consultar o significado das palavras? – indagou Marcello.

– Com a minha mãe. Ela era professora e lecionava em uma escola municipal. Dois dias após eu e meus irmãos completarmos quatro anos, eu a vi consultando um dicionário enquanto planejava a aula que ministraria no dia seguinte. Um alfabeto móvel estava próximo ao dicionário. Indaguei o que fazia ao consultar o dicionário e ela explicou a utilidade dele. Olhei para o alfabeto. Ela separou cinco letras dizendo serem as vogais e as outras, consoantes, pronunciando o som das letras. O papai entrou na sala e a chamou para conversarem no quarto. Eu peguei o alfabeto e repeti o nome das letras. Separei as do meu nome e, unindo-as, descobri "Derek" ser formado por três consoantes e uma vogal repetida. Montei o nome dos meus irmãos, dos meus pais e de algumas palavras que via no dicionário. Por

Roberto Diógenes ditado por Sulamita | 29

uma hora fiquei lidando com o alfabeto móvel. Ao aproximar as palavras, me dei conta de que formavam frases e de que a mesma consoante unida com uma vogal sempre tinha o mesmo som.

O menino fez uma pausa para respirar e prosseguiu:

– Peguei um dos livros da mamãe para tentar descobrir quais eram as palavras e frases que estavam escritas nele, e compreendi o que elas diziam. No dia seguinte, repeti o procedimento e, conforme lia novas palavras e frases, eu as escrevia em um caderno que mamãe havia guardado para rascunho. Na noite seguinte, quando papai, que trabalhava em uma concessionária, trouxe o jornal para casa, eu o peguei e comecei a ler as manchetes, pronunciando-as em alta voz. Mamãe e papai escutaram e me perguntaram com quem eu tinha aprendido a ler. Disse-lhes o que tinha feito após mamãe me falar quais eram as vogais e as consoantes. Ela abriu o jornal e me mandou ler onde seu dedo indicava. Eu li, e ela só corrigiu a pronúncia de duas palavras. Fui parabenizado por ter aprendido a ler, e sozinho. Eu disse que também tinha aprendido a escrever e fiz a demonstração, sendo novamente elogiado pelos dois. No dia seguinte, mamãe trouxe uns livros de historinha da escola e comprou um caderno para mim. Comecei a ler os livros e o jornal que papai trazia do serviço. Quando encontrava uma palavra desconhecida, eu abria o dicionário e consultava o significado. E assim continuo procedendo.

O pediatra e a madre, que já tinham comprovado ser ele uma criança superdotada, apenas se entreolharam, e Marcello perguntou:

– Por que todos os dias você lê o jornal?

– Porque, todos os dias, o jornal impresso contém notícias e matérias sobre diferentes assuntos que acontecem no Brasil e no mundo. Segundo minha falecida mãe, ele é o melhor meio de comunicação para se manter informado sobre vários assuntos que tornam as pessoas mais cultas. Como desejo ser uma criança culta, todos os dias leio o jornal impresso e, durante a semana, um livro sobre diferentes temas – explicou Derek.

O pediatra e a madre voltaram a se entreolhar. Os três reto-maram a leitura. Transcorridos quarenta minutos, a sirene do orfanato soou. Derek deixou a cadeira e devolveu o dicionário à prateleira.

– Está na hora de os órfãos que têm padrinhos de fim de semana se reunirem no jardim para aguardá-los. Eu preciso me reunir na sala de TV com os meus irmãos e os outros órfãos que ainda não são apadrinhados. Preciso mantê-los distraídos, para evitar a tristeza de permanecerem no orfanato enquanto os outros saem – falou Derek.

– Quantos órfãos estão sem padrinhos? – inquiriu Marcello ao garoto.

– Nove. Os trigêmeos Matielin, duas irmãs, dois irmãos e um casal de irmãos – respondeu Derek, saindo apressadamente.

Madre Felícia chamou o médico para irem ao jardim. Marcello avistou a maioria dos órfãos sentada nos bancos dos jardins e algumas freiras em pé. Cumprimentou a todos e ficou ao lado da madre. Passados vinte minutos, casais e pessoas solteiras começaram a chegar em seus carros. Cumprimentavam as freiras, os órfãos e a madre. Esta lhes apresentava o doutor Marcello.

Padrinhos e madrinhas abraçavam o afilhado e com ele partiam sorridentes. Marcello olhou para a janela da sala de TV, pensou no que Derek havia dito e teve uma ideia que decidiu colocar em prática.

Quando todos os afilhados partiram, o médico disse algo para a madre. Esta pediu às freiras para segui-los até a sala de TV. Quando entraram, os trigêmeos e os outros órfãos desviaram o olhar da TV e o lançaram sobre eles. Marcello os cumprimentou e disse:

– Neste finalzinho de tarde, o tio Marcello está pensando em alugar um filme de comédia, comprar milho de pipoca e refrigerante, para, juntos nesta sala, darmos boas gargalhadas. Quem concorda?

Todos adoraram a ideia.

– Sexta-feira não é dia para os órfãos assistirem a filmes, muito menos uma comédia, que não lhes ensinará nada útil – falou irmã Goreth. – Devem continuar assistindo à programação da TV.

– Assistir a uma comédia será algo útil, porque fará os órfãos sorrirem. E os sorrisos serão sinceros, cheios de alegrias, e irão contagiar este ambiente – disse madre Felícia. – A irmã também está convidada a assistir à comédia conosco.

– Não gosto de comédias. Enquanto os órfãos, a madre e as outras freiras fazem o que um voluntário determina ser adequado para eles, irei para o meu quarto ler um livro, cuja leitura me ensinará algo útil – falou irmã Goreth, deixando a sala e se dirigindo ao seu quarto.

"Irmã Goreth não simpatiza comigo", pensou o pediatra, "pois, desde que chegou a este orfanato, sempre opina negativamente sobre tudo o que sugiro fazer em benefício dos órfãos". Ele olhou para os nove órfãos e falou:

– Quatro poderão ir comigo em meu carro à locadora, para escolhermos a comédia, e ao supermercado, para comprarmos milho de pipoca e refrigerantes.

– Se os trigêmeos forem com o tio Marcello, só terá lugar no carro para um de nós – disse uma garota de dez anos.

– O David irá com o tio Marcello. Eu e o Daniel ficaremos – falou Derek.

Outros três órfãos manifestaram o desejo de ir com David, seguindo com o médico para o estacionamento. Entraram no carro e partiram.

Georg saiu volitando em direção a outro local da cidade.

❧ ❧

Da janela do quarto, irmã Goreth, ao avistar o carro partir, pensou que, se a madre continuasse aprovando tudo o que o pediatra tencionava fazer para os órfãos, um dia seria ele a dirigir o orfanato. Tal ideia jamais havia passado pela cabeça de Marcello, mas ela desconhecia esse fato. Sentou-se na cama e começou a pensar no que deveria fazer para afastá-lo dali.

Marcello, os nove órfãos, madre Felícia e quatro freiras conversavam na sala de TV, enquanto aguardavam irmã Aureliana e outra religiosa levarem a pipoca. Quando chegaram, carregavam alguns copos, onde foram servidos o refrigerante. A madre colocou o filme no videocassete e, quando começaram a assistir à comédia, conforme as cenas eram transmitidas, risos e gargalhadas eram emitidos enquanto comiam e bebiam alegremente.

Quando o filme terminou, todos começaram a comentar sobre ele e voltaram a rir, lembrando as cenas mais engraçadas. Marcello pegou o filme para devolver no dia seguinte à locadora e, dizendo necessitar ir embora, deu boa-noite aos órfãos e às freiras, dirigindo-se ao estacionamento. Madre Felícia e Derek o acompanharam.

No estacionamento, Derek pediu que o médico se inclinasse e, beijando-lhe a fronte, agradeceu:

– Obrigado por ajudar a espantar a tristeza dos órfãos não apadrinhados. Deus deveria permitir que outros espíritos reencarnassem para serem bondosos, atenciosos, educados e gentis. O senhor, sendo um homem que concede a todos os órfãos sua atenção e amor fraterno, se um dia apadrinhar um ou três órfãos, será um excelente padrinho para eles. Deus abençoe seu regresso à sua residência. Boa noite! – e saiu caminhando em direção à sala de TV para se juntar aos irmãos e aos outros órfãos.

– Ele deve ser um espírito evoluído reencarnado na Terra. Essa é a única explicação que encontro para uma criança de seis anos se comportar desse modo – falou Marcello.

– Se ainda não o for, mas continuar agindo como se comporta, haverá de atingir nesta encarnação a vibração que os espíritas atribuem aos espíritos evoluídos – observou a madre, que já tinha lido e estudado os livros codificados por Allan Kardec e era simpática ao espiritismo.

Roberto Diógenes ditado por Sulamita | 33

O pediatra se despediu. Entrou em seu carro e seguiu pensando no beijo que recebera do menino e no comentário de que poderia ser um excelente padrinho de fim de semana. Lembrou-se também da sugestão que madre Felícia lhe dera.

Ao chegar à residência, decidiu que seria o padrinho de fim de semana dos trigêmeos Matielin. Na primeira oportunidade, tocaria no assunto com os pais e pediria permissão para levar os garotos para casa.

Capítulo 3

FABRÍCIO

Fabrício despertou sem vontade de se ausentar da cama. Empurrou a coberta para um lado e se espreguiçou. Deu uma olhada no rádio-relógio e, vendo que passava das dez horas, levantou-se e se dirigiu ao banheiro.

O rapaz de 27 anos, alta estatura, moreno-claro, cabelos castanhos e olhos verdes, secou-se após o banho e dirigiu-se ao guarda-roupa. Vestiu-se, calçou uma sandália, perfumou-se e desceu a escada que dava acesso à copa. Sentou-se, deu uma rápida olhada no desjejum, tocou em alguns alimentos e gritou:

– Serviçal Anita!

Uma mulher de 37 anos, branca, de estatura mediana, e cabelos e olhos negros, rapidamente apareceu na copa.

– Meus pais não lhe pagam um bom salário para ser uma cozinheira incompetente – disse o rapaz. – Uma cozinheira eficiente é algo que você jamais será, porque há anos trabalha nesta mansão e até hoje não aprendeu como preparar o meu desjejum. Os ovos e o leite estão frios, o café está morno, e as frutas não são as da minha preferência. Jogue tudo no lixo e prepare outro desjejum. Não demore para...

– Se o senhor tivesse acordado mais cedo, teria encontrado o...

– Cale-se, serviçal! – ordenou Fabrício, interrompendo-a. – Nunca lhe dei liberdades para interromper minha fala, muito menos para me dizer a que horas devo acordar. Você não é paga para ficar reparando na vida dos filhos de seus patrões, mas para cozinhar, algo que não sabe fazer direito. Se fosse eu que pagasse o seu salário, já a teria demitido. Volte para a cozinha, que é o seu lugar, e prepare o meu desjejum. Mas, antes, vá buscar o jornal, pois com sua lerdeza sei que vai demorar para trazer o café.

– Se fosse o senhor que pagasse meu salário, eu teria pedido demissão na primeira semana de trabalho, porque jamais ficaria trabalhando para alguém tão mal-educado, chato e insuportável – falou a cozinheira. – Só aturo suas grosserias porque seus pais me pagam muito bem, e eles e seu irmão são pessoas educadas e atenciosas com os funcionários da mansão.

Anita deu as costas a Fabrício e, indo à sala de estar, pegou o jornal e o jogou na frente do rapaz. Depois foi à cozinha e retornou com uma bandeja para recolher os alimentos.

– Serviçal, onde estão os meus pais? Hoje é quinta-feira, e eles não trabalham neste dia.

– Estão no escritório conversando com o seu irmão – disse Anita, dirigindo-se à cozinha para preparar o novo desjejum do rapaz.

Fabrício abriu o jornal sobre a mesa e começou a ler as manchetes. Uma delas o fez consultar uma página, e ler e reler a matéria. Levantou-se e foi para o escritório levando o jornal. Bateu à porta e aguardou. Marcello abriu a porta, e o irmão entrou sem cumprimentá-lo.

Fabrício se aproximou dos pais, que estavam sentados ao redor de uma escrivaninha, e, jogando o jornal sobre ela, indagou:

– Por que a vida só privilegia o Marcello e nunca me concede o que me esforço para alcançar? – Olhou de esguelha para o irmão, que havia se sentado próximo dos pais.

– Bom dia, filho! – saudou Gilson, um homem de cinquenta anos, alto, moreno, de cabelos castanhos e olhos verdes. – Você continua acordando tarde durante a semana, mesmo que eu reprove tal atitude. Um médico que está desempregado deve levantar cedo para procurar emprego em hospitais e clínicas. É isso que você deve fazer.

– O senhor tem ciência de que estou prestando concursos públicos em Porto Alegre e nas cidades circunvizinhas. Já disse que só voltarei a trabalhar quando for aprovado em um dos concursos, porque quero ser funcionário público, igual ao senhor e à mamãe – disse Fabrício. – Continuarei acordando após as dez horas, porque, às tardes, estudo para as provas e uso as noites para me divertir. Por isso, pare de me pedir que acorde cedo e procure emprego em hospitais e clínicas privadas. Eu não farei isso. – Sentou-se e cruzou os braços.

– Por que disse que a vida só privilegia seu irmão? – perguntou Flaviana, a mãe, uma mulher de 48 anos, branca, de estatura mediana, cabelos loiros e olhos verdes.

– Há um ano eu presto concursos, concorrendo a uma das vagas de clínico geral, e em nenhum fui aprovado – disse Fabrício. – Há cinco meses, Marcello prestou o primeiro concurso público para a Secretaria de Saúde do Estado e foi aprovado. Eu também me inscrevi e não fui. A relação dos aprovados foi publicada no jornal. A aprovação dele não é justa, porque há um ano eu me dedico aos estudos, enquanto ele fica enfiado naquele hospital privado ganhando um salário miserável e naquele orfanato, trabalhando de graça para as freiras. Ou seja, ele, que nada estudou, foi o primeiro classificado em uma das vagas de pediatria. Desde que éramos crianças, a vida o privilegia e me prejudica. Isso é injusto, porque não sou uma pessoa má.

– A vida não privilegia nenhuma pessoa em detrimento de outra. Ela só devolve o que delas recebeu nesta existência ou em vidas passadas – falou Gilson. – Se seu irmão foi aprovado no concurso, é porque a vida lhe devolveu, por meio da aprovação, o resultado da dedicação dele aos estudos durante as manhãs e madrugadas, enquanto você dormia ou farreava com sua namorada. A vida também foi bondosa com o Marcello porque ele é uma boa pessoa, educado, gentil e caridoso, e, embora você não seja má pessoa, não é um rapaz bondoso. É mal-educado, grosseiro e não pratica a caridade. Uma pessoa que se comporta como você receberá da vida o que a ela oferta, e a vida está demorando a colocar em seu caminho pessoas grosseiras e insensíveis, para que receba delas o péssimo tratamento que você oferta aos outros. Quando for maltratado, irá refletir sobre a forma errada como vive.

– Gilson, um pai não deve desejar que a vida coloque no caminho do filho pessoas que não farão bem a ele. Foi indelicado ter dito ao Fabrício o que você mencionou – censurou Flaviana.

– Não foi indelicadeza, mas sinceridade – disse Fabrício. – Desde que eu e o Marcello éramos crianças, sempre apreciei o papai ser sincero ao revelar, por palavras e ações, que o filho predileto dele é o Marcello. Por isso, sempre desejou que eu me comportasse igual ao seu preferido, mas tal comportamento jamais acontecerá, porque não sou bajulador. Viverei a vida do jeito que eu considerar ser mais adequado para mim, não para o meu pai.

– Não tenho filho predileto, e o seu irmão nunca me bajulou – disse Gilson. – Sempre me esforcei para ser um bom pai para os dois, porque, amando-os fraternalmente, eu e sua mãe lhes ensinamos a serem honestos, bondosos, trabalhadores, educados e caridosos. Se seu irmão aprendeu esses ensinamentos e os coloca em prática, e você não, pergunte-se por que eu aprecio o comportamento dele e recrimino o seu. Aí encontrará a resposta que o ajudará não a se comportar igual a ele, mas a colocar em prática o que seus pais lhes ensinaram. – Cravou o olhar no filho, que o sustentou mas ficou em silêncio.

Marcello pegou o jornal e, consultando a lista dos aprovados no concurso, falou:

– Fui aprovado como primeiro classificado a uma das três vagas em pediatria, conforme o Fabrício já tinha falado.

O pai e a mãe o parabenizaram pela aprovação. Fabrício se dirigiu à porta e escutou o pai perguntar:

– Não vai parabenizar seu irmão?

Ele se virou e respondeu:

– Não vou parabenizá-lo porque não serei hipócrita em dizer que fiquei feliz com a aprovação dele. O aprovado deveria ter sido eu, não ele.

Marcello se aproximou do irmão.

– Você e o papai muito se parecem em questão de sinceridade. Eu me sinto honrado em ter um pai e um irmão sinceros, que sempre foram verdadeiros comigo ao dizerem o que estão pensando e sentindo a meu respeito. – Olhou-o com seriedade. – Fabrício, você é persistente no que deseja atingir. Se não foi aprovado neste concurso, será no próximo, e eu ficarei feliz por isso. Em minhas preces, pedirei a Deus que o abençoe em seus objetivos.

– Sou ateu e não quero suas orações – falou Fabrício com rispidez. – Continuarei estudando e, no dia em que for aprovado em um concurso, será por méritos próprios, não com o auxílio de preces.

– Nunca entendi por que, tendo reencarnado como filho de espíritas, você decidiu se tornar ateu ao entrar na adolescência – disse Marcello. – Embora não entenda sua decisão, eu a respeito e espero que respeite a minha, de pedir a Deus que o abençoe. – Deu as costas ao irmão e, fixando o olhar nos pais, falou: – A aprovação no concurso me ajudará a receber um bom salário. Assim, poderei ajudar nas despesas para apadrinhar os órfãos trigêmeos e trazê-los para a nossa casa aos fins de semana. Mas peço permissão desde já para trazê-los, antes mesmo de assumir a vaga.

– Permissão concedida – falou Gilson.

– Também concedo a permissão – disse Flaviana. – Crianças alegram um lar, e esses trigêmeos em nossa residência a encherão de alegria.

– De que crianças estão falando? Por que virão para a nossa mansão? – perguntou Fabrício.

– Marcello decidiu ser padrinho de fim de semana de uns trigêmeos órfãos – falou Flaviana. – Era sobre isso que estávamos conversando quando você entrou.

Marcello explicou o que significava ser padrinho de fim de semana, provocando uma reação negativa em Fabrício.

Roberto Diógenes ditado por Sulamita | 39

– Detesto crianças e sou contra a presença dos trigêmeos em nossa mansão – disse ele. – Crianças são insuportáveis; gritam e choram por qualquer motivo. Os gritos e choros me irritam, e não serei obrigado a ficar cruzando com quem não suporto em minha própria casa. Se uma criança já é insuportável, três serão um terror. Se são órfãos, devem ser sujos, piolhentos, mal-educados, pobres esfomeados e ladrões, que entrarão em nossos quartos para roubar alguma coisa.

– Bá tchê! Que absurdo! – Marcello falou indignado. – Por diversas vezes, já lhe disse que crianças não são insuportáveis, mas amáveis; que, com sua pureza e sorrisos, fazem-nos esquecer as preocupações e os problemas, convidando-nos a sorrir e a ver como a vida é bela. Também já lhe disse por diversas vezes que órfãos não são mal-educados, esfomeados nem ladrões, pois os que vivem no Orfanato Menino Jesus recebem uma boa educação, alimentação e são boas pessoas.

– Nós dois temos opiniões diferentes sobre crianças e órfãos. Fique com a sua opinião a respeito deles e eu fico com a minha. Não gosto de crianças e sou contra a presença dos tais trigêmeos em nossa mansão. Se vierem passar os fins de semana conosco, eu os ignorarei – falou o irmão.

– Eles ficarão conosco aos fins de semana, e você não os ignorará. Será educado e gentil com os trigêmeos, pois em nosso lar quero que sejam bem tratados – proferiu Gilson.

– Há pouco, o senhor mencionou que a vida deve colocar em meu caminho pessoas iguais a mim: mal-educadas, grosseiras e insensíveis. Considerando-me dessa forma, espera que eu seja educado e gentil com os tais afilhados de fim de semana do Marcello? – perguntou Fabrício, que, sem esperar a resposta do pai, virou-se para sair.

Ao estender a mão para tocar na maçaneta da porta, ouviram-se algumas batidinhas. O rapaz a abriu, e Anita disse em alta voz:

– Senhor Fabrício, o novo desjejum que o senhor solicitou já foi servido.

– Jogue no lixo, porque perdi o apetite – disse o rapaz.

– Alimentos não devem ser jogados no lixo. Se você os solicitou, deverá consumi-los agora, ou quando o seu apetite retornar – falou o pai. – Anita, providencie para que o desjejum que o Fabrício pediu não seja desperdiçado.

– Por favor, Anita, traga-nos um champanhe e taças – pediu Flaviana. – Marcello foi aprovado no concurso da Secretaria de Saúde do Estado, e vamos comemorar a aprovação com o champanhe.

– Não traga apenas um champanhe, traga dois. Você, a faxineira e o jardineiro estão convidados para comemorar conosco – falou Marcello.

– Parabéns por sua aprovação! – congratulou Anita abraçando o rapaz.

– Champanhe é uma bebida cara, que não deve ser desperdiçada com serviçais. Aliás, empregados não devem se juntar aos patrões em uma comemoração. Devem permanecer em seus postos de trabalho, que é o lugar de gente pobre e sem instrução – proferiu Fabrício.

– Já que tocou na palavra *comemoração*, sugiro que a aprovação de seu irmão no concurso seja comemorada com um jantar, que será na sexta-feira. O Marcello poderá convidar quem desejar. Marcello, concorda com a sugestão? – indagou a mãe.

– Concordo. Convidarei os trigêmeos, a madre Felícia e as freiras. Trarei minha namorada e os pais dela. Anita, você, o jardineiro e a faxineira, com seus familiares, também estão convidados para o jantar.

– Você deveria ter nascido em uma família pobre, não como filho de um casal rico. Se gosta de se misturar a órfãos e serviçais a ponto de convidá-los para um jantar, deveria ter nascido filho dos pais da Anita, ou órfão – mencionou Fabrício. – Se a esse jantar comparecerão órfãos pobres e esfomeados, que se juntarão aos serviçais e seus familiares, mandarei colocar uma fechadura extra em meu quarto para evitar que algo seja roubado dele...

– Basta, Fabrício! – gritou o pai. – Não fale absurdos na frente da Anita, que, junto com os outros funcionários da mansão, proporcionam serviços domésticos essenciais ao conforto de nossa família. Sua mãe sugeriu um jantar em comemoração à aprovação do seu irmão no concurso. O Marcello convida quem ele desejar.

– Onde erramos em sua educação? – perguntou a mãe, fixando o olhar em Fabrício. – Eu e seu pai ensinamos vocês dois a serem educados com todas as pessoas, independentemente da classe social. O Marcello aprendeu, mas você é o oposto do seu irmão. Por que trata os funcionários com tanta arrogância?

– Se eu responder, não gostarão da resposta – disse Fabrício.

– Nesse caso, guarde-a para você e convide sua namorada para o jantar. Será a ocasião ideal para eu e sua mãe a conhecermos, pois já namora a moça há alguns meses e até hoje não nos apresentou – observou Gilson.

– Ela é uma moça riquíssima e pertence à alta sociedade. Por isso, não sei se aceitará o convite quando eu lhe disser que tipo de pessoa participará do jantar, mas darei o seu recado – falou Fabrício, saindo em seguida para seu quarto.

Marcello pediu a Anita que buscasse as garrafas de champanhe e taças, e convidasse os outros empregados para se juntarem a eles. Ela se ausentou para atender à solicitação.

No quarto, Fabrício colocou um tênis, pegou a chave do carro e seguiu para a garagem. Entrou em seu veículo e partiu em direção à mansão onde a namorada residia.

Capítulo 4

NA RESIDÊNCIA DE MARCELLO

Madre Felícia, ao escutar Marcello lhe informar ter sido aprovado no concurso público, abraçou o rapaz e o parabenizou.

– Convido a senhora e as freiras para participarem de um jantar em minha residência, hoje à noite, em homenagem à minha aprovação – disse ele.

– Todas as religiosas não poderão ir, porque algumas precisam ficar cuidando dos órfãos. Informarei as freiras sobre o seu convite e as que desejarem irão comigo.

– A senhora poderia convocar os trigêmeos à sua sala? Quero conversar com eles.

A madre deixou a sala e solicitou a uma freira que chamasse os meninos. Passados oito minutos, eles chegaram. Derek e David cumprimentaram o pediatra. Daniel olhou para ele sem nada dizer. Marcello fixou o olhar neles e disse:

– Vim convidá-los para jantarem hoje em minha residência. É para comemorar a aprovação do tio Marcello em um concurso público. Após o jantar, vocês ficarão comigo, porque serei o padrinho de fim de semana dos três.

David atirou-se nos braços do rapaz, dizendo ter ficado feliz com a notícia.

– Parabéns por sua aprovação! Tenho certeza de que será um excelente pediatra em um hospital público – disse Derek, após abraçá-lo. – Sinto-me honrado em o senhor ser o padrinho de fim de semana dos Matielin.

Daniel olhou para o rapaz e esboçou um sorrisinho, o que fez Marcello entender que ele estava feliz com a notícia. Combinaram o horário que o pediatra compareceria ao orfanato para conduzi-los à sua residência. Ele se despediu e retirou-se.

ᚱᚱᚱ

Às vinte horas, Marcello retornou ao orfanato e ficou sabendo que as irmãs Goreth e Aureliana iriam ao jantar junto com a madre.

Os trigêmeos entraram no carro do padrinho. Marcello deu a partida e seguiu para sua residência, seguido pela madre e pelas duas freiras, que estavam no veículo do convento. Chegaram à Mansão Tilewes no momento em que, volitando, Georg também chegava ao local. Quando estacionaram os veículos e entraram na residência, o espírito os imitou.

Marcello conduziu os garotos e as religiosas à sala de estar, onde estavam os pais, sua namorada e os genitores dela. Gilson e Flaviana se levantaram, e Marcello os apresentou às religiosas. Em seguida, apresentou os trigêmeos.

– É um prazer conhecer os pais do tio Marcello. Os dois devem ser ótimos educadores, pois seu filho é a pessoa mais bondosa, educada, gentil e humana que eu e meus irmãos conhecemos – disse Derek. – Parabéns pela ótima educação que ministraram a ele.

– Obrigada! – agradeceu Flaviana. – É agradável saber que eu e o Gilson fomos bons educadores para o nosso filho.

– Eu e minha esposa ficamos felizes em ter descoberto que você nos considera bons educadores e que, mesmo sendo tão jovem, conseguiu enxergar as qualidades do nosso filho e perceber a boa educação que ele recebeu – falou Gilson. – Você e seus irmãos são bem-vindos em nosso lar!

– Nós agradecemos a boa acolhida – disse Derek.

Uma loira alta, de olhos azuis, 23 anos, ficou em pé e, fixando o olhar nos garotos, exclamou:

– Bá tchê! Trigêmeos univitelinos! Que gracinhas!

– Tio Marcello, quem é essa moça linda? – perguntou David.

– Denise Kassiel. É a minha namorada – respondeu o rapaz.

– Denise, eu sou o David Matielin e estou solteiro. Você não quer romper o namoro com o tio Marcello e me namorar? Se me fizer o pedido de namoro, prometo que aceitarei.

Alguns adultos riram.

– David, o que eu lhe pedi para fazer enquanto estivéssemos na residência do tio Marcello? – perguntou Derek.

– Pediu para eu me comportar, não ser peralta, ficar com a boca fechada e só abri-la para responder a algo que me fosse indagado – respondeu o irmão.

– Coloque isso em prática e evitará ser descortês – alertou Derek, muito sério.

– David, eu e o Marcello estamos felizes com o namoro, por isso não o romperei, mas conheço uma guria da sua idade que, acredito, aceitaria namorá-lo – disse Denise.

– Ele ainda não tem idade para se envolver em namoro. Só deve se interessar pelo assunto quando for adulto – falou Derek. – É uma criança e deve se concentrar nos estudos que, na fase adulta, o ajudarão a ter uma profissão cujo salário permitirá manter as despesas de um namoro.

Os pais de Marcello e os da moça olharam para Derek, admirados com o que tinham escutado.

– Perdoe-me por ter tocado em tal assunto com seu irmão – pediu Denise. – Você deve ser o Derek. O Marcello me disse que é muito inteligente e cuida de modo exemplar dos seus irmãos.

Marcello apresentou os garotos e as religiosas para ela e seus genitores: Alfredo, o pai, 52 anos, alto, loiro, de olhos azuis; Greice, a mãe, 44 anos, estatura mediana, loira, de olhos azuis.

Flaviana convidou todos a se sentarem, e Anita serviu bebidas, sucos e petiscos.

Passados vinte minutos, Fabrício chegou à sala de estar acompanhado pela namorada. O rapaz se aproximou dos genitores e anunciou:

– Mamãe, papai, apresento-lhes Michelle Rodrigues Kawot, minha namorada!

– Encantada em conhecê-los – exclamou Michelle, assim que Gilson e Flaviana a cumprimentaram.

Fabrício virou-se para o irmão e lhe apresentou a namorada.

– Eu já tive o desprazer de conhecê-la – disse Marcello.

– Desprazer? De onde vocês se conhecem? – indagou Fabrício.

– Do Orfanato Menino Jesus – respondeu Michelle. – Seu irmão foi descortês comigo quando conduzi os trigêmeos – apontou os garotos – ao orfanato. Além disso, prejudicou-me ao fazer uma reclamação do meu excelente profissionalismo. Acabei suspensa por sete dias. Se ele considera um desprazer ter me conhecido, desprazer maior eu sinto ao ter descoberto que alguém tão mal-educado seja seu irmão.

– Marcello, minha namorada é excelente em tudo o que faz, inclusive em sua profissão. Você é um rapaz educado, por isso custa-me crer que tenha sido descortês com ela e que tenha reclamado de seu profissionalismo. Qual motivo o levou a fazer a reclamação? – perguntou Fabrício.

– Ele não aprovou o modo como lidei com os trigêmeos, quando os levei ao orfanato. Seu irmão queria que eu os paparicasse – falou Michelle, antes de Marcello se manifestar.

– Você agiu errado em prejudicá-la no trabalho só porque ela pensa de modo diferente. Michelle agiu profissionalmente, sem dar liberdades nem paparicar órfãos pobres, sujos e esfomeados, que são insuportáveis, gritam e choram por qualquer motivo – disse Fabrício, olhando para os garotos.

– Se sua namorada fosse excelente na profissão, minha reclamação sobre seu péssimo profissionalismo teria sido ignorada pelo juiz. Fico feliz em ter escutado ela mencionar que foi suspensa do serviço; pena não ter sido exonerada do cargo, porque é despreparada para lidar com crianças – falou Marcello.

Michelle o fuzilou com o olhar.

Rapidamente, Flaviana se aproximou deles, mencionando que iria apresentar os demais convidados ao filho e sua namorada.

Quando Fabrício foi apresentado a David, sentiu ligeiro mal--estar ao olhar para ele. David e Daniel sentiram o mesmo. Derek exclamou:

– É um prazer conhecer o irmão do tio Marcello! Eu sou o Derek Matielin. – Cravou seu olhar no do rapaz e estendeu a mão direita.

Fabrício olhou demoradamente para o garoto, tendo a sensação de conhecê-lo de algum lugar, mas sem se recordar de onde. Apertou com rapidez a mão que lhe foi estendida e recolheu a sua. Derek olhou para a namorada do rapaz e a cumprimentou:

– Boa noite, senhorita Michelle! É um prazer revê-la! No dia em que nos conduziu ao orfanato, não tive oportunidade de agradecê-la por ter cuidado de mim e dos meus irmãos. Sou grato por tudo de bom que fez por nós.

– Não cuidei de vocês por um ato de caridade, mas porque minha profissão me obrigou a ficar responsável pelos três, o que me custou perder o excelente fim de semana que tinha programado desfrutar na companhia do meu namorado – falou Michelle.

– Embora tenha sido obrigada a ficar cuidando de nós três, continuo sendo grato pela atenção que nos ofertou em um momento tão delicado de nossas vidas – disse Derek.

Gilson virou-se para Fabrício e falou:

– Estávamos aguardando você e sua namorada para fazermos um rápido Culto do Evangelho no Lar[1] antes do jantar, agradecendo a Deus e aos bons espíritos pela bênção da aprovação de seu irmão no concurso público.

– Fabrício, você não tinha me informado que sua família é religiosa. Pensava que seus familiares fossem ateus, como nós dois – disse Michelle.

---

[1] Trata-se de um culto cuja prática semanal é recomendada aos espíritas, no mesmo dia e horário, para estudo contínuo dos ensinamentos do Cristo contidos em *O Evangelho segundo o Espiritismo*. A prática desse culto higieniza o lar por meio dos nossos bons pensamentos e sentimentos elevados, e cria um ambiente propício à atuação dos bons espíritos. (Nota da autora espiritual.)

– Meus pais e o Marcello acreditam nas mentiras e nos dogmas que as religiões disseminam. Eles são espíritas e creem no absurdo de os mortos se comunicarem com os vivos, bem como na vida após a morte e em reencarnação – falou Fabrício.

– Existem pessoas ignorantes que acreditam em muitas bobagens – proferiu Michelle. – Céu, Inferno, vida após a morte e reencarnação não existem. É bobagem perder tempo acreditando em tais tolices.

– Em nossa família não existem pessoas tolas ou ignorantes, todas são cultas – disse Gilson. – Eu não conheço nenhum espírita tolo ou ignorante ou que acredite em bobagens. Conheço espíritas que reconhecem Deus como seu criador e se esforçam para exercer o "Fora da caridade não há salvação", praticando-o de diversas formas, inclusive guardando para si o que pensam sobre os outros e suas religiões. Algo que você deveria começar a praticar.

Michelle se deu conta de ter falado o que não devia e desviou seu olhar dos olhos de Gilson.

– Senhorita Michelle, se fosse ateia como mencionou, não teria dito no Orfanato Menino Jesus que a alma dos meus pais estava no Inferno, sendo torturada pelo Demônio. Se assim se manifestou, é porque crê na existência de Lúcifer, e um verdadeiro ateu não acredita na existência de Deus, nem no Demônio – falou Derek.

– Sou uma ateia convicta, e só disse que a alma de seus pais estava no Inferno, que é o lugar em que eles...

– Basta! – gritou Marcello, interrompendo Michelle. – Em meu lar não quero escutar os absurdos que você disse ao Derek no orfanato. Está proibida de ser indelicada com os Matielin na Mansão Tilewes.

– Ela não é sua namorada para proibi-la de dizer o que pensa. Michelle é uma pessoa sincera, igual a mim. Não nos furtamos de dizer o que pensamos – disse Fabrício. – Exijo que a trate bem.

– Se deseja que sua namorada seja bem tratada, peça a ela que fique de boca fechada antes de dizer algo inconveniente sobre seus familiares e aos convidados do seu irmão – falou Gilson. – Vamos iniciar o culto.

Flaviana virou-se para as religiosas e indagou:

– Madre Felícia, tem algo contra a senhora e as freiras participarem do Culto do Evangelho no Lar?

– Rezar é sempre uma oportunidade de nos aproximar de Deus, e Ele de nós, independentemente de se a prece for feita por um católico ou espírita – disse a madre. – Participaremos do culto.

– Madre Felícia, não devemos participar – manifestou-se irmã Goreth. – Somos membros fiéis da Igreja Católica Apostólica Romana; prova disso é que somos freiras. Não devemos participar de uma prece dos espíritas.

– Irmã Goreth, sermos freiras não nos impede de participar de um culto espírita – disse a madre. – Cristo nos ensinou que, onde dois ou três estiverem reunidos em seu nome, ele se fará presente[2]. Somos mais de dois, e a prece atrairá, em espírito, o Cristo até nós. – Virou-se para Gilson. – Pode iniciar o culto.

Gilson pediu que todos dessem as mãos, fechassem os olhos e pensassem em Deus. Em seguida, fez uma prece pedindo a Deus que os abençoasse, agradecendo pela aprovação do filho no concurso público.

O espírito Georg, que a tudo observava, projetou boas energias entre os presentes.

Quando abriram os olhos, Marcello entregou um exemplar de *O Evangelho segundo o Espiritismo*[3] para Derek, pedindo-lhe que o abrisse aleatoriamente e lesse onde o livro fosse aberto.

O garoto abriu no item 23 do capítulo 5: "Os tormentos voluntários". Leu o texto sem nenhum erro de português e respeitando a pontuação.

– Parabéns pela leitura! – elogiou Gilson. – Diga-nos o que entendeu da mensagem.

– O espírito Fénelon, autor do texto, aponta que algumas pessoas procuram a felicidade em prazeres materiais e em coisas perecíveis; ou seja, naquilo que não é ideal, sem buscar essa felicidade nos prazeres da alma, que os ajudariam a ter paz no

---

[2] Mateus 18,20. (Nota da autora espiritual.)

[3] Uma das obras codificadas por Allan Kardec.

coração. Buscando no que é material e perecível, quem sofre é a pessoa que procurou a sua felicidade em tormentos voluntários. Se a tivesse procurado em um tipo de paz que habita o coração, essa pessoa seria calma e teria uma felicidade duradoura, porque ser calmo em um mundo agitado é uma forma de ser feliz – explicou Derek.

"O inteligente insuportável compreendeu o que leu, algo que não me surpreende, porque no orfanato o maldito sempre entende tudo o que lê e lhe é ensinado", pensou irmã Goreth.

– Excelente explicação – exclamou Alfredo. – Depois do que mencionou, eu, que sou o presidente da Casa Espírita que a família de Gilson e a minha frequentam, nada tenho a acrescentar sobre o item que você leu.

– Alguém gostaria de comentar sobre a mensagem? – indagou Gilson.

Ninguém se manifestou.

– Se ninguém tem nada a mencionar, como não colocamos a água para ser fluidificada, vamos realizar a prece final e nela solicitar que Deus e os espíritos amigos fluidifiquem o nosso jantar – disse Gilson. – Madre Felícia, por favor, faça a prece final.

A madre fechou os olhos e pediu a Deus e aos anjos que abençoassem os presentes, iluminassem o caminho de Marcello quando assumisse o cargo para o qual fora aprovado e abençoassem também os alimentos que seriam consumidos. Começou a rezar a oração do "pai-nosso". Com exceção de Fabrício e Michelle, os outros a acompanharam.

Quando a prece foi concluída, Flaviana ficou em pé e pediu a todos que a acompanhassem ao local onde seria servido o jantar.

Capítulo 5

GAROTO INTELIGENTE

Quando os convidados se sentaram ao redor da mesa, Anita e Edna, faxineira e lavadeira da mansão, colocaram nela os últimos pratos. Quando iam se retirar, escutaram:

– Onde estão seus familiares, o jardineiro e sua família? – perguntou Marcello. – Convidei todos para o jantar.

– Minha família não reside em Porto Alegre – disse Anita. – Edna e o jardineiro decidiram não convidar os familiares. Ela, por trabalhar durante o jantar, o que a impediria de dar atenção aos patrões. O jardineiro me pediu que o informasse de que não poderia comparecer, porque é noite de culto na igreja que frequenta com a família.

– Vocês duas se sentem e jantem conosco então – pediu Marcello. – Rezaram para eu ser aprovado no concurso, e suas preces, junto com todas as outras, aliadas às respostas que apresentei na prova, ajudaram-me a ser aprovado. – Apontou duas cadeiras.

Elas se sentaram e todos começaram a se servir.

– Fabrício, as serviçais não rezaram também para você ser aprovado no concurso público? – indagou Michelle.

– Elas só gostam do Marcello e não rezaram pela minha aprovação, porque eu as trato do modo como os serviçais devem ser tratados – disse Fabrício. – Mas a oração delas não me fez nenhuma falta, porque não acredito no poder da prece. Um dia, serei aprovado em um concurso público e me tornarei médico da Secretaria de Saúde, sem a necessidade de nenhuma oração.

– O senhor é médico igual ao tio Marcello? – perguntou Derek.

– Meu irmão é quem gosta de crianças; por isso, faça perguntas a ele, e não a mim – falou Fabrício. – Sinta-se feliz por eu tê-lo cumprimentado. O cumprimento será a única coisa que receberá de mim. Você e seus irmãos, mantenham-se distantes de mim, porque não quero pegar piolhos de órfãos pobres e esfomeados.

Michelle sorriu. Derek se desculpou:

– Senhor Fabrício, perdoe-me por ter lhe dirigido a palavra. Só o fiz porque, no orfanato, o tio Marcello teceu muitos elogios sobre o irmão. Isso nos fez pensar que o senhor também era educado, portador de um bom coração, cheio de qualidades e virtudes como ele.

Fabrício fixou o olhar no irmão, surpreso em saber que Marcello o elogiara. Derek continuou:

– Como me deixou ciente de não desejar aproximação com os Matielin, manteremos distância, não para impedir que pegue piolhos, pois não os temos, mas por ser o seu desejo – falou Derek. – Pobres nós somos, e eu nunca me envergonhei disso, porque a pobreza nunca me impediu de ser educado, honesto e gentil em minhas palavras. Não somos órfãos esfomeados, porque nunca passamos fome a ponto de nos comportarmos com falta de educação durante uma refeição. Foi indelicado de sua parte nos tratar assim. – Cravou o olhar no do rapaz, e Fabrício, pela primeira vez na vida, sentiu-se envergonhado.

Mas Derek não havia terminado:

– Senhor Fabrício, eu sou um garoto religioso e fiquei triste em ter escutado o senhor dizer que não acredita no poder da prece. Mesmo não acreditando, pedirei a Deus que o abençoe e lhe conceda saúde, paz, alegrias e felicidade. Foi um prazer conhecê-lo! – Desviou então o olhar, concentrando-se na alimentação.

"Esse guri é diferente das outras crianças com quem já tive contato", pensou Fabrício. "É educado, tem um olhar puro e diz coisas que me fazem refletir. Ter dito que rezará por mim me comoveu, porque, fora meus pais e meu irmão, até hoje ele foi a única pessoa que se importou comigo, mesmo eu tendo sido grosseiro."

– Derek, todos da nossa família são médicos – disse Flaviana. – Gilson é cardiologista e eu sou dermatologista. Trabalhamos no Hospital Universitário e somos professores no curso de Medicina de uma universidade pública. O Marcello, você já sabe que é pediatra. Fabrício é clínico geral.

– O senhor Fabrício deve ser o médico mais inteligente da família – proferiu Derek.

– Por que pensa isso? – inquiriu Gilson.

– Sendo cardiologista, o senhor entende das enfermidades do coração. Sua esposa, como dermatologista, entende das doenças que atacam a pele. Tio Marcello, por ser pediatra, é especialista em doenças que acometem as crianças e os adolescentes – explicou Derek. – Como clínico geral, o senhor Fabrício entende das doenças que atacam o corpo, os membros externos e órgãos internos, pois, quando um paciente estiver diante dele e informar sobre os sintomas de sua doença, rapidamente ele tem de saber para qual especialista deve encaminhá-lo. Terá de saber ainda qual medicação deverá ser prescrita para aliviar os sintomas da enfermidade até que o paciente vá ao especialista. Por exemplo: se o paciente falar que, ao ingerir alimentos, o estômago dói, terá de ser encaminhado para o gastroenterologista. Se reclamar de dores no ouvido, garganta ou nariz, será enviado para um otorrinolaringologista etc. Resumindo: enquanto os outros são especialistas em apenas uma área da medicina, o senhor Fabrício precisa entender de todas as áreas. Por isso penso que ele é o mais inteligente.

– Garoto esperto! – exclamou Fabrício. – Nunca tinha pensado sobre isso.

– Derek, estou admirado em saber que você compreende quais são as enfermidades tratadas pelas diferentes especialidades médicas. Você é mesmo muito inteligente – disse Gilson. – Qual é a idade de vocês?

– Em dois meses completaremos sete anos.

– Senhor Gilson, o Derek gosta de estudar sobre diferentes assuntos – disse madre Felícia. – Todos os dias, ele lê o jornal impresso, assiste ao noticiário da televisão e conversa comigo e com as freiras a respeito de temas comuns aos adultos. É uma criança muito educada, atenciosa, gentil e meiga. Os irmãos também são bons garotos.

– É raro um menino de seis anos se comportar desse modo – falou Greice. – Mas, hoje em dia, as crianças são mais espertas, curiosas e inteligentes do que as que reencarnaram décadas atrás. – Fixou o olhar em Derek. – Continue sendo estudioso que, futuramente, os estudos o ajudarão a se dar bem na vida.

– Antes de me dar bem na vida, tenho que ajudar meus irmãos. O que de bom chegar para um, terá de chegar para os outros dois – disse Derek.

– Que bonitinho! – exclamou Denise. – Antes de pensar nele, está preocupado com o futuro dos irmãos.

– Você é médica? – perguntou David.

– Sou repórter. Trabalho em um dos jornais que são transmitidos pela televisão – respondeu a moça.

Continuaram se alimentando e falando sobre diversos assuntos. Quando começaram a falar de religião, Derek olhou para Marcello e perguntou:

– Tio Marcello, o que é o espiritismo? O título do livro que o senhor me entregou para fazer a leitura é *O Evangelho segundo o Espiritismo*. Sendo evangelho, não deveria estar contido na Bíblia, onde estão escritos os evangelhos de Mateus, Lucas, Marcos e João? A irmã Goreth nos ensinou isso, e eu aprendi. Ela é uma religiosa inteligente. Nas aulas de catequese, ensina aos órfãos as passagens da vida de Jesus.

"É a primeira vez que o chatinho me faz um elogio, que por sinal se encaixa à minha pessoa, pois sou mesmo muito inteligente", pensou irmã Goreth.

– Antes de responder à sua pergunta, vou me ausentar e já retorno – falou Marcello, que regressou com um livro e o colocou sobre a mesa. Sentou-se e falou, olhando para o menino:

– A irmã Goreth lhe ensinou corretamente sobre o nome dos quatro evangelhos que estão na Bíblia. Depois de escritos, outras pessoas, baseando-se no conteúdo desses evangelhos, deram suas explicações para as passagens referentes à vida de Cristo. Allan Kardec foi uma dessas pessoas. Em *O Evangelho segundo o Espiritismo*, ele e alguns bons espíritos apontaram suas opiniões sobre os atos praticados pelo Cristo quando ele esteve encarnado na Terra.

Fez uma pausa e, pegando o livro que trouxera, apontou-o e prosseguiu:

– Este livro se chama *O Que É o Espiritismo* e foi escrito por Allan Kardec. – Abriu-o. – Lerei o que o autor escreveu no preâmbulo: "O espiritismo é ao mesmo tempo uma ciência de observação e uma doutrina filosófica. Como ciência prática, ele consiste nas relações que se podem estabelecer com os espíritos; como filosofia, ele compreende todas as consequências morais que decorrem dessas relações. Pode-se defini-lo assim: o espiritismo é uma ciência que trata da natureza, origem e destino dos espíritos, bem como de suas relações com o mundo corporal". – Fechou o livro e o colocou novamente sobre a mesa.

– O espiritismo revela o que somos, de onde viemos, para onde vamos, qual o objetivo da nossa existência e qual a razão da dor e do sofrimento. Tem como grandes pilastras a vida após a morte, a comunicação dos espíritos com os homens e a reencarnação. Em *O Evangelho segundo o Espiritismo*, no item 5 do capítulo 6, o Espírito da Verdade, em uma de suas comunicações, apontou dois ensinamentos para os seguidores do espiritismo: "Espíritas, amai-vos, eis o primeiro ensinamento; instruí-vos, eis o segundo". Nós espíritas, na medida de nossas possibilidades, tentamos colocar em prática os dois ensinamentos e o que nos é recomendado nos cinco livros da Codificação: *O Livro dos Espíritos*, *O Livro dos Médiuns*, *O Evangelho segundo o Espiritismo*, *O Céu e o Inferno* e *A Gênese*.

Roberto Diógenes ditado por Sulamita | 55

– Essa religião parece ser interessante – disse Derek. – Tio Marcello, sua leitura indicou que o espiritismo é uma ciência. Sendo uma ciência, ele já foi testado por outros pesquisadores que comprovaram se o que Allan Kardec codificou realmente é verdadeiro?

– Após Allan Kardec ter apresentado o espiritismo ao mundo, muitos estudiosos, de diferentes países, começaram a pesquisar assuntos sobre as pilastras do espiritismo. Um deles foi o doutor Ian Stevenson, um norte-americano que chefiou a Divisão de Parapsicologia do Departamento de Psiquiatria da Universidade de Virgínia, nos Estados Unidos. O doutor Ian, há mais de quarenta anos, pesquisa temas como experiências de quase morte, aparições espirituais no leito de morte, vida após a morte e, principalmente, casos de reencarnação em crianças que espontaneamente se recordam de episódios de suas vidas passadas. Ele pesquisou mais de dois mil casos de reencarnação e muitas de suas pesquisas o levaram a concluir que essas crianças eram as mesmas pessoas que diziam ter existido em vidas passadas – explicou Marcello.

– Gostei dessa explicação. Vou querer estudar sobre o espiritismo – disse Derek.

– Em nosso orfanato não estudará o espiritismo – falou irmã Goreth. – As pilastras do espiritismo, entre elas a comunicação dos mortos com os vivos, são falsas. A Igreja Católica Apostólica Romana condena esse tipo de comunicação e, se condena, é porque é algo que não existe. Os espíritas mentem quando dizem que falam com os mortos.

– Se os espíritas mentem sobre se comunicar com os mortos, a Igreja Católica dissemina a mesma mentira, pois em uma de suas aulas de catequese a senhora disse que, durante a transfiguração, o Cristo conversou com Moisés e Elias. Se esses dois tinham morrido, e o Cristo conversou com eles, significa que os mortos podem se comunicar com os vivos – mencionou Derek.

– Jesus Cristo era o filho de Deus e tinha poderes especiais, que os homens comuns não possuem. Foi graças a esses poderes que ele conversou com a alma de Moisés e Elias – disse a freira. – Homens comuns não possuem os mesmos poderes de Cristo e, não possuindo, não podem falar com os mortos. Isso é impossível!

– Se é impossível, por que os apóstolos de Jesus, que eram homens comuns, após Cristo ter sido crucificado, avistaram-no e conversaram com ele? Se é impossível, por que uma garota comum chamada Bernadete Soubirous, na França, após séculos que a mãe de Jesus falecera, conversou com ela? – indagou Derek. – A Igreja Católica declarou serem verdadeiras as visões dos apóstolos e da garota francesa, que eram pessoas comuns, mas viram e conversaram com Cristo e Maria, em espírito. Então, se prega como falso o contato dos vivos com os mortos, é uma igreja que não merece crédito, porque prega que algo é falso e ao mesmo tempo afirma sua veracidade.

– Garoto inteligente! – exclamou Alfredo. – Gostei dele.

"Pestinha inteligente! Milhares de adolescentes e adultos não se recordam nem da metade do que os professores lhes ensinam em sala de aula, e esse menino de seis anos se lembra na íntegra de tudo o que eu explico durante as aulas de catequese", pensou irmã Goreth, antes de responder:

– A Igreja Católica não é mentirosa. Tudo o que ela diz é verdade, e o que ela afirma ser falso é porque é mentira. Os apóstolos, embora fossem homens comuns, viveram ao lado de Jesus e se tornaram homens santos, que aprenderam suas virtudes. Isso os ajudou a verem-no depois da crucificação. Cristo não morreu; ele ressuscitou de corpo e alma, e o que os apóstolos viram não foi espírito, mas o próprio Jesus ressuscitado.

– Se fosse verdade o que disse sobre os apóstolos terem se tornado homens santos e aprendido as virtudes de Cristo, só porque viveram ao lado dele, por que a irmã, que vive ao lado de madre Felícia, que é uma religiosa dócil, meiga, educada, atenciosa e bondosa, ainda não aprendeu as virtudes dela? – perguntou Derek, e a irmã Aureliana soltou uma risada alta. – Além disso, irmã Goreth, eu não acredito no absurdo que a senhora diz sobre Cristo ter ressuscitado de corpo e alma, pois a ciência prova que um corpo, quando perece, não tem como voltar à vida. O que os apóstolos avistaram foi o espírito de Cristo, que, mesmo sendo filho de Deus, não tinha os poderes especiais que a senhora comentou. Se os tivesse, ele não teria necessitado de Maria para nascer na Terra. Teria usado seus poderes para se materializar – complementou Derek. – Se ele precisou de Maria para nascer, amamentá-lo, ajudá-lo a aprender a falar e andar, é porque ele foi um homem com um corpo comum. Todos os corpos são da mesma matéria e, quando morrem, o conjunto de tecidos vivos que o mantinha funcionando perde suas funções, e ele deixa de existir. Eu li isso em uma revista científica, e é nisso que eu acredito.

Fez uma pausa para respirar, acrescentando em seguida:

– Penso que, mesmo o Cristo tendo um corpo comum, como foi um homem que praticou apenas bondade e soube amar, perdoar e ser caridoso, seu espírito, assim que ele faleceu, visitou os apóstolos, e estes puderam avistá-lo. Se os apóstolos, que eram homens comuns, avistaram o espírito de Cristo, e se a garota francesa conversou com o espírito da mãe de Jesus, qualquer pessoa comum pode avistar um espírito. Assim, a religião do tio Marcello está correta ao mencionar ser possível o contato dos mortos com os vivos.

Irmã Goreth não soube o que dizer.

– Eu pensei que este jantar seria chato e entediante, mas estou me divertindo ao presenciar o órfão inteligente deixar a freira na saia justa. Usa a razão, e não é um carola fanático – disse Fabrício.

– É uma criança superdotada! – observou madre Felícia.

– Ele só tem seis anos e, nessa idade, a senhora não pode afirmar que é um superdotado – disse Michelle. – Assim que ficou órfão e fui obrigada a cuidar dele e de seus irmãos, descobri que ele é insuportável, passando-se por adulto para chamar a atenção para si. Penso que, por ser inteligente, Derek tem facilidade em decorar o que lê para se fazer passar por alguém culto, mas superdotado ele não é. Se eu fosse uma das freiras do orfanato, não o deixaria ler jornais, revistas científicas, assistir a noticiários, tampouco ler os livros da biblioteca. Se com seis anos a sua inteligência o faz insuportável, quando for adolescente será muito pior.

– Graças a Deus que você não é uma das freiras do orfanato! – falou Marcello. – Não gosta do Derek e vive dizendo coisas impróprias na frente dele. Antes de chamá-lo de insuportável e dizer que ele não é uma criança superdotada, deveria começar a estudar o que os pedagogos, pediatras, psicólogos e outros estudiosos apontam sobre crianças superdotadas. Eu e madre Felícia temos estudado a superdotação. Os grandes estudiosos do assunto dizem que uma criança superdotada pode ser identificada a partir dos três anos de idade. Em diversos países existem testes para avaliar o QI dos superdotados. No Brasil existem alguns desses testes. Derek foi submetido a eles, e sua superdotação foi comprovada.

Fez uma pausa e continuou:

– A pesquisadora Ellen Winner, uma psicóloga norte-americana que se dedicou ao estudo da superdotação, publicou o livro *Crianças Superdotadas*, no qual indica características para se reconhecê-las. Entre elas: o fato de aprenderem a ler sozinhas por volta dos quatro anos, ou antes dessa idade, apresentando uma leitura precoce com bom destaque no raciocínio lógico e abstrato; possuir uma memória prodigiosa; interessar-se por diferentes tipos de problemas filosóficos, morais, políticos e sociais; serem excelentes líderes; possuírem responsabilidades próprias dos adultos. Essas características e outras descritas no livro se encaixam perfeitamente ao Derek. Eu e madre Felícia, além dos outros profissionais que avaliaram Derek, somos testemunhas de que ele é uma criança superdotada. Mozart, um superdotado, começou a tocar piano aos três anos de idade. Com cinco anos já compunha suas peças e, aos seis, apresentou-se ao público em uma universidade. Com sete anos se apresentava nos principais salões da Europa. Se nessas idades era capaz de fazer tais coisas, por que o Derek, com seis anos, não seria uma criança superdotada?

"O pediatrinha e a madre gostam do pestinha inteligente. Estão se dando o trabalho de estudar a superdotação para saberem como ajudá-lo", pensou irmã Goreth.

Marcello ficou em pé e, cravando o olhar em Michelle, acrescentou:

— Este jantar é em comemoração à minha aprovação no concurso público. Todos os que aqui se encontram são meus convidados, menos você, que é convidada dos meus pais. Antes de sua chegada, eu estava me sentindo à vontade, mas, depois que chegou, fiquei com vergonha de tudo o que mencionou. Não aprovo suas falas sobre Derek, que, junto com os irmãos, é meu afilhado de fim de semana. Gosto dos três e sempre os trato com educação, amizade e respeito. Durante este jantar, desejo que todos os tratem da mesma forma. Se não for capaz de lhes ofertar esse tratamento, convido-a a se retirar.

— Que indelicadeza, Marcello! — censurou a mãe. — Você sempre foi gentil e educado com todas as pessoas. Por favor, peça desculpas à namorada de seu irmão e diga-lhe que sua presença é bem-vinda nesta residência.

Marcello ficou em silêncio.

— Fabrício, seu irmão me expulsou de sua casa. Leve-me embora — pediu Michelle, levantando-se da cadeira.

— Esta mansão pertence aos Tilewes. Eu sou um Tilewes e você, sendo minha namorada, ficará aqui. Sente-se e continue com o jantar! — ordenou Fabrício.

— Fui expulsa e aqui não ficarei. Sou uma pessoa da sociedade. Não sou obrigada a escutar desaforos de um pediatrinha que se finge de bonzinho sendo voluntário em uma instituição que abriga órfãos pobres e insuportáveis — falou Michelle. — Irei embora! — Começou a caminhar, quando escutou:

— Falei para você se sentar e continuar com o jantar. Se for embora, o nosso namoro está rompido — disse Fabrício.

Michelle estacou. Apaixonada pelo namorado, o que menos desejava era romper o namoro. Virando-se, falou:

— Seu irmão foi grosseiro ao me expulsar. Só permanecerei aqui se ele se desculpar.

— Marcello, peça desculpas. Você foi grosso com a minha namorada, e eu nunca destratei a sua — falou Fabrício, olhando para Denise.

– Não pedirei desculpas – disse Marcello. – Não expulsei sua namorada de nossa residência, apenas a convidei a deixá-la, caso seja incapaz de ofertar um bom tratamento aos trigêmeos.

Fabrício ficou em pé e, fixando o olhar no irmão, falou:

– Esta é a primeira vez que minha namorada vem em nossa mansão e você a expulsa por causa desses órfãos pobres e insuportáveis. Sua namorada vive frequentando nosso lar, e eu nunca a convidei para ir embora. – Olhou para os trigêmeos. – Eu fui contra você ser padrinho de fim de semana desses garotos, porque não suporto crianças e não quero nenhuma delas frequentando esta mansão, muito menos que tenham liberdades comigo. Se não as suporto e não as quero aqui, convido-as a irem embora e nunca mais retornarem. – Apontou o indicador para Derek. – Você é inteligente e compreendeu o que eu disse.

– Fabrício, não seja indelicado e grosseiro com os afilhados do seu irmão. Não os expulse de nosso lar. Eles são bem-vindos aqui – mencionou Gilson. – Recrimino sua indelicadeza para com os garotos.

– Recrimina minha indelicadeza para com eles, porque não sou seu filho predileto. Por que não recriminou o Marcello, quando ele foi indelicado com minha namorada? Se os órfãos pobres são bem-vindos neste lar, por que minha namorada não é?

Todos olharam para Gilson, que falou:

– Os trigêmeos não disseram que seus familiares são tolos e ignorantes. Não chamaram seu irmão de pediatrinha, menosprezando a profissão dele. Não foram indelicados em suas falas; pelo contrário, Derek foi gentil e educado com todos, inclusive com sua namorada, que também é bem-vinda em nosso lar. Mas ela foi infeliz em suas palavras e na forma como se comportou desde que chegou aqui.

– Já compreendi. Mesmo dizendo que minha namorada é bem-vinda, o senhor ficará ao lado do seu filhinho querido – disse Fabrício, que, cravando o olhar nos garotos, proferiu: – Levarei minha namorada embora e, ao retornar para minha casa, não quero encontrá-los aqui.

– Fabrício, peça desculpas aos trigêmeos por tê-los mandado embora. Se se ausentar sem se desculpar, quero-o de volta em vinte e cinco minutos para conversarmos! – ordenou Gilson.

Sem se desculpar, Fabrício se dirigiu à garagem com a namorada. Entraram no carro dele e partiram.

Flaviana contemplou Marcello e disse:

– Você deveria ter pedido desculpas à moça. Sua falta de educação fará seu pai e seu irmão se desentenderem. Estou decepcionada com você! – Virou-se para os convidados e pediu:

– Desculpem o ocorrido. Por favor, sirvam-se da sobremesa.

– Dispensarei a sobremesa e sou grata pelo jantar. Voltaremos para o orfanato e levaremos os trigêmeos – disse madre Felícia, levantando-se.

– Vamos embora? Eu pensei que seríamos afilhados do tio Marcello e só voltaríamos ao orfanato no domingo – disse David.

– Precisamos voltar agora. Se o senhor Fabrício nos encontrar aqui, poderá se desentender com o pai e o tio Marcello – falou Derek.

"Pestinha inteligente e esperto! Compreendeu que a presença dele e dos irmãos causará discussão entre os Tilewes. Tem hora que acho bonitinho ele ser tão inteligente, mas tem hora que ele me tira do sério", pensou irmã Goreth.

– Tio Marcello, senhor Gilson e dona Flaviana, eu e meus irmãos agradecemos pelo jantar. Foi um prazer conhecer os pais do tio Marcello, sua namorada e os genitores dela. – Virou-se para Anita e Edna. – Agradeço pelo jantar que prepararam. Estava delicioso. As duas cozinham bem. Parabéns!

– Obrigada! Você é um garoto gentil – exclamou Anita.

– Madre Felícia, os trigêmeos não precisam retornar ao orfanato. Sou o padrinho deles e ficarão comigo nesta residência, onde nada de ruim lhes acontecerá – falou Marcello. – Zelarei pela segurança e bem-estar dos três.

– Faça das palavras do meu filho minhas próprias palavras – disse Gilson.

– Madre, os trigêmeos não podem permanecer na mansão depois do que presenciamos. Embora o doutor Marcello e seu genitor garantam que cuidarão dos garotos, é nossa responsabilidade zelar para que nada de ruim lhes aconteça – mencionou irmã Goreth.

– Eu não acredito que algo ruim nos acontecerá com o tio Marcello e seu pai zelando pela nossa segurança e bem-estar – disse Derek. – Tio Marcello gosta de nós três. Quem gosta, protege e cuida com carinho e amor. Entretanto, mesmo sabendo que estaremos bem protegidos na companhia dele e de seu pai, voltaremos para o orfanato. Depois que o tio Marcello e seu genitor tiverem se entendido com o senhor Fabrício, se a nossa presença for bem-vinda nesta residência, passaremos alguns fins de semana aqui.

Aproximou-se de Marcello e, beijando-lhe a fronte, acrescentou:

– Fiquei feliz em ter sido convidado para o seu jantar e mais feliz ainda em saber que o senhor foi aprovado no concurso público. Que Deus continue colocando em seu caminho futuras bênçãos que o ajudem a ser feliz.

Virou-se para os pais do rapaz.

– Boa noite! Foi um prazer conhecê-los.

Olhou para Denise e seus genitores, cumprimentando:

– Boa noite!

Depois disse aos irmãos:

– Deixem as cadeiras e sigam-me. – Começou a caminhar em direção à porta.

Rapidamente, Daniel pulou da cadeira e, apressado, seguiu atrás dele. David o imitou. As religiosas seguiram os garotos.

Na garagem, entraram no carro do orfanato e partiram.

❦

– Nunca conheci um garoto tão inteligente, educado, gentil e amoroso como o Derek – Alfredo falou para Marcello. – Os três parecem gostar de você, mas ele faz questão de demonstrar o quanto esse gostar é verdadeiro.

Alfredo chamou a esposa e a filha para irem embora, dizendo ao rapaz:

– Agradeço o convite feito à minha família. Faço votos de que seja muito feliz quando iniciar suas funções profissionais como pediatra da Secretaria de Saúde.

Greice e Denise também se despediram e o acompanharam. Depois que todos saíram, Gilson disse à esposa e ao filho:

– Vamos para o escritório. Quando Fabrício retornar, falarei com ele e quero que presenciem a conversa. – Virou-se para Anita. – Por favor, quando Fabrício regressar, informe que o estou aguardando no escritório.

Capítulo 6

AFILHADOS E ÓRFÃOS DO AMOR

Fabrício estacionou o carro em frente ao portão da mansão dos tios de Michelle, localizada em Bela Vista, bairro nobre da capital gaúcha. Antes de descer do veículo, a namorada falou:

– O jantar foi um desastre, porque seu irmão arruinou meu primeiro contato com os seus pais. Eu desejava tanto impressioná-los!

– Antes de chegarmos à mansão, eu lhe pedi que fosse gentil com o meu irmão, que sempre foi o preferido do meu pai. Como você não atendeu ao meu pedido, dificilmente conquistará a simpatia do senhor Gilson – respondeu Fabrício.

– Eu jamais poderia adivinhar que o pediatrinha insuportável era seu irmão. Ele só me expulsou da mansão por causa daquele amaldiçoado Derek, que é um garoto chato e insuportável.

– Derek não é chato nem insuportável. É educado, gentil, inteligente e responsável para com os irmãos. O modo como se comporta deve ter cativado o Marcello, que, por gostar de crianças, interessou-se em auxiliá-lo.

– Não se engane com o Derek. Ele não é um guri educado, é...

– Chega de falar do garoto – disse Fabrício, interrompendo-a. – Os trigêmeos são afilhados do Marcello e, nos fins de semana,

Roberto Diógenes ditado por Sulamita | 65

estarão em nosso lar. Se quiser conquistar a simpatia dos meus pais, sugiro ser delicada com Marcello e os garotos.

– Acatarei sua sugestão porque o amo. Você é o homem da minha vida e quero mostrar a seus pais que sou a mulher ideal para ser sua esposa. Eles entenderão isso e aprovarão nosso namoro, noivado e futuro casamento – falou Michelle.

– Casamento ainda não está em meus planos – disse o rapaz, apontando para a porta do carona, indicando assim que precisava voltar para casa.

A namorada o beijou na face e deixou o automóvel. Fabrício deu partida no veículo e seguiu para a mansão de seus pais.

Michelle entrou e cumprimentou os tios, que estavam vendo um programa na TV. Subiu as escadas em direção ao quarto pensando em vingar-se do pediatrinha e do chatinho do Derek. Os dois que a aguardassem.

⁂

Assim que escutou o barulho do carro de Fabrício, Anita deixou a cozinha e, quando o rapaz abriu a porta da sala, ela disse:

– Seus pais o aguardam no escritório.

Quando o rapaz se dirigiu para lá, Anita se aproximou na ponta dos pés e colou o ouvido à porta, esperançosa de escutar a conversa. Dentro do escritório, Gilson olhou para o rapaz e pediu:

– Sente-se ao lado do seu irmão!

Fabrício obedeceu.

– O que você disse antes de se ausentar foi algo que não deveria ter sido mencionado. Os trigêmeos não foram indelicados com você. Pelo contrário, Derek foi atencioso e elogiou a sua inteligência – disse Gilson. – Falar que não os quer aqui e expulsá-los da mansão foi indelicadeza. Deve se retratar com eles assim que os reencontrar.

– Expulsei-os de nossa mansão porque o Marcello expulsou minha namorada.

– Não a expulsei. Apenas a convidei para se retirar – falou Marcello.

– Ter convidado para se retirar é o mesmo que tê-la expulsado – disse Fabrício, que se voltou para o pai e reclamou: – O Marcello não se retratou com a Michelle quando a mamãe o censurou por ter sido indelicado, nem quando minha namorada disse que só permaneceria no jantar se ele pedisse desculpas. E eu, que nunca me retratei nem com pessoas adultas em função de algo que dissesse, iria me retratar com crianças, por ter sido verdadeiro em dizer o que penso sobre elas? Isso é algo que jamais farei. Não as suporto e não quero os trigêmeos convivendo conosco.

– Você não é o proprietário desta mansão. As namoradas de vocês e seus amigos são bem-vindos aqui – disse Gilson. – Os trigêmeos são afilhados do seu irmão e passarão os fins de semana em nossa companhia. Você irá tratá-los com educação e...

– ... e devo me comportar de forma exemplar na frente deles. Era isso que o senhor ia dizer? – perguntou Fabrício, interrompendo o pai e levantando-se. – Não vou tratá-los com educação, como vocês fazem; ignorarei a presença deles. – Apontou o indicador para o irmão. – Peça aos seus afilhados que não me dirijam a palavra e que não ousem ter liberdades comigo. – Caminhava em direção à porta, quando escutou o pai dizer:

– Retorne à cadeira e se sente. Ainda não terminei de lhe dizer o que deve escutar.

Fabrício virou-se, cruzou os braços e olhou para o pai, esperando-o se manifestar, mas foi a mãe quem tomou a palavra, dirigindo-se ao outro filho:

– Marcello, eu e seu pai demos a vocês uma boa educação. Você sempre foi gentil e educado para com todos. Sua indelicadeza com a namorada do seu irmão foi imperdoável. Você deveria ter se retratado com a moça.

– Marcello foi indelicado ao convidá-la para se retirar, mas ela também foi indelicada ao chamá-lo de pediatrinha e dizer que ele se finge de bonzinho para ter o seu trabalho reconhecido – acudiu Gilson. – Reconheço que errei em não ter seguido o seu exemplo, Flaviana, quando você recriminou o Marcello. Fiz isso porque não simpatizei com ela nem apreciei o modo como ela se comportou. Erros fazem parte da nossa caminhada terrena e, após uma boa reflexão, tornam-se lições para o futuro. Irei me policiar para não voltar a cometer o mesmo erro quando Michelle retornar à nossa residência. – Olhou para Fabrício. – Convide-a para almoçar conosco. Durante o almoço, o seu irmão pedirá desculpas a ela.

– Não pedirei – disse Marcello. – Usarei de etiqueta, mas não me desculparei, porque não estou arrependido do que fiz.

– Marcello, seu pai está tentando corrigir o seu erro, e nada lhe custará se retratar com...

– Não me retratarei – falou Marcello, interrompendo a mãe. – Nunca fui falso e não pretendo ser.

– Eu e sua mãe já compreendemos que não irá se desculpar. Embora não aprovemos esse comportamento, vamos nos contentar com que trate a moça com educação – proferiu Gilson, que olhou para Fabrício e acrescentou: – Quando os trigêmeos estiverem em nossa residência, não os ignore. Use a etiqueta, como seu irmão fará em relação à sua namorada.

– Já informei como vou agir em relação a eles. Concluiu o que tinha para me dizer? – perguntou o filho.

– Sim. O que gostaria de lhes dizer já foi dito.

Antes que a porta fosse aberta, Anita fugiu sorrateiramente. Fabrício saiu do escritório e dirigiu-se a seu quarto.

– Sou grato por permitirem que os trigêmeos passem os fins de semana conosco – agradeceu Marcello. – Quando estiverem em nossa companhia, vou me empenhar para serem felizes. São crianças amáveis e carinhosas, que merecem receber amor fraterno.

– Pela sua fala, percebe-se o quanto gosta deles e se preocupa com o bem-estar dos três. Observei que eles também lhe têm carinho – falou Flaviana.

– Observei a mesma coisa e torcerei para que a presença deles gere felicidades aos três e a todos nós – disse Gilson.

– Gerará – exclamou Marcello, dando boa-noite aos pais e seguindo para seu quarto.

Gilson e Flaviana ficaram conversando por mais dez minutos. Depois se recolheram também.

No dia seguinte, Fabrício acordou ao escutar gritos infantis. Olhou para o rádio-relógio e amaldiçoou ter sido despertado pouco depois das nove horas. Aos sábados, gostava de acordar ao meio-dia. Fechou os olhos e tentou voltar a dormir, mas os gritos persistiram. Irritado, deixou a cama e abriu a janela do quarto. Avistou os pais, Marcello e os trigêmeos se divertindo com uma bola dentro da piscina. Um dos garotos gritava sempre que tocava na bola.

– Amaldiçoados trigêmeos! Já comecei a me irritar com eles por terem atrapalhado o meu sono – o rapaz disse baixinho, enquanto se dirigia ao banheiro.

Depois da higiene matinal, vestiu-se, pegou a chave do carro e seguiu para a garagem. Antes de entrar em seu veículo, escutou David gritar, enquanto rebatia a bola na direção de Gilson. Ao abrir a porta do carro, ouviu:

– Bom dia, filho! Tem algum compromisso que o fez acordar cedo? Retornará para o almoço? – perguntou a mãe em alta voz.

Ele se dirigiu à piscina e encarou a genitora.

– Já acordei tendo a certeza de que o dia será péssimo, pois gritos irritantes me despertaram antes da hora que tinha programado. – Olhou para os trigêmeos. – Se eu permanecer na mansão, o dia será insuportável, porque a todo o momento cruzarei com órfãos indesejáveis e escutarei seus gritos. – Voltou a olhar para a mãe. – Irei para a mansão dos tios da minha namorada e só retornarei à noite, esperançoso de encontrar dormindo os afilhados pobres do meu irmão.

– Bom dia, senhor Fabrício! – cumprimentou Derek. – Peço desculpas pelos gritos alegres do meu irmão o terem despertado. Não sabia que o senhor estava dormindo. Se soubesse, teria pedido a ele que ficasse quieto.

Fabrício o ignorou e, olhando para o irmão, perguntou:

– Você disse aos seus afilhados o que lhe pedi?

– Disse – respondeu Marcello.

– O tio Marcello nos informou sobre a forma como o senhor irá nos tratar e nos pediu que mantivéssemos distância. Assim faremos – falou Derek. – Desejo que o restante do seu dia seja abençoado por Deus, cheio de paz, e que nele o senhor desfrute muitas alegrias, para compensar o incidente de ter despertado cedo. Tenha um excelente dia!

Marcello e os pais olharam para o garoto e para Fabrício, contentes com a fala de Derek.

Fabrício virou-se e, ao caminhar em direção ao carro, escutou o pai dizer:

– Se está indo à residência de sua namorada, não se esqueça de convidá-la para almoçar conosco.

Fabrício partiu. Marcello, os pais e os garotos continuaram se divertindo na piscina. Quando encerraram a diversão, o padrinho pediu aos afilhados que tomassem banho. Transcorridos trinta minutos, Marcello convidou os Matielin para jogar videogame. Sentaram em frente ao televisor e começaram a se divertir.

Gilson e Flaviana os observavam contentes, vendo o filho feliz na companhia dos garotos. Gilson se juntou a eles e, em pouco tempo, Flaviana escutou os gritos de "ganhei" e as lamentações de quem perdia, estranhando o fato de Daniel, ao ganhar ou perder, não pronunciar nenhuma palavra.

Marcello, Gilson e os garotos continuaram envolvidos com o videogame. Mais tarde, sentaram-se na sala de estar. Pai e filho começaram a conversar com Derek e David. Flaviana se juntou a eles e ficaram conversando até o momento em que Anita lhes informou que o almoço estava servido.

Após o almoço, Marcello saiu com os afilhados, levando-os para se divertir em um parque que estava instalado na cidade. Depois retornaram, e o padrinho continuou dando atenção aos afilhados.

À noite, após o jantar, o rapaz e seus pais convidaram os trigêmeos para assistirem a um filme. Quando se acomodaram, Fabrício chegou à mansão, e a mãe indagou como tinha sido o dia ao lado da namorada, convidando-o para se juntar a eles.

– Desfrutei um dia maravilhoso ao lado de Michelle e seus tios. Na mansão deles não havia crianças correndo e gritando pela casa – falou Fabrício. – Estou indo para o meu quarto. Tomarei banho e depois irei a uma festa com a minha namorada. Ela aceitou o convite do papai e amanhã almoçará conosco. – Dirigiu-se às escadas e foi para o quarto.

Marcello, os pais e os Matielin começaram a assistir ao filme.

⁓ அு ⁓

No dia seguinte, às nove horas, Marcello e os pais levaram os trigêmeos à Casa Espírita, deixando-os na sala de evangelização junto com outras crianças, que receberiam informações sobre o espiritismo em uma linguagem propícia ao seu entendimento, enquanto participavam de atividades recreativas com os evangelizadores.

Marcello seguiu para a sala onde se reunia a mocidade espírita. Os pais se dirigiram a outro local da Casa.

Às 10h20, Marcello pegou os trigêmeos na sala de evangelização e os conduziu ao salão para escutarem uma palestra sobre a paciência.

Derek gostou da palestra e pediu que Marcello lhe emprestasse o livro que o palestrante informara ter utilizado para fundamentar sua fala. O rapaz foi à livraria da Casa Espírita, comprou um exemplar de *O Evangelho segundo o Espiritismo* e doou ao afilhado.

Mais tarde, retornaram à Mansão Tilewes, onde Marcello e os pais continuaram dando atenção aos garotos. Transcorridos quarenta minutos, Michelle e Fabrício chegaram à mansão. Ela cumprimentou os pais do namorado, Marcello e os trigêmeos, e comentou:

– Senhor Gilson, fiquei encantada com o convite para almoçar com sua família. Espero que esse encontro faça surgir uma forte amizade entre nós.

– Também desejamos essa amizade – disse Flaviana.

Michelle e Fabrício se sentaram na sala de estar, e os pais do rapaz começaram a conversar com a moça. Marcello observou que a namorada do irmão estava muito atenciosa, gentil e meiga com seus pais.

– Fabrício e eu namoramos há alguns meses. O namoro me fez descobrir que ele é o homem que eu amo e com quem quero me casar – falou Michelle.

– Não casarei tão cedo. Só o farei quando estiver estabilizado financeiramente e com a certeza de estar me casando com a mulher que eu amo e também me certificando de que ela não deseja ser mãe – disse Fabrício.

– Essa mulher sou eu, que o ama muito e não quer ter filhos. Se não deseja ser pai, é o esposo ideal para mim – mencionou Michelle. – Minha tia considera um absurdo eu não desejar ser mãe, mas não tenho a menor vontade.

– E o que sua mãe pensa do assunto? – perguntou Flaviana.

– Meus pais faleceram quando eu era bebê – disse Michelle. – O tio Nicholas, que é juiz, e a tia Elise me adotaram. Além de formada em Serviço Social, também sou formada em Direito. Tenho prestado concursos públicos para o cargo de juíza. Duas vezes por semana, trabalho em um escritório de advocacia.

– Seus tios possuem bons corações, pois a adoção geralmente é realizada por pessoas bondosas que, ao estenderem as mãos caridosas aos órfãos, são cientes de que devem lhes doar amor fraterno e carinho – proferiu Gilson, olhando para Marcello e os trigêmeos.

– Aprovo a adoção quando a criança é da própria família porque, sendo do mesmo sangue, se conhece a procedência dela – disse Michelle. – Não aprovo a adoção quando...

– Após o almoço, o tio Marcello levará os afilhados para um local da cidade onde muitas crianças se divertem com diferentes brincadeiras – falou Marcello, interrompendo a fala de Michelle, antes que ela dissesse algo indelicado na frente dos garotos.

– Eu quero ir nesse local para me divertir com os meus irmãos – disse David.

– Com licença! – pediu Anita, que acabara de entrar. – O almoço está servido.

Seguiram para a copa. Gilson fez uma prece agradecendo pela refeição e começaram a se alimentar. Assim que o almoço foi concluído, Marcello e os afilhados se dirigiram a outro local da mansão. Michelle conversou por trinta minutos com os pais do namorado e, dizendo que precisava ir embora, despediu-se e partiu com Fabrício.

※※※

Às dezessete horas, Derek e David agradeceram ao padrinho e aos pais dele pelo excelente fim de semana. Daniel nada falou. Marcello conduziu os afilhados ao orfanato e ganhou um abraço de Derek e de David.

Nos fins de semana seguintes, o padrinho continuou conduzindo os trigêmeos à Mansão Tilewes e lhes concedendo amizade, carinho, atenção e amor fraterno. Denise ajudava o namorado a dar atenção aos garotos, pois ela também havia se afeiçoado a eles.

Fabrício, ao observar como o irmão e os pais tratavam os Matielin, não compreendia o motivo de dedicarem tanta atenção a eles, que haviam passado a ser os queridinhos da mansão. O rapaz nada tinha contra Derek, que, muito educado, cumprimentava-o desejando-lhe um dia alegre e feliz, com muita paz e saúde, e se ausentava, seguindo a orientação de Marcello. Mas Fabrício não suportava David, que vivia aprontando artes, falava alto e corria pela casa... Ele era o oposto de Daniel, que tudo fazia para não ser notado.

Fabrício não chegava a ser descortês com os trigêmeos, mas sempre os ignorava, mantendo distância deles.

※※※

No dia em que os Matielin completaram sete anos, Marcello e os pais convidaram as freiras e alguns órfãos para comemorarem o aniversário dos trigêmeos na Mansão Tilewes.

Madre Felícia, duas freiras, os trigêmeos e onze órfãos chegaram à mansão às 16h30. Cumprimentaram os Tilewes. Estes parabenizaram os trigêmeos pelo aniversário. Denise e os pais, que estavam presentes, também felicitaram os garotos, que, com os outros órfãos, colocaram roupas de banho, entraram na piscina e começaram a se divertir.

Transcorridos vinte minutos, Fabrício chegou com a namorada. Após estacionar o carro na garagem, tapou os ouvidos assim que escutou a gritaria das crianças. Dirigiu-se à piscina e perguntou:

– O que aconteceu, para a mansão ser invadida por crianças tão barulhentas?

– Elas e todos nós estamos comemorando o aniversário dos trigêmeos. Você e sua namorada são bem-vindos à comemoração – falou Flaviana.

– Os insuportáveis afilhados do Marcello já se tornaram membros da família, para a mansão estar à disposição deles? – perguntou o rapaz, que, olhando para as crianças, gritou: – Calem a boca! Seus gritos são irritantes. Se não ficarem em silêncio, colocarei uma mordaça na boca de vocês, que devem ter contaminado a água da piscina com sua sujeira, piolhos e doenças de pele. Quando forem embora, pedirei aos serviçais da mansão que esvaziem a piscina e a desinfetem com fortes produtos químicos. Se três crianças gritando na mansão já é insuportável, vocês todos, gritando juntos, é muito pior. Fechem a matraca ou se arrependerão. – Cruzou os braços, fechou o semblante e lhes lançou um olhar duro e frio.

Os trigêmeos e Giselle se aterrorizaram. A garota, David e Daniel rapidamente ficaram atrás de Derek. As outras crianças se encheram de temor. Derek teve a impressão de reconhecer de algum lugar o olhar maligno de Fabrício.

Todos ficaram em silêncio, e Gilson falou:

– Fabrício, quem convidou as religiosas, as crianças e os Kassiel para comemorar o aniversário dos trigêmeos fui eu, sua mãe e o seu irmão. Os Matielin ainda não são membros da nossa família, mas nos fins de semana podem se divertir com seus amigos aqui. Isso contribuirá para que o nosso lar se encha de alegria.

Derek deixou a água ao notar que o olhar maligno de Fabrício havia desaparecido. Aproximou-se do rapaz e disse:

– Senhor Fabrício, não foi minha intenção, nem das outras crianças, irritá-lo. Quando os seus pais nos autorizaram a nos divertir, eu só concordei por saber que o senhor não estava na mansão, pois sou ciente de que não aprecia os Matielin. Retornaremos ao orfanato, que é o nosso lar. Lá não vivem crianças insuportáveis, mas órfãos, que são nossos amigos, e nos sentimos bem na companhia deles.

Fez uma pausa para respirar e retomou a palavra:

– Esta mansão pertence aos Tilewes, e o senhor, sendo um Tilewes, tem todo o direito de não desejar nossa presença aqui. Pode querer estar com pessoas com quem se sinta bem, o que não acontece em relação aos Matielin, porque todo fim de semana, assim que nos avista, o senhor nos ignora e costuma falar coisas desagradáveis para nos atingir. Nunca compreendi o porquê disso, pois não lhe fizemos nenhum mal nem lhe faltamos com o respeito. Sempre colocamos em prática o que nos pediu. No entanto, tudo o que fazemos incomoda o senhor. Para isso deixar de acontecer, eu e meus irmãos não mais viremos para a Mansão Tilewes. – Fixou o olhar no do rapaz. – Que Deus o abençoe concedendo-lhe a realização de seus objetivos. Meu desejo é que somente coisas boas cruzem o seu caminho. – Deu-lhe as costas e, aproximando-se de Marcello e seus genitores, beijou-lhes a fronte, agradecendo: – Obrigado por todo o carinho, atenção e amor fraterno que concederam aos trigêmeos Matielin quando nos acolheram em sua residência. O modo como nos trataram demonstrou que, além das freiras do orfanato, alguém se importa conosco e quer o nosso bem. Em minhas preces, pedirei que Deus lhes conceda paz, saúde, alegrias e muitas bênçãos. Que Deus os abençoe hoje e sempre!

Marcello e os pais, emocionados, entreolharam-se. Gilson fez um gesto para o filho, que disse:

– A comemoração do aniversário dos meus afilhados continuará acontecendo na mansão, independentemente de a gritaria deles e sua alegria irritarem o Fabrício, que terá de ir se acostumando com os Matielin por aqui, porque se tornarão os novos membros da família. Decidi adotá-los.

– Tio Marcello, o senhor não pode nos adotar antes de nos entendermos com o senhor Fabrício, que será infeliz se viver ao nosso lado. Eu não desejo isso para ele, nem para nós, porque a infelicidade dele nos impedirá de ser felizes também – disse Derek.

Fabrício, olhando para o menino, perguntou:

– Por que, em vez de pensar primeiro na minha felicidade, não pensa na sua e na dos seus irmãos? Se os três gostam do Marcello e ele de vocês, deveria estar feliz com a adoção.

– Se não queremos ser infelizes, não devemos levar infelicidade aos outros. Se alguém não gosta de nós, temos de nos esforçar para sermos amigos dessa pessoa e lhe demonstrar o quanto lhe queremos bem. Madre Felícia nos ensinou isso, e eu me esforço para colocar em prática o ensinamento – falou Derek. – O senhor tem todo o direito de ser feliz na companhia de seus familiares. Por isso, sou contra o tio Marcello adotar os Matielin antes de nos entendermos. Quando o senhor estiver disposto a iniciar esse entendimento, procure-nos no orfanato e conversaremos. – Cravou o olhar nos olhos verdes de Fabrício. – Meu desejo é que o senhor desfrute momentos felizes ao lado de seus familiares. Com licença, precisamos retornar ao orfanato. – Deu dois passos, quando escutou:

– Espere! – Era Fabrício, e o garoto se virou. – Você, Derek, é diferente de todas as crianças que conheci. Sua presença e a de seus irmãos nos fins de semana nunca me impediu de ser feliz, porque para mim os três não significam nada. Se forem adotados pelo Marcello, continuarão não significando, porque não serão verdadeiros Tilewes, e eu seguirei ignorando-os. Jamais vou me entender com os três, porque não os aprecio, porém, o fato de não apreciá-los e não querer aproximação com vocês não deve ser mais forte do que a alegria que sentem e proporcionam como afilhados do Marcello. Retornem nos fins de semana para a mansão e continuem dando alegria ao meu irmão. – Tocou a cabeça do garoto. – Feliz aniversário para você e seus irmãos! Eu e minha namorada vamos nos retirar, e vocês podem continuar comemorando.

– Obrigado, senhor Fabrício! O que me disse demonstrou que o senhor tem um bom coração – falou Derek.

– E demonstrou também que é um bom irmão – reforçou Marcello.

– Fabrício, eu convidei sua família e os trigêmeos para almoçarem amanhã em minha residência – disse Alfredo. – Você e sua namorada estão convidados.

– Sua família aceitou o convite e você também deverá aceitar – Gilson falou ao filho.

– Eu e Michelle iremos – disse Fabrício, antes de se retirar com a namorada.

"Ter escutado que o pediatrinha insuportável quer adotar os trigêmeos me deu uma ideia de como devo me vingar dele e do Derek, pois, trabalhando em uma das Varas da Infância e da Juventude da cidade, tudo farei para a adoção não acontecer", pensou Michelle, começando a planejar sua vingança.

❧❦❧

No domingo, às treze horas, os Tilewes, Matielin e Michelle chegaram à residência dos Kassiel, localizada no bairro Moinhos de Vento, um dos mais nobres de Porto Alegre. Foram recebidos por Denise e seus pais, e apresentados ao casal Álvaro e Nicete Rudefin, esta sendo loira de olhos azuis, altura mediana, 39 anos, irmã de Greice. Ele, moreno, 43 anos, alta estatura, cabelos e olhos negros, era advogado e professor universitário.

Acomodaram-se na sala de estar e foram servidos com suco e refrigerantes.

O espírito Georg chegou ao local e, aproximando-se de Derek, permaneceu ao lado dele.

– Marcello, Greice me contou que você se tornou padrinho de fim de semana dos trigêmeos. O que significa esse apadrinhamento? – perguntou Nicete.

O rapaz explicou como era o processo.

– Segundo a explicação do Marcello, entende-se que madre Felícia encontrou uma forma para algumas pessoas praticarem a caridade aos órfãos – disse Denise, que, virando-se para os pais, falou: – Eu sou filha única e nossa família é estabilizada financeiramente. Os dois poderiam se candidatar a padrinhos de uma das crianças.

– Nossas profissões exigem ausência de casa até nos fins de semana – disse Alfredo. – Por isso, eu e sua mãe não podemos nos candidatar ao apadrinhamento.

– Os serviços prestados pela imprensa falada e escrita não são interrompidos aos fins de semana. Sendo proprietários de empresas que realizam esses serviços, seus pais não terão condições de se dedicar ao afilhado – falou Greice. – Continue ajudando o seu namorado a cuidar dos Matielin e traga-os de vez em quando para nos visitar.

"Está explicado o fato de essa mansão ser tão luxuosa e de a namorada do pediatrinha só usar roupas de grife. Se são proprietários de empresas responsáveis pela imprensa falada e escrita, devem ser muito ricos", pensou Michelle.

– Marcello, existem crianças não apadrinhadas no orfanato? – perguntou Álvaro.

– Derek, por favor, responda à pergunta do Álvaro – pediu Marcello.

– Senhor Álvaro, existem quarenta e oito crianças e adolescentes vivendo no Orfanato Menino Jesus. Destes, oito órfãos do amor ainda não têm padrinhos de fim de semana – falou Derek.

– Por que você disse "órfãos do amor"? – indagou Álvaro.

Georg entrou em sintonia mental com o menino e o inspirou a responder:

– Órfãos do amor são crianças que, com a morte dos pais, não mais receberão carinho, atenção, cuidados e amor, deixando de contar com quem faria tudo para vê-las felizes. Assim, ficam semanas, meses e anos cultivando a esperança de serem adotadas. A adoção poderá acontecer ou não, e, enquanto ela não se concretiza, as crianças vivem como órfãos do amor. É uma vida muito triste e dolorosa, porque se vive sozinho no mundo, sabendo que ninguém se importa com você nem o ama – explicou Derek.

Com exceção de Michelle e Fabrício, os outros se comoveram com o que escutaram.

O mentor espiritual do menino continuou inspirando-o, e ele prosseguiu:

– No Orfanato Menino Jesus, a adoção de um dos órfãos do amor demora a ocorrer, porque lá não vivem órfãos bebês, que são os preferidos. Raríssimos candidatos se interessam pela adoção tardia, e o órfão do amor continua sofrendo em silêncio, sem saber quando chegará sua vez de partir e ser feliz ao lado dos novos pais. Essa espera deixa a vida triste e dolorosa.

Michelle não se emocionou, mas Fabrício e os demais ficaram comovidos.

– Fora os que vivem em orfanatos, existem outras pessoas que também são órfãs do amor – disse Derek, repetindo o que seu mentor espiritual lhe inspirava. – Casais que não conseguem ter filhos biológicos se tornam órfãos do amor, porque desejam doar amor paterno e materno sem ter a quem ofertá-lo. Também sofrem por desejar receber amor filial e não o ter. O casal deixaria a condição de órfão do amor se adotasse uma criança, pois assim receberia e doaria o amor desejado.

Álvaro abraçou a esposa sem nada mencionar.

– Alguns filhos biológicos se sentem órfãos do amor, porque fazem tudo para demonstrar aos pais que não necessitam apenas de bens materiais, mas de atenção, carinho, cuidados e amor – continuou Derek. – Muitos pais se sentem órfãos do amor, porque veem os filhos se distanciarem afetivamente. Para pais e filhos deixarem de ser órfãos do amor, devem acolher o amor que recebem; viver em paz e felizes dentro do próprio lar.

Fabrício olhou para os pais. Estes sustentaram o olhar e ficaram pensando no que haviam escutado.

– Casais namoram, ficam noivos e se casam. Mas um deles pode se sentir órfão do amor porque, embora esteja ao lado de quem o ama, não consegue retribuir o amor que recebe. A pessoa não vivencia o sentimento que lhe é ofertado, nem consegue doar amor. Sua vida, como órfão do amor, também é muito triste. Ela só deixará de se sentir órfã do amor quando admitir a verdade, fazer

Roberto Diógenes ditado por Sulamita | 79

um balanço dos próprios sentimentos e buscar uma solução honesta, que seja boa para o casal – completou Derek, ainda sob inspiração espiritual.

Os Rudefin se aproximaram do menino, e Álvaro disse:

– Você foi enviado por Deus e pelos bons espíritos como resposta às minhas preces. Não nos conhece e, por meio de sua fala sobre um dos tipos de órfãos do amor, eu e Nicete tivemos certeza de que se dirigia a nós. Há nove anos ela faz tratamento para engravidar e nunca conseguiu. Eu vivia lhe dizendo para adotarmos uma criança, e ela sempre foi contra.

– Não mais serei contra. Para não nos sentirmos mais órfãos do amor, visitaremos o Orfanato Menino Jesus para nos candidatarmos a pais adotivos – falou Nicete.

– O órfão que for adotado estará recebendo a maior bênção de sua vida e lhes será eternamente grato – proferiu Derek. – No orfanato, vive a Giselle. Verão que possuem características físicas em comum. Ela é uma garotinha loira de olhos azuis, inteligente e esperta.

– Esperta e inteligente ela é, como também é bonitinha e muito chata – disse David, o que fez Álvaro e Nicete sorrirem.

– Os trigêmeos Matielin não gostariam de ser adotados pelo casal Rudefin? – indagou Álvaro.

Derek abraçou os irmãos e disse:

– Os trigêmeos Matielin ficarão felizes no dia em que receberem a bênção de ser adotados por um casal ou por uma pessoa solteira. – Olhou para Marcello e voltou a se fixar em Álvaro.

– Os Matielin serão adotados por mim, que já os amo fraternalmente – falou Marcello, aproximando-se dos garotos.

– Se o Marcello não adotar os garotos, quem irá adotá-los seremos eu e Flaviana – falou Gilson. – Derek e os irmãos são os garotos que sempre desejamos como netos, e lugar de netos é ao lado dos avós. Em um futuro não muito distante, o meu desejo é que os Matielin se tornem Tilewes.

– Esse também é o meu desejo – proferiu Flaviana. – Sugiro a Nicete e Álvaro adotarem outra criança do Orfanato Menino Jesus. – Aproximou-se dos trigêmeos, e o esposo a imitou.

– É o que faremos, pois já percebi que os Matielin são os xodós dos Tilewes – falou Nicete, sorrindo. O esposo também sorriu.

Continuaram falando sobre adoção, e o casal Rudefin pediu a Marcello que os levasse ao orfanato. Marcello disse que iria agendar a visita com madre Felícia e avisaria sobre a data. Ele e Álvaro trocaram cartões, e o rapaz disse ao advogado que queria contratar seus serviços profissionais para o processo de adoção dos trigêmeos Matielin.

Fabrício e a namorada a tudo escutaram sem se manifestarem. A cozinheira se aproximou de Greice, informando que o almoço estava servido, e a anfitriã convidou todos para acompanhá-la. Quando se sentaram à mesa, Alfredo fez uma prece agradecendo pela refeição, e começaram a se alimentar.

Enquanto almoçavam, conversavam entre eles. Flaviana virou-se para Marcello e disse:

– Filho, sugiro que você e Denise saiam com Fabrício e Michelle para se divertirem. Quem sabe não nasce uma amizade sadia entre os quatro?

– Gostei da sugestão! – exclamou Denise.

– Eu também gostei – disse Marcello. – Não tenho afinidade com Michelle, e meu irmão também não tem com Denise. Se passarmos a nos divertir juntos, poderemos nos entender melhor.

– Detestei a sugestão – manifestou-se Fabrício. – Meu irmão não suporta Michelle, e ela não o suporta. Eu não tenho simpatia por Denise, e ela não a tem por mim. Se sairmos juntos, o que menos existirá será diversão. Por isso não acatarei a sugestão da mamãe.

– Pois eu gostei da sugestão – disse Michelle.

– Não acataremos a sugestão da mamãe e assunto encerrado – falou Fabrício.

Após a sobremesa, todos deixaram a mesa e foram para a sala de estar.

– Eu e Michelle precisamos ir – falou Fabrício, despedindo-se e saindo com a namorada.

– Eu gostei de ter participado do almoço. Todos foram educados, e foi agradável ter estado na companhia de seus pais – disse Michelle.

Fabrício estava pensativo.

– Foi um bom almoço. Fiquei refletindo sobre o que Derek falou a respeito dos órfãos do amor... Aquele guri é muito inteligente.

– Se é um superdotado, é natural que seja inteligente – disse a moça com ironia. – E, para tentar se aproximar de você, ele se faz de bonzinho...

O rapaz a interrompeu:

– Ele não se finge de bonzinho. É um bom garoto, pois em todos os fins de semana que passou na Mansão Tilewes sempre se comportou da mesma forma, com educação, amabilidade e humildade.

– Parece que você também está se afeiçoando a ele. Logo, logo vai paparicá-lo do mesmo modo como fazem os seus familiares. Quando Derek está em sua casa, tudo gira em torno dele e dos irmãos.

– Eu não paparico nem faço as vontades de ninguém. Só me preocupo comigo e com os meus interesses – falou Fabrício, silenciando-se a seguir.

"Preciso agir com rapidez, antes que o maldito Derek conquiste a amizade do Fabrício. Aquele garoto já me prejudicou no passado e não posso permitir que prejudique o meu futuro. Terei de afastá-lo do meu caminho", pensou Michelle, decidida a fazer o garoto e seus irmãos sumirem da vida dos Tilewes.

Capítulo 7

APROVAÇÕES

Dois meses se passaram. Os Matielin continuaram frequentando a Mansão Tilewes e recebendo um ótimo tratamento de seu padrinho e dos pais deste. Fabrício os evitava e não permitia que se aproximassem dele. Em uma sexta-feira, durante o jantar, Derek fixou o olhar no rapaz e disse:

– Senhor Fabrício, sei que o senhor evita contato comigo e com meus irmãos, mas peço permissão para informá-lo sobre uma matéria que li no jornal.

– Permissão negada, porque nenhuma matéria que um órfão tenha lido será do meu interesse – falou Fabrício.

– Mesmo tendo negado a permissão, falarei sobre a matéria, porque penso que possa interessá-lo – disse o garoto. – A Secretaria de Saúde do Estado publicou o edital de um concurso em caráter emergencial. As inscrições serão realizadas até amanhã. Eu pedi permissão à madre Felícia para trazer a página onde foi publicada a matéria. Com licença! – Levantou-se e, indo à sala de estar, pegou o jornal e uma folha de papel. Retornou à mesa e entregou a página a Fabrício, que a leu e comentou:

Roberto Diógenes ditado por Sulamita | 83

– O órfão falou a verdade sobre o edital do concurso. Vou me inscrever e me preparar para a prova.

– Eu lhe trouxe dicas de memorização. Já as utilizei, e elas me ajudaram a memorizar o que precisava reter sobre determinado assunto. Talvez elas o auxiliem durante seus estudos – disse Derek, estendendo a folha de papel e acrescentando: – Boa sorte em seus estudos e na prova do concurso!

Dito isso, deu-lhe as costas, dirigiu-se à pia e, lavando as mãos, sentou-se para retomar a refeição.

– Derek, você é um bom garoto – disse Fabrício. – Agradeço por ter me alertado sobre o edital e sou grato pelas dicas de memorização.

Os pais do rapaz e seu irmão o encararam, admirados por ele ter feito um agradecimento a alguém.

O espírito Georg, que a tudo observava, deixou a mansão e volitou para outro local.

Fabrício, pedindo licença aos pais, levantou-se e foi para o quarto, onde leu com atenção todo o edital do concurso e organizou a documentação para efetuar sua inscrição.

꒰꒷꒦꒷꒰꒦꒷꒱

Transcorridas algumas semanas, em um domingo, Fabrício acordou cedo. Ao deixar o quarto, encontrou Derek próximo à escada.

– Bom dia, senhor Fabrício! Boa sorte na realização da prova do concurso. Que Deus abençoe sua mente durante a avaliação, para ela auxiliá-lo a se lembrar do que estudou.

"Não permito que ele e os irmãos se aproximem de mim, nem quero intimidade com nenhum deles; mesmo assim, esse garoto simpatiza comigo e só quer o meu bem", pensou Fabrício, enquanto saía em seu carro.

꒰꒷꒦꒷꒰꒦꒷꒱

Três meses se passaram e, em uma sexta-feira, após as quinze horas, Michelle, segurando uma pasta, dirigiu-se à sala onde o

84 | Órfãos do amor

motorista da Vara da Infância e da Juventude costumava ficar. Encontrou o homem lendo uma revista e perguntou:

– O governo lhe paga para ler revistas ou para trabalhar?

– Para onde devo conduzi-la? – indagou o motorista, sem responder à provocação da moça.

Michelle entregou-lhe um endereço, ordenando levá-la ao local. Uma mulher se aproximou deles e disse a Michelle que o juiz queria falar com ela.

– Vá para o carro e fique me aguardando! – ela ordenou ao motorista, dirigindo-se depois à sala do juiz. Bateu à porta e entrou.

– Por favor, sente-se – pediu Nicholas, que tinha 58 anos, estatura mediana, e era ruivo, de olhos azuis.

Ao vê-la sentada, prosseguiu:

– Recebi a lista dos aprovados no último concurso ao cargo de juiz. Seu nome está nela. Parabéns!

– Que excelente notícia, tio Nicholas! – exclamou Michelle.

– O tempo que atuou como advogada no escritório de um amigo a ajudará a exercer sua nova profissão. Eu fui promovido a desembargador e, antes de assumir o cargo, usarei meus contatos para você ser nomeada juíza substituta desta Vara.

– Obrigada, tio!

– Antes de assumir sua nova profissão, continue exercendo suas funções de assistente social. Um amigo, advogado de um candidato à adoção dos trigêmeos Matielin, solicitou-me adiantar os trâmites do processo. Fiquei sabendo que você foi designada para acompanhar o processo e quero que o agilize.

– Já estou com o processo em mãos e vou me dedicar a ele na próxima semana – falou Michelle. – Iria iniciar os serviços hoje, mas, como o senhor me deu essa excelente notícia, vou comemorar a aprovação no concurso. – Ficou em pé e, despedindo-se do tio, foi para o estacionamento. Entrou em seu veículo e partiu para a residência dos Kawot.

Ao chegar à mansão dos tios, dirigiu-se à sala de estar e disse para a esposa de Nicholas:

– Tia Elise, fui aprovada no último concurso que prestei. Em breve, serei uma juíza. Tio Nicholas me deu a notícia e estou muito feliz.

Elise, uma mulher de 45 anos, estatura mediana, loira e de olhos verdes, abraçou a sobrinha, parabenizando-a pela aprovação.

Deixando a tia na sala de estar, Michelle foi para o quarto. Sentou-se à frente da penteadeira, pegou a agenda telefônica, consultou alguns números e fez duas ligações, agendando dia e horários para falar com alguém. Em seguida, telefonou para o namorado, pedindo-lhe que fosse visitá-la.

Fabrício chegou após quinze minutos, e os dois foram para o escritório da mansão, para uma conversa mais reservada. Sentaram-se, e a moça contou sobre sua aprovação no concurso público. O rapaz a parabenizou.

– Assim que me tornar juíza substituta, colocarei em prática um plano que idealizei – disse ela. – Para esse plano ter êxito, vou precisar dos serviços de alguns profissionais, entre eles, um médico. Como você é o homem que eu amo e com quem um dia irei me casar, quero que me auxilie a executar o plano. Se ele sair conforme planejei, ficaremos ricos.

E ela contou uma parte do plano, omitindo de propósito o que não queria que ele soubesse.

– Sou contra o que pretende fazer para enriquecer. Não conte com os meus serviços médicos para auxiliá-la – falou o namorado. – E a aconselho a desistir. Como juíza, receberá um ótimo salário e, se for organizada, logo ficará rica.

– Como o amo e não quero fazer nada para desagradá-lo, acatarei seu conselho e esquecerei o plano – mentiu Michelle. – Mudando de assunto, hoje à noite quero comemorar minha aprovação no concurso. Vamos jantar em um restaurante. Depois iremos a outro local, comemorarmos do modo como você me faz ser feliz em seus braços.

Ele concordou. Combinaram o horário do jantar, e Fabrício retornou à sua casa.

⁂

Ao chegar à Mansão Tilewes, Fabrício encontrou os pais e o irmão conversando com os trigêmeos Matielin. Estranhou os garotos estarem ali às catorze horas, porque o irmão os buscava no orfanato sempre no finalzinho da tarde. Sem cumprimentá-los, dirigiu-se à escada e escutou:

– Boa tarde, senhor Fabrício. Parabéns! – exclamou Derek.

O rapaz virou-se e disse:

– Hoje não é meu aniversário, e você não tem nenhum motivo para me parabenizar.

– O senhor foi aprovado no concurso da Secretaria de Saúde do Estado – insistiu Derek. – A publicação do resultado foi antecipada, porque a Secretaria logo convocará os aprovados para tomarem posse dos cargos. Seu nome está na lista dos aprovados, sendo esse o motivo de tê-lo parabenizado. Veja, eu trouxe a página do jornal.

Fabrício virou-se e pegou a lista que Derek lhe estendeu. Consultou o nome dos aprovados e, ao confirmar que seu nome ali estava, ficou muito feliz. Os pais e o irmão o parabenizaram também.

– Senhor Fabrício, sei que o senhor não quer contato comigo e com meus irmãos, mas, nesta ocasião em que demonstra estar feliz, me permitirá abraçá-lo? – indagou Derek.

Fabrício lembrou-se de que só soubera do concurso por causa do garoto. Lembrou-se também das dicas de memorização que o haviam ajudado a fazer uma boa prova. Não simpatizava com crianças e queria distância delas, mas Derek era diferente, demonstrando só querer o seu bem. Inclinou-se e recebeu o abraço infantil, surpreendendo-se assim que o garoto beijou sua fronte e lhe disse:

– Que Deus abençoe sua vida como futuro médico da Secretaria de Saúde do Estado do Rio Grande do Sul. – Depois se afastou e juntou-se aos irmãos.

– Vamos comemorar a aprovação com champanhe e refrigerantes para os garotos – falou Flaviana. – Hoje à noite, vamos celebrar com um jantar especial, em que o Fabrício convidará seus amigos, sua namorada e os tios dela.

– Excelente ideia, Flaviana! O jantar será a ocasião ideal para conhecermos os tios da namorada do Fabrício – disse Gilson.

– Não gosto desse tipo de jantar, mas, se o papai e a mamãe assim desejam, convidarei a Michelle, seus tios e alguns raros amigos – concordou Fabrício.

– Durante o jantar, eu e meus irmãos ficaremos no quarto – disse Derek.

– Esta comemoração só acontecerá porque você me alertou sobre as inscrições para o concurso – falou Fabrício. – Você é o meu primeiro convidado para o jantar. Seus irmãos também estão convidados. E o "endiabrado" – apontou para David – deve se comportar igual ao "invisível" – apontou para Daniel.

– Eu não sou endiabrado, e o Daniel não é invisível. Nós dois...

– Os dois são garotos educados, que se comportarão bem durante o jantar – falou Derek, interrompendo David.

Flaviana foi à cozinha e solicitou que Anita providenciasse o champanhe e o refrigerante, que foram servidos aos Tilewes e aos trigêmeos.

Fabrício se dirigiu ao telefone. Fez três ligações, convidando Michelle, os tios dela e mais dois amigos para o jantar. Depois voltou a se servir de mais champanhe e começou a conversar animadamente com os familiares. Os trigêmeos escutavam sem se manifestarem.

⚬⚭ ⚭⚬

Às 21 horas, Michelle e os tios chegaram à residência dos Tilewes, sendo recebidos por Fabrício, que os conduziu à sala de estar e fez as apresentações:

– Juiz Nicholas e Elise Kawots, apresento-lhes Gilson e Flaviana Tilewes, meus pais.

– Sejam bem-vindos à nossa residência – disse Flaviana.

– Este é o Marcello, nosso filho caçula – apresentou Flaviana. – Estes são os trigêmeos Matielin, afilhados do Marcello.

O rapaz cumprimentou o juiz e sua esposa. Derek se aproximou do juiz e disse:

– Juiz Nicholas, é um prazer revê-lo. Talvez o senhor não se recorde dos trigêmeos Matielin, mas eu me recordo do senhor e, em nosso nome, quero agradecer por nos ter enviado ao Orfanato Menino Jesus. Nele encontramos um novo lar e pessoas bondosas que se importam conosco.

– Eu me recordo dos três. Você é o garotinho inteligente que segurava a mão dos irmãos, dizendo que iria cuidar deles – falou Nicholas. – Fico feliz em saber que encontraram um novo lar no orfanato.

Derek voltou a se sentar ao lado dos irmãos. Anita serviu bebidas, sucos e aperitivos.

Quando os dois amigos de Fabrício com as respectivas namoradas chegaram, o rapaz os apresentou aos presentes. Um dos rapazes reconheceu o juiz Nicholas como um de seus professores em uma universidade privada. Logo começaram a falar sobre Direito.

Durante o jantar, David se comportou bem. Depois, voltaram a se reunir na sala de estar e conversaram sobre diferentes assuntos. Em particular, Fabrício disse a Michelle que a comemoração referente à sua aprovação no concurso de juíza ficaria para o dia seguinte. Ela concordou, e se juntaram aos outros. Transcorridos trinta minutos, os convidados se despediram e partiram.

꧁꧂

No dia seguinte, às onze horas, Michelle se dirigiu ao Orfanato Menino Jesus e pediu para falar com irmã Goreth. A freira chegou em cinco minutos e a cumprimentou.

– Quero falar com você em particular, sobre um assunto do seu passado – disse Michelle.

Irmã Goreth a conduziu a uma sala e fechou a porta. Elas se sentaram, e Michelle entregou à freira um envelope, pedindo-lhe que conferisse o que ele continha. A freira obedeceu e, após verificar o conteúdo, indagou:

– Como conseguiu a documentação e as fotos?

– Esse é um segredo meu – disse Michelle. – Preciso de você para compor um grupo que executará um plano. Em poucos anos, todos os membros do grupo estarão ricos. Se não cooperar, transformarei sua vida em um inferno.

Roberto Diógenes ditado por Sulamita | 89

Quando falou o que faria para prejudicá-la, irmã Goreth percebeu que estava diante de uma pessoa perversa, cruel e maligna.

– Se você cooperar com o plano, ficará rica, e o grupo a ajudará a se vingar de seu maior inimigo – falou Michelle.

– Ficar rica e vingar-me é tudo o que eu mais desejo – disse a freira. – Conte comigo.

As duas conversaram por vinte minutos e, após a conversa, Michelle partiu.

ℛℰ ℌℛ

Na segunda-feira, às quinze horas, Michelle chegou à Mansão Tilewes. Flaviana a cumprimentou e, conduzindo-a à sala de estar, disse que iria informar Fabrício sobre sua presença.

– Não vim falar com o Fabrício. Não estou aqui como namorada dele. Estou exercendo minhas funções como assistente social, responsável por acompanhar o processo de adoção dos trigêmeos Matielin. Vim entrevistar o senhor Marcello Tilewes. Ele se encontra?

– Vou chamá-lo – disse Flaviana, que logo retornou com o filho e Gilson.

Os dois cumprimentaram a moça, e ela disse:

– Senhor Marcello Tilewes, sou a assistente social responsável por redigir um relatório referente à adoção dos trigêmeos Matielin. Preciso entrevistá-lo, mas, antes da entrevista, quero conhecer toda a mansão, principalmente os quartos e demais locais que serão destinados aos garotos.

– A Vara da Infância e da Juventude deveria ter enviado outra assistente social para...

– Não estou interessada em saber a sua opinião – falou Michelle, cortando a fala de Marcello. – Já lhe informei o que vim fazer aqui e estou esperando o senhor agir para executar o que lhe solicitei.

Marcello olhou para os pais. Gilson falou:

– Está tudo bem, Michelle. Pode vir conosco.

Deixaram a sala de estar e, passados vinte minutos, retornaram e se sentaram. Michelle abriu a pasta, retirou um questionário

90 | Órfãos do amor

e começou a entrevistar Marcello, escrevendo as respostas no questionário. Ao concluir a entrevista, disse:

– Entrevistarei outras pessoas e em algumas semanas redigirei o relatório. Quando estiver concluído, a Vara da Infância e da Juventude entrará em contato com o senhor.

Dirigiu-se à garagem e ordenou ao motorista que a levasse de volta ao local de trabalho. Vendo-a partir, Marcello telefonou para seu advogado e o informou sobre o ocorrido.

⁂

Nos dias seguintes, Michelle esteve no hospital onde Marcello trabalhava e no orfanato, onde atuava como voluntário. Fez as entrevistas com quem desejava e falou para madre Felícia que queria entrevistar separadamente os trigêmeos.

Os garotos foram levados até a sala da madre. David foi o primeiro a ser entrevistado por Michelle. Em seguida, Daniel, que se recusou a ficar sozinho com ela, sendo entrevistado na companhia de Derek, que transmitia o que o irmão lhe sussurrava. Finda essa entrevista, ela ordenou a Daniel que a deixasse sozinha com Derek.

Assim que se viu a sós com o menino, ela o encarou e disse:

– Não me esqueci de que você e aquele pediatrinha que quer adotá-los me prejudicaram no passado. Se existe algo que ele nunca vai conseguir é ser pai adotivo dos Matielin, pois me empenharei para vocês serem adotados por três famílias diferentes, que residam em diferentes estados brasileiros – falou com ar de afronta, partindo apressada em seguida.

O espírito Georg, que tinha acompanhado as entrevistas, volitou até o escritório de Álvaro. Fez uma rapidíssima prece e, colocando a mão direita na cabeça do advogado, sussurrou-lhe como deveria proceder para que Marcello conseguisse a adoção dos Matielin. Orientou-o também sobre como conseguir a adoção de Giselle, a quem ele e a esposa estavam visitando no orfanato e com quem tinham se encantado, sendo correspondidos pela menina em seus sentimentos.

Notando que Álvaro havia acatado o que lhe foi sugerido, Georg seguiu volitando para a cidade espiritual onde vivia.

Roberto Diógenes ditado por Sulamita | 91

Capítulo 8

FILHOS ADOTIVOS

Quinze dias se passaram, e a audiência de adoção dos trigêmeos Matielin foi agendada. Derek e os irmãos, Marcello e seu advogado, os Tilewes, os Kassiel e outras pessoas interessadas compareceram à Vara da Infância e da Juventude, onde a audiência aconteceria. O espírito Georg estava em pé, próximo aos trigêmeos.

Perto do juiz Nicholas Kawot estavam um escrivão, Michelle e uma psicóloga, que também havia acompanhado o processo de adoção.

– Boa tarde! – cumprimentou o escrivão. – Estamos reunidos para iniciar a sessão presidida pelo juiz Nicholas Kawot, referente à adoção dos trigêmeos Matielin, solicitada pelo senhor Marcello Tilewes.

O juiz cumprimentou os presentes e disse:

– Senhor Marcello Tilewes, há meses o senhor solicitou a adoção dos trigêmeos Matielin, e o processo foi concluído. Antes de iniciarmos a sessão, solicito ficarmos em pé e cantarmos os parabéns aos Matielin, que nesta data completam oito anos.

Cantaram e, em seguida, o juiz solicitou à assistente social e à psicóloga que apresentassem seus relatórios. A psicóloga,

92 | Órfãos do amor

uma mulher alta, de cabelos e olhos negros, com 36 anos, após cumprimentar os presentes, falou:

– Meritíssimo juiz Nicholas Kawot, após entrevistas, sessões e testes psicológicos realizados com o senhor Marcello Tilewes e os trigêmeos Matielin, concluí que o candidato à adoção é emocionalmente equilibrado e uma pessoa amorosa e atenciosa com os garotos. Estes demonstraram amor e carinho pelo futuro pai, e o desejo de serem seus filhos. O meu relatório é favorável à adoção.

Michelle ficou em pé e disse:

– Meritíssimo juiz Nicholas Kawot, diferentemente de alguns profissionais que ficam trancados em um consultório, eu, como profissional competente e interessada, entrevistei o senhor Marcello Tilewes em sua residência e conheci o local que o candidato destinou à moradia dos garotos. Visitei o hospital onde o candidato trabalha e o orfanato onde realiza seu voluntariado. Entrevistei médicos e enfermeiros que trabalham diretamente com ele. Entrevistei também religiosas que residem no orfanato. As visitas e entrevistas me levaram à conclusão de que o senhor Marcello Tilewes não é a pessoa adequada para adotar os trigêmeos Matielin.

A seguir, Michelle leu o relatório, que só apresentava informações negativas sobre Marcello, colhidas em entrevistas realizadas com irmã Goreth, além de com um médico e um enfermeiro que não simpatizavam com o rapaz.

– Meritíssimo juiz Nicholas Kawot, nada tenho contra a forma com que a assistente social exerceu suas funções profissionais neste processo, mas não é estranho seu relatório apontar apenas as entrevistas realizadas com uma religiosa do orfanato e dois profissionais do hospital público onde ele trabalha? – perguntou a psicóloga. – Se, no hospital, o candidato à adoção trabalha em uma equipe, e se a responsável pelo orfanato é a madre Felícia, por que não aparecem no relatório as entrevistas com ela e outros membros da equipe do hospital?

O juiz direcionou a pergunta para a assistente social, que respondeu:

– Eu conversei com as pessoas que trabalham com o senhor Marcello Tilewes, mas não entrevistei nenhum bajulador dele. É por isso que meu relatório sobre o candidato à adoção só aponta informações verídicas, revelando que ele não será um bom pai para os meninos.

O juiz virou-se para o advogado e falou:

– Doutor Álvaro Rudefin, quero ouvi-lo a respeito do que a psicóloga e a assistente social apontaram em seus relatórios.

O advogado fez uma brilhante defesa de Marcello, mostrando ser ele a pessoa mais indicada para adotar os trigêmeos, concluindo assim sua fala:

– Meritíssimo, para respaldar a minha defesa, solicito à Sua Excelência permitir que os familiares do senhor Marcello Tilewes, as religiosas do Orfanato Menino Jesus e os profissionais de saúde que trabalham com ele se manifestem sobre a índole do meu cliente.

O juiz concedeu a permissão, e todos os que ali se encontravam teceram excelentes elogios sobre a atuação de Marcello como pediatra no hospital e como voluntário no orfanato, destacando suas virtudes e dizendo acreditarem que o rapaz seria um ótimo pai adotivo para os irmãos Matielin.

Fabrício falou:

– Marcello é um bom irmão, uma ótima pessoa e um rapaz caridoso que, antes de pensar nele, pensa nos outros. Embora sejamos irmãos, somos muito diferentes. Eu não suporto crianças e não as quero perto de mim. Ele se importa com elas, doando-lhes carinho e atenção e tudo fazendo para vê-las felizes. É padrinho de fim de semana dos trigêmeos Matielin, e, quando os garotos estão em nossa mansão, eu nunca vi ali um padrinho cuidando de afilhados, mas um pai doando atenção, carinho e amor fraterno aos filhos, o que me levou a concluir que, se na Terra existe um homem que nasceu para ser pai, ele se chama Marcello Tilewes.

Emocionado, Marcello fixou o olhar no irmão, surpreso com sua fala. Álvaro e Nicete disseram que, se não fossem Marcello e Derek, os dois não teriam se interessado pela órfã Giselle,

94 | Órfãos do amor

cuja adoção lhes fora concedida um pouco antes. Giselle falou para o juiz que o dr. Marcello era muito bonzinho com todos os órfãos e cuidava bem da saúde das crianças e dos adolescentes que viviam no orfanato, sendo amigo de todos.

Nicholas indagou aos trigêmeos se queriam ser adotados por Marcello.

– O tio Marcello é a melhor pessoa do mundo. Ele é o pai que todos os órfãos gostariam de ter. Eu quero ser adotado por ele, que será um bom pai para mim e para os meus irmãos – disse David.

Daniel sussurrou algo para Derek, que repetiu aos presentes. Ele disse que o irmão, apesar de calado e introspectivo, concordava com as palavras de David.

– Juiz Nicholas Kawot, não existem palavras para descrever a bondade do tio Marcello – falou Derek. – No Orfanato Menino Jesus, ele e madre Felícia são o pai e a mãe que todos os órfãos do amor sonham possuir quando forem adotados. O tio Marcello cuida com zelo da saúde dos órfãos do amor, concede atenção para todos e os aconselha quando solicitam sua opinião sobre os mais variados assuntos. Desde que ele se tornou nosso padrinho de fim de semana, sua atenção para comigo e meus irmãos se intensificou. Quando estamos com ele, fingimos que ele é o nosso padrinho de fim de semana, e ele finge que somos seus afilhados, mas os nossos corações nos dizem que já somos pai e filhos. Na residência dos Tilewes, o tratamento que recebemos é tão especial que sentimos falta daquele ambiente quando voltamos para o orfanato. Se hoje o meritíssimo conceder a adoção dos trigêmeos Matielin ao senhor Marcello Tilewes, estará nos ofertando o melhor presente que recebemos desde que os nossos pais biológicos faleceram. Um presente especial que nos tirará da condição de órfãos do amor.

– O que são órfãos do amor? – o juiz indagou ao garoto.

O espírito Georg sussurrou as mesmas palavras que já havia dito outras vezes sobre o significado de órfãos do amor, e Derek as repetiu na íntegra.

– Excelente explicação! – exclamou Nicholas. Depois pediu a todos que ficassem de pé e declarou: – Eu, juiz Nicholas Kawot, titular desta Vara da Infância e da Juventude, autorizo a adoção dos trigêmeos Matielin pelo senhor Marcello Tilewes.

Com exceção de Michelle, todos bateram palmas. O juiz virou-se para o escrivão e pediu:

– Redija o parecer favorável ao senhor Marcello Tilewes sobre a guarda dos trigêmeos Matielin.

– Meritíssimo, a guarda deverá ser provisória, igual às outras concedidas a pais adotivos – falou Michelle. – Quando o prazo se esgotar, o senhor Marcello Tilewes retorna a essa Vara para solicitar a guarda definitiva.

– Escrivão, a guarda a ser redigida deverá ser provisória – disse o juiz. Depois, voltando-se para Marcello, deixou-o ciente dos direitos e deveres em relação à guarda dos trigêmeos. Parabenizou o rapaz pela adoção, aproximou-se de Derek e seus irmãos, e falou: – Fico feliz em ter deferido a adoção dos três, que deixarão de ser órfãos do amor.

Cumprimentou-os pela conquista do pai adotivo e, afastando-se, assinou o documento que o escrivão lhe entregou, repassando-o a Marcello. Depois se ausentou, acompanhado pela equipe de funcionários da Vara.

Marcello e os trigêmeos foram parabenizados por familiares e amigos presentes. O rapaz os convidou para comemorarem o aniversário dos trigêmeos e a adoção dos garotos, à noite, na mansão. Deixaram o local e todos seguiram para a própria residência.

ଇରେ ଗ୍ବ

No Orfanato Menino Jesus, após se despedir de todos os órfãos, Derek agradeceu às religiosas por terem cuidado dele e dos irmãos. Abraçou madre Felícia, agradecendo pelo carinho e pela atenção dispensados a ele e aos irmãos, dizendo:

– Eu a visitarei, porque a senhora é muito importante em minha vida e na dos meus irmãos. Na hora em que mais necessitamos, estendeu suas mãos em nossa direção e nos ofertou um lar. Deus a abençoe e lhe conceda muita saúde e paciência para continuar sendo a mãe dos órfãos do amor. – Beijou a fronte da religiosa, e ela se emocionou.

Derek seguiu abraçando todas as religiosas. Irmã Aureliana, que era muito apegada a ele, chorou, prometendo visitá-los no novo lar, junto com a madre.

Os Matielin entraram no carro de Marcello e partiram para a Mansão Tilewes.

Às vinte horas, Michelle chegou à residência do namorado e o encontrou ao lado dos pais, do irmão e dos trigêmeos. A moça os cumprimentou e disse para Fabrício:

– Vim lhe avisar que o estou esperando há uma hora em minha casa para irmos aonde tínhamos combinado. Esqueceu-se do nosso compromisso?

– Esqueci de telefonar para adiá-lo. Esta noite, ficarei na mansão, onde serão comemorados a adoção e o aniversário dos filhos do Marcello – ele respondeu.

– Você, que não gosta de crianças, deixará de sair com sua namorada para participar do aniversário dos trigêmeos?

– Ele ficará ao lado da família para as comemorações – disse Gilson. – Aliás, comemoração que não seria possível se o juiz tivesse acatado o seu falso relatório sobre o Marcello. Sou ciente de que não simpatiza com o meu filho, nem ele com você, mas jamais imaginei que sua antipatia por ele fosse tão grande a ponto de tentar prejudicá-lo.

– O meu relatório contra a adoção foi uma estratégia para o juiz ser favorável a ela, porque, se todos só tivessem apontado as qualidades do candidato à adoção, ele poderia desconfiar e solicitar que novos relatórios fossem apresentados – mentiu Michelle.

– Eu não sou cego nem imbecil. Por isso, não vou acreditar nessa mentira – disse Gilson, que, cravando o olhar no dela, acrescentou: – Não aprovo o seu namoro com o Fabrício, por não vê-la como a namorada ideal para o meu filho, mas ele é

Roberto Diógenes ditado por Sulamita | 97

maior de idade e namora a mulher que desejar. Porém, você não é mais bem-vinda em minha residência. Vá embora e nunca mais apareça aqui.

Michelle olhou para o namorado, esperando que ele fosse defendê-la, mas Fabrício ficou em silêncio. Depois de encarar Gilson, Marcello e os trigêmeos com um olhar de ódio, entrou em seu veículo e partiu, jurando que se vingaria dos cinco.

– Vamos entrar e nos organizar para receber os convidados – disse Gilson, assim que Michelle foi embora.

Todos o obedeceram sem nada mencionar, pois aquela atitude já havia sido informada de antemão, e os envolvidos haviam concordado em não interferir quando Michelle fosse expulsa da mansão. Transcorrida uma hora, os convidados chegaram, e a comemoração teve início.

∞ℓ ℓ∞

No dia seguinte, Marcello levou os filhos adotivos a alguns colégios privados de Porto Alegre. Os pais seguiram com eles, e o rapaz optou por matricular os garotos na instituição de ensino cuja proposta pedagógica lhe pareceu ser a mais adequada à aprendizagem dos irmãos. Gilson e Flaviana concordaram com a escolha do colégio onde os netos estudariam e se comprometeram em auxiliar Marcello com o pagamento das mensalidades.

– O fato de seu colégio possuir um programa para alunos superdotados foi decisivo – disse Marcello ao diretor. – Derek é superdotado e espero que o programa possa auxiliá-lo.

Derek foi matriculado no matutino. David e Daniel, no vespertino, estudariam na mesma sala de aula. Do colégio, seguiram para o consultório de uma psicóloga infantil, e Marcelo falou com a profissional sobre a timidez de Daniel.

A psicóloga disse ter larga experiência em tratamentos com crianças tímidas e, resumidamente, explicou como seria o tratamento. Daniel sussurrou algo no ouvido de Derek, e este falou:

– Papai, o Daniel não se submeterá ao tratamento, porque não conseguirá ficar trancado no consultório com uma desconhecida.

Marcello se emocionou ao escutar o garoto chamá-lo de pai.

– Embora seu irmão não queira se submeter ao tratamento, eu saberei como lidar com ele – disse a psicóloga. – Sou eficiente em minha profissão, e o seu irmão não será a primeira criança tímida que atenderei. Muitas outras já foram beneficiadas com o meu tratamento.

– Foram beneficiadas porque se submeteram ao tratamento, que não será eficaz ao Daniel, porque ele não o deseja. O que a senhora estudou sobre o comportamento infantil nas teorias de Henri Wallon, Jean Piaget, Melaine Klein e Sigmund Freud não o auxiliarão, porque nenhuma mente funciona igual à outra. Mesmo sendo eficiente em sua profissão, seu tratamento não conseguirá ajudá-lo, porque ele não quer a sua ajuda – falou Derek.

– Senhor Marcello Tilewes, o seu filho é...

– Um superdotado, que já estudou as teorias psicológicas sobre o comportamento infantil – disse Marcello, interrompendo a psicóloga. – Eu e a senhora sabemos que Derek está correto no que mencionou. Se Daniel não quiser o tratamento, seus serviços profissionais não serão necessários.

– Agiu corretamente em não permitir que meu neto se submeta a um tratamento que ele não deseja – observou Flaviana.

Gilson disse concordar com a fala da esposa, enquanto se retiravam do consultório e retornavam para a Mansão Tilewes.

༒

Transcorridas três semanas, Marcello foi convocado para comparecer ao colégio no turno da manhã. Quando ele e Derek estavam na sala do diretor, a orientadora educacional disse:

– Assim que a equipe pedagógica do colégio constatou a superdotação de Derek, informou à Secretaria Municipal de Educação sobre o resultado da avaliação. A secretaria enviou uma equipe para realizar novos testes com o seu filho; foram feitos exames em diferentes disciplinas, e ele deve ser adiantado em duas séries. Derek deixará a turma da segunda série do Ensino Fundamental e passará para a quarta série.

– Uma professora, membro da equipe da Secretaria, faz doutorado em superdotação em uma universidade pública – completou o diretor. – Ela dirige um grupo de alunos superdotados e está no colégio para conversar com o senhor e solicitar sua autorização para Derek fazer parte do grupo. – O homem pegou um livro de sua mesa, abriu-o em uma página que já estava marcada e falou: – Derek será adiantado em duas séries porque o artigo 59 da Lei de Diretrizes e Bases da Educação Nacional[1] determina que "os sistemas de ensino assegurarão aos educandos com necessidades especiais: inciso II – terminalidade específica para aqueles que não puderem atingir o nível exigido para a conclusão do ensino fundamental, em virtude de suas deficiências, e aceleração para concluir em menor tempo o programa escolar para os superdotados". – Fechou o livro e indagou se Marcello estava de acordo com que Derek fosse adiantado em duas séries.

O rapaz concordou e parabenizou o filho pela conquista. O diretor e a orientadora educacional também deram os parabéns a Derek. Pai e filho conversaram com a professora da universidade, e Derek se tornou o novo membro do grupo de alunos superdotados, acompanhados pela pesquisadora. A orientadora educacional conduziu Derek até a turma da quarta série, e Marcello se dirigiu ao hospital para um novo dia de trabalho.

❧ ❧

No horário do almoço, quando os Tilewes e os Matielin estavam se alimentando, Marcello deu a notícia sobre Derek. Os avôs parabenizaram o neto. Fabrício, que já tinha começado a trabalhar em um hospital público da cidade, nada mencionou.

– Papai, eu e o Daniel também seremos adiantados em duas séries? – perguntou David.

– Só se estudarem igual ao Derek – respondeu Marcello.

– Prefiro continuar na segunda série a ter que me matar de estudar igual ao Derek – falou David. Marcello e os avós riram.

– Esta semana está muito calor e sugiro comemorarmos a conquista do Derek em nossa casa de praia, em Tramandaí – sugeriu Marcello.

---

[1] Lei n. 9.394, de 20 de dezembro de 1996. (Nota da autora espiritual.)

Todos aprovaram a ideia.

– Tio Fabrício, o senhor irá conosco? – perguntou Derek.

– Não sou seu tio, nem dos seus irmãos – o rapaz respondeu. – Já lhe disse várias vezes que não gosto de crianças e não vou perder o meu fim de semana cuidando dos filhos adotivos do Marcello. Você e seus irmãos não têm o sangue dos Tilewes e não são membros verdadeiros da família. Por isso, nada significam para mim.

– Se somos filhos do seu irmão, o senhor é nosso tio, e vou continuar chamando-o de tio. Só não o chamarei assim se o senhor proibir – disse Derek. – Tio Fabrício, eu ficaria feliz se o senhor fosse conosco para a praia. Seria uma boa oportunidade para me conceder sua atenção. Talvez, conversando, eu compreenda o motivo de nos tratar com tanta indiferença, mesmo que façamos tudo para agradá-lo.

Fez uma pausa para respirar e continuou:

– Por que o senhor não entende que me importo com o seu bem-estar? Se só desejo o seu bem, é porque quero ser seu amigo. Por que o senhor não compreende isso? Ser amigo de uma criança lhe parece tão ruim?

– E por que você, sendo um superdotado, não consegue entender que eu não simpatizo com crianças e não quero ser seu amigo? – indagou Fabrício. – Proíbo-os de me chamarem de tio. O fato de Marcello tê-los adotado não muda o tratamento que eu lhes dispensava. Continuarei ignorando-os e mantendo distância. Não irei à praia e assunto encerrado.

– O que lhe custaria se sentar com Derek para conversarem? – questionou o pai.

Fabrício ignorou a pergunta e ficou em silêncio até todos concluírem a refeição. Depois foi para o quarto e, após quinze minutos, regressou ao hospital onde trabalhava. Flaviana e Gilson seguiram para a universidade onde lecionavam. Marcello levou David e Daniel ao colégio e também seguiu para o trabalho.

Na sexta-feira à noite, Marcello, seus pais e os trigêmeos seguiram para Tramandaí, uma das cidades litorâneas do Rio Grande do Sul. Os trigêmeos se divertiram muito na praia. O tratamento que receberam lhes demonstrou serem amados e especiais. Quando regressaram para Porto Alegre, retomaram suas vidas.

୬ଵୖ ୨୦ଵ

Na semana seguinte, Marcello e os filhos adotivos, e Álvaro, Nicete e Giselle, filha adotiva do casal, acompanharam Denise e uma equipe da emissora de televisão dos Kassiel até o Orfanato Menino Jesus. Denise os entrevistou sobre os benefícios da adoção tardia. Derek disse o quanto ela é importante, explicando o que significa ser órfãos do amor.

Giselle e David deram depoimentos de como era triste ser um órfão e como estavam felizes após serem adotados. Marcello falou do quanto fora importante ter sido padrinho de fim de semana dos trigêmeos, antes da adoção. Madre Felícia explicou como funcionava o apadrinhamento. Álvaro e Nicete disseram na entrevista como a vida deles tinha ganhado novo sentido após terem parado de investir em tratamentos médicos para ela engravidar e adotado um órfão do amor.

À noite, a entrevista foi ao ar no jornal local. Nos dias seguintes, o orfanato recebeu a visita de muitos casais e algumas pessoas solteiras. Todos os órfãos que não tinham padrinhos de fim de semana ganharam um padrinho ou uma madrinha. Dois casais se interessaram pela adoção tardia.

୬ଵୖ ୨୦ଵ

Conforme os dias e as semanas passavam, Marcello se dedicava aos filhos adotivos, auxiliando-os quando necessitavam dele, sendo um pai presente e amigo. Aprendeu a lidar com a timidez de Daniel, que começou a trocar algumas palavras com ele, sempre em voz baixa. Agora já permitia que Marcello o abraçasse e o carregasse nos braços quando brincavam. Soube como lidar com as artes que David aprontava e como lhe oferecer a atenção e o amor de que o garoto tanto necessitava. Tornou-se muito amigo de Derek, que só lhe dava orgulho e se comportava de forma exemplar.

Os pais, sempre que os observavam juntos, concluíam que a adoção fora uma bênção ao rapaz e aos meninos. O casal, que a cada dia estava mais apegado aos netos, ajudava o filho a cuidar dos trigêmeos e se sentia feliz quando os garotos os chamavam de avós, respondendo que os amavam.

Fabrício, na convivência diária com os trigêmeos, descobriu que Derek era mesmo um garoto amoroso, educado e gentil. Percebeu que Daniel era mais tímido do que ele supunha. Viu que David era mais endiabrado do que imaginava e não conseguia simpatizar com o garoto. Em algumas ocasiões, tinha vontade de espancá-lo. Fabrício não compreendia aquele sentimento, pois David nunca lhe fizera nada de ruim. A explicação poderia estar em uma vida passada, mas, como ele não acreditava em vidas passadas e demais afirmações da Doutrina Espírita, descartava essa hipótese.

Anita e os outros dois funcionários da mansão, Edna e o jardineiro, gostavam dos garotos e lhes davam bastante atenção. Denise ajudava o namorado a cuidar dos filhos adotivos e saíam juntos para se divertir.

Marcello e os pais, quando se dirigiam à Casa Espírita, levavam os trigêmeos. Derek estudou, assimilou o conteúdo das obras que Allan Kardec codificou e decidiu continuar estudando o espiritismo, assumindo a condição de espírita.

O espírito Georg costumava visitar os trigêmeos Matielin e, após constatar que os garotos estavam sendo bem cuidados, partia para outros locais da cidade ou retornava para onde vivia.

Derek, semanalmente, visitava o Orfanato Menino Jesus e conversava com todas as freiras. Ele auxiliava nas lições os órfãos que possuíam dificuldades de aprendizagem e, antes de retornar para a Mansão Tilewes, beijava a fronte de madre Felícia, mencionando que nunca esqueceria o bem que ela lhe fizera. Dizia o mesmo para irmã Aureliana, e elas se emocionavam, pois jamais tinham conhecido um garoto tão meigo, educado e grato. Madre Felícia e irmã Aureliana visitavam os trigêmeos uma vez ao mês no lar dos Tilewes.

Roberto Diógenes ditado por Sulamita | 103

Quem também visitava mensalmente os trigêmeos e o pai deles, e os entrevistava, era uma assistente social da Vara da Infância e da Juventude enviada por Michelle, que a instruíra a anotar todos os pontos negativos sobre a forma como Marcello tratava os trigêmeos.

Michelle continuava namorando Fabrício, que andava descontente com o namoro, mas não o rompia porque não queria ficar sozinho. Após seis meses atuando como juíza substituta na Vara da Infância e da Juventude, o desembargador Nicholas conseguiu nomear a sobrinha como juíza titular, devido ao falecimento do juiz. Michele assumiu o cargo mesmo sem ter completado o tempo necessário à promoção.

Quando assumiu a titularidade da função, colocou em prática o plano que tinha idealizado. Irmã Goreth se tornou sua grande aliada no grupo, desempenhando com perfeição as funções que lhe haviam sido imputadas.

A freira contava os dias para se vingar de sua grande inimiga e aguardava ansiosa a vingança se concretizar, para então ir embora do orfanato e seguir sua vida conforme desejava. Se o plano da juíza não funcionasse, ao fim de seu estágio no orfanato, tudo faria para a congregação nomeá-la diretora da instituição. Depois da adoção dos trigêmeos, o dr. Marcello tinha deixado de lhe parecer uma ameaça.

Capítulo 9

APELO AO CORAÇÃO

As semanas e os meses seguiam seu curso. Dia após dia, a convivência de Marcello com os filhos os tornou grandes amigos. O rapaz continuava namorando Denise e, ao lado da moça, desfrutava momentos agradáveis.

Uma noite, Gilson e Flaviana convidaram Marcello para conversar no escritório, dizendo ter um assunto importante para ser tratado e solicitando segredo sobre o que iria escutar. Em seguida, contaram ao filho sobre os bens da família e o que tinham decidido fazer.

Marcello disse que apoiaria a decisão, mas impôs uma condição. Assim, os pais telefonaram para um amigo, e Marcello para uma grande amiga, convidando-os para se encontrarem no escritório de advocacia de Álvaro, que havia se tornado o advogado dos Tilewes.

Transcorridos trinta minutos no escritório do advogado, os Tilewes disseram o que desejavam. Álvaro redigiu o testamento de Gilson, Flaviana e Marcello Tilewes. As duas pessoas amigas assinaram como testemunhas, despediram-se do advogado e seguiram para suas residências.

Os dias iam passando e, uma semana antes de os filhos adotivos completarem nove anos, Marcello decidiu fazer uma festa-surpresa para eles na casa de praia de Tramandaí. Conversou com Denise e os pais sobre sua decisão, e os três o ajudaram a preparar a festa.

Dois dias antes de a comemoração acontecer, Marcello e os pais deram grande atenção aos trigêmeos, brincando com eles e lhes dizendo nutrir sincero amor fraterno pelos três. Abraçaram e beijaram a fronte dos garotos com tanto carinho e ternura, que Derek falou:

— Do modo como se comportam, parece até que estão se despedindo de nós. Por acaso irão viajar e nós não poderemos ir?

— Não iremos viajar. Vamos realizar um serviço que durará muitas horas e só retornaremos à noite – disse Marcello. – Como será a primeira vez, depois da adoção, que ficaremos tanto tempo distante dos três, antes de partirmos queríamos lhes demonstrar o quanto os amamos.

— O senhor e os avós vivem dizendo que nos amam. Nós também os amamos – disse David.

Marcello, Gilson e Flaviana despediram-se deles e de Anita, pedindo a ela informar para Fabrício que só regressariam à noite. Entraram no carro de Gilson, cujo porta-malas estava repleto de material para a festa-surpresa dos garotos, e partiram para Tramandaí.

Após pouco mais de uma hora de viagem, chegaram a Tramandaí e começaram a organizar a casa. O espírito Georg ficou observando o trabalho deles. Levaram uma hora para concluírem a organização e colocaram os presentes dos garotos em um dos quartos. A seguir, partiram para Porto Alegre, sempre seguidos por Georg.

Após Gilson dirigir por dez minutos, o carro parou e não funcionou mais. Como ainda estavam em Tramandaí, foram até uma oficina. Gilson conversou com o mecânico, contratou seus serviços e seguiram para onde o veículo estava. O profissional informou qual era o defeito e disse que levaria três dias para consertá-lo. Gilson preencheu uma folha de cheque e entregou a ele, que partiu rebocando o veículo para a oficina. Os Tilewes retornaram para a casa de praia, e Georg continuou seguindo-os.

Antes de entrarem na casa, Gilson se dirigiu a um telefone público, discou o número do trabalho de Fabrício e conseguiu convencê-lo a ir buscá-los.

– Filho, quando estiver vindo para Tramandaí, dirija com cuidado, porque está começando a chover aqui no litoral e a pista pode estar perigosa – alertou Gilson.

Ele, a esposa e Marcello correram até a casa e nela entraram, assim que Gilson abriu a porta. Os três se sentaram no sofá da sala. Georg ficou em pé, encostado em uma das paredes.

– Em função da chuva, Fabrício levará uns noventa minutos para chegar aqui – disse Gilson. – Marcello, pegue o exemplar de *O Evangelho segundo o Espiritismo* que deixamos na estante e vamos fazer um Culto do Evangelho no Lar.

O rapaz apanhou o livro e, após a mãe fazer uma prece de abertura, ele aleatoriamente abriu o livro no item 3: "Piedade filial", do capítulo 14 – "Honrai vosso pai e vossa mãe". Leu a mensagem e fez um comentário sobre ela. Os pais também a comentaram.

Marcello acrescentou:

– A leitura e os comentários me despertaram o desejo de lhes agradecer por terem cuidado de mim nesta encarnação, doando-me amor fraterno, carinho e atenção, e me educando para ser uma boa pessoa. Sou grato por tudo de bom que fizeram por mim. – Ergueu-se, abraçou os pais e os beijou na fronte. Gilson e Flaviana se emocionaram. A mãe falou:

– Eu e o seu pai nos sentimos honrados por sermos seus pais. Você é um ótimo filho, e nós o amamos. Somos gratos também por ter nos concedido a bênção de sermos avós, com a adoção dos trigêmeos.

– Concordo com sua mãe – disse Gilson. – Você é um excelente filho, que nunca nos deu nenhum problema, e nos sentimos honrados em sermos seus pais. Nós o amamos e desejamos de

Roberto Diógenes ditado por Sulamita | 107

todo o coração que realize seus sonhos e seja feliz na companhia dos seus filhos e, futuramente, de sua esposa.

Abraçaram-se e se sentaram. Gilson fez a prece de encerramento do culto. Georg aproveitou as energias oriundas da prece e espalhou boas vibrações sobre os três. Conversaram sobre diferentes assuntos, enquanto a chuva ia ficando mais forte. Após mais de uma hora, escutaram batidas na porta. Flaviana a abriu e Fabrício, ao entrar, fixou o olhar nos três, dizendo:

– Se não fossem meus familiares, eu não teria saído de Porto Alegre para vir buscá-los em Tramandaí. O que vieram fazer aqui?

– Organizar a casa para a festa-surpresa de aniversário dos nossos netos – respondeu Gilson. – Em dois dias, completarão nove anos.

Fabrício deu uma rápida olhada na sala e disse:

– Não sei o que veem naqueles garotos para sempre paparicá-los. Desde que os intrusos começaram a frequentar a mansão, vocês três só vivem em função deles. – Apontou para o corredor. – Irei ao banheiro e depois partiremos.

Seguiu para o banheiro e, ao regressar, chamou-os para irem embora.

– A chuva está forte – disse Flaviana. – Podemos esperar e...

– Vim dirigindo na chuva e nada me aconteceu, porque sou um bom motorista – falou Fabrício, interrompendo a mãe. – Vim lhes fazer um favor e não vou ficar esperando a chuva passar para retornar. Estou indo agora. – Deu dois passos e escutou:

– Espere. – Era Marcello, que se aproximava. – Obrigado por ter vindo nos buscar. Você é um ótimo filho e um bom irmão! – Abraçou-o, sem ser correspondido.

Fabrício seguiu para o carro. A mãe e o irmão o seguiram. Gilson fechou a casa, correu até o veículo e se sentou no banco do carona. Georg entrou no automóvel e se sentou no banco traseiro, entre Marcello e a mãe.

Quando pegaram a rodovia, Gilson falou:

– Vamos fazer uma prece pedindo a Deus que abençoe a nossa viagem, livrando-nos de acidentes.

– Embora esteja chovendo, eu sou um bom motorista e nada de ruim irá nos acontecer – disse Fabrício. – Este carro é meu

108 | Órfãos do amor

e, sendo ateu, não quero ninguém rezando dentro dele. Já fiz o favor de vir de tão longe para socorrê-los. Contentem-se com isso, e nada de preces dentro do meu carro.

Gilson olhou para trás, piscando para a esposa e Marcello. Virando-se, rezou em silêncio, e Flaviana e Marcello fizeram o mesmo. Georg espalhou boas energias sobre eles e partiu volitando. A chuva continuava forte, e passaram a conversar sobre diversos assuntos. Marcello disse:

– Fabrício, enquanto o aguardávamos, eu agradeci ao papai e à mamãe por terem cuidado de mim, me amado e educado nesta existência. Também quero lhe agradecer por ser um bom irmão. Independentemente de nossas diferenças, eu o amo fraternalmente.

– Eu e seu pai o amamos fraternalmente, Fabrício, e só desejamos o seu bem – disse Flaviana.

– Sim, filho, o fato de você ser diferente do Marcello nunca nos fez amá-lo menos – falou Gilson. – O amor que sua mãe e eu lhe temos é verdadeiro. Em nome desse amor, desejamos que os seus sonhos se concretizem, porque só queremos o seu bem.

– A chuva os deixou sentimentais – proferiu Fabrício com desdém.

– Não foi a chuva que nos fez revelar nosso amor por você – disse Marcello. – Há dias em que precisamos falar para as pessoas que elas são importantes em nossas vidas. Há uma semana, Derek me disse isso após ser ignorado por você. Ele acredita que você vive de mau humor porque, embora todos nós o amemos, você não corresponde e não se permite ser amado. Por isso, vive como órfão do amor, sofrendo em silêncio por desejar ser uma pessoa amável, mas não se esforçando o bastante.

– Ele disse isso? – perguntou Fabrício.

– Disse. Confessou que todas as noites reza para Deus livrá-lo dos perigos, abençoando-o com o que Ele sabe que lhe deixará feliz e tocando em seu coração para se abrir ao amor fraternal – disse Marcello. – Derek se importa com você e sofre com sua indiferença. Se um dia vocês se tornarem amigos, ele caminhará ao seu lado, ajudando-o quando precisar.

– Nunca pedi o amor dele nem o de ninguém, pois não preciso desse tipo de sentimento – falou Fabrício. – Derek é uma criança e nunca terá minha amizade, porque não tenho afinidade com crianças. Além disso, não gosto de ninguém dando palpites em minha vida.

– Ninguém vive feliz sem amor, meu filho, seja esse fraterno ou de outro tipo – comentou Flaviana. – Eu, seu pai, seu irmão e Derek, por amá-lo fraternalmente, rezamos em sua intenção. Agora que você sabe que o amamos, pergunto: você nos ama?

Em vez de responder, Fabrício ficou pensando no que sentia pelos pais, pelo irmão e por Derek. Sentiria o mesmo amor que lhe dedicavam?

De repente, uma caminhonete que trafegava no sentido contrário deslizou na pista molhada e chocou-se com o carro de Fabrício, que foi arremessado da rodovia e despencou em um precipício.

꧁꧂

Georg e Edwiges, mentora espiritual de Fabrício, acompanhados por enfermeiros espirituais, pararam ao lado do veículo. Os espíritos uniram as mãos em forma de prece e rezaram em intenção dos quatro ocupantes do automóvel.

Georg e Edwiges, uma loira de olhos azuis, com quarenta anos, de estatura mediana, entraram no veículo e, utilizando seus conhecimentos espirituais, desligaram Gilson e Flaviana de seus corpos físicos. Auxiliados pelos enfermeiros, colocaram os espíritos adormecidos nas macas.

Georg colocou a mão direita na cabeça de Marcello e começou a rezar. Luzes claras jorraram de suas mãos e, ao incidirem sobre o rapaz, transmitiram-lhe energias revigorantes. Edwiges fez o mesmo com Fabrício. Este sofrera apenas um corte na testa, que sangrava.

Fabrício despertou e, ao notar o que tinha acontecido com os familiares, desafivelou o cinto de segurança e se movimentou pelo carro, livrando dos cintos os pais e o irmão. Chamando-os pelo nome, começou a chorar ao constatar a morte dos pais. Vendo o irmão todo ensanguentado, segurou-o pelos ombros e o sacudiu com força, chamando-o.

Marcello lentamente abriu os olhos e, com voz fraca, pediu:

– Fabrício, por favor, cuide dos meus filhos. Não permita que eles voltem a ser órfãos do amor. Prometa que será um bom tio para os três. Por favor, prometa que cuidará dos meus filhos e não permitirá que nada de ruim lhes aconteça. Prometa! É um apelo que faço ao seu coração. – A voz sumiu assim que Georg retirou a mão de sua cabeça.

Chorando, Fabrício abraçou o irmão, mas nada respondeu, sabendo que seu egoísmo não o deixaria cumprir a promessa. Marcello desencarnou em seus braços, e imediatamente Georg o desligou do corpo físico. Com a ajuda de Edwiges, colocou-o em uma maca.

Georg e os enfermeiros partiram para o hospital da cidade espiritual onde viviam conduzindo quatro macas, pois o motorista da caminhonete também havia desencarnado no acidente. Edwiges permaneceu ao lado de Fabrício. Sendo seu anjo da guarda, queria estar junto dele nas horas em que mais necessitasse do seu auxílio espiritual.

Fabrício se desvencilhou do corpo sem vida do irmão e, dando uma olhada nos três corpos, pensou que, mesmo sendo médico, não fora capaz de impedir a morte de seus familiares.

Edwiges colocou a mão na cabeça dele e sussurrou para que saísse do carro. O rapaz, que estava muito sensível, facilmente acatou a sugestão. Como os vidros das janelas tinham se espatifado, passou por cima do corpo de Marcello e deixou o veículo. O sangue continuava jorrando do corte em sua testa. Em pé, sentiu forte vertigem, sua vista escureceu, e ele desfaleceu ao lado do veículo.

Uma viatura da Polícia Rodoviária e duas do Corpo de Bombeiros chegaram ao local, após alguém que havia presenciado o acidente pedir socorro. Dois bombeiros se aproximaram da caminhonete e, ao constatar que Fabrício estava vivo, socorreram-no. Em seguida, conduziram os corpos de Gilson, Flaviana e Marcello para as duas viaturas e deixaram o local do acidente.

Com um microfone e olhando para uma câmera, Denise, de dentro de uma capela do cemitério, transmitia a cobertura do velório para um jornal local da capital gaúcha. A repórter informou que o único sobrevivente do trágico acidente, dr. Fabrício Tilewes, havia doado os órgãos dos familiares para transplantes. Depois, a moça entregou o microfone para o câmera, assim que ele interrompeu a transmissão, e, aproximando-se do corpo sem vida do namorado, beijou-lhe a face e disse:

– Marcello, que os bons espíritos acolham sua alma e a dos seus pais. Prometo estar perto dos seus filhos, ajudando-os quando precisarem de mim. – Uma lágrima desceu por sua face. Ela tocou os corpos de Gilson e Flaviana e, afastando-se dos esquifes, ficou ao lado dos trigêmeos, que estavam próximos de madre Felícia e de Anita.

– Tia Denise, por que o papai, o vovô e a vovó, que eram bonzinhos, morreram no acidente, e o senhor Fabrício, que é uma pessoa ruim e também estava no carro, não morreu? – perguntou David, olhando rapidamente para Fabrício, que estava sentado em um banco com um curativo na testa.

– Fabrício não é ruim. É um homem sincero que, através de seus atos e palavras, demonstra para as pessoas o que lhe agrada e o que desagrada – disse Denise. – Seu pai e seus avós não morreram, porque a morte não existe. O corpo físico deles pereceu, e as almas foram para o mundo dos espíritos. Um mundo cheio de paz e luz, habitado por bons espíritos que os acolherão e os ajudarão, pois foram boas pessoas, que praticaram o "Fora da caridade não há salvação". A caridade que praticaram auxiliará na boa acolhida que receberão no mundo dos espíritos. – Beijou a fronte dele e a de Derek, não fazendo o mesmo com Daniel, por saber que ele não gostava que o tocassem. Dirigiu-se até Fabrício e lhe deu os pêsames.

Derek disse algo para os irmãos, e os três se aproximaram do rapaz. Derek o abraçou com ternura e, com os olhos cheios

112 | Órfãos do amor

de lágrimas, ofertou-lhe suas condolências. David e Daniel nada disseram, e os três se sentaram ao lado de Fabrício, começando a receber os pêsames dos que tinham comparecido ao velório.

Alfredo abriu *O Evangelho segundo o Espiritismo* no último capítulo e, em alta voz, leu a prece "Por alguém que acaba de desencarnar". Madre Felícia pediu a Deus que recebesse no céu as almas de Marcello, Flaviana e Gilson. Rezou o "Pai-Nosso", e os presentes a acompanharam na recitação da prece.

Os corpos foram levados para as sepulturas. Alfredo pediu a Fabrício que proferisse algumas palavras. O rapaz olhou para os caixões nas sepulturas. Lembrando-se de não ter respondido à pergunta da mãe sobre amá-los, sentiu remorso, e uma lágrima lhe escorreu pela face. Derek fixou o olhar nos esquifes e disse:

– Gilson, Flaviana e Marcello Tilewes deixarão saudades no coração de seus familiares, e por eles serão sempre lembrados e amados. Gilson e Flaviana foram ótimos pais e avós, excelentes médicos e professores, além de pessoas caridosas. Marcello foi um ótimo filho e bom irmão, excelente pediatra, portador de um coração caridoso, e o melhor pai do mundo. Que Deus e os bons espíritos amparem suas almas!

Algumas pessoas bateram palmas. Fabrício olhou para os caixões pensando ter perdido as únicas pessoas que o amavam fraternalmente. Outra lágrima escorreu por sua face. Denise tocou o ombro direito dele e o abraçou, sendo solidária à sua dor. De repente, sentiu um safanão e ouviu:

– Afaste-se do meu namorado! – Era uma ordem de Michelle. – Eu irei consolá-lo, enquanto você chora a morte do seu namorado. – Empurrou Denise para o lado e, após abraçar Fabrício, disse: – Devido às minhas atribuições, somente agora consegui chegar ao cemitério, porque o incompetente do motorista – apontou para o homem – demorou trinta minutos para chegar aqui. Foi muito triste o que aconteceu com os seus pais e o seu irmão, mas estou feliz que tenha sobrevivido. Como você está?

– Sofrendo a perda dos meus familiares – respondeu Fabrício, que, desviando o olhar, lançou-o aos coveiros, aguardando que concluíssem seus serviços.

Roberto Diógenes ditado por Sulamita | 113

Georg, que ao lado de Edwiges acompanhava os acontecimentos, aproximou-se de Denise e sugeriu a ela que retomasse a cobertura do enterro. Em forma de pensamento, Denise acatou o que lhe foi sugerido e, junto com o câmera, voltou a transmitir o sepultamento, sem Michelle suspeitar da transmissão.

Assim que os corpos foram sepultados, Michelle retirou um papel da bolsa e, dirigindo-se a Derek, falou:

– O pediatra que os adotou tinha a guarda provisória dos três. Ele morreu e, estando o processo de adoção sob minha jurisdição, anulei a guarda, que venceu hoje, e redigi um documento para enviá-los de volta ao Orfanato Menino Jesus. – Mostrou o documento. – Madre Felícia está no cemitério, e os três deverão acompanhá-la quando ela retornar ao orfanato. Em quinze dias, providenciarei para serem adotados por casais que aguardam na fila de espera.

Derek fixou o olhar em Fabrício e pediu:

– Tio Fabrício, não permita que a juíza envie seus sobrinhos para o orfanato. No passado, ela me disse que tudo faria para sermos adotados por famílias que vivem em diferentes estados brasileiros. Se isso acontecer, vamos sofrer muito, porque nunca ficamos separados. O senhor é o nosso tio e, em nome de seu bondoso coração, imploro que fique responsável por nós. Prometo que seremos bons garotos, respeitando-o e o obedecendo.

O microfone de Denise estava ligado no último volume e reproduziu a fala da juíza e de Derek aos telespectadores, enquanto a câmera transmitia as cenas. Fabrício olhou para o garoto, recordando-se do pedido que o irmão lhe fizera antes de morrer, mas lembrando-se também de que nada prometera. Virou-se e saiu caminhando, pouco se importando com o destino dos trigêmeos.

– Levante-se e execute o que determinei! – ordenou Michelle. – Você e seus irmãos voltaram a ficar órfãos, e lugar de crianças que não têm família é no orfanato. Sigam a madre Felícia e... – interrompeu a fala ao avistar o garoto sair correndo atrás de Fabrício.

Derek parou na frente do rapaz, que deteve os passos. Ajoelhou-se diante dele e, com lágrimas nos olhos, uniu as mãos em atitude de prece, suplicando:

114 | Órfãos do amor

– Tio Fabrício, por favor, fique responsável pelos seus sobrinhos. O senhor é uma boa pessoa; não é insensível a ponto de saber da monstruosidade que a juíza pretende fazer conosco e não se comover com o nosso triste destino. Ainda somos crianças e precisaremos do senhor para nos educar, para sermos pessoas honestas, sinceras, responsáveis e trabalhadoras, iguais ao senhor. Em nome do papai Marcello, que foi seu irmão, eu apelo ao seu coração para impedir o destino cruel que a juíza quer providenciar aos trigêmeos Matielin. Por favor, cuide de nós. É um apelo ao seu coração! – Agarrou-se às pernas do rapaz, e as lágrimas continuaram descendo em abundância.

Edwiges, que tinha volitado até os dois, envolveu Fabrício e, utilizando os seus conhecimentos espirituais, fez com que ele lembrasse que o irmão, morrendo em seus braços, fizera o mesmo apelo ao seu coração. Essa lembrança, somada às lágrimas de Derek, começou a amolecer o coração do rapaz.

Denise e o câmera, que correram para filmar a cena, transmitiram-na em tempo real, e muitos telespectadores começaram a torcer para que o tio ficasse responsável pelos sobrinhos. Apressada, Michelle se dirigiu até eles, determinada a arrastar Derek até o carro da Vara da Infância e da Juventude e, junto com os irmãos, levá-lo pessoalmente ao orfanato. Lá, irmã Goreth já havia sido instruída sobre o que fazer com os garotos para que o grupo que tinham montado ganhasse uma excelente quantia em dinheiro.

Fabrício tocou a cabeça de Derek, pedindo-lhe que se levantasse, e, fixando o olhar em sua namorada, falou:

– Embora os trigêmeos Matielin tenham acabado de enterrar o pai adotivo, eles não voltaram a ficar órfãos, porque eu sou o tio deles e ficarei responsável pelos três. – Colocou a mão direita no ombro do Derek e, olhando para os outros irmãos, ordenou:

– David e Daniel, juntem-se a Derek e vamos embora! O lar de vocês é a Mansão Tilewes.

Os dois garotos, que estavam apavorados com a possibilidade de serem separados, soltaram as mãos de Anita e correram até Derek.

Roberto Diógenes ditado por Sulamita | 115

– Senhor Fabrício Tilewes, não pode ficar responsável pelos trigêmeos Matielin, porque quem possuía a guarda provisória deles era o seu irmão, que acabou de ser enterrado – disse a juíza. – Os trigêmeos voltaram a ser órfãos. Se o senhor deseja que eles continuem residindo no lar dos Tilewes, deverá se dirigir à Vara da Infância e da Juventude para preencher a documentação que...

– Vamos embora! – chamou Fabrício, olhando para os garotos, enquanto interrompia a fala da juíza. Caminhou apressado em direção ao estacionamento, e os trigêmeos o seguiram.

– O senhor não poderá ficar com os Matielin em sua residência sem a guarda provisória deles – gritou Michelle. – Pedirei à polícia para...

– Ao vivo, continuamos com a cobertura do sepultamento dos médicos Tilewes, que foram vitimados em um acidente automobilístico – disse Denise ao microfone, o que fez Michelle interromper sua fala. – Durante o sepultamento, a juíza Michelle Rodrigues Kawot, titular de uma das Varas da Infância e da Juventude da capital, chegou ao cemitério, e os telespectadores acompanharam qual futuro ela providenciará aos trigêmeos Matielin, que acabaram de sepultar os corpos do pai e dos avós, neste dia em que completam nove anos. O tio deles, senhor Fabrício Tilewes, diante do comovente apelo feito por um dos sobrinhos, decidiu ficar responsável por eles, mas a juíza...

Michelle agarrou o microfone e o atirou longe, interrompendo a fala da repórter. Virou-se para o câmera, ordenando:

– Pare a filmagem! Você e a repórter responderão judicialmente por gravarem minhas ações sem a minha autorização. – Deu-lhe as costas e dirigiu-se ao veículo da Vara.

O motorista rapidamente abriu a porta para ela entrar e a levou embora. Denise recuperou o microfone, e o câmera voltou a filmar. Ela convocou os telespectadores a se manifestarem em frente ao Tribunal de Justiça contra as adoções que a juíza queria providenciar para os trigêmeos Matielin e também em frente à residência dos Tilewes, impedindo a polícia de invadir a mansão para retirar as crianças de lá. Informou o endereço do Tribunal de Justiça e da Mansão Tilewes, finalizando a cobertura.

No estacionamento, Fabrício abriu as portas do carro que era de sua mãe, pedindo aos trigêmeos que entrassem no veículo e colocassem o cinto de segurança, partindo em seguida para sua residência.

Ainda dentro do cemitério, madre Felícia e as outras religiosas se aproximaram de Denise. A madre comentou:

– Parabéns pela cobertura do sepultamento. Eu irei me manifestar contra o que a juíza deseja fazer para prejudicar Derek e seus irmãos.

Irmã Goreth ficou em silêncio quando as outras religiosas disseram que seguiriam o exemplo da madre.

– Você fez uma ótima cobertura do sepultamento e uma boa reportagem sobre o destino dos Matielin – falou Álvaro, que estava ao lado da esposa e da filha. – Como advogado dos Tilewes, tomarei providências para Fabrício ficar responsável pelos sobrinhos.

– Você se saiu muito bem durante a cobertura do sepultamento – disse Alfredo para a filha. – Eu, você e sua mãe devemos trabalhar juntos, usando nossas empresas de comunicação e os nossos contatos para ajudarmos Fabrício a conseguir a guarda dos sobrinhos. Alguns políticos e juízes nos devem favores, e chegou a hora de cobrá-los.

Aos poucos, o cemitério foi se esvaziando. Georg e Edwiges, que continuavam observando os acontecimentos, saíram volitando em direção à Mansão Tilewes.

Capítulo 10

O TESTAMENTO E A POLÍCIA

Chegando ao prédio da Vara da Infância e da Juventude, Michelle ordenou ao escrivão redigir uma notificação. Ao recebê-la e assiná-la, colocou-a na bolsa e seguiu para uma das delegacias da cidade. Nela chegando, pediu para falar com o delegado Elton Cavalhares e foi conduzida até ele, que a cumprimentou sorrindo.

Ela se sentou e entregou a notificação ao delegado, um homem de trinta anos, alto, moreno, de cabelos e olhos negros, que, após ler o documento, fixou o olhar na juíza e disse:

— Eu assisti no jornal a cobertura do sepultamento dos médicos Tilewes e vi qual foi a decisão do tio dos garotos. Agora você aparece em minha delegacia me entregando uma notificação para conduzir os trigêmeos ao Orfanato Menino Jesus. Você e o seu namorado brigaram? Está querendo puni-lo?

Ela o encarou, mas ficou em silêncio.

— Michele, eu nunca entendi o que enxergou naquele Fabrício para ofertar-lhe o seu amor. Se os dois brigaram, espero ter compreendido que eu sou o homem ideal para você. Se me der uma nova chance, farei de você a mulher mais feliz do mundo.

118 | Órfãos do amor

– Elton, quando éramos alunos do curso de Direito, namoramos por alguns meses, mas eu não o amo. Gosto de você, mas amor eu sinto é pelo Fabrício. Eu e meu namorado não brigamos e, no que depender de mim, jamais brigaremos – disse Michelle. – Se quer continuar sendo meu amigo e receber o que costumo lhe ofertar, utilize seus serviços profissionais para executar o que está determinado na notificação, pois o nosso grupo só ganhará um bom dinheiro se os trigêmeos Matielin voltarem a viver no Orfanato Menino Jesus.

– Já ganhamos um bom dinheiro por meio das atividades do grupo. Eu penso...

– Não estou interessada em saber o que você pensa, mas em ganhar muito dinheiro. Cumpra a sua parte e, quando eu for muito rica, poderei descobrir que não amo mais o Fabrício, e o meu coração poderá estar aberto para receber o amor do homem que sempre foi apaixonado por mim. – Michelle inclinou-se e o beijou levemente nos lábios. – Se for bem-sucedido em relação aos trigêmeos, esta noite poderemos nos encontrar.

– Hoje mesmo os trigêmeos Matielin voltarão a viver no orfanato – disse o rapaz.

Michelle se dirigiu à porta e, antes de sair, virou-se e enviou-lhe um beijo com os dedos.

Enquanto dirigia de volta ao trabalho, pensava no quanto era fácil manipular um homem apaixonado. Bastava um gesto mais sedutor para conseguir qualquer coisa. Mas Michelle não estava interessada no que Elton sentia por ela; o homem de sua vida era Fabrício, com quem pretendia se casar e ser feliz.

Ao chegar à Vara da Infância e da Juventude, sua secretária lhe informou que o desembargador Nicholas havia telefonado, solicitando que ela comparecesse com urgência ao Tribunal de Justiça. A juíza retornou para seu veículo e se dirigiu ao tribunal.

⁂

Anita escutou o interfone tocar e o atendeu. Era dr. Álvaro, que se identificou e falou o que desejava. Logo o advogado foi recebido e conduzido à sala de estar.

– Doutor Álvaro, por favor, sente-se e fique à vontade. Vou chamar o senhor Fabrício.

Anita se dirigiu ao quarto do rapaz e bateu à porta. Ao atendê-la, Fabrício perguntou:

– O que está fazendo aqui ainda? Antes de eu ir para o cemitério, você, Edna e o jardineiro disseram que não me queriam como patrão. Os outros já partiram. Por que não seguiu com eles?

– Por causa da atitude nobre que o senhor teve ontem, ao assumir os trigêmeos. Achei que o senhor tivesse uma pedra no lugar do coração, mas vejo que me enganei. Por isso, se o senhor concordar, continuarei trabalhando na mansão, fazendo as refeições para o senhor e os garotos.

Fabrício a olhou bem sério.

– Embora eu não goste de você, admiro sua sinceridade ao dizer o que pensa. Trabalha conosco há muitos anos e executa bem suas tarefas. Por isso, pode continuar trabalhando na mansão; eu e os trigêmeos precisaremos do seu trabalho. Como a Edna foi embora, dobrarei o seu salário para cuidar também das tarefas dela, até que uma nova faxineira seja contratada. Também precisaremos de um jardineiro, e eu deixarei a seu encargo a contratação de novos serviçais para a mansão.

– Farei isso – disse Anita. – Eu já providenciei o almoço e o servi aos trigêmeos. Eles se alimentaram e retornaram aos seus quartos. O doutor Álvaro está na sala de estar e deseja conversar com o senhor. O que devo dizer para ele?

– Que o atenderei em dez minutos.

Ela se virou e, quando deu dois passos, escutou:

– Anita, obrigado por continuar conosco. Se tivesse ido embora, eu nem me lembraria de que as crianças precisam se alimentar. Você é eficiente em sua profissão!

"A perda de um familiar deixa as pessoas realmente sensíveis. Para o insuportável ter me elogiado, só estando emocionalmente abalado", pensou Anita, dirigindo-se à sala de estar, onde o advogado a aguardava.

Após dez minutos, Fabrício chegou e cumprimentou Álvaro, que lhe disse:

120 | Órfãos do amor

– Estou em sua residência como advogado dos Tilewes e quero conversar com o senhor.

Foram para o escritório, sentaram-se, e o advogado prosseguiu:

– Desde que o seu irmão contratou meus serviços, eu me tornei o advogado dos Tilewes. Um mês antes do acidente, seus pais e seu irmão me procuraram. Pediram-me que redigisse o testamento dos três. Talvez estivessem pressentindo que iriam morrer. Eu trouxe uma cópia para o senhor ler e ficar com ela. O original está no cofre do meu escritório. – Abriu uma pasta, retirou um envelope e o entregou ao rapaz.

Fabrício abriu o envelope e leu o testamento. Ao concluir a leitura, falou:

– Nunca suspeitei de que meus pais eram proprietários do hospital particular que é dirigido por uma amiga deles, de um laboratório farmacêutico e desses apartamentos em Porto Alegre, que estão locados. Também não sabia de todo esse dinheiro depositado em suas contas bancárias. Eles eram milionários, e agora o novo milionário é o herdeiro que está indicado no testamento deles. – Cravou o olhar no do advogado. – Este testamento foi redigido conforme meus pais solicitaram e de acordo com o que Marcello lhe pediu?

– Seus pais e seu irmão me alertaram de que o senhor poderia me fazer essa pergunta. Se leu com atenção o documento, deve ter observado as assinaturas deles e de duas testemunhas – falou Álvaro. – Além de advogado, sou professor universitário com doutorado em Direito Civil, o que me confere certa autoridade no assunto e na redação de testamentos.

Fabrício ficou em silêncio, e o advogado prosseguiu:

– Seus pais me informaram não haver mencionado sobre os bens nem ao senhor nem ao Marcello, que só ficou sabendo deles no dia da redação do testamento, porque desejavam que os filhos realizassem seus projetos por esforço próprio. Temiam que, sabendo dos bens da família, se acomodassem, desinteressando-se pelos estudos e pelo trabalho. Seu pai ficou órfão aos catorze anos e se casou ainda jovem com a sua mãe, que era filha única de um casal de imigrantes alemães. Seus avós maternos, chegando ao Brasil, cursaram Medicina e Química e fundaram o laboratório farmacêutico, que foi herdado por sua genitora, quando os pais dela faleceram. Gilson e Flaviana trabalharam muito para aumentar os bens da família. Esses bens estão descritos no testamento. O desejo deles é que o senhor respeite os termos do documento.

– Serão respeitados, mas considero uma loucura terem deixado um apartamento no centro de Porto Alegre para a cozinheira – disse Fabrício, chamando Anita e contando sobre a herança.

A empregada fechou os olhos e, juntando as mãos em forma de prece, rezou em voz alta:

– Que Deus abençoe a dona Flaviana, o senhor Gilson e o senhor Marcello, enviando os anjos de luz para ampará-los no Outro Lado da Vida. Deus seja louvado hoje e sempre, pois um apartamento em Porto Alegre era tudo de que eu precisava para convencer meus pais, que são agricultores em Rosário do Sul, a virem morar comigo.

– Posso lhe dar uma sugestão? – perguntou Álvaro.

– Pode.

– Se os seus pais são agricultores, talvez se sintam melhor morando em uma casa distante do centro da cidade. Se você vender o apartamento, poderá comprar uma boa casa na periferia e ainda lhe sobrará algum dinheiro. Se quiser, posso providenciar a venda do apartamento e ajudar seus pais a se aposentarem, caso ainda não sejam aposentados, pois sou neto de agricultores e compreendo como esse processo é complicado neste país.

– Eles já tentaram a aposentadoria, mas não conseguiram. Se o senhor puder nos ajudar, seremos eternamente gratos, mas não tenho dinheiro para pagar seus honorários.

– Nada lhe cobrarei. Sou espírita kardecista e coloco em prática o "Fora da caridade não há salvação" sempre que a oportunidade surge à minha frente – disse Álvaro.

– Que Deus seja louvado hoje e sempre! – falou Anita.

Álvaro lhe entregou seu cartão de visitas, dizendo-lhe para comparecer em seu escritório. Ela agradeceu e se ausentou, vibrando de alegria. O advogado fixou o olhar em Fabrício e disse:

122 | Órfãos do amor

– Estive no cemitério e presenciei como a juíza Michelle Rodrigues Kawot se comportou, e também a forma como o senhor agiu para impedir que seus sobrinhos voltassem para o orfanato. Sendo o advogado dos Tilewes, já redigi um documento em seu nome, solicitando à Vara da Infância e da Juventude a guarda dos trigêmeos Matielin. Se a juíza indeferir sua solicitação, recorreremos ao Tribunal de Justiça do Estado. Também redigi uma procuração em seu nome para administrar os bens da família, conforme os termos do testamento. – Abriu a pasta e entregou os documentos.

Após a leitura, Fabrício assinou e os devolveu ao advogado.

– O senhor é eficiente em sua profissão. Aprecio isto, doutor Álvaro. Continuará sendo o advogado da família e receberá os honorários correspondentes aos seus serviços.

Escutaram batidas na porta e, quando Fabrício a abriu, Anita disse:

– O jornal está apresentando a reportagem sobre o sepultamento dos seus pais e do seu irmão. A senhorita Denise está transmitindo ao vivo para esse jornal uma manifestação que se iniciou em frente à mansão. O senhor e o doutor Álvaro não escutaram os manifestantes, mas os trigêmeos estão observando através das janelas da sala. Vou me juntar a eles.

– Diga para os garotos virem ao escritório. Quero falar com eles – falou Fabrício.

– Vou ver a manifestação – disse Álvaro, que acompanhou Anita.

Passados três minutos, os trigêmeos apareceram na porta, e Derek falou:

– Anita nos disse que o senhor quer falar conosco. Podemos entrar?

– Entrem, fechem a porta e se sentem! – ordenou o rapaz, e os garotos obedeceram.

Georg e Edwiges chegaram volitando. Fabrício fixou os garotos e disse:

– O doutor Álvaro trouxe um documento para ser apresentado à Vara da Infância e da Juventude, no qual solicito a guarda de vocês. Não estou fazendo isso porque sou bonzinho e gosto de vocês. São cientes de que eu não suporto crianças, por isso não esperem que eu lhes conceda o mesmo tratamento que o meu irmão lhes dava, pois não tenho nenhuma obrigação nesse sentido.

Fez uma pausa e, olhando um por um, continuou:

– A partir de hoje, deverão seguir as minhas regras, que são: só devem se dirigir a mim quando for necessário ou quando eu lhes fizer uma pergunta. Nunca me tragam problemas. Não me irritem. Quando eu estiver em casa, não quero ninguém correndo nela, gritando ou chorando. As refeições serão em silêncio. Nunca deverão trazer colegas para casa sem a minha autorização. Os assuntos da nossa família não deverão ser repassados a ninguém. Deverão me pedir permissão para tudo o que forem fazer. Quando estivermos conversando e eu disser "assunto encerrado", significa que não mais falaremos sobre o que estávamos conversando. Se assim for, permitirei que vivam aqui até envelhecerem. Seguirão as regras?

Daniel balançou a cabeça afirmativamente. Derek disse:

– Seguirei. Enquanto o senhor as mencionava, eu as repetia mentalmente e memorizei todas elas. Serão cumpridas.

– Prefiro voltar a viver no orfanato a continuar morando na mansão com todas essas regras, sendo cuidado por um homem chato que não gosta de mim nem dos meus irmãos – falou David. – Madre Felícia e as freiras gostam de nós e permitem que vivamos como crianças.

– Ótimo! Vá para o quarto e coloque em malas tudo o que é seu – disse Fabrício. – Depois o levarei ao orfanato, porque sou eu que não quero viver com um garoto ingrato, que é incapaz de reconhecer o bem que estou lhe fazendo. Seus irmãos irão com você, pois sou homem de palavra. Eu disse que cuidaria dos três e não serei responsável apenas por dois.

– Senhor Fabrício, não retornaremos ao orfanato. Vamos ficar vivendo com o senhor – disse Derek, que, virando-se para David, falou: – Você fala demais e se esqueceu do que conversamos quando retornamos do cemitério. Eu lhe pedi que colocasse uma mordaça invisível na boca e se comportasse quando estivesse próximo do senhor Fabrício, retirando-a só quando ele se dirigisse a você. Vai seguir as regras ou prefere ser enviado para outro estado e ficar longe dos seus irmãos?

– Desculpe, senhor Fabrício, eu falei sem pensar – pediu David. – Seguirei suas regras.

"Esse garoto vai me trazer problemas, e o Derek só me dará orgulho. Com o 'invisível' não devo me preocupar", pensou Fabrício, que, olhando sério para David, falou:

– Não devo me esquecer de que você é endiabrado e só vou desculpá-lo em função do que Derek falou, mas, no dia em que aprontar uma diabrura, receberá um corretivo que o fará ficar mais comportado do que o Daniel. – Olhou para os três e acrescentou: – Eu lhes darei alimentação, roupas, calçados e remédios, quando ficarem doentes. Continuarei pagando as mensalidades do colégio e, em troca, quero que sejam bons alunos e tirem boas notas. Providenciarei um transporte escolar para levá-los ao colégio e trazê-los para casa. Já pedi que Anita providenciasse novos serviçais para lhes ofertar os serviços que os ajudarão a ter uma vida confortável. Quando completarem treze anos, receberão uma mesada. Em troca de tudo o que lhes concederei, só quero que sigam as minhas regras, obedeçam-me e me respeitem.

– Somos gratos por tudo o que o senhor nos ofertará! – agradeceu Derek. – Irá nos conceder mais do que necessitamos, o que demonstra que o senhor tem um bom coração, como sempre acreditei possuir. Só não nos concederá sua atenção e amor fraterno. Não concedendo, eu e meus irmãos seremos órfãos do amor, porque receberemos o que é material, mas não os sentimentos que nos fariam viver felizes em sua companhia. – Deixou a cadeira e, aproximando do rapaz, beijou sua fronte. – Obrigado por ter decidido ficar responsável por mim e pelos meus irmãos. Obrigado pela grandiosa caridade que nos oferta ao permitir que habitemos esta mansão. O senhor é uma ótima pessoa!

Fabrício se emocionou. Georg e Edwiges se entreolharam e nada disseram.

"Derek é um garoto especial e acredito que não me arrependerei em ficar responsável por ele e pelo Daniel, mas, em relação a David, que é terrível, talvez um dia me arrependa", pensou Fabrício.

– Posso perguntar uma coisa? – indagou Derek.

– Pode.

– Agora que o senhor ficará responsável por nós, irá nos permitir chamá-lo de tio?

– Sim. Podem me chamar de tio – permitiu o rapaz.

Escutaram batidas na porta. Derek a abriu, e Anita entrou no escritório falando:

– A polícia está no portão: um delegado e quatro policiais com uma notificação da juíza Michelle. Querem invadir a mansão e levar os trigêmeos, mas os manifestantes estão impedindo. O doutor Álvaro está conversando com o delegado e me pediu que o chamasse. A senhorita Denise está transmitindo tudo para a televisão. Eu vou à cozinha pegar uma panela de pressão para nocautear o primeiro policial que tentar pegar um dos garotos – e saiu correndo em direção à cozinha.

– Meninos, tranquem-se em um quarto e só abram a porta quando eu os chamar pelo nome – falou Fabrício.

– Vamos obedecer ao tio Fabrício e ficar no quarto do Daniel – disse Derek, e os três saíram correndo e se trancaram.

Fabrício se dirigiu ao portão, que permaneceu fechado. Álvaro, que conversava com o delegado, aproximou-se e, pelas grades, informou ao rapaz o que estava acontecendo.

O delegado Elton, ao avistar Fabrício, fez um sinal para os policiais, e todos se aproximaram do advogado. Empunharam as armas e miraram os manifestantes, que se calaram. Elton gritou:

– Parem com essa manifestação, porque a polícia veio executar o seu trabalho. Temos uma notificação judicial que nos permite entrar na mansão e levar os trigêmeos Matielin para um orfanato. – Mostrou o documento e, virando-se para o câmera que estava próximo a Denise, ordenou: – Pare a filmagem! A polícia não está fazendo nada de errado, mas cumprindo com o seu dever.

– Continue filmando – pediu Denise, levando o microfone à boca. – Se a polícia está executando o trabalho dela, a imprensa também está fazendo o seu, ao transmitir os acontecimentos para a população. Se estão agindo de forma correta ou errada, serão as autoridades judiciais e a população que julgarão.

Elton virou-se e, mostrando a identificação policial e a notificação para Fabrício, ordenou:

– Leia o documento. Depois abra o portão e me entregue os trigêmeos Matielin.

Álvaro se antecipou, pegou a notificação e falou:

– Delegado Elton Cavalhares, eu já lhe informei que sou o doutor Álvaro Rudefin, advogado do senhor Fabrício Tilewes. Já li a notificação judicial e lhe disse que não é a polícia que deve entregá-la ao meu cliente e recolher sua assinatura, mas um oficial de justiça. A polícia só deve invadir a mansão se o meu cliente não permitir sua entrada após se extinguir o prazo de vinte e quatro horas. Esse prazo só começará a contar quando um oficial de justiça trouxer a notificação e anotar o horário em que o meu cliente a assinou. Se a polícia agir de maneira errada, responderá judicialmente por invasão a propriedade privada.

– Doutor Álvaro Rudefin, sendo advogado do senhor Fabrício Tilewes, deverá instruí-lo a...

– Delegado, nosso superior hierárquico quer falar com o senhor pelo rádio da viatura – disse um dos policiais, interrompendo a fala de Elton, que se dirigiu à viatura.

Depois de falar com seu superior, o delegado ordenou aos policiais retornarem para as viaturas e partirem.

Denise entrevistou o advogado, que informou já ter redigido o documento no qual o sr. Fabrício Tilewes solicitava a guarda dos sobrinhos, que seria entregue na Vara da Infância e da Juventude.

– Por que o senhor não entrega a solicitação diretamente ao desembargador Nicholas Kawot, no Tribunal de Justiça? – perguntou Denise.

– É uma excelente ideia! – exclamou Álvaro.

A jornalista pediu aos telespectadores que se dirigissem ao Tribunal de Justiça e se manifestassem, solicitando ao desembargador Nicholas que deferisse o pedido de guarda dos trigêmeos Matielin.

Roberto Diógenes ditado por Sulamita | 127

– Fabrício, estou feliz em saber que já providenciou o documento solicitando a guarda dos trigêmeos – falou Denise, dirigindo-se ao rapaz. – Eu e meus pais já tomamos providências para ajudá-lo. Farei tudo o que estiver ao meu alcance para impedir que Derek e os irmãos voltem para o orfanato e padeçam o destino cruel que a juíza deseja para eles. – Despediu-se e seguiu para o tribunal.

O portão foi aberto, e Álvaro, entrando, disse para Fabrício:

– Se haverá uma manifestação na frente do Tribunal de Justiça, e se Denise informou que os Kassiel tomaram providências para ajudá-lo em relação à guarda, já devem ter entrado em contato com alguém que tem autoridade para decidir o destino dos seus sobrinhos. Iremos ao Tribunal de Justiça entregar o pedido ao desembargador Nicholas, que eu conheço pessoalmente e sei que se trata de uma ótima pessoa.

⊱⊰⊱⊰

Fabrício bateu à porta do quarto chamando os garotos pelo nome. Eles abriram e ouviram-no dizer o que fariam, solicitando aos três vestirem roupas sociais e calçar sapatos.

Minutos depois, seguiam todos para o Tribunal de Justiça, em companhia de Edwiges e Georg, que acompanhavam o desenrolar dos fatos. Enquanto dirigia, Fabrício olhou os sobrinhos pelo retrovisor e pensou: "Determinei como regra não me trazerem aborrecimentos, mas estes já começaram a chegar. Não devo deixar de cuidar da minha vida para resolver os problemas deles. O correto seria deixá-los no orfanato para serem adotados por alguém que lhes doará o que Derek espera receber, a fim de que deixem de ser órfãos do amor. Acho melhor desistir de tudo isso".

Georg, que no banco do carona sondava os pensamentos do rapaz, enviou-lhe mentalmente uma mensagem: "Você não acredita ser capaz de ofertar amor aos trigêmeos, mas Derek, que se ajoelhou à sua frente e implorou que cuidasse deles, acredita que você será um bom tio para os três. Ele só quer o seu bem; prova disso é que sempre o tratou com educação e gentileza, rezando para Deus conceder-lhe o que necessita para seu bem-estar. Fora seus pais, é o único que se preocupa e se importa com você. Não desista de acolhê-los, e todos sairão ganhando".

Fabrício acreditou que eram seus próprios pensamentos e, olhando pelo retrovisor, viu Derek de olhos fechados, em atitude de prece. De repente, o garoto abriu os olhos e, estendendo a mão direita, tocou o ombro do tio e disse:

– Obrigado por estar se empenhando para conseguir a nossa guarda. Jamais me esquecerei de seu ato caridoso, e tudo farei para que eu e meus irmãos sejamos bons sobrinhos. Que Deus o abençoe e o recompense em nosso nome! – Sorriu com candura.

Para Fabrício, o sorriso e as palavras de Derek foram um incentivo para não desistir da guarda. Voltou a focar a atenção no trânsito.

Capítulo 11

A VIDA SABE O QUE FAZ

No Tribunal de Justiça, na sala do desembargador Nicholas Kawot, sentada à frente dele e ao lado do presidente do tribunal, Michelle escutou:

– Quando era assistente social, você nunca observou como seu tio exercia suas funções na Vara da Infância e da Juventude? Quando foi juíza substituta nessa mesma Vara, nunca constatou como o juiz titular desempenhava suas funções? – perguntou o presidente, um homem de 68 anos, estatura mediana, cabelos e olhos negros. – A forma como se comportou no cemitério não condiz com as atitudes de uma juíza. E foi um grande erro enviar a polícia, com uma notificação judicial, à residência do senhor Fabrício Tilewes. Suas atitudes envergonharam os juízes.

Michelle permaneceu em silêncio.

– Quando se tornou juíza substituta, aconselhei-a a estudar o Estatuto da Criança e do Adolescente. Se tivesse acatado o conselho, teria memorizado o inciso quarto do artigo 28, que ressalta: "Os grupos de irmãos serão colocados sob adoção, tutela ou guarda da mesma família substituta, ressalvada a comprovada existência de risco de abuso ou outra situação que justifique plenamente a excepcionalidade de solução diversa, procurando-se, em qualquer caso, evitar o rompimento definitivo dos vínculos fraternais" – disse Nicholas. – Ciente disso, e ciente de que uma juíza da Vara da Infância e da Juventude só deve providenciar o que for melhor às crianças, jamais deveria dizer que iria providenciar diferentes famílias para adotarem os trigêmeos Matielin.

– Eu não sabia que a repórter estava...

– Silêncio! – ordenou Nicholas, interrompendo-a. – Suas ações foram erradas e lamento ter me empenhado para que fosse nomeada titular, antes de ter completado o tempo adequado como substituta. Seus atos chegaram ao conhecimento dos nossos superiores em Brasília e...

Nicholas interrompeu sua fala quando escutaram vozes chamando seu nome. Foram até a janela e avistaram manifestantes com cartazes e uma equipe do jornal local da cidade.

– A repórter Denise Kassiel é muito eficiente em sua profissão. Conseguiu, com suas reportagens, convocar a população para se manifestar em frente à residência dos Tilewes e agora aqui no tribunal – disse o presidente.

– Ela está tentando me prejudicar. Irei até ela e...

– Nada fará – disse o presidente. – Os Kassiel são poderosos e influentes no estado. Um deles é parente de um dos nossos superiores, que trabalha em um órgão público em Brasília e entrou em contato com o superior dele, que também é nosso superior. Os dois me telefonaram ordenando que os trigêmeos Matielin não sejam separados. A ordem será executada nesta tarde, por seu tio. A juíza ficará ao lado do desembargador para aprender como praticar ações que só beneficiem as crianças. Após a ordem ser executada, deverá, junto com o desembargador, dirigir-se à minha sala.

O presidente do Tribunal pediu aos dois que o acompanhassem e seguiu até os manifestantes. Ao vê-los, as pessoas gritaram o nome de Nicholas, e este acenou para elas. Madre Felícia, que estava à frente da manifestação, fez um gesto com a mão direita, e todos ficaram em silêncio.

Roberto Diógenes ditado por Sulamita | 131

– Boa tarde, desembargador Nicholas – ela o cumprimentou.
– Estamos nos manifestando porque somos contra a crueldade que essa juíza – apontou para Michelle – fará aos trigêmeos Matielin. O lugar dos garotos é ao lado do tio, que decidiu ficar responsável por eles.

Álvaro e Fabrício estacionaram os veículos e, assim que o advogado avistou o desembargador, pegou sua pasta e se dirigiu a ele, ouvindo o presidente do Tribunal dizer à madre:

– Sou o presidente do Tribunal e garanto à madre que o desembargador Nicholas, que é apreciado pela população, tomará todas as providências para que os trigêmeos Matielin não sejam separados.

Os manifestantes gritaram, alegres. Álvaro abriu a pasta, retirou o pedido de guarda, fixou o olhar no desembargador e disse:

– Excelentíssimo desembargador Nicholas Kawot, sou o doutor Álvaro Rudefin, advogado do senhor Fabrício Tilewes. Em nome do meu cliente, quero lhe entregar o pedido de guarda dos trigêmeos Matielin. Devo protocolar o pedido?

– Esse é o procedimento – falou Nicholas. – Onde estão seu cliente e os Matielin?

– No estacionamento.

– Solicite que venham à minha presença – pediu Nicholas.

Rapidamente, Álvaro se dirigiu ao estacionamento e retornou acompanhado por Fabrício e os garotos. Os manifestantes começaram a gritar o nome deles. A madre fez um gesto, pedindo silêncio, e foi obedecida. Derek cumprimentou o desembargador e se apresentou ao presidente do Tribunal.

– Doutor Álvaro, o senhor, seu cliente e os trigêmeos, bem como madre Felícia, por favor, me acompanhem – pediu Nicholas.

– Desembargador Nicholas, qual será o futuro dos trigêmeos Matielin? – perguntou Denise, aproximando o microfone dele.

– O futuro deles é viverem felizes ao lado de quem zelará por sua segurança e bem-estar – falou Nicholas.

– A repórter deverá nos acompanhar, sem o microfone e a câmera, para testemunhar o que acontecerá com os Matielin. Depois repassará à imprensa qual foi o destino dos garotos – disse o presidente do Tribunal, e o grupo entrou no local.

132 | Órfãos do amor

Edwiges e Georg os acompanharam. Na recepção, Álvaro protocolou o pedido, que foi entregue ao desembargador. Este convidou os que o seguiam para uma grande sala e pediu a um escrivão que os acompanhasse.

Na sala, sentaram-se, e Nicholas pediu a Michelle que se sentasse a seu lado. O escrivão se sentou a uma mesa e ligou um computador para iniciar seu trabalho. Nicholas leu o pedido de guarda e, cravando os olhos azuis em Fabrício, falou:

– Senhor Fabrício Tilewes, tenho em mãos um documento no qual o senhor solicita a guarda dos trigêmeos Matielin. Recordo que no passado, em seu depoimento favorável a seu irmão adotar os garotos, o senhor disse que não suporta crianças e não as desejava por perto. Se não as suporta e não quer aproximação com elas, por qual motivo está solicitando a guarda dos Matielin?

Fabrício ficou em silêncio quando todos os olhares pousaram nele. O rapaz começou a pensar no que diria ao desembargador.

– Excelentíssimo desembargador Nicholas Kawot, se existe alguém que deseja ficar próximo dos trigêmeos Matielin, esse alguém é o senhor Fabrício Tilewes, que só deseja o nosso bem e zelará pela nossa segurança – disse Derek. – Hoje, ele nos chamou para conversar, deixando-nos cientes do que providenciará para que nada nos falte. – Mencionou o que o tio iria ofertar. – Quando foi informado de que a polícia estava na frente do portão com uma notificação judicial, tio Fabrício ordenou que nos trancássemos em um dos quartos da mansão e só abríssemos a porta para ele, dizendo que não permitiria a ninguém nos fazer mal. Assim que o obedecemos, ele foi conversar com os policiais.

Fez uma pausa para respirar e voltou a falar:

– A vida sabe o que faz, pois, com suas falas e ações, tio Fabrício demonstrou ser a pessoa mais indicada para ficar responsável por nós, porque, sem suspeitar, já nos ama fraternalmente e se importa conosco. Eu também lhe tenho amor fraterno e quero ser educado por ele.

Fabrício o contemplou, admirado com o que havia escutado, porque nunca imaginara que suas ações e o que tinha dito aos

Roberto Diógenes ditado por Sulamita | 133

garotos revelassem a Derek que os amava e que se importava com eles. Isso não era verdade, pois o que iria lhes ofertar não era em função de se importar com os garotos, mas sim para cumprir os termos do testamento dos pais e de Marcello.

– Derek disse a verdade sobre o que tio Fabrício fez e fará por nós – falou David. – Só se esqueceu de dizer que, para usufruir o que ele nos dará, teremos que obedecer suas regras, que são muitas, e Derek, que é muito inteligente, já as memorizou. Tio Fabrício só criou essas regras porque é um chato. Tirando isso, concordo com o Derek quando diz que ele se preocupa com a gente e não deseja que nada de ruim nos aconteça.

– O tio Fabrício não é chato, mas sincero ao dizer às pessoas o que pensa sobre elas e agir conforme mencionou que faria – falou Derek. – David, eu já lhe disse que prefiro lidar com pessoas sinceras a ter que lidar com pessoas falsas e traiçoeiras. Por ser uma pessoa sincera, tio Fabrício não se torna chato em apontar as regras que devem prevalecer em sua residência; regras que eu considero justas, porque serão essenciais para ele nos conferir uma boa educação.

O presidente e o desembargador se entreolharam, pensando no quanto Derek era inteligente e compreendia o significado das regras. Fabrício fixou o olhar no desembargador e disse:

– Solicito a guarda dos trigêmeos Matielin porque, com a morte dos meus pais e irmão, que era o pai adotivo deles, sou a única pessoa com quem eles podem contar, e o lugar deles é na Mansão Tilewes. Os três prometeram seguir as regras que lhes repassei. Eu não gosto de crianças e estaria mentindo se dissesse que passei a gostar delas só para obter a guarda. Mas acredito que, com eles seguindo as regras que mencionei, teremos uma boa convivência.

O desembargador olhou para Daniel e perguntou se ele gostaria que o tio ficasse cuidando dele e dos irmãos. Daniel balançou afirmativamente a cabeça, e Nicholas se recordou de que, quando participara de um jantar na Mansão Tilewes, não havia escutado a fala do garoto. Na ocasião, alguém havia lhe dito que Daniel não era mudo, mas não gostava de falar.

Ele virou-se para madre Felícia e disse:

– Madre, há anos a senhora é responsável por órfãos e já acompanhou muitos processos de adoção. Acredito que tenha se tornado experiente em um prejulgamento sobre se o órfão será feliz ao lado dos futuros pais adotivos. Levando em consideração toda a sua experiência, a senhora acredita que os Matielin serão bem educados e cuidados pelo tio?

– Derek e David mencionaram o que o senhor Fabrício lhes providenciará e qual foi sua primeira ação em relação a zelar pela segurança deles, o que me leva a concluir que os Matielin, ao lado do tio, serão bem educados e contarão com alguém que os protegerá – disse a madre. – Penso que o senhor Fabrício Tilewes não pereceu no acidente que vitimou sua família porque a vida sabe o que faz. Ao deixá-lo responsável por seus sobrinhos, ela, sendo a melhor mestra do homem, ensina-lhes a lição de se auxiliarem mutuamente ao se tornarem bons amigos.

Edwiges, que inspirava tais palavras à madre, afastou-se e voltou a ficar ao lado de Georg. Olhando para Fabrício, o desembargador falou:

– Seus sobrinhos me deixaram ciente de suas ações voltadas ao bem-estar deles. As falas de Derek, madre Felícia e a sua revelaram que a vida sabe o que está fazendo ao deixá-lo responsável pelos garotos, que também querem ficar sob a sua responsabilidade. Se o senhor solicitou a guarda acreditando ser capaz de lhes ofertar uma boa educação, seu pedido de guarda será indeferido, porque o seu advogado deverá ocupar o lugar do escrivão e redigir o pedido de adoção dos trigêmeos Matielin, que lhe será concedida, porque suas ações demonstraram que não será apenas um bom tio para eles, mas ainda um bom pai adotivo. O senhor será o novo pai dos garotos. Esta é a minha decisão!

– Pai? – indagou Fabrício, assustando-se. – Desembargador, eu não concordo com a sua decisão. Se não quero ter filhos biológicos, adotivos, então, é algo que jamais desejarei. Não estou solicitando a adoção dos três, mas a guarda para ficar responsável por eles, como tio. Educá-los como tio é algo completamente diferente de educá-los como pai, e não é isso o que quero. – Ficou em pé. – Retiro o pedido de guarda. O senhor pode enviá-los ao Orfanato Menino Jesus. Estou indo embora! – Foi se encaminhando para a porta.

"No final de toda essa palhaçada, quem sairá ganhando sou eu", pensou Michelle. "Quando os Matielin estiverem no orfanato, colocarei minhas mãos neles, e tudo sairá conforme planejei."

Derek disse em alta voz:

– Tio Fabrício, o senhor é um homem que honra a palavra empenhada. Tenho certeza de que estava sendo sincero ao dizer que não deixaria ninguém nos fazer mal.

Fabrício interrompeu os passos e, virando-se, fixou o olhar no garoto. Derek se aproximou dele e continuou:

– Tio Fabrício, sempre testemunhei o senhor colocar em prática a sua palavra. Espero que não nos decepcione. Por favor, não desista de ficar responsável por nós. A responsabilidade paternal da adoção será apenas no papel, ou seja, no documento civil constará o senhor como pai dos trigêmeos Matielin, mas, na prática, será o nosso tio. Por favor, não nos abandone quando mais precisamos do senhor.

Conduziu o tio até a cadeira, e nela Fabrício se sentou. Acatando em forma de pensamento o que seu anjo da guarda lhe sussurrava, Derek disse:

– O senhor é a única pessoa a quem podemos recorrer. Se estender suas mãos para nós neste momento, as minhas lhe serão estendidas sempre que o senhor precisar. – Mostrou as mãos abertas. – Eu o socorrerei, porque, fraternalmente amando-o, tudo farei para livrá-lo daquilo que poderá fazê-lo sofrer.

Fez uma pausa para respirar e prosseguiu:

– Antes de desencarnar, eram os seus pais e o seu irmão que se importavam com o senhor e lhe estendiam as mãos. Mas, agora, se eu não estiver por perto, quem haverá de lhe estender as mãos na hora em que mais necessitar? Quem rezará pedindo a Deus para livrá-lo de todo o mal e impulsioná-lo a lutar pelos seus objetivos? Quem o amará fraternalmente sem nada esperar receber em troca? – Cravou o olhar no do rapaz. – Tio

Fabrício, a vida sabe o que faz, sim. Se ela está tentando nos aproximar, é por saber que o meu amor fraterno pelo senhor é verdadeiro e nos auxiliará em nosso crescimento moral.

– Desembargador, atenderei ao pedido do Derek. O meu advogado poderá redigir o pedido de adoção – disse o rapaz.

– Obrigado, tio Fabrício! – agradeceu Derek, beijando-lhe a fronte e voltando a sentar-se em seu lugar.

Fabrício, que raramente se comovia, emocionou-se. Álvaro ocupou o lugar do escrivão e redigiu o pedido de adoção, que foi entregue ao desembargador.

– Senhor Fabrício Tilewes, depois do que ouvi e de ter testemunhado Derek demonstrar amá-lo fraternalmente, autorizo o senhor a adotar os trigêmeos, que abandonarão o sobrenome Matielin e adotarão o sobrenome Tilewes – proferiu Nicholas.

– Desembargador, os trigêmeos não podem se tornar Tilewes antes de... – interferiu Michelle.

– Silêncio, juíza! – ordenou o presidente do Tribunal, interrompendo-a. – Não deve se manifestar, mas observar e aprender.

Nicholas virou-se para o escrivão e pediu:

– Redija a adoção definitiva dos trigêmeos a favor do senhor Fabrício Tilewes.

Nicholas explicou a Fabrício quais eram suas responsabilidades de pai adotivo. Ao receber o documento do escrivão, assinou-o, entregou-o a Fabrício e disse:

– Assim que se ausentar do tribunal, dirija-se ao Cartório de Registro Civil para providenciar o novo registro dos seus filhos adotivos. Desejo felicidades ao senhor e aos trigêmeos!

– Excelência, ao deixarmos o tribunal, conduzirei meu cliente ao cartório, e os trigêmeos serão registrados com o sobrenome Tilewes – disse Álvaro.

Derek se aproximou do desembargador e falou:

– Excelência, é a terceira vez que o senhor faz um grande bem para mim e meus irmãos. Sou grato por suas decisões sempre estarem voltadas ao nosso bem-estar. Sou um admirador do seu trabalho e já li os dois livros de sua autoria. No futuro, após concluir o curso de Direito, pretendo ser juiz.

– Se já leu os dois livros que escrevi, qual é sua opinião sobre os assuntos que abordam? – Fez a pergunta para descobrir se o garoto realmente tinha lido as obras.

Derek apontou sua visão sobre os assuntos e fez uma comparação entre eles, explicando o que considerava ser mais relevante nas duas obras.

– Poucos foram os discentes da universidade onde leciono que conseguiram explanar tão bem o que leram em minhas obras. Nenhum deles tinha feito uma comparação entre elas como a que você fez – disse Nicholas. – Você terá um belo futuro. Desejo estar por perto para acompanhar a trajetória que o conduzirá à magistratura. – Enfiou a mão em um dos bolsos do paletó e, retirando um cartão, estendeu-o ao garoto dizendo: – É o meu cartão, no qual constam meus números de telefone. Poderá entrar em contato comigo sempre que necessitar.

Derek agradeceu e colocou o cartão em um dos bolsos da calça. Nicholas virou-se para madre Felícia e Fabrício, e pediu:

– Por favor, os dois me acompanhem até a minha sala.

Os três deixaram a sala onde se encontravam e seguiram para a sala do desembargador. O presidente do Tribunal, Denise e Álvaro seguiram para a sala de recepção com os trigêmeos e ficaram conversando com os garotos.

Michelle os observava sem nada mencionar, desejando que os trigêmeos e os outros fossem embora para que ela, junto com o tio, se dirigisse à sala do presidente, que iria conversar com os dois.

Dentro da sala de Nicholas, após se sentarem, o desembargador falou:

– Estou encantado com as falas e ações de Derek, que é um garoto inteligente, educado, atencioso e amoroso. Como ele deseja cursar Direito e ser juiz, decidi ser um "padrinho" para ele. A fim de ajudá-lo, precisarei estar por perto, portanto solicito ao senhor Fabrício Tilewes permissão para que eu e minha esposa frequentemos a Mansão Tilewes, e para que Derek e sua família frequentem nossa residência, pois meu desejo é cultivar uma boa amizade com ele, seus irmãos e o pai adotivo deles.

– O senhor e sua esposa têm a minha permissão para frequentar nosso lar e se tornarem amigos da família – concedeu Fabrício.

– Agradeço a permissão. Madre Felícia é uma religiosa que sempre contou com minha confiança e poderá futuramente recordar-lhe essa nossa conversa, caso o senhor a esqueça. O que lhes disse sobre o apadrinhamento do garoto e o desejo de criar laços amigáveis com a família Tilewes foi em caráter confidencial, pois estamos no tribunal e meu cargo não me permite manter vínculos com os cidadãos que buscam os serviços desta instituição jurídica – disse Nicholas. – Embora o senhor Fabrício Tilewes namore a minha sobrinha e já frequente minha residência, o que lhes falei deverá ficar apenas entre nós três.

– A vida sabe o que faz ao colocar o desembargador no caminho do Derek, pois Sua Excelência será a pessoa ideal para auxiliar o garoto a chegar à profissão que já escolheu seguir – falou a madre. – Em minhas preces, rezarei para que Sua Excelência continue sendo um profissional que sempre pensa no bem-estar das pessoas.

Os três se levantaram e seguiram para a sala de recepção. O desembargador se despediu dos trigêmeos, desejando que fossem felizes ao lado do novo pai adotivo, e também se despediu de Álvaro. Ficou ao lado do presidente, que, após se despedir de todos, seguiu para sua sala, acompanhado por Nicholas e Michelle.

Quando Fabrício e os garotos, Álvaro, Denise e a madre deixaram o prédio, o câmera entregou o microfone a Denise e a filmou, dizendo aos manifestantes o que tinha acontecido com os trigêmeos Matielin. Todos aplaudiram a boa notícia e começaram a se dispersar. Denise entregou o microfone ao câmera e, virando-se para Fabrício, disse:

– Agora que ficou responsável pelos trigêmeos e se tornou o novo proprietário da Mansão Tilewes, solicito sua permissão para eu e meus pais visitarmos os garotos e para eles nos visitarem também.

– Os Kassiel eram amigos da minha família antes da morte dos meus pais e do Marcello. Continuarão amigos dos Tilewes e poderão nos visitar sempre que desejarem – falou Fabrício.

Roberto Diógenes ditado por Sulamita | 139

A moça agradeceu, beijou os garotos e se despediu. Madre Felícia e as outras religiosas também se despediram e seguiram para o orfanato. Álvaro, Fabrício e os garotos seguiram para o Cartório de Registro Civil. O advogado apresentou o documento que haviam recebido do desembargador, e os trigêmeos foram registrados com o sobrenome Tilewes.

Enquanto voltavam para a mansão, Edwiges, que ainda continuava junto deles, virou-se para Georg e comentou:

– Parece que tudo terminou bem para os trigêmeos. Derek foi peça essencial para Fabrício decidir ficar responsável por ele e pelos irmãos.

– O tribunal e o cartório foram apenas uma etapa na vida de Fabrício e dos trigêmeos – falou Georg. – A convivência diária com o tio será um grande desafio, que só com o tempo conheceremos. Resta-nos vibrar para que dê tudo certo.

Os dois saíram volitando em direção à cidade espiritual onde viviam.

Capítulo 12

ALLAN KARDEC E ROMPIMENTO

No sábado, às dez horas, Denise e os pais chegaram à residência dos Tilewes. Cumprimentaram Anita, que os conduziu à sala de estar, e Denise disse:

– Fico feliz em saber que continua trabalhando na mansão. Você tem afeição pelos trigêmeos, e eles por você. Será uma boa companhia para os garotos.

– Após o enterro dos meus patrões, eu ia embora, mas, depois que o senhor Fabrício decidiu ficar responsável pelos trigêmeos, optei por ficar, para secar as lágrimas dos meninos quando o tio os fizer chorar com sua frieza.

Denise sorriu. Seus pais se entreolharam e nada disseram.

– Desejamos conversar com Fabrício e os garotos – falou Denise.

– Irei chamá-los – disse Anita, seguindo para o quarto dos meninos. Após informá-los de que tinham visitas, foi até o quarto do patrão e bateu à porta.

Na sala de estar, os trigêmeos cumprimentaram os Kassiel, que os parabenizaram pela adoção. Derek fixou o olhar em Alfredo e disse:

– Senhor Alfredo, depois de eu ter lido os livros que Allan Kardec codificou e outros que abordam a filosofia espírita, fiquei pensando se a forma como o papai Marcello e nossos avós Gilson e Flaviana desencarnaram fez com que chegassem feridos ao plano espiritual. Encarnados, foram boas pessoas, que praticaram o "Fora da caridade não há salvação", o que se espera de todo espírita. A caridade que praticaram contribuiu para não chegarem ao mundo dos espíritos padecendo dores?

– Tolice! – exclamou Fabrício, juntando-se a eles, antes que Alfredo respondesse. – Até hoje, nenhum cientista encontrou vestígio da alma após dissecar o corpo humano. Você, que é um garoto inteligente e já estudou o espiritismo, deveria ter descoberto que Allan Kardec só escreveu mentiras nos livros que fundamentam a religião que ele fundou. Mentiras que são aceitas por pessoas tolas e ignorantes, que usam a emoção em vez da razão para se conformar com a morte de um familiar. Você não é tolo, por isso, tem de ser racional ao analisar as mentiras que o espiritismo e outras religiões disseminam.

– Tio Fabrício, Allan Kardec não foi tolo nem ignorante, mas um homem culto que apresentou ao mundo uma religião fundamentada em uma fé raciocinada – disse Derek. – No item 4 do capítulo 6 de *O Evangelho segundo o Espiritismo*, está escrito que "o Espiritismo proporciona o que Jesus disse sobre o consolador prometido: conhecimento dos fatos, que faz com que o homem saiba de onde veio, para onde vai e por que está na Terra; retorno aos verdadeiros princípios da lei de Deus; e consolação pela fé e pela esperança". E, no preâmbulo do livro *O Que É o Espiritismo*, Allan Kardec define que "o espiritismo é uma ciência que trata da natureza, origem e destino dos espíritos, bem como de suas relações com o mundo corporal".

Fez uma pausa, para em seguida continuar:

– *No século XIX*, Allan Kardec observou, investigou e estudou os fenômenos espíritas, e, só após comprovar serem verídicos, apresentou o espiritismo aos homens. Agiu assim porque o professor Hippolyte Léon Denizard Rivail, conhecido como Allan Kardec, foi bacharel em Ciências Naturais, Letras e Pedagogia, possuindo ainda conhecimentos sobre Química, Física e Anatomia. Dominava diversos idiomas e, como pedagogo, lutou e contribuiu para o melhoramento da educação pública, sendo premiado em um concurso de importante Academia da época. Um homem com esse currículo não pode ser chamado de tolo e ignorante. Ele tanto usava a razão que, em 1854, após ser informado sobre as "mesas girantes", decidiu pesquisá-las e estudá-las.

Fez nova pausa e prosseguiu:

– Em 1857, Allan Kardec publicou *O Livro dos Espíritos*, e, nos anos seguintes, os outros livros da Codificação Espírita, que só foram publicados após anos de estudos e pesquisas sobre diferentes tipos de mediunidade, com base nos quais comprovou-se não serem fraudes o contato com os mortos, a vida após a morte e a reencarnação. O conhecimento dos fatos por trás dos fenômenos mediúnicos ajuda os homens a descobrirem que os verdadeiros princípios da lei de Deus os conduzirá a uma consolação pela fé e pela esperança, e a compreender o que os aguarda após a morte do corpo físico; uma compreensão e consolação que não os torna religiosos fanáticos, tampouco tolos e ignorantes. Ao usarem a razão em seus estudos sobre o espiritismo, descobrem que essa religião, sendo uma ciência que trata da natureza, origem e...

– Basta! – gritou Fabrício, interrompendo-o. – Nenhuma religião é uma ciência. Allan Kardec, em um dos seus livros, escreveu que o espiritismo é uma ciência apenas para conseguir adeptos. Adeptos tolos e ignorantes, que não sabem identificar a diferença entre religião e ciência, o que não é o seu caso.

Alfredo se surpreendeu com o conhecimento de Derek sobre a biografia de Allan Kardec. Muitos espíritas só sabiam que ele tinha codificado o espiritismo. Outros pensavam ter sido Chico Xavier[1] o fundador da Doutrina.

– Tio Fabrício, outros estudiosos do espiritismo, após Allan Kardec ter...

– Cale-se! – ordenou o tio, cortando a fala de Derek. – Não sou religioso e não quero escutar nada sobre religião em minha

---

[1] Francisco Cândido Xavier, conhecido como Chico Xavier, foi um famoso médium e o maior representante da Doutrina Espírita. (Nota da autora espiritual.)

casa. Se você e seus irmãos querem ser espíritas, não proibirei, mas só devem falar sobre a religião de vocês quando estiverem em seus quartos.

– Eu não quero ser espírita – disse David. – Serei ateu igual ao tio Fabrício, porque, quando o papai Marcello nos levava à Casa Espírita, eu rezava para sermos uma família feliz. E o que adiantou? O papai Marcello e nossos avós morreram.

– Você não será ateu – falou Derek. – Irá comigo e com o Daniel à Casa Espírita para aprender a rezar com fé e sinceridade. Aprenderá também que nossas preces só são atendidas quando temos méritos para receber o que pedimos, ou quando o que pedimos não nos será prejudicial.

– Você não é o meu pai para me dizer o que devo fazer, nem para me obrigar a ir aonde não quero – falou David. – Serei ateu, porque já me cansei de rezar para Deus e Ele sempre permitir que nossos pais morram. Você, que acredita Nele, que reze. Eu não farei mais isso.

– Fará, porque eu...

– Basta! – gritou Fabrício, interrompendo Derek. – Se o David quer ser ateu, é um direito dele e deve ser respeitado. Por isso, não quero vê-los se desentendendo por causa disso. Assunto encerrado!

Virou-se para as visitas e, cumprimentando-as, indagou o que desejavam.

– Viemos parabenizá-lo por ter se tornado o novo pai dos trigêmeos – disse Alfredo.

– Sou o pai deles apenas no registro civil. No dia a dia, serei o tio, e eles, os sobrinhos.

– Sendo pai ou tio, viemos lhe dizer que poderá contar com os Kassiel para ajudá-lo a cuidar dos garotos se, porventura, houver necessidade – falou Greice.

– Desejamos conversar com você em particular – disse Denise.

– Vamos para o escritório – convidou o rapaz.

No escritório, após se sentarem, Denise perguntou:

– O que seus pais e Marcello foram fazer em Tramandaí?

– Organizar a festa-surpresa de aniversário dos trigêmeos. Se tivessem organizado aqui, não teriam morrido.

– Se estivessem em Porto Alegre, teriam desencarnado do mesmo jeito, porque o dia e o horário de retornarem ao mundo espiritual eram aqueles. O espiritismo...

– Se forem falar sobre religião, não teremos nenhum assunto para conversar – falou Fabrício, interrompendo Alfredo.

– Não viemos falar sobre religião. Viemos pedir sua permissão para irmos à casa de Tramandaí buscar o material da festa e organizá-la em nossa residência – disse Denise. – Embora seja recente o desencarne de seus familiares, e o momento não seja propício para festas, achamos que ela trará um pouco de alegria aos trigêmeos.

– Peguem a chave da casa de praia com a Anita e organizem no lar de vocês a festa para os garotos – falou Fabrício. – Denise, quando chegar em Tramandaí, pode buscar o carro do meu pai, que está na oficina mecânica? Ele já quitou o valor do conserto e lhe entregarei um dos documentos dele para apresentá-lo ao mecânico, que lhe entregará o carro. Não pretendo, tão cedo, retornar àquela cidade.

– Eu me encarrego de buscar o carro na oficina – prontificou-se Alfredo. – E o trago para cá, enquanto Denise ou a mãe dirigem o meu.

Fabrício abriu uma gaveta da escrivaninha, retirou um documento de Gilson e o entregou para Alfredo. Deixaram o escritório e, assim que Fabrício escutou Anita gritar com alguém, dirigiram-se até ela, que estava ao lado do interfone. Os trigêmeos estavam ao seu redor.

– Vá embora! Não abrirei o portão – gritou Anita.

– O que está acontecendo? – perguntou Fabrício.

– A juíza maligna está no portão dizendo que veio conversar com o senhor.

– O que você quer, Michelle? – indagou Fabrício pelo interfone.

– Vim vê-lo e preciso conversar com você. Estou falando para a serviçal que não vim à mansão como juíza, mas como sua namorada. Ela, que é uma mulher sem instrução, é incapaz de entender algo tão simples e se recusa a abrir.

Fabrício acionou o controle do portão e falou para Anita entregar a chave da casa de Tramandaí para os Kassiel. Chamou os sobrinhos para acompanhá-lo até a garagem. Anita buscou a chave e a entregou aos Kassiel. Juntos foram para a garagem e ficaram próximo aos trigêmeos, assim que viram Michelle estacionar o carro. Quando ela desceu do veículo e sorriu para Fabrício, ouviu dele:

– O nosso namoro está rompido! Vá embora e nunca mais apareça aqui.

– Namoro rompido? – indagou Michelle, que, ao avistar Denise, perguntou à moça:

– O que está fazendo aqui? Não a quero frequentando a mansão do meu namorado. Vá embora e leve seus pais com você!

– É você quem vai embora, não eles. Nós não somos mais namorados e nunca mais quero vê-la na minha frente. Rua! – Fabrício apontou para o portão.

– Não aceitarei o rompimento e não irei embora, porque não vou deixar essa aí –apontou para Denise –, que nem esperou o corpo do namorado esfriar na sepultura para vir atrás do irmão dele. Nenhuma mulher o roubará de mim. Aquela que tentar essa ousadia vai se arrepender amargamente, porque eu...

– Cale-se! – ordenou Fabrício. – Não permitirei que desrespeite a Denise, que é uma moça decente e se comporta com dignidade. Ela não é a culpada pelo rompimento do namoro. A culpada é você.

– Eu? Nunca fiz nada para prejudicar o nosso namoro. Eu o amo...

– Ama? – perguntou Fabrício. – Se me amasse, não teria tentado prejudicar os meus sobrinhos. Se me amasse, não teria enviado a polícia à minha porta para levá-los à força! Eu não preciso desse tipo de amor. Vá embora! – Apontou novamente para o portão.

– Hipócrita! – gritou Michelle, cuspindo-lhe no rosto e lhe dando uma bofetada. – Você não suporta crianças, e esses amaldiçoados trigêmeos não são a causa do rompimento. Está...

Sua fala foi interrompida quando Fabrício, após limpar o cuspe do rosto, devolveu-lhe a bofetada, que a fez se desequilibrar, cair e bater o nariz no capô do carro, provocando um pequeno sangramento.

– Um homem não deve ser esbofeteado nem cuspido – gritou Fabrício. – Se repetir essa ousadia, eu a farei se lamentar pelo resto da vida.

Michelle se ergueu, apoiando-se no carro. Puxou a gola do vestido branco e limpou o nariz. Fixou o olhar em Fabrício e pediu:

– Perdoe-me! Foi insensatez ter...

– Não a perdoo e não quero o seu perdão – disse Fabrício, cortando-lhe a fala. – Vá embora e nunca mais me procure.

Derek observou que Denise parecia feliz com o rompimento do namoro. Michelle se inclinou, pegou a bolsa que havia caído no chão, olhou para os trigêmeos e disse:

– Desde que vocês cruzaram o meu caminho, sempre saí prejudicada. Não consegui me vingar dos três e do pediatrinha, que teve o que mereceu ao morrer naquele acidente. Mas o homem que eu amo ter rompido comigo por causa de vocês foi o maior prejuízo que me causaram. Vou me vingar de uma forma que jamais se esquecerão.

Fabrício ficou na frente dos garotos e falou:

– Não permitirei que ninguém faça mal aos meus sobrinhos. Antes de chegar a eles, terão de passar por cima do meu cadáver, o que não será fácil, porque sou um bom lutador. Se você ou outra pessoa prejudicar um deles, farei com que se arrependam amargamente. – Cruzou os braços, fechou o semblante e a fixou com um olhar frio.

Michelle sentiu o sangue gelar e, enchendo-se de pavor, abriu rapidamente a porta do carro e partiu.

"Se o tio Fabrício está disposto a lutar para nos defender, isso confirma a minha suposição de que nos ama fraternalmente, apenas não se deu conta disso ainda", pensou Derek.

– Fabrício, depois do que vi, não tenho dúvidas de que os trigêmeos estão seguros em sua companhia – falou Alfredo.

– Eu também penso assim – disse Greice. – Você será um bom tio para os garotos.

– Fabrício, você se comportou como o Marcello se comportaria. Comportou-se como um pai – disse Denise. – Estou orgulhosa de você e espero, no futuro, sermos bons amigos. Como

Roberto Diógenes ditado por Sulamita | 147

amiga, poderei ajudá-lo a defender os garotos de quem possa querer prejudicá-los.

Fabrício nada mencionou. Alfredo chamou a esposa e a filha para partirem. Despediram-se e deixaram a mansão.

⚬⚬

Michelle estacionou o carro em frente à delegacia. Despenteou o cabelo e começou a chorar assim que entrou, pedindo para falar com Elton. Este a conduziu até sua sala e pediu que Tales, um policial alto e forte, os seguisse.

Na sala, o delegado pediu à moça que se sentasse e indagou o que tinha acontecido. Chorando e apontando para a mancha de sangue no vestido, Michelle contou que o namorado a havia espancado, quando ela o procurara para romper o namoro, insinuando que o rompimento seria por causa de Elton. E mentiu com convicção ao dizer que Fabrício, além de agredi-la, a havia agarrado pelos cabelos e jogado na rua. Elton e Tales ficaram indignados com o relato.

– Seu ex-namorado receberá uma lição para aprender que um homem jamais deve erguer as mãos para espancar uma mulher – disse o delegado, que a ajudou a fazer o Boletim de Ocorrência. Depois, ele e Tales entraram em uma viatura e partiram.

"Fabrício vai se arrepender por ter me humilhado", pensou Michelle, decidida a ficar na delegacia para ver que tipo de lição Fabrício receberia.

⚬⚬

Usando uma máquina fotográfica, Anita tirou fotos dos trigêmeos após vestirem as camisetas iguais que lhes dera como presente de aniversário.

– Eles não devem usar roupas iguais só porque são trigêmeos – falou Fabrício, aproximando-se dos quatro. – Marcello não deixava os filhos vestirem roupas iguais, e eu também não permitirei, porque, embora se pareçam fisicamente, eles têm personalidades bem diferentes.

148 | Órfãos do amor

Escutaram a sirene de uma viatura policial e, em seguida, o som do interfone. Anita atendeu e ouviu:

– É a polícia. Sou o delegado Elton Cavalhares. Quero falar com o senhor Fabrício Tilewes. Abra o portão ou teremos de arrombá-lo.

– Derek, telefone para o advogado da família e informe que a polícia está em nossa residência. O número do doutor Álvaro está na agenda – pediu Fabrício.

Apertou o botão que comandava o portão e se dirigiu à garagem. Derek pediu a Anita que fosse a um dos quartos com seus irmãos e, pegando a máquina fotográfica, desligou o *flash*. Escondendo-se atrás de uma janela, olhou para a garagem.

Volitando, Georg e Edwiges chegaram à garagem e também ficaram observando. A viatura estacionou, e os policiais partiram para cima de Fabrício.

– Covarde! Você é o homem que gosta de espancar mulher? – disse Elton, dando um soco em Fabrício.

Derek ligou a máquina fotográfica e registrou a agressão. Depois o algemaram, agarraram-no pelos cabelos e o atiraram no camburão.

– Está preso por agressão física à sua namorada. Na delegacia, descobrirá o tratamento que é concedido a homens que batem em mulheres – disse Elton, fechando o camburão.

Derek tirou fotos da placa da viatura. Foi até o aparelho telefônico e, consultando a agenda, discou o número da residência de Álvaro, deixando-o ciente do que tinha acontecido. Depois telefonou para a residência dos Kassiel. Denise, que já estava se preparando para ir junto com os pais a Tramandaí, adiou a viagem.

Derek foi ao quarto, pegou o cartão que o desembargador lhe entregara e retornou ao aparelho telefônico. Ligou para o dr. Nicholas, dizendo que precisava de um grande favor. Depois, retirou o filme da máquina, colocou-o no bolso da bermuda e foi até o quarto de Daniel, onde ele e David estavam com Anita, dizendo-lhes:

– O desembargador Nicholas virá me buscar para retirarmos o tio Fabrício da prisão. Não permitam que ninguém entre na mansão até retornarmos.

Foram para a sala de estar e ficaram aguardando Nicholas chegar, e Derek então partiu com ele.

∞੭੭ ੭੭∞

Elton e Tales entraram na delegacia empurrando Fabrício, que caiu sobre o banco no qual Michelle estava sentada. Os olhares dos dois se cruzaram, e ela esboçou um sorrisinho. Elton agarrou o cabelo de Fabrício e Tales um dos braços do rapaz, ambos colocando-o em pé.

O delegado disse:

– Eu e outros dois policiais iremos interrogá-lo e, se você não confessar ter agredido sua namorada, temos meios que o farão mudar de ideia.

– Meios que não devem ser utilizados para garantir a confissão do senhor Fabrício Tilewes – disse o policial-escrivão. – Nosso chefão telefonou e deu ordens para ninguém interrogá-lo antes de sua chegada. Ordenou que o rapaz deve ser colocado sozinho em uma cela e que nenhum policial deve encostar nele.

– De onde você conhece o diretor da polícia? – o delegado indagou a Fabrício.

O rapaz ficou em silêncio, memorizando a fisionomia de Elton e Tales para quando fosse acertar as contas com os dois.

O delegado ordenou a Tales que conduzisse Fabrício a uma cela vazia e, aproximando-se de Michelle, convidou-a para se dirigir à sua sala. Quando nela entraram e se sentaram, o delegado deixou a moça ciente do que deveria contar ao diretor da polícia para que o namorado agressor continuasse preso.

Transcorridos dez minutos, Álvaro chegou à delegacia e, após conversar com o delegado, dirigiu-se à cela onde Fabrício estava preso, ficando ali com o rapaz. Passados doze minutos, Derek, Nicholas e o diretor da polícia chegaram à delegacia praticamente junto com os Kassiel.

O diretor ordenou que fossem colocadas cadeiras na recepção, a fim de acomodarem todos os presentes, e que conduzissem Fabrício até eles. Ordenou ainda que o delegado e Tales se sentassem ao seu lado.

150 | Órfãos do amor

Os bons espíritos Edwiges e Georg chegaram volitando e ficaram observando. Quando Fabrício chegou à recepção, Derek correu até ele e disse:

– Fiquei muito preocupado com o senhor, quando testemunhei o delegado e aquele policial – apontou para Tales – na garagem de nossa residência agredirem-no fisicamente e conduzi-lo à delegacia. Assim que partiram...

– Eu e o Tales não agredimos o seu tio – falou Elton, cortando a fala do garoto. – Você está mentindo ao mencionar...

– Não estou mentindo – falou Derek, interrompendo-o. – Tenho provas que revelam seus atos quando chegaram a nossa residência e espancaram o tio Fabrício. Fotografei tudo, e as fotos já estão sendo reveladas.

Elton e Tales se entreolharam e nada disseram. Derek disse para o tio:

– Tio Fabrício, assim que a viatura partiu, entrei em contato com o desembargador, que contatou o diretor da polícia, e viemos o mais rápido possível para socorrê-lo. Espero ter conseguido agir antes de o delegado e o policial Tales o terem espancado aqui na delegacia.

– Você conseguiu agir rápido. Obrigado! – agradeceu o tio, sentando-se ao lado dele.

O diretor solicitou ao policial-escrivão que lesse em alta voz o Boletim de Ocorrência. Concluída a leitura, Derek, indignado, apontou para Michelle e exclamou:

– Bá tchê! Tu és mentirosa! – Virou-se para o delegado e indagou: – O procedimento a ser adotado pelo delegado, após ouvir uma denúncia de agressão, não é lavrar o Boletim de Ocorrência e tomar as providências para a abertura de um processo contra o agressor, que, em linguagem jurídica, significa "lavrar representação a termo"? Antes de prender o suposto agressor, o delegado não deveria ter colhido provas para verificar se a agressão aconteceu de fato? A suposta vítima não deveria ter sido encaminhada ao Instituto Médico Legal para o exame de corpo de delito? Se o resultado do exame confirmasse a agressão, o delegado não deveria encaminhar para um juiz,

Roberto Diógenes ditado por Sulamita | 151

em até quarenta e oito horas, o pedido de medidas protetivas de urgência? O juiz não teria o mesmo prazo para responder se as medidas deveriam ser adotadas ou não? Todo réu não é considerado inocente até que se prove o contrário? Antes de esses procedimentos serem adotados, o agressor não pode ser preso. Se o delegado e o policial Tales agiram sem colocar em prática o que legalmente se recomenda em casos de agressão física, foi com a intenção de prejudicar tio Fabrício, e os dois devem responder na Justiça pelo mal que lhe fizeram.

Virou-se para Michelle e perguntou:

– Sendo uma juíza, não se envergonha de ter se dirigido a uma delegacia para prestar uma falsa denúncia? Se assim agiu, deve saber o que a aguarda quando for responder judicialmente por isso. Eu convidei as pessoas que testemunharam a ocorrência para virem à delegacia e dizerem o que verdadeiramente aconteceu.

– Doutor Álvaro Rudefin, eu pensava que o senhor fosse o advogado do senhor Fabrício Tilewes, mas o sobrinho o defende como um bom advogado o faria – disse o diretor.

– Derek já me informou que cursará Direito e será juiz. Eu o ajudarei a se tornar um dos melhores magistrados do país – disse Nicholas.

– Se, ao cursar Direito, desistir de ser juiz e se interessar em ser delegado, entre em contato comigo – disse o diretor, entregando um cartão para Derek. – E, se precisar de algum favor, é só telefonar.

Elton e Tales voltaram a se entreolhar e nada disseram.

O diretor pediu a Fabrício que se manifestasse sobre a denúncia apresentada por Michelle. Após ouvi-lo, solicitou aos Kassiel que contassem o que tinham visto. Depois de Denise e os pais confirmarem o que Fabrício havia dito, Álvaro se manifestou. Assim que sua fala foi concluída, o diretor virou-se para o policial-escrivão:

– Rasgue o Boletim de Ocorrência e proceda como o doutor Álvaro Rudefin informou. A polícia deverá agir assim para seu cliente não possuir uma ficha suja na polícia. – Virou-se para Fabrício e disse: – O delegado e o policial que não procederam de forma correta serão penalizados. Os senhores podem retornar às suas residências. Eu e o desembargador vamos permanecer na delegacia para conversar com a juíza, o delegado e o policial Tales.

Antes de sair, Derek falou:

– Diretor e desembargador Nicholas, agradeço por terem ajudado o meu tio. Não me esquecerei do bem que prestaram a ele. Em minhas preces, pedirei para Deus os abençoar e aos seus familiares.

Nicholas e o diretor se despediram do garoto e dos outros, que seguiram para o estacionamento. Derek agradeceu a Denise e a seus pais por terem comparecido à delegacia. A moça e os genitores, dizendo estar orgulhosos da forma como ele procedera, despediram-se dele, de Fabrício e de Álvaro. Este, fixando o olhar em Derek, falou:

– Tudo o que fez para auxiliar seu tio revelou ser um sobrinho amoroso e demonstrou que será um excelente advogado. No dia em que ingressar no curso de Direito, o meu escritório de advocacia estará de portas abertas para lhe oferecer um estágio e contratá-lo, assim que se formar.

– Doutor Álvaro, era meu dever me empenhar para ajudar o tio Fabrício. Ele e os meus irmãos são a minha família e estarei sempre por perto para cuidar deles – disse Derek, que, olhando para o tio, acrescentou: – Tio Fabrício, no tribunal, eu lhe mostrei minhas mãos e disse que as estenderia em sua direção e o socorreria sempre. Minha intenção é continuar estendendo-as sempre que o senhor necessitar.

– Suas ações revelam que é grato por eu ter me tornado responsável por você e por seus irmãos, mesmo não tendo a obrigação de fazê-lo. Ainda assim, agradeço o seu empenho para me tirar da prisão. Você é um bom sobrinho! – exclamou Fabrício.

– Obrigado! – agradeceu Derek.

– Entrem em meu carro, que lhes oferto uma carona até a Mansão Tilewes – disse Álvaro.

Os três entraram no veículo e partiram. Georg e Edwiges saíram volitando para outro local da cidade.

Roberto Diógenes ditado por Sulamita | 153

Às vinte horas, reunidos na mansão dos Kassiel, após entregarem para os trigêmeos os presentes de aniversário, os convidados cantaram os parabéns. Quando a festa terminou, Denise levou os garotos para a Mansão Tilewes, ajudando-os a conduzir os presentes para a sala de estar, e comentou que no próximo fim de semana apareceria para visitá-los.

Capítulo 13

COLÉGIO

As semanas foram passando, e os trigêmeos descobriram ser difícil conviver com o tio, que não lhes dava a menor atenção. Quando se dirigia a eles, era apenas para saber se estavam seguindo as regras em casa e sendo bons alunos no colégio.

Passados seis dias, durante o jantar, Derek falou:

– Tio Fabrício, peço permissão para interromper o silêncio da refeição e lhe transmitir um recado do diretor do colégio.

– Qual é o recado? – indagou o rapaz.

– O Daniel me disse que o diretor quer falar com o senhor. É sobre o David.

– David, o que andou aprontando? – perguntou o tio.

– Apronto muitas coisas, porque o colégio é o local onde eu e meus irmãos podemos ser crianças, já que nesta casa somos obrigados a obedecer às suas regras e nos comportar como...

– ... garotos obedientes ao tio, sendo gratos por ele tê-los acolhido quando voltaram a ficar órfãos, sem ter obrigação de acolhê-los, por nenhum dos três carregar nas veias o sangue Tilewes – disse Fabrício, interrompendo David. – Sua gratidão deveria se manifestar ao obedecer o que determinei em relação a se comportar e tirar boas notas. Amanhã irei ao colégio e, se descobrir que aprontou algo que eu desaprove, receberá um corretivo. Quando terminarem a refeição, sigam para seus quartos e mantenham silêncio. Não quero ouvir a voz de nenhum dos três.

Todos se concentraram no jantar e nenhuma palavra voltou a ser mencionada.

⁕

No dia seguinte, durante o almoço, Fabrício fixou o olhar em David e falou:

– Estive no colégio, e o diretor e sua professora me informaram que você conversa muito em sala de aula. Quando me mostraram suas notas e verifiquei estarem acima da média, relevei o fato. Você não receberá um corretivo, apenas por esse motivo. – Virou-se para a direita e chamou: – Daniel!

O garoto parou de comer e, apavorado, baixou a cabeça. Tinha pavor do tio.

– Erga a cabeça e olhe para mim! – pediu Fabrício. – Já lhe disse que não sou um monstro e não lhe farei nenhum mal. Não entendo por que você se apavora sempre que chamo o seu nome ou lhe faço uma pergunta. Erga a cabeça! – ordenou e, ao ser obedecido, continuou: – O diretor e sua professora teceram elogios sobre o seu comportamento e suas notas. Disseram que, estudando na mesma turma do David, é diferente do seu irmão. Você se comporta com perfeição, é o melhor aluno da sala e um dos mais inteligentes do colégio. Estou orgulhoso!

O menino suspirou aliviado.

– Se o Daniel não gosta de falar nem fazer o que os garotos de sua idade fazem, e vive se matando de estudar para agradar ao senhor, só poderia ser o melhor aluno da turma e um dos mais inteligentes do colégio – disse David. – Eu, que não nasci mudo e gosto de...

– Silêncio! – ordenou Fabrício. – Por acaso eu lhe fiz alguma pergunta? Se voltar a quebrar o silêncio das refeições, ficará uma semana sem almoço. Depois colocarei uma mordaça verdadeira em sua boca em vez de uma invisível, o que fará você deixar de ser tagarela. – Virando-se para Derek, falou: – O diretor, os professores e a orientadora educacional muito o elogiaram, dizendo que, além de ser superdotado e o aluno mais inteligente do colégio, é educado, humilde, gentil, atencioso e bondoso. Estou muito orgulhoso! – Dito isso, retomou a refeição.

Quando o almoço foi concluído, Fabrício foi para o hospital. Derek, para a sala de estudos que Marcello, antes de desencarnar, tinha mandado construir na mansão. David e Daniel foram para o colégio.

⚬๑୧ ๑୨๑⚬

Passados três dias, Anita se aproximou do patrão e disse:

– Senhor Fabrício, as pessoas que o senhor me pediu que ocupassem as vagas estão na garagem. Posso conduzi-las à sua presença?

– Leve-as ao escritório, mas, antes, diga aos meus sobrinhos para irem ao local. Quero que estejam presentes quando eu entrevistar os futuros serviçais. – Dirigiu-se ao escritório e deixou a porta aberta.

Passados cinco minutos, os sobrinhos chegaram ao escritório e se sentaram próximo do tio. Alertados por Anita de que o rapaz iria entrevistar futuros funcionários da mansão, ficaram em silêncio.

Anita entrou no escritório acompanhada por uma mulher de estatura mediana e por um jovem alto, ambos moreno-claros, de cabelos castanhos e olhos cor de mel.

– Senhor Fabrício, estes são Nair e Fred. Ela é minha prima e ele é filho dela. Viviam em Rosário do Sul e, quando o doutor Álvaro vendeu o apartamento que eu herdei, para que eu comprasse uma casa em Porto Alegre, convidei-os a residirem na capital com os meus pais. Nair ficou viúva muito jovem e, sozinha, educou o filho. Os dois são pessoas honestas e trabalhadoras que, se forem contratadas, executarão bons serviços.

– Digam suas idades e quais serviços domésticos sabem executar – ordenou Fabrício.

– Tenho trinta e seis anos e consigo lavar roupas, passá-las, fazer faxinas, cozinhar e realizar qualquer atividade doméstica – falou Nair.

– Tenho dezoito anos e sou capaz de cuidar do jardim e da piscina. Também entendo de instalações elétricas e hidráulicas, conserto telhados, portas e janelas, além de fazer outros serviços de manutenção – disse Fred.

– Se forem contratados, o tempo me fará descobrir se executam com perfeição os serviços que lhes serão destinados – disse Fabrício. – Todos os serviços domésticos desta mansão devem ser realizados para garantir o meu conforto e o dos meus sobrinhos. Digam o que estão dispostos a fazer para nos garantir esse conforto.

Quando os dois terminaram de se manifestar, Fabrício falou:

– Sendo parentes de Anita, não quero pegá-los conversando no horário de trabalho, porque irei pagá-los para trabalhar, e não para ficarem fofocando. – Fixou o olhar na mulher. – Nair, além do salário que lhe será pago para realizar suas funções durante a semana, e se estiver de acordo, receberá outra metade desse salário para realizar as funções de Anita aos domingos e feriados.

– Estou de acordo – disse Nair.

Fabrício fixou Fred e indagou:

– Você tem CNH[1]?

– Não tenho, porque nunca tive dinheiro para pagar por ela, mas, em Rosário do Sul, quando trabalhei em uma fazenda, aprendi a dirigir – respondeu o jovem.

– Preciso de um motorista para ficar a serviço dos meus sobrinhos e da mansão. Pagarei os serviços de uma autoescola para você ser o motorista dos garotos. Quando conseguir a CNH, seu salário será duplicado e ficará responsável pelo carro que era do Marcello. Está de acordo?

– Estou – respondeu Fred. – Agradeço a oportunidade que o senhor está me ofertando. Eu e minha mãe nos empenharemos para que o senhor e seus sobrinhos fiquem satisfeitos com os nossos serviços.

---

[1] Carteira Nacional de Habilitação. (Nota da autora espiritual.)

– Derek, Daniel e David, podem se retirar! – ordenou Fabrício.
– Vou conversar com os serviçais em particular.

– Fred e Nair, sejam bem-vindos ao nosso lar! Espero que, com o tempo, nos tornemos bons amigos – disse Derek, que se retirou acompanhado pelos irmãos.

Após Fabrício informar aos funcionários quais seriam suas funções e os horários em que deveriam desempenhá-las, dispensou Anita e Nair e, virando-se para Fred, falou:

– Meus sobrinhos eram o xodó do meu irmão e dos meus pais, que tudo faziam para vê-los felizes. Com a morte do pai e dos avós, eu sou o responsável por eles, mas tenho muitas ocupações. Por isso, preciso de alguém confiável para estar ao lado dos três, acompanhando-os sempre. Quando você se tornar o motorista deles e estiver realizando as outras funções na mansão, ficará muito tempo próximo a eles. – Contou ao jovem o que tinha em mente e perguntou: – Está disposto a ser esse alguém de confiança e manter em sigilo os serviços que executará?

– Estou e guardarei sigilo – respondeu Fred.

– Pagarei um salário extra pelos serviços de confiança – disse Fabrício, e, por vinte minutos, ficou dando instruções ao rapaz.

Ao deixarem o escritório, Fred e a mãe foram embora. No dia seguinte, começariam a trabalhar na Mansão Tilewes.

❧ ❧

Transcorrida uma semana, Fabrício e Álvaro se dirigiram ao laboratório farmacêutico dos Tilewes. Foram recebidos pelo diretor da empresa, que, após cumprimentá-los, conduziu-os ao pátio, onde estavam reunidos todos os funcionários. Uma mesa com um microfone sobre ela e quatro cadeiras tinham sido colocadas ali.

O diretor apresentou a Fabrício o vice-diretor, que já estava sentado ao seu lado. Álvaro, que em outras ocasiões já tinha estado no laboratório e o conhecia, cumprimentou o homem. Fabrício se sentou. O diretor, usando o microfone, saudou os funcionários e, apontando para Fabrício, disse:

Roberto Diógenes ditado por Sulamita | 159

– Este é o doutor Fabrício Tilewes, o novo proprietário do laboratório. A pedido dele, esta reunião foi agendada. Passo a palavra para o nosso patrão – e entregou o microfone ao rapaz.

– Boa tarde! – exclamou Fabrício. – Solicitei esta reunião para ter um primeiro contato com vocês e para deixá-los cientes das novas regras que foram criadas para o laboratório farmacêutico. – Apontou para Álvaro. – Este é o doutor Álvaro Rudefin, advogado de minha confiança. Alguns de vocês já devem tê-lo visto circulando pelo laboratório. Ele lerá as novas regras, que serão afixadas nos murais do laboratório. – Repassou o microfone a Álvaro, que fez a leitura das regras e o devolveu ao rapaz. – Respeitem as novas regras, continuem executando com perfeição suas funções, e nenhum funcionário será demitido. Alerto que não permitirei liberdades comigo e exijo respeito e eficiência em suas atividades profissionais. Durante a semana, virei ao laboratório. Se pegar um funcionário fazendo corpo mole durante o expediente, este será demitido. Recompensarei os que estiverem se dedicando ao trabalho. A recompensa se dará por meio de aumento salarial e promoções de cargo aos que mais se destacarem em suas funções.

Fez uma pausa e retomou a fala:

– Eu e o doutor Álvaro conseguimos vender nossos medicamentos para novos distribuidores, e a produção do laboratório terá que ser triplicada. O aumento salarial que receberão irá depender da dedicação de vocês, e também de atingirmos as metas propostas.

Fabrício continuou falando por mais vinte minutos. Ao concluir sua fala, o diretor disse estar feliz com a presença de Fabrício e as boas notícias levadas por ele. Disse também que se empenharia para que as novas regras fossem cumpridas. Ninguém mais se manifestou e todos foram dispensados. O diretor apresentou o laboratório para Fabrício, que, após conhecê-lo junto com Álvaro, despediu-se e retornou à mansão.

༄༅

160 | Órfãos do amor

No dia seguinte, os dois se dirigiram ao hospital privado dos Tilewes. Em uma reunião com todos os funcionários, após Fabrício ser apresentado pela diretora, o rapaz os deixou cientes das novas regras e informou ter conseguido fechar um bom contrato com os governos municipal, estadual e federal para realizarem cirurgias em pessoas carentes, que seriam bancadas por esses governos.

Informou ainda que o dr. Álvaro havia conseguido novos contratos com empresas de planos de saúde, e o hospital passaria a contar com um maior número de pacientes, que deveriam ser muito bem atendidos. Disse-lhes que durante a semana passaria algumas horas no hospital e, se encontrasse algum funcionário sem desempenhar bem suas funções, este seria demitido.

Ao final de sua fala, respondeu a uma pergunta da diretora e a outra do chefe dos enfermeiros. Conheceu todas as dependências do hospital e, junto com Álvaro, ficou por trinta minutos conversando com a diretora e orientando-a sobre como o hospital passaria a ser administrado.

Nas novas semanas, após o expediente de trabalho no hospital público, Fabrício passou a se fazer presente no laboratório farmacêutico e no hospital particular, colocando em prática o seu método de administração.

❧❦❧

Algumas semanas se passaram. Fred conseguiu a CNH e se tornou o motorista dos trigêmeos. Fabrício não tinha por que reclamar do rapaz, que, além de ser um bom motorista para os sobrinhos, executava bem as suas funções e lhe repassava o que os garotos faziam quando ele não estava por perto. Ao saber algo que o desagradou sobre o comportamento de David, Fabrício se reuniu com os sobrinhos e perguntou:

– David, qual horário determinei para você e o Daniel acordarem e, após o desjejum matinal, irem para a sala de estudos?

– Acordar às nove horas e estudar até onze e meia – respondeu David.

– Por que não está acordando nesse horário e estudando? Nem ouse mentir, senão se arrependerá.

– Gosto de dormir até as onze horas. E, se à tarde já estudo no colégio, não vejo necessidade de estudar de manhã também.

– Quem tem de saber o que é necessário ao seu bem sou eu, não é você. A partir de amanhã, irá acordar no horário que eu determinei e ficará na sala de estudos fazendo as tarefas escolares e estudando. Se eu souber que está me desobedecendo, receberá uma surra.

– Dedo-duro! – exclamou David com raiva, olhando para Daniel.

– Seu irmão nada me contou – disse Fabrício. – Descobri sozinho.

– A partir de amanhã, farei o que o senhor estabeleceu – falou David.

No dia seguinte, David acordou às nove horas e, após tomar café, pegou a mochila escolar em seu quarto e se dirigiu à sala de estudos. Nela chegando, sentou-se, pegou um livro e disse para Daniel, que já estava estudando:

– Vou colocar minha cabeça sobre o livro e dormir. Se contar para o tio Fabrício, te dou uma surra. Se, por acaso, o tio Fabrício voltar durante a manhã para a mansão e você escutar o barulho do carro dele e não me acordar, também te dou uma surra. – Colocou a cabeça sobre o livro e, como tinha facilidade para dormir, logo passou a ressonar.

Enquanto estudava, Daniel olhou para o irmão e, vendo-o dormir, lembrou-se de que ele era o valentão do colégio, que nunca apanhava, nem dos garotos maiores. Não o entregaria para o tio, porque não queria apanhar. Voltando a olhar para o caderno, concentrou-se nos estudos.

≈≈≈

No fim de semana, Denise e os pais visitaram os trigêmeos. Quando a moça pediu autorização para levá-los a uma sorveteria, escutou:

162 | Órfãos do amor

– No fim da semana passada você saiu com eles e se divertiram. Só voltarão a sair no próximo mês, pois não quero que fique paparicando os garotos, para não estragar a educação que estão recebendo – falou Fabrício.

A moça e os pais se entreolharam e nada disseram. Por trinta minutos, deram atenção aos garotos. Depois despediram-se e partiram.

Quando uma nova semana se iniciou, Derek recebeu a visita do desembargador Nicholas e sua esposa e, no fim daquela mesma semana, obteve a permissão do tio para retribuir a visita.

⚬ᴑ☙ ❧ᴑ⚬

Passados dezessete dias, Daniel, ao chegar do colégio, disse algo para Derek, que pediu a ele e a David que o acompanhassem até a sala de estar. Ali encontraram o tio conversando com uma moça de 28 anos, alta, loira e de olhos azuis. Derek falou:

– Tio Fabrício, trouxe meus irmãos à sua presença, conforme o senhor solicitou.

– Quero lhes apresentar a Débora. Ela é médica e trabalha no mesmo hospital onde eu trabalho. Estamos namorando, e ela passará a frequentar a mansão.

Derek cumprimentou a moça, dizendo:

– Seja bem-vinda à residência do tio Fabrício.

– Obrigada! – ela respondeu com um largo sorriso.

David a cumprimentou, e Daniel nada disse. Ausentaram-se e, quando Débora partiu, eles procuraram novamente o tio. Derek disse que Daniel recebera do diretor do colégio um bilhete para lhe ser entregue. Daniel rapidamente entregou o bilhete e se afastou.

Georg e Edwiges chegaram volitando e ficaram observando. Após a leitura do bilhete, Fabrício cravou o olhar em David e indagou:

– O que andou aprontando, para o diretor me convocar ao colégio?

Roberto Diógenes ditado por Sulamita | 163

David baixou a cabeça e nada respondeu.

– Erga a cabeça e responda! – ordenou Fabrício.

David ergueu a cabeça e ficou em silêncio, temendo dizer o que aprontara e o tio carrasco lhe dar uma surra ou colocá-lo de castigo, conforme costumava fazer.

– Amanhã irei ao colégio e, se descobrir que você aprontou algo que me cause vergonha, não o colocarei de castigo, mas lhe darei uma surra, ou farei algo pior, que o fará passar o resto de sua vida se recordando da lição que recebeu – disse Fabrício, cruzando os braços e lançando um olhar tão duro e frio a David, que ficou aterrorizado e segurou a mão de Derek.

Daniel também se apavorou e se escondeu atrás do irmão. Derek sentiu temor perante aquele olhar tão maligno, tendo novamente a impressão de reconhecê-lo. Forçou a memória, mas não conseguiu se recordar de onde se lembrava daquele olhar terrível, que fazia seu sangue gelar. Derek voltou-se para David e pediu:

– Conte ao tio Fabrício o que fez de errado no colégio. É melhor que ele saiba por você. – Segurou mais firme a mão do menino. – Estou aqui do seu lado e não sairei de perto de você, nem mesmo se o tio Fabrício mandar.

Confiando em que o irmão o protegeria, David olhou para Fabrício e disse:

– Briguei com um aluno, que apanhou porque disse o que não devia.

– O que ele disse? – perguntou o tio.

David contou o que havia ocorrido.

– Não levará uma surra, porque considero justo o que fez – disse Fabrício. – Amanhã, após o almoço, irei ao colégio, e os três me acompanharão. Agora, retornem para seus quartos!

Antes de David entrar no quarto, Derek pediu:

– Irmão, pare de fazer artes no colégio e jamais apronte algo que envergonhe o tio Fabrício, porque tive medo do olhar que ele lhe lançou. O tio é uma ótima pessoa, mas aquele olhar cruel parecia ser de outra pessoa, de alguém perverso, disposto a

164 | Órfãos do amor

castigá-lo severamente. – Beijou sua fronte. – Eu te amo e também amo o Daniel, e só quero o melhor para os dois. Por isso, pare de aprontar coisas erradas no colégio e passe a se comportar melhor. – Deu boa-noite e entrou em seu quarto.

– Daniel, o Derek é um excelente irmão. Ele realmente nos ama e só quer o nosso bem – disse David, e Daniel concordou, fazendo um gesto com a cabeça. Os dois entraram nos respectivos quartos.

⚘

No dia seguinte, após o almoço, Fabrício avisou a Fred que iria conduzir os sobrinhos ao colégio. Lá chegando, foram direto para a sala do diretor e, quando se sentaram à frente do homem e da orientadora educacional, Fabrício falou:

– A última vez que estive no colégio, eu disse aos dois que sou um homem ocupado e que só deveriam me convocar se o assunto relacionado a um dos meus sobrinhos fosse urgente. Não tenho tempo para ficar à toa como vocês, que só ficam sentados nesta sala. O que o David aprontou, para me convocarem?

O diretor e a orientadora educacional se entreolharam, e o primeiro disse:

– Ontem, na hora do recreio, David brigou com um aluno, esmurrando seu nariz até fazê-lo sangrar. Brigas não são permitidas no colégio, e o seu sobrinho será suspenso...

– David, qual foi o motivo da briga? – perguntou Fabrício, cortando a fala do diretor.

– O garoto chamou o Daniel de *gay*, em função de ele ser tímido e não participar das brincadeiras na hora do recreio. Quando fui tirar satisfações com ele, teve a audácia de dizer que eu e o Derek, sendo trigêmeos com o Daniel, também somos *gays*. Dei uma surra nele e esmurrei seu nariz até ele retirar o que havia dito – disse David. – Expliquei isso ao diretor, dizendo que outros alunos testemunharam o fato, mas o diretor não me deu atenção, falando que o culpado pela briga fui eu e que seria suspenso do colégio.

– Agiu certo ao lhe dar a surra. Certamente esse garoto não voltará a praticar *bullying*[2] no colégio – falou Fabrício, que, voltando-se para o diretor, indagou: – Meu sobrinho será suspenso das aulas em função de ter agido corretamente, punindo um aluno que praticou *bullying* contra ele e seus irmãos?

– O seu sobrinho será punido porque iniciou a briga e...

– Quem iniciou a briga foi o outro aluno, ao provocá-lo – falou Fabrício, interrompendo novamente o diretor. – Se o senhor não acreditou em David sobre o início da briga, o problema é seu. Eu acredito em meus sobrinhos, porque são educados para falar a verdade. Se a suspensão acontecer, tomarei providências para que os pais dos outros alunos fiquem cientes de que os responsáveis pelo colégio aprovam o *bullying*.

Virou-se para a orientadora educacional e continuou:

– A senhora foi contratada para trabalhar ou para ficar sentada? Não deveria ter explicado ao diretor, aos professores e alunos o que é *bullying* e proibir sua prática?

A mulher nada respondeu, olhando para o diretor. Não tinha simpatizado com Fabrício desde a primeira vez em que o vira.

– Senhor Fabrício Tilewes, o *bullying* e as brigas não são permitidos no colégio, e, em função do que aconteceu, o David e o outro aluno serão suspensos das aulas por duas semanas – disse o diretor. – O senhor, sendo o responsável por David, foi convocado ao colégio para assinar a suspensão.

– O único documento que assinarei será a transferência dos meus sobrinhos, quando a solicitar na secretaria – disse Fabrício. – Após matriculá-los em outro colégio, procurarei os Kassiel, que são amigos de nossa família e comandam a impressa falada e escrita desta cidade, para informar que este colégio é conivente com o *bullying*. – Virou-se para os sobrinhos e ordenou: – Levantem-se e vamos à secretaria.

– Diretor, a suspensão do David poderá ser anulada, pois, se ela ocorrer, quem sairá prejudicado será o colégio – disse a

---

[2] *Bullying* é uma forma de agressão em que se utiliza a voz ou força física para intimidar ou perseguir alguém, que pode ficar traumatizado, com baixa autoestima ou problemas de relacionamento. Nas escolas, o *bullying* se caracteriza por meio de atitudes discriminatórias, utilização de apelidos pejorativos, agressões verbais e físicas. (Nota da autora espiritual.)

orientadora educacional. – O senhor Fabrício Tilewes é um homem com quem não devemos nos desentender. Hoje e amanhã, eu passarei nas salas de aula explicando aos professores e alunos que o *bullying* é proibido neste colégio.

– Senhor Fabrício, cancelaremos a suspensão do David – falou o diretor. – O senhor é um homem muito diferente do seu falecido irmão, que era um rapaz educado e...

– Não estou interessado no que o senhor pensava sobre o Marcello, nem no que pensa sobre mim – disse Fabrício, interrompendo-o. – Só estou interessado em que o colégio ministre um ensino de qualidade aos meus sobrinhos, pois é nesse intuito que pago as altas mensalidades.

– David e Daniel, sigam-me que os levarei até a sala de aula – pediu a orientadora. E os meninos a obedeceram.

Derek se despediu do diretor e acompanhou o tio, que, apressado, deixou a sala em direção ao estacionamento. Entraram no carro do rapaz e, quando ele estava dirigindo, Derek agradeceu:

– Tio Fabrício, obrigado por ter saído em defesa do meu irmão contra sua suspensão das aulas.

– O David agiu corretamente ao ter punido quem usou de *bullying* contra ele e seus irmãos. Sempre que um dos três agir corretamente para se defender, terão o meu apoio.

ᖇᒪᘿ ᘯᘿᖇ

As semanas seguiam seu curso e, transcorridos três meses, em um quarto de hotel, Elton disse a Michelle:

– Depois de ter me prejudicado profissionalmente com a falsa denúncia de agressão física por parte do seu ex-namorado, você se transformou em uma nova mulher, que sabe como agradar o homem que verdadeiramente a ama.

– Transformei-me em uma nova mulher, mas não me esqueci de que fui penalizada profissionalmente por causa daquele amaldiçoado Derek. Fui suspensa de minhas funções na Vara da Infância e da Juventude e só permaneci como titular porque menti, prometendo me dedicar mais ao bem-estar dos insuportáveis adolescentes e crianças – disse Michelle. – Derek e Fabrício muito nos prejudicaram, pois, além de termos sido penalizados, tivemos de pagar indenização por danos morais e físicos ao Fabrício. Precisamos nos vingar cravando um punhal no coração deles, algo que provoque uma ferida que nunca cicatrize.

– Para esse punhal surtir efeito, teremos de esperar cinco anos, tempo que acredito ser necessário para praticar nossa vingança. É importante que tudo esteja muito bem planejado, pois os meninos contam com pessoas poderosas que intercedem por eles – falou Elton, expondo seus planos.

– Você é um homem diabólico! – exclamou Michelle sorrindo. – Gostei de sua vingança, que haverá de destruir o Fabrício e os sobrinhos. Quando tivermos nos vingado, aceitarei o pedido de casamento que você me fez há dois meses. – Deixou a cama e começou a se vestir.

– Para nossa vingança acontecer como planejei, vamos precisar da irmã Goreth, que será peça fundamental – disse Elton, vestindo-se também.

– Vamos telefonar para ela e pedir que nos encontre na sede do grupo – falou Michelle, e logo deixaram o hotel.

Elton estacionou próximo de um telefone público e discou para o orfanato, pedindo a irmã Goreth que se encontrasse com eles no local das atividades do grupo. Concluiu a ligação e, retornando ao veículo, partiu para o local, uma casa localizada em um bairro distante do centro da cidade. Ali ficaram, aguardando a chegada da freira.

Edwiges e Georg chegaram volitando e ficaram observando.

Irmã Goreth levou 25 minutos para se juntar a eles e ouvir os planos que seriam executados para a vingança contra os Tilewes. Soube também qual seria o seu papel na trama.

– Não contem comigo, porque não vou aguardar cinco anos para ajudá-los a se vingar de quem não me fez mal. Tenho a própria vingança contra minha inimiga. Vocês prometeram me ajudar a destruí-la e até hoje nada fizeram – disse irmã Goreth. – Começarei a me concentrar em...

– ... em nos ajudar – falou Michelle, interrompendo-a. – O grupo vai ajudá-la em sua vingança depois que pusermos nosso plano em ação. Se não nos ajudar, quem sairá perdendo será você, pois eu e o Elton faremos a polícia saber quem você é.

Elton se levantou, abriu a gaveta de uma escrivaninha, pegou um grande envelope e o entregou para a freira, que dando uma rápida olhada em seu conteúdo, o devolveu. Irmã Goreth abriu sua bolsa e retirou um envelope, lançando-o sobre Michelle, que o pegou. Ao abri-lo, a moça horrorizou-se vendo o que ele continha. Passou-o para Elton, que, após conferir o conteúdo, fixou o olhar na freira e perguntou:

– Onde conseguiu este material?

– Não direi. Mas fiquem sabendo que tomei providências para não ser incriminada nas atividades ilícitas do grupo – ela falou, retirando uma pistola da bolsa. Apontou-a para Michelle e ordenou: – Entregue o original e todas as cópias do material sobre o meu passado. Se não entregar, atirarei em você e em seu amante, e deixarei os corpos apodrecendo neste local. – Mirou a arma em Elton assim que o viu se movimentar, disparando.

A bala passou raspando nos cabelos do delegado, que estacou, lívido. A freira continuou:

– Não errei o tiro; ele foi apenas um alerta para mostrar que estou atenta aos dois. Quero o material agora e não pedirei uma terceira vez. – Mirou de novo a arma em Elton, que, gargalhando, falou:

– Não pense que só porque está com essa arma virou valentona. Eu sou um delegado e já lidei com gente igual a você, que só blefa, mas...

Parou de falar quando viu a freira jogar a pistola no sofá e, atirando-se sobre ele com golpes marciais, em uma velocidade surpreendente, aplicar-lhe uma surra violenta, agredindo Michelle também. Depois ela se sentou, pegou a pistola, mirou nele e disse:

– A surra foi para lhes mostrar que não preciso de arma para conseguir o que quero. Vocês não me conhecem, pois, se me conhecessem, não teriam descoberto apenas essas pequenas provas sobre o meu passado, que é mais negro do que a escuridão. Os dois não sabem com quem se meteram e, a partir de hoje, muita coisa mudará em nosso grupo. Quero as provas que possuem contra mim. Quero-as agora – e colocou o dedo no gatilho.

– Não atire. Nós entregaremos o que está pedindo – gritou Michelle.

Rapidamente pegou uma chave com Elton, abriu outra gaveta da escrivaninha, retirou dois grandes envelopes e, pegando também o que a freira não havia aberto, entregou os três para ela.

– E tem mais: passarei a receber a mesma porcentagem em dinheiro que os dois recebem pelas atividades do grupo. Por fim, ajudarão em minha vingança antes desses cinco anos. Se assim procederem, todos nós seremos beneficiados e cooperarei com vocês em sua vingança contra os Tilewes. Concordam com o que desejo, ou preferem morrer?

– Antes de concordarmos, gostaria que escutasse o que tenho a lhe dizer sobre quem você realmente é – falou Elton. – Não sou um delegado imbecil nem incompetente; prova disso é que estou junto com a juíza, comandando o nosso grupo. Andei investigando seu passado assim que Michelle a trouxe para o nosso grupo e descobri que a freira...

E Elton contou tudo o que havia descoberto sobre ela e sua família.

– Tenho em meu poder provas que a colocarão atrás das grades, juntamente com sua família – ele disse. – Provas que apenas eu e uma pessoa que não reside em Porto Alegre sabemos onde estão. Se algo me acontecer, essa pessoa fará com que cheguem às mãos da polícia.

– Nós dois temos provas que destruirão um ao outro e à juíza. O melhor é entrarmos em um acordo no qual os três sairão lucrando – disse a freira.

– Concordo com a irmã, que se saiu mais esperta do que eu e Michelle acreditávamos ser possível – falou Elton. – Se Michelle estiver de acordo com o que sugeriu, eu também concordarei, mas eu e ela continuaremos liderando o grupo.

– Estou de acordo com o que a irmã Goreth deseja e sobre eu e o Elton continuarmos na liderança do grupo – falou Michelle. – Minha curiosidade é saber quem é sua inimiga e por que a irmã ainda não a matou, já que se revelou uma mulher de sangue-frio e perigosa.

– A morte seria muito pouco para a infeliz que destruiu a vida da única pessoa com quem me importo – disse a freira, que revelou o nome da inimiga, surpreendendo os dois. – Embora eu seja uma mulher de sangue-frio, precisarei da ajuda dos dois para destruí-la.

– Eu tenho a ajuda ideal para a sua vingança – disse Elton. – Uma traficante que imita a voz de qualquer pessoa e que me deve alguns favores. Recorrerei a ela para nos ajudar no que estou pensando, mas sua vingança terá de esperar, porque precisa ser muito bem planejada. Nesse tempo, você nos auxilia em nossa vingança contra os Tilewes – e contou sobre o seu plano.

Ouvindo-o com atenção, irmã Goreth o aplaudiu, satisfeita. Os três conversaram por trinta minutos e depois se despediram. Georg e Edwiges também deixaram o local.

Capítulo 14

VISITA E REDAÇÃO

Sentado em um banco, ao lado dos pais, Marcello observava uns garotos jogarem uma partida de futsal. Quando um deles fez um gol e comemorou, o rapaz disse:

– Ele joga igual ao David e comemora o gol conforme o meu filho fazia. – Uma lágrima lhe desceu pela face. – Por que tive de me separar tão cedo dos meus filhos? Por que a vida não me deixou ao lado deles para continuar educando-os e amando-os fraternalmente?

Os pais ficaram em silêncio.

– Há meses você e os seus pais estão nesta cidade espiritual, e eu já lhe disse que teve de se separar dos trigêmeos porque o seu tempo ao lado deles era curto. Já o tempo que passarão ao lado de Fabrício será longo – disse Georg, aproximando-se dos três, acompanhado por uma moça.

– Eu entendi o que você explicou sobre a nossa separação, mas é por amá-los e só lhes desejar o bem que eu gostaria de ter continuado junto aos três. Sinto muita saudade deles!

– Eles estão bem e também sentem saudades de você e dos avós – falou Georg. – Estão bem, porque o tio está lhes ofertando uma boa educação.

172 | Órfãos do amor

– Fabrício nunca gostou de crianças e não será um bom pai para eles – contestou Marcello.

– Ele é pai apenas no documento civil, conforme já lhe expliquei. No dia a dia tem sido um bom tio para os garotos – proferiu Georg, que, voltando-se para a moça, apresentou: – Esta é Eunice. Ela foi sua enfermeira e de seus pais durante o tempo em que ficaram dormindo no hospital desta cidade espiritual.

A moça de 25 anos, estatura mediana, cabelos castanho-claros e olhos verdes cumprimentou os três, dizendo-lhes:

– Sou grata por tudo de bom que fizeram aos meus filhos, os trigêmeos Matielin. Agradeço ao Marcello por ter estendido as mãos caridosas quando eles necessitaram de proteção. Que Deus o recompense e o abençoe sempre – e beijou a fronte do rapaz.

– Além de se parecer fisicamente com seus filhos, você é grata igual ao Derek, que deve ter aprendido com a mãe o significado da gratidão – falou Marcello.

– Obrigada! – agradeceu Eunice. – Quero me solidarizar com a saudade que sente dos garotos. Embora tenha aprendido a trabalhar esta saudade, ela às vezes me faz sofrer em silêncio.

– Os dois sofrem porque se sentem órfãos do amor filial. Mas não deveriam sofrer, pois sabem que o amor é eterno e que continuam sendo amados pelos três – disse Georg. – Mas, para amenizar a saudade, permitirei que os dois, junto com Gilson e Flaviana, me acompanhem até Porto Alegre para visitarem Fabrício e os trigêmeos.

Marcello abraçou Georg, dizendo-lhe ter ficado muito feliz com a notícia.

– Você e seus pais já aprenderam a volitar e não terão problemas para se locomover – disse Georg. – Deverão se comportar durante a visita e controlar o desejo de permanecer ao lado de Fabrício e dos garotos, pois aprenderam no espiritismo o que pode acontecer, caso tencionem ficar na Terra junto aos familiares. Eunice já visitou os filhos e sabe como proceder.

Marcello e os pais disseram que se comportariam.

– Darei algumas instruções sobre como será a visita e depois partiremos.

Roberto Diógenes ditado por Sulamita | 173

Georg os instruiu, e os cinco partiram para a capital gaúcha. Chegaram à Mansão Tilewes na hora em que Fabrício acabara de estacionar o carro na garagem. Gilson e Flaviana se aproximaram e, abraçando-o ao mesmo tempo, disseram ter sentido saudades.

Fabrício entrou na mansão. Os cinco espíritos o acompanharam e foram recebidos por Edwiges, que foi apresentada a Marcello e seus pais. Fabrício foi para o quarto, e os desencarnados, para a cozinha. Gilson, Flaviana e Marcello se aproximaram de Anita e a abraçaram. A cozinheira pensou nos antigos patrões e no rapaz, sentiu saudades e fez uma prece em memória deles. Em seguida, começou a servir a refeição.

Derek e os irmãos desceram a escada e, dirigindo-se à copa, ficaram em pé ao redor da mesa, aguardando o tio se juntar a eles. Ao vê-los, Marcello se aproximou dos três, abraçando-os e beijando suas frontes. Daniel e Derek pensaram no rapaz e sentiram saudades. David não se recordou dele.

Eunice imitou o gesto de Marcello. David permaneceu indiferente, mas Daniel e Derek pensaram na mãe, sentindo saudades dela. Derek fez uma rápida prece em intenção da mãe, do pai adotivo e do biológico, envolvendo em sua prece também os avós. Gilson e Flaviana abraçaram os netos.

Fabrício chegou à copa e se sentou. Os sobrinhos o imitiram e iniciaram a refeição. Após cinco minutos, Derek falou:

– Tio Fabrício, desculpe quebrar o silêncio, mas eu tenho um recado...

– Hoje estou com muito trabalho no hospital e não tenho tempo para escutar seu recado. Outro dia lhe darei atenção e você dirá o que é – falou Fabrício, interrompendo-o.

– Esse dia nunca chegará, porque atenção é algo que ele nunca nos concede – disse David.

– Silêncio! – ordenou Fabrício. – Eu nada lhe perguntei, para se manifestar. Já lhe disse várias vezes que as refeições devem acontecer em silêncio, mas você nunca aprende. Feche sua matraca, porque hoje não quero mais escutar sua voz.

Marcello e os pais se entreolharam. O rapaz disse:

– Fabrício não pode exigir silêncio durante as refeições. O David gosta de falar. Eu vou...

– Vai se comportar conforme prometeu – alertou Georg. – Se não se comportar, a visita será encerrada e retornaremos para a cidade espiritual.

– Irei me comportar – disse Marcello.

Derek fixou o olhar no tio e disse:

– Perdoe-me, tio Fabrício, mas o recado é do diretor do colégio. Posso transmiti-lo ou o senhor irá me colocar de castigo por eu ter quebrado o silêncio da refeição?

Fabrício colocou o talher no prato.

– Maldição! Um trabalhador não tem o direito de almoçar em silêncio? Transmita o recado e não o colocarei de castigo, porque você nunca me deu motivos para isso.

– O diretor solicita que hoje, às treze horas, o senhor compareça ao colégio. Disse que sua presença é muito importante e pediu-me que fosse junto.

– Bá tchê! O que tu aprontaste? – indagou o tio.

– Não aprontei nada – respondeu Derek. – Eu estava na sala de aula quando o diretor entrou avisando que as aulas terminariam mais cedo e me repassou o recado que lhe transmiti.

– Nesse caso, deve ter sido o endiabrado que voltou a aprontar diabruras no colégio – disse Fabrício. – O que você aprontou desta vez?

– Há pouco foi dito que eu não deveria abrir a boca e agora me manda responder à sua pergunta. O que eu faço, afinal?

– Moleque atrevido! Isso é forma de falar comigo? Responda ao que perguntei.

– Não aprontei nenhuma arte no colégio, porque, na última que aprontei, o tio carrasco me colocou de joelhos no milho de pipoca e doeu muito. Por isso, tenho me comportado. Não sei o que aquele chato do diretor quer com o senhor – falou David.

– Já lhe disse para não me chamar de tio carrasco, mas você continua chamando. Se o fizer de novo, ficará de joelhos no milho de pipoca, já que foi um bom corretivo.

"Não chamarei na sua frente, mas chamarei por trás", pensou David.

Roberto Diógenes ditado por Sulamita | 175

– Alguma diabrura você ou o Derek devem ter aprontado no colégio, caso contrário eu não seria convocado pelo diretor – disse Fabrício. – Marcello, que perdia o tempo dele resolvendo as travessuras que vocês aprontavam, não deveria ter morrido. Agora sou obrigado a deixar o trabalho para ir ao colégio ouvir reclamações sobre quem nem tem o sangue dos Tilewes.

– Se fôssemos filhos biológicos do seu irmão, o senhor nos trataria de forma diferente? – indagou Derek.

– Sua pergunta não tem resposta, porque vocês não são filhos biológicos do Marcello. Continuarão recebendo o mesmo tratamento que lhes concedo e que é excelente.

– Não é excelente, tio Fabrício. É uma droga! Uma porcaria! – exclamou David. – O senhor nunca é bonzinho com a gente, só vive dando ordens, sem jamais nos dar atenção. Somos crianças e de vez em quando queremos receber um carinho, um elogio, uma...

– Basta! – gritou o tio, interrompendo-o. – Quem deveria estar aqui com você e seus irmãos era o espírito do Marcello, porque ele acreditava na idiotice de o espírito continuar vivendo após a morte do corpo físico. Se isso fosse verdade, ele teria se libertado do corpo quando ainda estava no caixão e passado a cuidar dos filhos adotivos. Mas ele nunca veio cuidar de vocês. Sou eu, que nunca quis ter filhos, que tenho de aturá-los e resolver os seus problemas.

Marcello se aproximou do irmão e disse:

– Eu estou aqui e vou cuidar dos meus filhos, doando o que eles necessitam para se sentirem amados e felizes. – Apontou o indicador para Fabrício. – Você é um insensível que, mesmo tendo escutado o que o David falou, não se compadeceu e ainda ameaçou colocá-lo...

– Marcello, afaste-se do seu irmão – pediu Georg. – A visita terminou.

– Perdoe-me por não ter me comportado, mas não me contive ao observar o modo como o Fabrício está tratando os meus filhos. Nenhum pai ficaria de braços cruzados ao observar o tratamento ruim que alguém está ofertando aos seus filhos – justificou-se

Marcello, afastando-se. – Perdoe-me e, por favor, deixe-me ficar mais alguns minutos. Prometo que irei me comportar.

– Perdoe o comportamento do meu filho, Georg. Eu teria agido da mesma forma se presenciasse alguém maltratando os meus filhos – disse Gilson.

Georg olhou para Edwiges. Esta olhou para os trigêmeos e não se manifestou.

– Ficaremos mais alguns minutos. Depois partiremos – falou Georg.

– Obrigado! – agradeceu Marcello, lançando um olhar para os filhos e o irmão, que se alimentavam em silêncio.

Quando concluíram o almoço, Fabrício falou:

– Vão para o quarto de vocês e, em cinco minutos, estejam na garagem.

Os garotos obedeceram. Na garagem, o tio informou a Fred que ele próprio conduziria os meninos ao colégio. Georg e os outros espíritos volitaram em direção ao colégio onde os trigêmeos estudavam. Nele chegando, foram para a sala do diretor.

Daniel e David seguiram para a sala de aula, enquanto Fabrício e Derek foram para a sala do diretor. Ali encontraram madre Felícia. Em pé, Fabrício fixou o olhar no homem e disse:

– Já estou cansado de ser convocado ao seu colégio em meu horário de expediente. Diga logo o que o David ou o Derek aprontaram, pois há muito trabalho me esperando.

– Nenhum de seus sobrinhos fez nada de errado. O senhor foi convocado porque o Derek, que é um aluno de comportamento exemplar, tornou-se o orgulho do nosso colégio ao vencer o Concurso de Redação do Ensino Fundamental, promovido pela Secretaria de Educação do Estado – disse o diretor. – Por favor, sentem-se!

E o diretor prosseguiu:

– O tema da redação foi sobre obras sociais, e os três vencedores do concurso receberão uma boa quantia em dinheiro – prosseguiu o diretor. – A instituição responsável pela obra social descrita na redação também receberá a mesma quantia. Por isso, madre Felícia foi convocada.

Derek a cumprimentou, abraçando-a, e ela o parabenizou pela vitória. Depois cumprimentou Fabrício.

– Senhor Fabrício Tilewes, solicitei seu comparecimento ao colégio porque, sendo o responsável pelo Derek, o cheque que ele receberá foi preenchido em seu nome e será entregue pelo secretário de Educação, que já está na quadra do colégio. Após a premiação, uma professora da equipe da Secretaria de Educação Municipal, que acompanha o Derek em um grupo de estudos sobre superdotação, deseja conversar com o senhor para lhe repassar informações a respeito dos novos testes realizados com ele e cujos resultados foram responsáveis por ele ser matriculado na sétima série no próximo ano. – Virou-se então para Derek e o parabenizou.

A madre ficou feliz em saber que o garoto seria adiantado nos estudos.

– Tio Fabrício, espero que a vitória no concurso e a ida para a sétima série não sejam algo que o senhor desaprove, pois fiquei triste quando supôs que eu tivesse aprontado algo errado no colégio – disse Derek. – O senhor tem sido um bom tio para mim e os meus irmãos, e tenho me empenhado em fazer o que é correto, em reconhecimento à sua bondade para conosco.

– Perdoe-me por tê-lo deixado triste com essa suposição – pediu Fabrício. – Agi errado em falar sem antes ter refletido sobre as palavras. Estou feliz e orgulhoso com sua vitória e sua promoção no colégio. Continue sendo um aluno exemplar e um bom sobrinho.

Marcello e os pais se entreolharam, surpresos com a fala de Fabrício, porque nunca o haviam presenciado pedir perdão para ninguém. O diretor convidou tio, sobrinho e a madre para irem à quadra de esportes do colégio. Os espíritos os acompanharam enquanto se dirigiam ao local.

Assim que Derek chegou à quadra, os professores e alunos do colégio que estavam na arquibancada ficaram em pé e gritaram seu nome, chamando-o de vencedor. Ali presentes, freiras do Orfanato Menino Jesus, acompanhadas por alguns órfãos, também gritaram o nome de Derek. Este acenou para todos.

Alunos e professores, usando uniformes de outros dois colégios, também estavam na arquibancada.

Um pódio fora montado no centro da quadra. Distantes dele estavam sentadas algumas pessoas, entre elas, o secretário de Educação. Perto do pódio estavam sentados, com uma cadeira vazia entre eles, um adolescente e uma garota usando uniformes dos outros dois colégios presentes. O diretor pediu a Derek que se sentasse entre os dois alunos e, junto com a madre e Fabrício, sentou-se próximo ao secretário de Educação, que estava sendo entrevistado por Denise.

Após a entrevista, a repórter se aproximou da madre e de Fabrício e os cumprimentou. Depois se sentou ao lado do câmera.

Um rapaz trajado com um terno dirigiu-se ao microfone instalado perto do pódio e, apresentando-se como mestre de cerimônias, anunciou o nome do secretário de Educação, que foi aplaudido assim que ficou em pé. O mestre de cerimônia falou:

– O tema da redação do concurso foi sobre obras sociais e as pessoas que a elas se dedicam. A redação deveria possuir entre trinta e cinquenta linhas. Os jurados, quinze professores de Língua Portuguesa de colégios e escolas públicas e privadas do estado, atribuíram notas de zero a cem às redações – disse ele.

– Novecentas e oitenta e seis redações escritas por alunos de escolas e colégios públicos e privados de diferentes municípios do Estado do Rio Grande do Sul participaram do concurso. Os três vencedores, quando os nomes forem anunciados, deverão se dirigir ao microfone e ler suas redações. Após a leitura, deverão se dirigir ao local do pódio correspondente à sua classificação. Os responsáveis pelos alunos, diretores de escolas e colégios, e diretores das obras sociais mencionadas na redação deverão ficar ao lado dos vencedores. O secretário de Educação parabenizará os vencedores e entregará os cheques aos responsáveis pelos alunos e aos diretores das obras sociais.

Fez uma pausa e, olhando rapidamente para todos, anunciou: – Um lar para os idosos, redação escrita por Eliseu Rowitch, aluno de treze anos, de um colégio privado dirigido por freiras na cidade de Pelotas, recebeu nota 1.094 e conseguiu o terceiro lugar no concurso. Convidamos o aluno a ler sua redação e ocupar seu lugar no pódio.

O adolescente que estava sentado ao lado de Derek se levantou e foi aplaudido. Dirigiu-se ao microfone e fez alguns agradecimentos. Leu sua redação e foi aplaudido novamente. Foi para o pódio e, enquanto uma freira, diretora do colégio, os pais dele e um senhor, diretor da obra social, colocavam-se atrás do adolescente, Denise entrevistou Eliseu.

– Mirella Bektiy, aluna de dez anos de uma escola pública de Bagé, com a redação *Escola profissional para pessoas carentes*, recebeu nota 1.236 e foi a segunda colocada no concurso. Convidamos Mirella para a leitura de sua redação.

A garota sentada ao lado de Derek ficou em pé e, jogando os cabelos para trás, saiu caminhando como se desfilasse em uma passarela e fosse a pessoa mais importante do mundo. A maioria dos alunos ficou em pé, encantada com a garota moreno-clara, de longos cabelos castanho-escuros e olhos azuis. Eles aplaudiam e assoviavam, chamando-a de linda, pois Mirella era uma verdadeira representante da beleza feminina.

A belíssima garota fez alguns agradecimentos, leu sua redação e, dirigindo-se ao pódio, ocupou o segundo lugar. Seus pais, o diretor da escola e a diretora da obra social ficaram próximos de Mirella. Denise a entrevistou e rapidamente se sentou ao lado do câmera.

O mestre de cerimônias se aproximou do microfone e disse:

– Recebendo a nota máxima de todos os jurados, com 1.500 pontos, a redação *A mãe dos órfãos do amor*, escrita por Derek Tilewes, aluno de nove anos deste colégio privado de Porto Alegre, foi a vencedora do concurso. Convidamos Derek para ler sua redação.

– Derek! Derek! Derek! – gritaram os alunos e professores do colégio, assim que o garoto ficou em pé e foi aplaudido.

– Filme tudo! – Denise pediu ao câmera.

Derek recebeu a redação do mestre de cerimônias. Este posicionou o microfone próximo à boca do garoto.

– Boa tarde! – cumprimentou o menino.

Os presentes responderam ao cumprimento.

– Sou grato aos professores, à orientadora educacional e ao diretor do colégio, que me incentivaram a participar do concurso – disse Derek. – Agradeço a Denise, que me emprestou livros que deram dicas preciosas sobre como escrever uma redação. Ela é uma pessoa querida, que muito amo e vive em meu coração.

A repórter se emocionou.

– Agradeço aos meus irmãos, David e Daniel, que são os meus melhores amigos e fizeram silêncio em nossa residência, para que eu escrevesse esta redação.

Algumas pessoas sorriram.

– Sou grato à minha mãe Eunice, que cedo partiu para o mundo dos espíritos e que, quando esteve ao lado dos filhos, foi uma mãe amorosa e uma professora que me incentivou a ser dedicado aos estudos. A vida nos separou, mas ela continua vivendo em meu coração, pois o amor é eterno e para onde vamos o levamos conosco. Por isso, tenho certeza de que a mamãe, em uma cidade espiritual, continua amando os filhos que deixou na Terra, assim como também a amamos.

Algumas pessoas se comoveram. Emocionada, Eunice secou com os dedos as lágrimas que lhe desceram pela face.

– Agradeço ao vovô Gilson e à vovó Flaviana, que foram professores universitários. A dedicação dos dois aos estudos foi um exemplo para mim – disse Derek.

Os avós o observavam fixamente, felizes com o agradecimento.

– Sou grato ao papai Marcello, que foi um pediatra dedicado aos estudos e amou os filhos adotivos, ensinando-nos a levar os estudos a sério e nos direcionando ao caminho do bem. Ele foi a pessoa mais bondosa que já conheci e que, ao partir para o plano espiritual, deixou os seus exemplos e ensinamentos gravados em meu coração. O meu amor por ele, que é eterno, também está gravado em meu coração e o levarei comigo a todos os lugares, porque jamais me esquecerei do anjo bom que Deus colocou em meu caminho e no dos meus irmãos, na hora em que mais necessitamos.

Emocionado com o agradecimento, Marcello não impediu as lágrimas de descerem pela face.

– Sou grato à madre Felícia, que cuidou de mim e dos meus irmãos, quando vivíamos no Orfanato Menino Jesus, incentivando-nos a focar nos estudos. Um agradecimento todo especial ao tio Fabrício Tilewes, que nos educa para termos amor e dedicação aos estudos. Ele foi a pessoa bondosa que Deus colocou em meu caminho e no do meus irmãos, quando voltamos a nos tornar órfãos do amor. É o homem mais sincero, honesto e trabalhador que conheço, e nele me espelho, porque tem ofertado aos sobrinhos uma educação que nos fará homens de bem – falou Derek, contemplando o tio, que, surpreso com o agradecimento, emocionou-se.

Em seguida, Derek começou a ler a redação vencedora:

A mãe dos órfãos do amor

Obra social é uma instituição de caridade que, por meio das pessoas que nela trabalham, auxilia quem dela necessita. Mãe é uma mulher amorosa que, por meio de abraços, beijos, carinhos e atenção, demonstra aos filhos que os ama e que quer vê-los felizes. Órfãos são crianças que perderam os pais e ficaram sozinhas no mundo. Amor é o mais belo sentimento que Deus concedeu aos homens e que, ao ser vivenciado, transforma as pessoas, deixando-as mais belas e humanas.

As crianças que perdem os genitores se tornam órfãos do amor, porque não mais contarão com o pai e, principalmente, com a mãe para receber amor, beijos, carinho e atenção. Sem alguém que zele por elas, se tiverem a felicidade de ser acolhidas em um orfanato, que é uma obra social, continuarão sendo órfãs do amor, porque, embora a maioria das freiras seja boazinha, sendo poucas na instituição de caridade e muitos os órfãos, não conseguem dar atenção, amor e carinho a todas as crianças, e elas permanecerão sem mães, aguardando muito tempo por uma adoção, que pode ou não acontecer, na esperança de mudar a condição de órfãos do amor para filhos adotivos.

O Orfanato Menino Jesus, localizado em Porto Alegre, é uma instituição de caridade que acolhe crianças que se tornaram órfãos do amor. Nele existe uma escola, biblioteca, quadra de esporte, parquinho, refeitório, capela, alojamentos e banheiros.

A obra social pertence à Congregação das Irmãs do Menino Jesus. É dirigida por madre Felícia, uma religiosa de baixa estatura que esconde a idade por debaixo do véu do hábito, pois, embora não seja tão jovem, ao colocar amor em todos os seus atos, o seu rosto de freira se transforma em uma jovem de face materna, cujo sorriso e canções de ninar, ao embalar as crianças pequenas da instituição, a elas transmitem um "amor materno", que as faz dormir em paz, confiantes de que um "anjo" zela por elas.

Como diretora do orfanato, as funções do cargo, às vezes, distanciam madre Felícia daqueles que, ao acolhê-los em sua instituição, nunca chamou de órfãos, mas filhos do seu coração; daqueles aos quais, independentemente da idade, sempre tem uma palavra amorosa e incentivadora quando os observa entristecidos. Colo caloroso e olhar terno ao afagar os cabelos de quem pegou chorando, por diferentes motivos. Um remédio no bolso do hábito para ser aplicado nos filhos peraltas que vivem se machucando. Uma bala ou chocolate escondido nos bolsos para os que reclamam que a refeição não saciou sua fome. Um giz e quadro-negro para auxiliar os que têm dificuldades de aprendizagem. Uma oração, ajoelhada na capela, para os que, desiludidos, perdem a esperança de serem adotados, rezando para a esperança renascer em seus corações. Um lugarzinho na cama dos órfãos menorzinhos quando, em noites de tempestade, apavoram-se e dão trabalho para dormir, e o lugarzinho a ajuda a acalmá-los até que adormeçam. E um coração do tamanho do mundo, que está sempre aberto para doar amor e acolher todos os que ela considera seus filhos.

Madre Felícia não é apenas uma freira que, ao trabalhar em uma obra social, estende as mãos caridosas às crianças que perderam os pais; e, embora nunca tenha gerado um filho biológico, é uma verdadeira mãe, que, junto com as mãos estendidas, apresenta os seus cuidados maternais, por meio de um sorriso angelical e silencioso, que diz: "eu lhe ofertarei carinho, atenção, amizade e muito amor". Essa religiosa, portadora de muitas virtudes, não pode ser considerada apenas uma madre; a ela tem de ser outorgado o título de "A mãe dos órfãos do amor".

Derek Tilewes

A maioria dos presentes aplaudiu em pé. Algumas professoras e mães que tinham comparecido se emocionaram. As religiosas que tinham acompanhado madre Felícia também se comoveram.

Emocionada e com lágrimas de felicidade descendo pela face, madre Felícia se dirigiu a Derek enquanto pensava nunca ter desconfiado de que o garoto, quando vivia no orfanato, observava suas ações. A redação fora uma injeção de ânimo para continuar à frente da obra social e uma recompensa por todos os anos dedicados aos órfãos do amor que precisavam de uma segunda "mãe". Abraçou Derek e, beijando sua fronte, agradeceu:

– Obrigada! Foi a coisa mais linda que alguém escreveu sobre mim. Estou emocionada!

O mestre de cerimônias convidou Fabrício e o diretor do colégio para se aproximarem de Derek. Em seguida, convidou o secretário de Educação para parabenizar os vencedores e entregar os cheques aos responsáveis pelos alunos e aos diretores das obras sociais.

Após a cerimônia de premiação, Denise entrevistou Derek. Fabrício conversou com a professora que acompanhava o sobrinho no grupo de alunos superdotados e autorizou que ele continuasse fazendo parte do grupo.

Alunos e professores do colégio começaram a parabenizar o menino pela vitória.

Georg virou-se para os espíritos que o acompanhavam e disse:

– A visita terminou. Vamos voltar para a cidade espiritual.

Marcello correu até Derek e, abraçando-o e beijando-lhe a fronte, mencionou ser linda a redação que tinha escrito em homenagem à madre Felícia. Abraçou também a religiosa e Denise. Em seguida, dirigiu-se até David e Daniel, abraçando-os e beijando-os.

Gilson e Flaviana beijaram a fronte de Fabrício. Marcello se aproximou, abraçando o irmão e agradecendo por estar dando uma boa educação aos trigêmeos. Eunice deu um rápido beijo nos filhos e se juntou aos outros espíritos, que partiram volitando para a cidade onde viviam.

Passados quinze minutos, Fabrício se dirigiu ao estacionamento do colégio acompanhado pelos sobrinhos. Entraram no carro e seguiram para a Mansão Tilewes. Nela chegando, o rapaz entregou o cheque para Derek, dizendo-lhe para pensar no que desejaria fazer com o dinheiro e depois comunicar a ele.

෨ළ ෨ා

No fim daquela semana, os sobrinhos procuraram o tio, e Derek falou:

– Tio Fabrício, quero lhe solicitar abrir uma caderneta de poupança em meu nome para depositar o cheque com o valor recebido pela vitória no concurso. Nesta mansão, nada me falta, nem aos meus irmãos, e o dinheiro ficará seguro até que precisemos dele. O senhor aprova?

– Tem minha aprovação e agirei como pediu – disse Fabrício, que recebeu o cheque e o guardou.

Passados vinte minutos, os Kassiel, Rudefin, Nicholas e Elise se dirigiram à Mansão Tilewes. Um rapaz os acompanhava. Foram recebidos por Fabrício e seus sobrinhos. Acomodaram-se na sala de estar e parabenizaram Derek pela vitória no concurso. Álvaro, apontando para o rapaz que os acompanhava, falou:

– Apresento-lhes Alex Rudefin. Ele é meu primo e o atual namorado de Denise.

Fabrício e os trigêmeos cumprimentaram o rapaz de 26 anos, alto, moreno-claro, de cabelos e olhos castanhos.

– Fabrício, temos um pedido para lhe fazer – disse Nicholas. – Eu e Elise, os Kassiel e os Rudefin queremos pedir que deixe os garotos usufruírem as férias escolares em nossa companhia nas casas de praia que possuímos em Tramandaí e Xangri-Lá.

– Terão minha permissão, se os três desejarem passar as férias com vocês. Enquanto estiverem em sua companhia, eu e minha namorada passaremos uns dias no estado do Rio de Janeiro – disse Fabrício.

Derek e os irmãos disseram que gostariam de ir para a praia e combinaram as datas que cada família ficaria responsável pelos garotos.

– Fabrício, eu e Alex queremos conversar com você em particular – falou Álvaro, e o rapaz os levou ao escritório. Lá, Álvaro prosseguiu: – Alex é farmacêutico. Formou-se três meses atrás e há trinta dias reside comigo. Veio para Porto Alegre procurar emprego. Entregou currículos em drogarias e laboratórios farmacêuticos, mas infelizmente ainda não conseguiu nenhum serviço. Disse-lhe que conhecia o proprietário de um laboratório farmacêutico e que o apresentaria a ele, pedindo-lhe em nome de nossa amizade que lhe ofertasse um emprego. Ele é um rapaz responsável, honesto e trabalhador. É uma pessoa tranquila e amigável.

– Álvaro, além de você ser meu amigo, é o advogado da minha família e de minhas empresas. Se seu primo possui as características que apontou e está necessitando de emprego, atenderei seu pedido – falou Fabrício, que, consultando a agenda telefônica, discou um número e deu uma ordem para o diretor do laboratório.

Ao concluir a ligação, falou:

– Álvaro, amanhã leve seu primo ao laboratório e ele será contratado.

– Agradeço pelo emprego. Espero ser ele a porta que nos conduzirá a uma sadia amizade, conforme a que mantém com o meu primo – disse Alex.

Deixaram o escritório e se juntaram aos outros.

⁊◍ ◐◌

Transcorridos três dias, os trigêmeos partiram para Xangri-Lá com Nicholas e Elise. Após alguns dias, seguiram com Alfredo e Álvaro para Tramandaí. Fabrício e Débora viajaram para a capital do Rio de Janeiro. Nela, conheceram os pontos turísticos da cidade e frequentaram as praias fluminenses. Ficaram doze dias no estado e, quando retornaram a Porto Alegre, a primeira providência do rapaz foi solicitar exoneração do emprego no hospital público.

Fabrício passou a trabalhar no período matutino em seu hospital privado e, no vespertino, no laboratório farmacêutico, cuja direção assumiu. Assim que comprovou a competência de Alex

186 | Órfãos do amor

na criação de novos medicamentos, mandou chamá-lo em sua sala e lhe disse:

– Quero parabenizá-lo pelo bom trabalho que tem executado. Você é eficiente em sua profissão, pois já criou dois novos medicamentos que, após serem testados, serão comercializados e renderão um bom retorno financeiro ao laboratório. – Cravou o olhar no do rapaz. – Solicitei sua presença porque, em caráter confidencial, quero que fique responsável por fabricar um medicamento que, ao ser aplicado em alguém, faça a pessoa perder a consciência instantaneamente. Conheço alguns venenos que produzirão esse efeito, mas não quero usá-los. Preciso do medicamento para me vingar de dois policiais que, no passado, me prenderam injustamente e me espancaram.

– Por qual motivo fizeram isso? – perguntou Alex.

Fabrício contou sobre o episódio envolvendo o delegado Elton e Tales.

– No dia em que fui preso e me agrediram, jurei vingar-me deles. O medicamento que irá fabricar me ajudará na vingança.

– Não fabricarei tal medicamento, porque sou contra qualquer tipo de violência. Se hoje se vinga dos dois, amanhã ou em outra vida eles se vingarão de você. Depois ocorrerá o inverso, e esse processo se prolongará indefinidamente – falou Alex. – Se foram injustos com você, deixe a vida se encarregar de fazer chegar até eles a reação da ação maligna que cometeram, pois se existe algo que nunca falha é a lei de ação e reação.

– Lei de ação e reação? Você é espírita? – perguntou Fabrício.

– Sim.

– Meus pais e o meu irmão eram espíritas e acreditavam nessa lei, mas eu sou ateu e não acredito. Se você não pode me auxiliar na vingança, está dispensado – disse Fabrício, que, ao ficar sozinho, envolveu-se no trabalho.

Mais tarde, já em casa, após tomar banho, foi até o jardim e conversou com Fred, que regava algumas plantas. Depois foi para a sala de estar e, pegando o jornal, iniciou a leitura.

Passados quinze minutos, Anita se aproximou dele e disse:

Roberto Diógenes ditado por Sulamita | 187

– Senhor Fabrício, hoje não poderei dormir na mansão, porque é aniversário de casamento dos meus pais. Eu, Nair e Fred vamos levá-los ao cinema. Seu jantar já foi preparado e está no fogão. Amanhã cedo, retornaremos ao trabalho. – Despediu-se dele e, junto com Fred e Nair, foram para um ponto de ônibus.

Fabrício interrompeu a leitura e se deu conta de que a mansão estava muito silenciosa sem a presença dos sobrinhos. Ficou pensando se estariam se divertindo em suas férias escolares e se estavam bem.

– Será que estou sentindo falta deles? – perguntou-se. – Tolice! Devo ter me acostumado com a presença dos garotos, por isso a casa me parece tão vazia. Nunca gostei de ficar sozinho aqui.

O interfone tocou, e ele se assustou. Ao saber que a namorada estava ao portão, foi recebê-la. Débora estacionou o veículo, desceu, beijou o namorado e entrou. Sentaram-se na sala de estar, e ela falou:

– Hoje recebi a informação de ter sido aprovada em um concurso público em Chapecó, no estado de Santa Catarina, minha cidade natal. Em quinze dias, terei que me apresentar no hospital de lá. Hoje, pedi exoneração do cargo no hospital daqui. Parto amanhã para Chapecó e não tenho pretensões de vivenciar um namoro à distância. Por esse motivo, embora aprecie muito a sua companhia, vim romper nosso relacionamento. Você é um bom rapaz e logo encontrará uma nova namorada.

– E você é uma boa moça. Em sua cidade natal encontrará um novo namorado e juntos serão felizes – disse Fabrício.

Conversaram por vinte minutos. Depois, a moça se despediu e foi embora.

⚜

Passados seis dias, os trigêmeos retornaram para a Mansão Tilewes. Derek correu até o tio e, abraçando-o carinhosamente, exclamou:

– Senti saudades do senhor e da nossa casa! Está tudo em paz?

– Está tudo em paz – respondeu Fabrício.

– Senti falta da mansão, não do tio Fabrício. Longe dele, foram ótimas as minhas férias – falou David, passando pelo tio sem cumprimentá-lo. Subindo as escadas, foi logo para o quarto.

Daniel pegou sua mala e passou olhando para o tio, sem nada mencionar.

– Fabrício, os Kassiel, o desembargador Nicholas e sua esposa, e minha família agradecemos por você ter permitido que seus sobrinhos passassem as férias conosco – disse Álvaro, que tinha ido levar os garotos. A seguir se despediu e foi embora.

– Derek, você e seus irmãos se divertiram em suas férias? – perguntou Fabrício, assim que ficaram a sós.

– Nós nos divertimos muito. Todos nos trataram bem, sendo educados, atenciosos e amorosos conosco. A Giselle fez de tudo para conquistar o Daniel e namorá-lo, mas ele não deu nenhuma chance para ela, porque não respondia às suas perguntas ou ignorava o que ela dizia. Foi divertido observar os dois – falou o menino. – E o senhor e sua namorada, divertiram-se no Rio de Janeiro?

– Muito nos divertimos – disse Fabrício. – Mas eu e a Débora não somos mais namorados. Ela foi aprovada em um concurso em Santa Catarina e se mudou para o estado.

– Ela é uma boa moça e demonstrava gostar do senhor. Rezarei para que seja feliz em seu novo emprego. O senhor é um homem elegante, simpático, formado, e tem um bom emprego. Logo, várias moças se interessarão pelo senhor.

– Eu não tenho mais um bom emprego, mas dois. Pedi exoneração do hospital público e agora estou trabalhando em um hospital privado e também como diretor em um laboratório farmacêutico – falou Fabrício.

– Parabéns pelos dois novos empregos. Espero que neles o senhor esteja se realizando profissionalmente – disse Derek, que, pedindo licença, seguiu para a escada e foi para o quarto.

"Talvez eu estivesse mesmo sentindo falta deles, pois, sem perceber, contei para o Derek o que me aconteceu em sua ausência e me interessei em saber como tinham sido suas férias.

Ou melhor, eu senti a falta do Derek, que sempre demonstrou simpatizar comigo e querer o meu bem", pensou Fabrício, que foi para o escritório e começou a ler uns documentos que tinha levado do laboratório farmacêutico.

Capítulo 15

ADOLESCÊNCIA

Um novo ano se iniciou e, quando os trigêmeos completaram dez anos, Denise, que sempre estava por perto, fez uma festinha-surpresa na Mansão Tilewes. Quando as aulas se iniciaram, os garotos retomaram as atividades escolares.

Transcorridos dois meses, Fabrício foi convocado ao colégio, onde ouviu reclamações sobre as atitudes inadequadas de David. Chegando em casa, trancou-se no escritório com o garoto e, depois de fazer um sermão sobre comportamento, tirou o cinto e lhe deu uma surra. O sobrinho ficou um bom tempo sem aprontar no colégio.

ༀ☽ ☾ༀ

Os meses foram passando, e a amizade entre Derek e o desembargador Nicholas e Elise se intensificou. Ele visitava o casal, e a visita era retribuída. Por duas vezes, com a permissão do tio, o garoto pousou na residência do desembargador, recebendo grande atenção do casal, que o tratava como a um filho. Derek também os amava fraternalmente, sendo educado, carinhoso e

Roberto Diógenes ditado por Sulamita | 191

gentil com os dois. Michelle, que não suportava o garoto, ausentava-se da mansão quando ele lá estava, prometendo que um dia o faria pagar por tudo de ruim que o menino lhe tinha feito.

Durante a semana, Derek visitava o Orfanato Menino Jesus e dava atenção à madre Felícia e à irmã Aureliana, que eram apegadas a ele. Fazia trabalho voluntário, dando aulas de reforço aos órfãos que tinham dificuldades de aprendizagem.

Junto com Daniel, mensalmente visitava os pais de Anita, que eram idosos e residiam em um bairro da periferia. Os pais da cozinheira apreciavam a visita. David não acompanhava os irmãos, porque preferia ficar usufruindo o conforto e as regalias da mansão. Em relação a Fabrício, Derek se esforçava para serem próximos e se tornarem amigos, mas o tio permanecia sem lhes dar atenção e educando-os com rigidez.

A amizade entre Derek, Fred e Nair também se intensificou, e o rapaz e a mãe, semelhante à Anita, tudo faziam para que os trigêmeos e o tio contassem com serviços de qualidade na mansão. Fred não simpatizava com David, que o chamava de serviçal, exigindo-lhe tarefas que seus irmãos não solicitavam. Quando o garoto aprontava alguma arte, o rapaz fazia questão de contar a Fabrício, que o castigava.

ఇఱ ఇఱ

O ano foi tranquilo para Denise e Alex, que continuavam namorando. Michelle, Elton e irmã Goreth permaneciam com as atividades ilícitas em seu grupo. Sendo bastante delicadas e arriscadas, essas atividades só eram praticadas a cada quatro meses, mas ainda assim rendiam um bom dinheiro.

Na última semana de dezembro, o estágio de irmã Goreth no orfanato terminou. As freiras conselheiras da Congregação das Irmãs do Menino Jesus se reuniram para avaliar seu desempenho e decidir sobre o destino dela. Esta, fixando o olhar em uma das conselheiras, disse:

– Reverendíssima madre superiora, fui enviada pelo Conselho para estagiar neste orfanato contra a minha vontade. Nos primeiros meses do estágio, não me identifiquei com o trabalho que as irmãs aqui realizam, mas, com o tempo, ao observar o trabalho de madre Felícia – olhou para ela –, que tão bem se dedica aos órfãos, mudei de opinião – mentiu. – Esforcei-me para ser delicada, gentil e amável com os órfãos e com as irmãs da congregação. Por isso, peço que permitam minha permanência nesta instituição.

– Sou contra – disse madre Felícia, que era uma das conselheiras. – Embora reconheça o esforço de irmã Goreth para se tornar mais humana, ela não tem amor aos órfãos nem ao trabalho deste orfanato. Ela é hábil em lidar com o ensino; por isso, sugiro que seja indicada para trabalhar em um dos colégios mantidos pela nossa congregação.

– Se ela se empenhou em ser gentil e amável com os órfãos, e se está tendo uma boa convivência com as religiosas desta instituição, que nunca teve uma vice-diretora, sugiro que irmã Goreth seja indicada para esse cargo, pois madre Felícia já tem certa idade e há anos dirige o orfanato. Um dia necessitará ser substituída. Pelo que vejo, irmã Goreth é a mais indicada para substituí-la, uma vez que, tendo aprovado o trabalho da madre, será capaz de continuar executando-o – falou outra conselheira.

Um debate se iniciou entre as conselheiras; umas eram favoráveis à irmã Goreth e outras não. A madre superiora colocou o assunto em votação, e a freira recebeu os votos necessários para o cargo no qual foi empossada.

◈◈◈

Aquele ano terminou e um novo se iniciou, sem grandes novidades. Derek e os irmãos completaram onze anos em janeiro. Fabrício desejou que a adolescência deles não lhe trouxesse problemas, pois, sendo um garoto levado e desobediente, David acabaria se tornando um problemão se não mudasse seu comportamento enquanto se desenvolvia fisicamente.

Mas o desejo de Fabrício não se realizou. David, diferentemente dos irmãos, que nunca davam trabalho ao tio, vivia aprontando no colégio, e assim permaneceu durante todo o ano. No ano seguinte, aprontou travessuras ainda mais graves, sendo corrigido pelo tio com surras e castigos cada vez mais severos, mas que só faziam intensificar o ódio que o garoto nutria pelo tio.

※≪ ≫※

Quando os trigêmeos completaram treze anos, David passou a desrespeitar as regras da mansão, quando o tio não estava por perto. Não se interessava pelos estudos e, no colégio, era visto como o aluno valentão e brigão, sempre levando a melhor em seus desentendimentos com os outros.

Fabrício lhe infligia novos castigos e lhe dava outras surras, ameaçando colocá-lo em uma escola pública se o rendimento escolar caísse. David, ao ser corrigido, jurava que um dia se vingaria do tio carrasco, fazendo-o pagar por todas as surras e castigos que sofrera. Como não queria estudar em escola pública, "colava" durante as provas, e suas notas, embora não fossem excelentes, agradavam ao tio.

Daniel continuava com comportamento exemplar no colégio e às vezes falava baixinho com Giselle, que estudava na mesma turma que ele e David. Ela gostava do menino e se empenhava em conquistá-lo, mas Daniel, por ser muito tímido, fugia daquele assédio.

Derek, em seus treze anos, permanecia educado, atencioso, estudioso, bondoso e religioso. Ele e Daniel haviam se tornado espíritas. Derek se dedicava aos estudos filosóficos sobre o espiritismo. Na Casa Espírita, que continuava sendo dirigida por Alfredo, os dois irmãos ingressaram no grupo da mocidade espírita. David continuava sendo ateu e, semelhante ao tio, não gostava que falassem com ele sobre religião.

A superdotação de Derek e sua dedicação aos estudos o levaram a cursar o Ensino Médio enquanto os irmãos ainda frequentavam o Ensino Fundamental. Fabrício continuava ofertando aos sobrinhos o mesmo tratamento, não lhes dando a atenção nem a amizade que Derek desejava conquistar.

Trabalhando a tarde no laboratório farmacêutico, uma amizade surgiu entre ele e Alex – algo raro, porque Fabrício não permitia a ninguém se aproximar dele. A amizade fez o farmacêutico frequentar a mansão sem a presença da namorada. Ele conversava com Fabrício e dava atenção aos trigêmeos, que gostavam dele. Em algumas noites, os dois saíam para se divertirem em locais frequentados por pessoas da idade deles. Além disso, matricularam-se em uma academia onde se exercitavam três dias por semana.

Marcello e Eunice, quando lhes era permitido, visitavam os trigêmeos e, conforme seus conhecimentos espirituais, inspiravam David a seguir os exemplos dos irmãos. Gilson e Flaviana às vezes os acompanhavam e também inspiravam David a melhorar seu comportamento, mas, como o adolescente não rezava, não pensava em Deus nem praticava boas ações, as sugestões espirituais não surtiam efeito, e ele continuava sendo diferente dos irmãos.

Georg e Edwiges estavam sempre por perto dos trigêmeos e de Fabrício, inspirando-lhes bons pensamentos e atitudes, que deveriam contribuir para a felicidade deles.

სილ ჯრა

Em um fim de semana, Fabrício pediu aos sobrinhos que o acompanhassem ao escritório, dizendo-lhes:

– No dia em que chegamos do cemitério, após o sepultamento dos meus pais e do Marcello, eu lhes disse que, aos treze anos, lhes daria uma mesada. Vocês a receberão a partir de hoje. – Abriu uma gaveta da escrivaninha e, retirando três envelopes, entregou-os aos garotos.

David abriu o envelope, contou as cédulas e agradeceu:

– Obrigado pelo dinheiro! O senhor é um bom tio!

– Há dois dias, eu era o pior tio do mundo, porque o coloquei de castigo por ter aprontado. Hoje sou um bom tio só porque lhe dei a mesada? – indagou Fabrício.

Roberto Diógenes ditado por Sulamita | 195

– Só por hoje é um bom tio. Amanhã voltará a ser um péssimo tio, porque é um homem chato, exigente e um carrasco para os sobrinhos. Falei o que penso, porque o senhor fez a pergunta.

– Você, em todos os dias da semana, continua sendo um péssimo sobrinho. No entanto, apesar de você não ter o sangue dos Tilewes, eu continuo aturando-o – disse Fabrício, levantando-se. – Recordo ter lhe alertado que, se voltasse a me chamar de carrasco, receberia uma lição inesquecível.

– Perdoe-me, tio Fabrício – pediu David. – Ao responder sua pergunta, não deveria ter dito o que o senhor desaprova. Não mais direi. – Deu um passo para o lado, ficando perto de Derek.

Fabrício voltou a se sentar e acrescentou:

– Antes de gastarem o dinheiro da mesada, quero ser informado sobre o que vão comprar, para que não o usem com bobagens.

– Se a mesada é nossa, por que teremos que informar como a usaremos? – indagou David.

– Porque é isso que eu desejo. E assunto encerrado.

– Tio Fabrício, obrigado por nos dar a mesada! – agradeceu Derek. – O senhor é um ótimo tio e sou grato por tudo de bom que nos tem ofertado desde que ficou responsável por nós.

– Você é um bom sobrinho e um garoto grato – falou Fabrício.

Como Daniel raramente se manifestava na frente do tio, porque continuava tendo pavor dele, colocou a mesada no bolso e se retirou com os irmãos quando o tio os dispensou.

❧

Conforme os dias passavam, Derek continuava dedicado aos estudos e, quando lhe era possível, visitava os amigos Kassiel, Rudefin, Kawot e os pais de Anita. No orfanato, permanecia auxiliando os órfãos em suas dificuldades de aprendizagem.

Na Casa Espírita, Derek e Daniel, além das atividades realizadas pelos membros da mocidade espírita, envolveram-se nas atividades sociais mantidas pela Casa. Os dois, conforme suas possibilidades, colocavam em prática o recomendado pela Doutrina Espírita.

Devido ao empenho em estudar as obras codificadas por Allan Kardec e outras sobre o espiritismo, Derek se tornou um bom conhecedor da religião. Alfredo, por já saber que se tratava de um adolescente responsável, íntegro, honesto, educado e estimado por todos, convidou-o para ingressar em um curso sobre o passe magnético e outro sobre mediunidade. Derek se matriculou nos dois cursos e se dedicou aos estudos.

ༀ ༀ

Passados três meses, em um domingo, após Derek visitar os pais de Anita, Fred resolveu levá-lo até o ponto de ônibus. Nesse dia, Daniel não o acompanhara. Quando estavam se dirigindo ao ponto de ônibus, Derek avistou Michelle saindo de um carro e abrindo o portão de uma casa. O carro cruzou o portão e, ao ser estacionado, ele avistou Elton saindo do veículo, destrancando a porta e entrando na residência junto com Michelle.

– Conheço aqueles dois – disse Derek. – O que será que foram fazer ali?

– Devem ser amantes e usam a residência para os encontros deles – falou Fred. – Vamos nos apressar que logo o coletivo passa. Se você perder este, o outro demorará a passar.

Apressaram-se e, antes de cruzarem a esquina, dois carros passaram velozmente por eles e estacionaram em frente ao portão da mesma casa onde Michelle e Elton haviam entrado. Ao ver irmã Goreth deixar um dos veículos e dois homens deixarem o outro, enquanto os três se dirigiam à porta da mesma residência, Derek ficou bastante intrigado com tudo aquilo. Ele e Fred se aproximaram do muro que cercava a casa. Ouviram a porta se abrir e Michelle dizer:

– Estão atrasados! Entrem logo.

Os três entraram, e a porta foi fechada.

– Vou pular o muro e tentar descobrir o que estão fazendo – Derek sussurrou para Fred. – Devem ter vindo fazer algo errado.

– Ficou louco? Você sempre foi correto. Não é certo pular o muro da casa de alguém...

Roberto Diógenes ditado por Sulamita | 197

– Pode não ser correto, mas, se eles estiverem agindo com más intenções, também estão errados.

Derek subiu no portão e pulou o muro. Fred o imitou, recordando-se de que Fabrício lhe pagava um salário a mais para proteger os meninos. Evitando fazer barulho, os dois se dirigiram a uma das janelas e, quando ouviram vozes, ficaram agachados. Por dez minutos, ouviram a conversa, e Derek ficou horrorizado com o que descobriu. Foram para o portão, pularam o muro de volta e, apressados, seguiram para o ponto de ônibus. Nele chegando, Derek falou:

– O que descobrimos será um segredo nosso. Agiremos juntos para impedir que uma pessoa inocente seja incriminada por atividades ilícitas que os cinco executam. Precisaremos de provas para colocar o grupo na prisão; provas que levará algum tempo para conseguirmos, mas não sossegarei enquanto elas não estiverem em nosso poder.

Georg, que os acompanhava e tinha sugestionado Derek a tentar descobrir o que Michelle, Elton e a freira iriam fazer na residência, saiu volitando para outro local da cidade. O coletivo passou e o garoto embarcou, dirigindo-se à Mansão Tilewes.

⁂

No dia seguinte, Derek se reuniu com Fred, e os dois combinaram como fariam para conseguir as provas de que necessitariam para colocar na prisão o grupo da juíza Michelle e do delegado Elton.

Quando Fabrício, após mais um dia de trabalho, retornou para o lar, os dois se aproximaram dele e Derek disse:

– Tio Fabrício, estou precisando de dinheiro para comprar uma câmera de filmagem, um minigravador e uma máquina fotográfica, que precisarei para realizar uma missão importante junto com o Fred. É um assunto confidencial e, se for bem executado, impedirá que um inocente pague por crimes que não cometeu.

– Você é uma boa pessoa, igual ao Marcello, que sempre pensava mais nos outros do que em si mesmo. Como nunca me pediu nada, é ajuizado e o Fred o ajudará nessa missão, darei um cheque em branco para comprar o que necessitam – disse Fabrício.

Ao receber o cheque, Derek agradeceu e, junto com Fred, foi comprar o que desejava.

Conforme os dias e as semanas foram passando, em posse do que tinham comprado, os dois tentavam conseguir o material que provaria a inocência de quem seria responsabilizado pelos crimes cometidos pelo grupo de Michelle e Elton.

ౢౖ౦ ౦ౕ౬

Os meses foram passando e, faltando duas semanas para o ano letivo terminar, Fabrício foi convocado ao colégio e ficou sabendo que David e outro aluno seriam expulsos, porque tinham roubado uma prova de Matemática da secretaria.

Fabrício conversou demoradamente com o diretor, conseguindo evitar a expulsão do sobrinho, prometendo tomar providências enérgicas para que o delito não voltasse a se repetir. Retornou para sua residência levando as provas do roubo que o diretor lhe entregara.

Na sala de estar da Mansão Tilewes, Fabrício se reuniu com os sobrinhos e falou:

– Desde que me tornei responsável pelos três, pedi que tivessem um comportamento exemplar. Mas o David nunca colocou isso em prática e as correções que lhe impus não foram suficientes para evitar que chegasse ao ponto de roubar uma prova. Estou decepcionado porque sempre fiz questão de ensiná-los a agir com honestidade e jamais cometer atos ilícitos. – Apontou para David. – Você foi longe demais e receberá o corretivo merecido para...

– Eu nada roubei! – gritou David, interrompendo o tio. – Aquele diretor nunca gostou de mim e está mentindo ao dizer... – Teve a fala interrompida quando recebeu violenta bofetada aplicada pelo tio, que, pegando as provas do furto, entregou-as para Daniel e Derek.

Roberto Diógenes ditado por Sulamita | 199

Fabrício retirou o cinto e, quando o agitou para dar uma cintada em David, este, que já estava quase de sua altura, conseguiu segurá-lo e arrancar o cinto com violência das mãos do tio. A seguir, deu um soco em Fabrício e, quando se preparava para golpeá-lo novamente, o tio lhe deu uma rasteira. Assim que o adolescente caiu, Fabrício recuperou o cinto, virou o rapazinho de bruços, rasgou sua camisa, sentou-se sobre ele e começou a lhe desferir fortes cintadas que deixavam marcas. David se debatia, mas não emitia nenhum grito, nem choro.

Derek e Daniel se aproximaram para socorrê-lo, mas Fabrício alertou:

– Não se intrometam. Caso contrário, se arrependerão.

Os dois se afastaram e correram atrás de Anita, Fred e Nair para pedir ajuda. Fabrício continuou aplicando a violenta surra em David e, em seu íntimo, sentia-se feliz por acreditar estar se vingando de algo, colocando maior força no braço a cada nova cintada.

Georg e Edwiges, ao lado de Eunice e Marcello, observavam os acontecimentos. Marcello se controlava para não interferir, porque tinha sido informado de que, se o fizesse, passaria um bom tempo sem visitar os trigêmeos. Em silêncio, ele e Eunice rezavam para aquilo terminar.

Derek e Daniel retornaram com Anita, Fred e Nair, e os cinco conseguiram retirar Fabrício de cima de David. O menino encarou o tio e gritou:

– Carrasco! Odeio você com todo o meu coração e a minha alma, desde a primeira vez que me colocou de castigo e me deu uma surra. Mas, hoje, depois de ter me espancado com selvageria, meu ódio se intensificou e um dia hei de me vingar. Vou à delegacia denunciá-lo por ter espancado um menor de idade.

– Vá à delegacia e faça a denúncia. Quando o delegado me convocar, levarei as provas do seu roubo – disse o tio, apontando para elas, que estavam em uma poltrona. – Ciente do motivo de sua surra, o delegado deverá me parabenizar por ter corrigido o ato ilícito, ou enviá-lo para uma prisão de menores infratores, que é o que você merece.

David nada mencionou. Apressado, dirigiu-se ao quarto, entrou, bateu a porta com força e procurou uma camisa para vestir.

Os espíritos, que a tudo haviam assistido, partiram volitando.

– O senhor não deveria ter batido tão violentamente nele. Eu vi as marcas do cinto em suas costas – falou Anita. – Se ele roubou a prova no colégio, o senhor deveria conversar com ele sobre o furto, não espancá-lo. O que fez foi errado...

– Serviçal, nunca lhe dei liberdades para me dizer como devo ministrar a educação dos meus sobrinhos – disse Fabrício. – Você e os outros não deveriam ter interferido em um assunto que não lhes diz respeito. Retornem para as suas funções.

– Tio Fabrício, era minha obrigação e do Daniel fazermos algo para interromper a surra desumana que o senhor estava aplicando em nosso irmão. Sei que ele errou feio, mas a correção poderia ter se dado de outra forma.

– Se ele não tivesse me dado um soco, não teria batido nele com tanta violência. Seu irmão foi muito longe desta vez – disse Fabrício.

– Peço perdão em nome dele – pediu Derek. – Eu não sabia que o David estava tendo dificuldades na disciplina de Matemática a ponto de ter que roubar a prova para não tirar notas baixas. O Daniel nada comentou sobre o assunto. A partir de amanhã, sentarei com o David e o auxiliarei em suas dificuldades na disciplina, ajudando-o a se preparar para a avaliação.

– Você não teve culpa do furto do seu irmão, por isso não tem motivos para pedir perdão no lugar dele – falou Fabrício. – O corretivo recebido certamente o impedirá de voltar a cometer atos ilícitos. Faça o que disse sobre ajudá-lo na disciplina. – Virou-se para Daniel e indagou: – Por que não comentou sobre o seu irmão estar com dificuldades em Matemática? Responda para mim; nada de sussurrar ao Derek.

– Ele ameaçou me bater se eu contasse ao Derek ou ao senhor – o menino disse baixinho.

Fred se aproximou apressado e falou:

– O David pulou a janela do quarto com uma mochila nas costas. Abriu o carro, pegou o controle do portão e o acionou.

Perguntei o que estava fazendo, e ele disse que iria fugir e que não era para tentar impedi-lo. Cruzou o portão e saiu correndo.

– Vou atrás dele. Daniel e Fred, venham comigo – disse Derek.

– Ninguém vai atrás de ninguém. Deixe-o fugir. Ele não tem para onde ir e logo retornará para a mansão. Daí teremos uma séria conversa – ordenou Fabrício.

– Tio Fabrício, ele é meu irmão e não posso deixá-lo fugir sem saber de seu paradeiro...

– Ele está com raiva e revoltado por ter levado a surra. Assim que sentir fome e ver que não tem para onde ir, voltará para casa. Se não voltar em vinte e quatro horas, acionaremos a polícia – mencionou o tio.

– Tio Fabrício, eu nunca o desobedeci, mas hoje irei fazê-lo e sairei correndo atrás do meu irmão, porque não quero que nada de ruim lhe aconteça. Eu e o Daniel vamos...

– Se me desobedecerem, os dois poderão ficar vivendo na rua, em companhia do irmão. Não quero sobrinhos desobedientes vivendo em minha residência. Se me desobedecem hoje, amanhã poderão fazer algo pior. Para evitar que isso aconteça, já os estou corrigindo antes.

– Derek, seu tio tem razão. O David não tem para onde ir e logo retornará para a mansão – disse Fred. – O correto é você e o Daniel ficarem aqui, aguardando o retorno dele.

Derek refletiu no que escutou e, virando-se para o tio, pediu:

– Perdoe-me por dizer que iria desobedecê-lo. Talvez o senhor e o Fred estejam com a razão. Irei ao meu quarto rezar e pedirei a Deus e aos bons espíritos que protejam o meu irmão dos perigos da rua. – Olhou para Daniel. – Venha comigo, rezaremos juntos.

Assim que os dois se retiraram, Fabrício disse para Fred:

– Vá atrás do David e o traga para casa.

Fred se dirigiu à garagem. Entrou no carro que estava sob sua responsabilidade e partiu por onde tinha avistado David sair correndo. Dirigiu durante duas horas por bairros, quadras e praças de Porto Alegre, mas não encontrou o rapazinho.

As horas foram passando, e nada de David regressar à Mansão Tilewes. Quando começou a anoitecer, a preocupação de Derek

202 | Órfãos do amor

aumentou enquanto rezava em silêncio, pedindo a Deus que providenciasse o retorno do irmão para o lar.

ა%ც %ა

David tocou o interfone da Mansão Kassiel e, ao se identificar, foi conduzido até a sala de estar. Greice pediu-lhe que se sentasse, e o garoto, chorando muito, disse que precisava falar com Denise. Ela telefonou para a filha, que em quinze minutos chegou à residência em companhia do pai.

Ao vê-la, David a abraçou chorando. Depois ficou de costas, levantou a camisa e contou sobre a surra que havia levado.

– Vou telefonar ao Alex, que, além de ser meu namorado, é amigo do seu tio. Juntos conversaremos com Fabrício, pedindo a ele que não o espanque mais. O que ele fez foi...

– Não quero voltar a viver naquela casa, com aquele carrasco. Quero ficar morando aqui com você e seus pais – disse David, interrompendo a moça. – Se me deixarem morar com vocês, prometo ser bonzinho e não causar problemas.

– Foi desumana a surra que ele lhe deu, mas, se foi motivada pelo roubo da prova, seu tio agiu corretamente ao lhe infligir o corretivo – falou Alfredo. – Conheço Fabrício. Eu e minha família somos testemunhas de que está sendo um bom educador aos sobrinhos. Seu lugar é ao lado do seu tio e dos seus irmãos, não aqui conosco.

Greice concordou com o esposo, e Denise telefonou para Alex, solicitando um encontro urgente com ele. Em seguida, pegou uma maleta de primeiros socorros e aplicou uma pomada nas costas de David.

Ela e a mãe o levaram até a copa e pediram à cozinheira que lhes servisse um lanche. Alfredo se juntou a eles. Alex chegou pouco tempo depois e tomou conhecimento do ocorrido.

– Por favor, acompanhe-me até a Mansão Tilewes para conversarmos com Fabrício. Pediremos a ele que não bata mais no David – pediu Denise. – Você é amigo dele e poderá convencê-lo.

– Conhecendo o Fabrício, acredito que ele não gostará de que nos intrometamos nessa história. E é isso que farei, pois a forma como educa os sobrinhos só diz respeito a eles – disse Alex. – Irei acompanhá-la até o lar dos Tilewes, porque acredito que todos estejam preocupados com a fuga do garoto, mas nada direi sobre a surra. Até porque acho correta a punição que o garoto recebeu por ter roubado a prova.

Denise, Alex e David seguiram para a Mansão Tilewes. Assim que estacionaram o carro na garagem, Anita se aproximou deles e, abraçando David, disse ter ficado muito preocupada com sua fuga. Depois os conduziu à sala de estar.

Denise e Alex cumprimentaram Fabrício e os sobrinhos assim que entraram. A moça disse:

– Fabrício, David foi até minha residência e falou sobre a monstruosidade que você lhe fez. Entendo que ele errou ao furtar a prova, mas não aprovei sua correção, pois ela...

– Não necessito de sua aprovação para educar meus sobrinhos – disse Fabrício, interrompendo-a. – Não admito que venha em minha casa para me dizer como agir. – Cravou o olhar no dela. – Agradeço por ter acolhido David em sua casa após ele ter fugido, mas o corretivo que inflig a ele não lhe diz respeito. Se ousar interferir no modo como educo meus sobrinhos, deixará de ser bem-vinda em meu lar, e eu os proibirei de terem contato com você.

– Proibição que não acatarei, porque Denise é a única que se preocupa comigo e com os meus irmãos, amando-nos e só desejando o nosso bem. Algo que o senhor...

– Cale-se! – ordenou Fabrício, cortando a fala de David. – Mais tarde conversaremos sobre a sua fuga. Agora não quero ouvir sua voz e não ouse me desobedecer. – Virou-se para Denise e Alex, e disse: – Vão para o lar de vocês. Conversarei em particular com os meus sobrinhos. Não quero interferência de outras pessoas.

– Eu não irei embora. Quero estar presente nessa conversa para...

– Denise, vamos partir! – chamou Alex, interrompendo-a. – Fabrício já informou o que irá fazer e devemos respeitar a forma como educa seus sobrinhos.

204 | Órfãos do amor

– É errado o modo como ele os educa e não me ausentarei, porque...

– Denise, por favor, vá com o Alex – pediu Derek. – Eu e meus irmãos sabemos que você nos ama e que só quer o melhor para nós. Nós também só queremos o seu bem. Neste momento, o melhor para todos é você ir para casa e nós para o escritório, a fim de ouvirmos o que o tio Fabrício tem a nos dizer. – Segurou as mãos da moça. – Em nome do amor que nutre por nós, por favor, siga para sua casa. É um pedido ao seu coração, pois conheço o tio Fabrício e não quero que ele impeça, no futuro, nosso contato com você.

Ela o olhou demoradamente, concluindo que Derek estava com a razão. Beijou-lhe a face e a dos irmãos, deu as costas a Fabrício e foi embora com o namorado.

– Sigam-me até o escritório – ordenou Fabrício aos sobrinhos, que obedeceram.

No escritório, após se sentarem, o tio fixou o olhar em David e perguntou:

– Era um prisioneiro nesta mansão ou está lhe faltando algo, para ter fugido?

– Sou infeliz por viver com um tio carrasco. A surra que me infligiu fez meu ódio triplicar, pois o senhor não é meu pai para ficar me espancando – falou David. – Sempre o odiarei e jamais terá de mim o amor fraterno que o bajulador do Derek nutre pelo senhor, na esperança de um dia receber sua atenção e amizade, o que nunca acontecerá.

– Derek não é bajulador. É uma pessoa grata ao que recebe de bom, algo que você nunca reconhecerá – proferiu Fabrício. – Sobre me odiar, você é livre para assim proceder, mas seu ódio não me impedirá de corrigi-lo quando for necessário. Sobre não ser seu pai, essa informação é falsa, pois em seu documento civil o nome de seu pai é Fabrício Tilewes.

– Ser pai no papel não é ser um pai de verdade.

– Ser pai, ainda que no papel, significa que sou responsável por você e que estou no direito de corrigi-lo quando cometer atos ilícitos. Sua fuga foi um grande erro e só não o punirei porque, antes dela, você já foi punido. Mas alerto que não vou mais tolerar rebeldia, desobediência, travessuras no colégio, fugas e muito menos que volte a erguer seus punhos contra mim. Se assim proceder, vai se arrepender amargamente. – Cravou o olhar no dele. – A partir de hoje, todas as manhãs se sentará com o Daniel na sala de estudos para se dedicar aos estudos dos conteúdos curriculares que precisa aprender para tirar uma boa nota nas avaliações. Fará o mesmo à noite, em companhia do Derek, e, se for reprovado, no próximo ano estudará em uma escola pública. Compreendeu?

– Compreendi – falou David se levantando. – A primeira coisa que farei quando for maior de idade e estiver trabalhando é ir embora daqui, porque quero viver longe do carrasco. – Pegou sua mochila e dirigiu-se apressado para o quarto.

– Pensei que o senhor seria mais rígido com ele, mas graças a Deus falou de uma forma que lhe foi compreensível e aprovo tudo o que disse – falou Derek. – Eu e o Daniel vamos ajudá-lo em relação à Matemática. Podemos ir? Quero conversar com o David.

– Podem se retirar e, na conversa que terá com ele, tente colocar um pouco de juízo na mente do seu irmão – pediu Fabrício.

Daniel se levantou sem nada dizer e, junto com Derek, deixou o escritório, onde Fabrício permaneceu envolvido em seus pensamentos.

꧁ꕥ꧂

Nos dias seguintes, Derek e Daniel se empenharam em ensinar a David os conteúdos curriculares que seriam cobrados na prova. David, após a conversa que tivera com Derek, concentrou-se nos estudos com os irmãos, porque não queria estudar em escola pública. No dia da avaliação, ele conseguiu uma nota que agradou ao tio.

Os trigêmeos entraram de férias, e Fabrício lhes concedeu permissão para irem a Tramandaí com Denise e seus pais. Regressaram duas semanas antes de um novo ano letivo se iniciar, e Derek as aproveitou para, em companhia de Fred, conseguir novas provas para incriminar o grupo de Michelle e Elton, quando a ocasião se mostrasse favorável.

⁓⊙⟐ ⟐⊙⁓

Um novo ano se iniciou, e Denise fez uma festinha de aniversário no dia em que Derek e os irmãos completaram catorze anos.

No primeiro semestre, David não cometeu atos ilícitos no colégio, mas fez amizade com um aluno e uma aluna do "fundão" da sala, que conversavam muito durante as aulas. Ele era o líder do trio, continuando como valentão e brigão do colégio. Ninguém ousava se desentender com ele.

Daniel e Derek permaneciam bons adolescentes. O primeiro continuou levando a vida que tinha escolhido para si, fechado em seu mundo. Derek permaneceu sendo educado, gentil, atencioso, religioso e bondoso para com todos.

Os meses foram seguindo seu curso e, na última semana de junho, durante o jantar, Derek pediu permissão ao tio para interromper o silêncio da refeição, dizendo-lhe:

– Tio Fabrício, na última semana deste mês concluirei o Ensino Médio. O diretor me disse que bancará a minha formatura, que será especial, por eu estar me formando três anos antes da época normal. Trouxe alguns convites para a formatura e faço questão de que o senhor compareça, pois foi graças ao senhor que tive um excelente ensino naquele colégio. – Levantou-se e, pegando um dos convites, entregou-o ao tio.

Depois de lê-lo, Fabrício falou:

– Estou orgulhoso em saber que você concluiu o Ensino Médio aos catorze anos. Comparecerei à sua formatura. Já sabe o que fará após se formar?

– Ficarei em casa estudando para o próximo vestibular de uma universidade pública da cidade. Quando o edital do vestibular for publicado, vou me inscrever no curso de Direito.

– Aprovo o que irá fazer. Se precisar de dinheiro para comprar livros ou outro material que auxilie em seus estudos, é só me avisar – falou o tio, que, voltando a atenção para o prato, retomou a refeição.

Os sobrinhos entenderam que o silêncio deveria voltar a reinar.

⁂

No dia da formatura de Derek, que aconteceu na quadra do colégio, seus familiares, os Kassiel, os Rudefin, Nicholas e a esposa, Alex, madre Felícia e irmã Aureliana, Fred e Nair, Anita e os pais dela compareceram e parabenizaram o adolescente.

Marcello e Eunice, Gilson e Flaviana, Georg e Edwiges também compareceram e, sem que a presença deles fosse notada, aproximaram-se de Derek, congratulando-o. Georg envolveu seu protegido em boas vibrações, desejando que ele continuasse se dedicando aos estudos. Ele e os outros se despediram quando a festinha de formatura se encerrou e partiram volitando para a cidade espiritual onde viviam, enquanto os encarnados se dirigiram às suas residências.

As férias escolares de julho chegaram para Daniel e David, e logo terminaram. Quando os dois retomaram as atividades escolares, Derek, na sala de estudos da Mansão Tilewes, dedicava-se a estudar para o próximo vestibular. Assim que o edital foi publicado, fez sua inscrição no curso de Direito. Ao receber o Manual do Candidato, empenhou-se em estudar os conteúdos curriculares que seriam cobrados nas provas.

Capítulo 16

GIOVANNA

O ano de 2005 chegou. Na segunda semana de janeiro, Derek se dirigiu à sala de uma universidade pública em Porto Alegre e prestou os exames vestibulares, concorrendo a uma das vagas do curso de Direito. O resultado do vestibular foi promulgado no mesmo dia em que os trigêmeos completaram quinze anos. Derek fora aprovado.

Denise fez uma festinha para comemorar as duas ocasiões, convidando os amigos dos Tilewes, que compareceram ao evento. Georg e Edwiges, Marcello e os pais, assim como Eunice, estavam presentes. Todos envolveram os aniversariantes em boas vibrações. Fabrício se aproximou de Denise e disse:

– Meus sobrinhos cresceram e não mais precisarão de festinhas de aniversário. Por isso, não quero que as idealize mais.

– Se esse é o seu desejo, respeitarei – acedeu a moça.

Iniciaram a comemoração e, quando terminou, os convidados foram embora. Denise e Alex permaneceram na Mansão Tilewes, e a moça falou para Fabrício:

– Faltam duas semanas para o ano letivo se iniciar e David e Daniel retornarem ao colégio. As aulas de Derek na universidade

Roberto Diógenes ditado por Sulamita | 209

demorarão várias semanas para começar. Eu e Alex estamos de férias e pedimos sua permissão para seus sobrinhos irem conosco e os meus pais a Tramandaí.

– Denise, nós dois tínhamos combinado de ir sozinhos para a praia. Estou surpreso em saber que convidou seus pais e ainda quer que os trigêmeos sigam conosco – disse Alex.

– Acontece que os meus pais disseram que queriam ir, e eu não tive como negar. Como os trigêmeos ainda estão de férias, não vejo nenhum mal em nos acompanharem – falou a moça. – Eles quase não têm diversão durante o ano letivo e, como prometi ao...

– ... ao corpo sem vida do Marcello que estaria sempre por perto para ajudar os filhos dele – completou Alex. – Eles não são criancinhas e não necessitam de nenhuma babá. Estou cansado de você nunca ter tempo para mim, nem para o nosso namoro. Está sempre preocupada com o seu trabalho e com os filhos adotivos do antigo namorado. Se os trigêmeos e o seu emprego significam tudo em sua vida, fique com eles. Nosso namoro termina aqui. – Deu as costas para a moça e, fixando o olhar em Fabrício, falou: – Desculpe ter me comportado dessa forma em sua residência, mas já estava cansado de ser deixado de lado por causa do emprego dela e dos seus sobrinhos.

Derek observou à distância que o tio pareceu ter ficado feliz com aquele rompimento.

– Denise, não permita que isso aconteça. O Alex é um cara legal e gosta de você – falou David.

– Ele agiu certo em ter rompido o namoro. Se dou mais atenção ao emprego e a vocês, é porque não o amo – disse a moça, que, virando-se para Alex, falou: – Aceito o rompimento e espero que nos tornemos bons amigos. Eu o levarei até a residência do Álvaro. – Virou-se para Fabrício e acrescentou:

– Concederá a permissão que solicitei?

– Não. Derek e os irmãos cresceram e tenho outros planos para eles – disse o rapaz. – Vou matriculá-los na mesma academia que eu e o Alex frequentamos. Também irei matriculá-los em um esporte e em algum curso, para ocuparem o tempo ocioso.

– Até que enfim fará algo de bom por nós – falou David.

Denise e Alex se despediram e partiram.

– Digam-me que curso e qual esporte querem fazer, para lhes dizer se aprovo ou não – disse Fabrício, fixando o olhar nos sobrinhos.

– Quero fazer um curso sobre tatuagens e praticar caratê – disse David.

– Aprovo o caratê, mas nada de curso sobre tatuagens. E, se um dia fizer uma em seu corpo, obrigarei a retirá-la embaixo de cintadas.

– O corpo é meu e faço com ele o que eu quiser – desafiou David.

– Quando for maior de idade e não morar mais nesta casa, poderá fazer o que quiser em seu corpo; antes disso, está proibido de fazer tatuagens. E assunto encerrado.

– Quero cursar caratê e fazer natação – proferiu David.

– Aprovado! E você, Derek?

– Gostaria de fazer um curso de língua alemã e natação.

– Aprovado. E você, Daniel? Responda em um tom de voz que eu possa escutar.

O garoto se aproximou do tio e disse baixinho:

– Natação, no mesmo dia e horário dos meus irmãos. Gostaria também de aprender a tocar piano e violão.

– Violão? Geralmente quem toca esse instrumento usa a voz para cantar, e você raramente utiliza a sua para falar – disse o tio. – Tem certeza de que quer aprender piano e violão?

Daniel balançou a cabeça afirmativamente.

– Encontrem nos classificados do jornal os locais onde poderão iniciar os cursos e esporte que escolheram, depois me informem – falou Fabrício, que foi para seu quarto. Os trigêmeos ficaram envolvidos com os presentes de aniversário que tinham ganhado.

෴

Passados três dias, os sobrinhos entregaram ao tio o nome da academia onde fariam natação e das escolas onde frequentariam os cursos de sua escolha. Fabrício os levou até os locais, fez a matrícula e, na semana seguinte, eles iniciaram as atividades. Dois dias depois, começaram a frequentar a academia na companhia do tio e de Alex.

Transcorridos seis dias, enquanto Fabrício lia o jornal na sala de estar, Daniel e Derek se aproximaram dele, e o segundo disse:

– Tio, perdoe-me por interromper sua leitura, mas o Daniel tem um pedido para lhe fazer.

– O que você deseja, Daniel? – perguntou o tio, desviando o olhar do jornal.

– Estou precisando de um violão para treinar os exercícios que tenho aprendido no curso. Peço-lhe que compre o instrumento e me permita treinar os exercícios em meu quarto. O treinamento será quando o senhor não estiver na mansão, nem meus irmãos na sala de estudos, para não incomodá-los.

– Você sempre foi um bom sobrinho. Por seu comportamento exemplar, vou lhe dar um cheque para comprar o violão. Fred o levará a uma loja que vende instrumentos musicais. Compre o modelo que lhe agradar.

Daniel pediu a Derek que o acompanhasse à loja. O irmão o ajudou a escolher o violão. Mais tarde, procuraram o tio e, ao encontrá-lo, Daniel dele se aproximou e agradeceu:

– Obrigado pelo dinheiro para comprar o violão e por ter me permitido treinar os exercícios em meu quarto. O senhor é um bom tio! – Beijou a fronte dele e saiu apressado.

– Foi a primeira vez que o testemunhei se manifestar de forma espontânea, expressando seus sentimentos – falou Derek. – Ele ficou realmente feliz com o violão. Eu também quero agradecer. O senhor é um ótimo tio! – Beijou a fronte de Fabrício e se afastou.

"Os dois é que são ótimos sobrinhos e me tratam bem, diferentemente do irmão, que me odeia", pensou Fabrício. "Espero que, em seus quinze anos, David comece a se comportar com mais responsabilidade e que um dia se torne também um bom rapaz."

❧❦❧

Quando o ano letivo se iniciou, David e Daniel se dirigiram ao colégio e foram para uma das turmas do primeiro ano do Ensino Médio. Daniel sentou-se na carteira grudada à mesa do professor. Giselle, que já estava na carteira atrás da dele, cumprimentou-o.

David foi para o "fundão" e cumprimentou seu melhor amigo, Nilson, um ruivo de catorze anos, olhos azuis e estatura mediana. Também cumprimentou Meire, uma morena de quinze anos, cabelos e olhos negros. Os três começaram a conversar sobre suas férias.

A orientadora educacional entrou na sala acompanhada por uma mulher e uma garota, e pediu silêncio. Apontando para a menina, falou:

– Esta é Giovanna Tavares Pakien. Irá estudar na turma de vocês. – Olhou para a garota e pediu: – Por favor, sente-se!

A bonita garota de quinze anos, alta, moreno-clara, de olhos verdes e compridos cabelos castanhos, dirigiu-se rebolando a uma das carteiras, e os jovens começaram a assoviar.

– Giovanna, sente-se nesta carteira próxima à minha. Ela acabou de ficar livre – disse David, que, empurrando Nilson, falou para ele ocupar outro lugar, e o amigo obedeceu.

Ela se aproximou da carteira e, rapidamente, David puxou a cadeira para ela se sentar.

– Obrigada! Você é um cavalheiro – exclamou a garota, sentando-se.

– Esta é a professora de Língua Portuguesa – apresentou a orientadora. – Este ano, e até concluírem o Ensino Médio, estudarão no matutino e não devem se atrasar para a primeira aula. – Ausentou-se da sala, e a professora disse seu nome, fez a chamada e iniciou a aula.

Passadas algumas horas, a sirene tocou anunciando o recreio. Ao se dirigir à lanchonete, Giovanna se tornou a atração do recreio para muitos alunos, que lhe lançavam cantadas e enviavam bilhetinhos, que eram ignorados. Os dias se passaram, e a garota começou a ter vários admiradores no colégio, entre eles David, que a tratava com gentileza e educação, fazendo os favores que ela lhe solicitava. A menina fez amizade com Meire, a única da turma que a aturava, porque as outras a achavam antipática e exibida. Transcorridas três semanas, o professor da disciplina de História passou um trabalho para ser realizado em grupo.

– O meu grupo, composto por mim, Nilson, Giovanna e Meire, fará o trabalho na Mansão Tilewes, pois em minha residência existe uma sala de estudos propícia para isso – falou David.

– Convide o Daniel para participar do nosso grupo – sugeriu Giovanna. – Como aluno mais inteligente da turma, será um excelente membro ao nosso grupo.

– Nem ouse jogar seu charmezinho barato para cima do Daniel, porque ele é diferente do David e não se tornará seu bajulador – falou Giselle. – Ele já é membro do meu grupo e nele permanecerá. Se ousar jogar suas garras para cima dele, esse seu rostinho de menina mimada ficará cheio de cicatrizes. – Mostrou as unhas grandes e bem cuidadas.

– Giovanna, não se meta com a Giselle, que é apaixonada pelo Daniel e uma boa lutadora – alertou Meire. – No ano passado, duas alunas que tentaram se engraçar para o lado dele nunca mais lhe disseram nenhuma gracinha, depois que a Giselle foi tirar satisfação com elas.

Giovanna encarou Giselle, que sustentou o olhar e fechou o semblante. A outra desviou o olhar e, virando-se para os membros do seu grupo, começaram a falar sobre o trabalho.

Giselle disse a Daniel que à noite iria com os pais à Mansão Tilewes, para solicitar ao tio dele permissão para fazerem o trabalho em sua casa. Daniel nada falou.

Às 21 horas, Giselle chegou à mansão em companhia dos pais. Quando estavam reunidos com o tio e os sobrinhos, ela falou sobre o trabalho de História, pedindo a Fabrício permissão para que seu grupo realizasse a reunião na sala de estudos da residência.

– Por que David não faz parte do grupo de vocês? – perguntou Derek.

– Porque ele não gosta de estudar e faria corpo mole durante a execução do trabalho – respondeu Giselle. – Nosso grupo é composto pelos mais educados e inteligentes da turma; não queremos um desleixado que possa comprometer a nota.

– Eu é que não quero fazer parte de um grupo liderado por uma garota chata e mandona – falou David. – De nada adiantou você ter se transformado numa bonita loira de olhos azuis, se a chatice continuou fazendo parte de sua personalidade. – Virou-se para o tio. – Se o senhor conceder permissão ao grupo da Giselle, também a quero para o meu grupo. A ideia de fazermos o trabalho aqui foi minha, e Giselle a copiou.

– A permissão está concedida aos dois grupos. Mas é para estudar, não para ficarem à toa. Não quero ninguém bisbilhotando em minha mansão – disse Fabrício.

Giselle agradeceu. Ela e os pais ficaram conversando por mais algum tempo com os Tilewes, depois se despediram e foram embora.

⚬ᴑℚ ℚᴑ⚬

Na próxima semana, o grupo de Giselle se reuniu com Daniel na Mansão Tilewes e, em pouco mais de uma hora, concluíram o trabalho.

No dia seguinte, às dezesseis horas, o grupo de David se reuniu na mansão, e Nilson disse:

– Mansão de rico essa em que você mora. Convida a gente um dia para usar a piscina.

– Casa de marajá! – exclamou Meire.

– David, seu tio deve ser muito rico, pois a mansão é luxuosa – falou Giovanna.

– Ele é rico, chato e antipático. Por isso, comportem-se, porque ele está em casa. Se a gente não se comportar e não se dedicar ao trabalho de História, ele nos dará uma grande bronca e mandará vocês embora – falou David, que os conduziu à sala de estudos.

Transcorridas duas horas, Anita os convidou para lanchar. Como já tinham concluído o trabalho, seguiram a cozinheira até a copa, onde o tio e os irmãos de David se encontravam ao redor da mesa. David fez as apresentações, e Giovanna exclamou:

Roberto Diógenes ditado por Sulamita | 215

– Você, o Daniel e o Derek são verdadeiros trigêmeos univitelinos. Fisicamente são iguais.

– Prazer em conhecer os colegas de turma do David – disse Derek. – Ali está uma pia – apontou para ela – onde podem lavar as mãos e depois se sentarem para iniciarmos o lanche.

Eles lavaram as mãos, sentaram-se, e todos começaram a lanchar.

– Tio Fabrício, meus amigos elogiaram sua mansão e apreciaram a piscina. Peço-lhe permissão para convidá-los a se banharem nela no sábado – pediu David.

– A piscina é para uso de nossa família e dos amigos da família. Seus colegas de turma são seus amigos, não são amigos da família. Permissão negada – falou Fabrício.

– Os amigos do David só se tornarão amigos da família se começarem a frequentar nosso lar e se o senhor tiver contato com eles para conhecê-los e aprovar ou não a amizade. Se eles puderem usar a piscina, será o início desse contato – mencionou Derek. – O Daniel também poderia convidar os membros do grupo dele, o que fará com que o senhor também inicie um contato com eles.

– Daniel, você gostaria de convidar os membros do seu grupo? – perguntou Fabrício. Daniel balançou afirmativamente a cabeça.

– Levando em consideração o que o Derek mencionou, concederei permissão para os dois grupos, no sábado, às dezesseis horas, usarem a piscina – disse Fabrício. – Mas não quero indecências ou mau comportamento. Por uma hora permitirei que fiquem na piscina.

– Derek, obrigado por ter intercedido a favor do meu pedido – agradeceu David.

Voltaram sua atenção ao lanche e, ao concluírem, os membros do grupo de David se despediram e partiram.

⚜

No sábado, um pouco antes das dezesseis horas, os membros dos dois grupos chegaram à Mansão Tilewes, cumprimentando

216 | Órfãos do amor

Fabrício e seus sobrinhos. David, Daniel e os respectivos amigos, usando roupas de banho, entraram na piscina e começaram a nadar e a conversar. Derek surgiu na piscina de sunga, carregando uma bola. Entrou na água, e todos começaram a se divertir.

Giovanna observou que os trigêmeos tinham corpos bonitos e musculosos. Percebeu também que Derek era muito educado e atencioso. Aproximou-se dele e começou a puxar conversa, mas Derek, ao notar que David demonstrava ciúme da atenção que a garota lhe dava, pediu licença e deixou a piscina. Ouviu um carro buzinar, apertou o botão do interfone que controlava o portão e foi até a garagem para receber o visitante. Alex, após estacionar o carro, cumprimentou-o e indagou:

– Gostou do meu carrão? Comprei em diversas mensalidades, porque estava cansado de pedir emprestado o carro do Álvaro ou o da Nicete, sempre que precisava ir a algum lugar.

– É um belo modelo – disse Derek. – Parabéns pela aquisição do veículo.

– Que festa é essa que está acontecendo na mansão e para a qual não fui convidado? – indagou Alex, apontando para a piscina.

Derek contou o motivo da presença dos jovens.

– Vim falar com seu tio. Ele está?

– Está. Vou avisá-lo sobre sua chegada.

O rapazinho se secou em uma tolha e, entrando na mansão, informou ao tio sobre a presença do amigo. Em seguida, dirigiu-se à cozinha e ajudou Nair a preparar o lanche.

Na sala de estar, Fabrício cumprimentou Alex, que disse:

– Vim lhe mostrar o carrão que consegui comprar e convidá-lo para irmos ao evento da academia onde nos exercitamos, que começará às dezessete horas. Muitas mulheres bonitas comparecerão ao evento. Quem sabe duas delas não se interessem por nós?

– Iremos ao evento depois que os amigos do Daniel e do David forem embora – falou Fabrício, acompanhando o amigo à garagem para ver seu veículo.

Derek e Nair surgiram carregando bandejas com sanduíches, copos e jarras de suco. Colocaram-nas sobre duas mesas próximas à piscina, que foram unidas por Alex e Fabrício, e Derek convidou todos a lancharem. Reuniram-se ao redor da mesa, e Giselle apresentou os membros do grupo ao Alex. David também lhe apresentou seus amigos.

– E esta é a Giovanna, a garota mais linda do colégio, que roubou meu coração.

– Os dois estão namorando? Se estiverem, você, David, é um cara de sorte. Ela é uma bela garota, e os dois formam um bonito casal – proferiu Alex.

– Não estamos namorando, porque essa malvada ainda não aceitou o pedido de namoro que lhe fiz – falou David.

– Se não estivesse interessada, não teria vindo curtir a piscina em sua companhia – disse Giovanna. – Hoje eu conversei com minha mãe sobre você, e ela falou que eu deveria aceitar o pedido de namoro. E é isso que farei, se fizer o pedido na frente do seu tio e dos seus irmãos.

Rapidamente, David segurou a mão direita dela e, conduzindo-a até onde estavam o tio e os irmãos, exclamou, olhando nos olhos da garota:

– Linda, meiga e doce Giovanna! Eu, David Tilewes, peço você em namoro, prometendo ser fiel ao nosso relacionamento.

– Aceito o pedido – disse a garota, que o beijou levemente nos lábios e, discretamente, olhou para Derek.

– Tio Fabrício, Giovanna aceitou o pedido. Eu já tenho quinze anos. O senhor concede permissão para namorarmos? – perguntou David.

– Concedo, mas o namoro deverá ser decente e jamais ocasionar seu desinteresse nos estudos. Se isso acontecer, romperá o relacionamento – falou Fabrício.

Nilson pediu Meire em namoro, e a garota aceitou.

– Daniel, já que você não terá coragem de me pedir em namoro, eu o farei, avisando ao seu tio que será um relacionamento muito decente e que nunca desviará nosso foco dos estudos. Você aceita o pedido? – perguntou Giselle, olhando nos olhos verdes do rapazinho.

– Aceito! Você é a garota com quem quero namorar e me casar um dia – falou Daniel.

218 | Órfãos do amor

– Ele aceitou! Ele aceitou! – gritou Giselle com alegria, beijando-o levemente nos lábios. Em seguida, fixou os olhos em Fabrício e perguntou se ele permitiria.

– Aprovo o namoro dos dois, que fará bem ao Daniel, pois você sempre foi apaixonada por ele e acredito que tudo fará para vê-lo feliz.

Eles retomaram o lanche, depois se sentaram à beira da piscina e ficaram conversando. Derek ajudou Nair a recolher as bandejas e retornou para a garagem, onde ficou conversando com Alex e o tio.

Passados alguns minutos, Fabrício se aproximou de David e Daniel, dizendo que o tempo autorizado para o uso da piscina havia se esgotado. Todos colocaram as roupas por cima das de banho. Alguns telefonaram para os pais, que os foram buscar. Giovanna, usando seu celular, ligou para um táxi, que a conduziu à sua residência.

Daniel e David se secaram com toalhas e, com elas enroladas ao pescoço, foram para o quarto. Derek disse ao tio:

– Obrigado por ter permitido que os amigos e amigas dos meus irmãos usufruíssem a piscina. Sou grato por ter concedido permissão ao namoro do Daniel e do David. O senhor é um excelente tio! – Beijou a fronte do rapaz e, pedindo licença a ele e a Alex, dirigiu-se ao seu quarto.

– Ele já está quase da minha altura, transformando-se em um belo rapaz, e continua educado, gentil, atencioso, amoroso e grato a tudo de bom que faço chegar até ele e aos irmãos – disse Fabrício para o amigo. – Derek é um bom sobrinho!

– Um bom sobrinho e uma ótima pessoa – falou Alex. – Ele lhe tem grande amor fraterno. Hoje e em outras ocasiões, já o testemunhei demonstrar que esse amor é verdadeiro e desinteressado. Você foi abençoado por Deus por ter um sobrinho que o estima e só quer o seu bem.

– Vamos para a academia? A mulherada nos aguarda – disse Fabrício, sorrindo.

Alex também sorriu. Entraram em seus carros e partiram para a academia.

O namoro com David abriu as portas da Mansão Tilewes para Giovanna, que passou a frequentá-la. Mas, quando ali estava em companhia de David, a garota costumava lançar olhares maliciosos para Derek, que fingia não notá-los e evitava puxar conversa com ela ou dar-lhe atenção.

Ela se matriculou na academia de ginástica onde o namorado e seus familiares se exercitavam e, no mesmo dia em que estes iam para a academia, Giovanna comparecia usando roupas bem coladas ao corpo. Enquanto se exercitava, exibia-se para o namorado, que costumava fazer os exercícios sempre próximo dos irmãos. David a elogiava, dizendo que ela estava ficando com um corpo lindo e falando outras coisas comuns aos jovens apaixonados. A garota sorria e retribuía os elogios, mas continuava determinada a despertar em Derek algum interesse por ela.

❧❧❧

Dias depois, Fabrício fez compras em uma loja. Chegando em casa, chamou os sobrinhos e, entregando uma pequena caixa para cada um, falou:

– Comprei um aparelho celular pré-pago para os três. Deverão usar o dinheiro da mesada para colocarem os créditos. Também comprei um para o Fred, o que facilitará telefonarem para ele quando necessitarem de seus serviços de motorista. Já anotei o número do celular de vocês e o do Fred, e vou lhes repassar o meu número, para quando precisarem falar comigo. – Escreveu o número e lhes entregou.

– Obrigado pelo celular! – agradeceu Derek. – O senhor é um bom tio!

– Façam bom uso do aparelho – falou Fabrício, que, subindo a escada, foi para o quarto.

Os trigêmeos repassaram o número de seus celulares entre eles, felizes com os presentes recebidos.

Capítulo 17

SUPERDOTADOS

Assim que Fred o deixou em frente ao prédio do curso de Direito, Derek consultou suas anotações e entrou em uma sala. Avistou rapazes e moças sentados em algumas carteiras, saudou-os com um bom-dia e se sentou na primeira fileira.

Passados alguns minutos, entrou uma jovem alta, de cabelos castanho-escuros, olhos azuis, pele morena e bem cuidada, atraindo a atenção de todos com sua beleza. Ela deu uma rápida olhada pela sala e sentou-se em uma carteira à esquerda de Derek. Um dos rapazes se levantou, aproximou-se da jovem e perguntou:

– Você existe mesmo ou meus olhos me pregam uma peça? Você é linda! Aliás, linda é pouco para você. Se estiver solteira, eu também estou, e poderemos nos conhecer melhor.

– Detesto homens inconvenientes. Detesto ainda mais os que me lançam cantadas ridículas. – Girou na carteira e percebeu que Derek a observava. Fixando o olhar nele, arregalou os olhos e disse: – Derek Tilewes, outra vez me passou para trás, ficando em minha frente na classificação geral do vestibular. Mas, se vamos estudar juntos, Mirella Bektiy lhe mostrará ser mais inteligente do que você.

– Será um prazer estudar na mesma turma de uma jovem linda e inteligente – disse Derek. – Estou honrado em saber que não se esqueceu do meu nome, nem de minha fisionomia, pois também não me esqueci da linda garota que no passado foi vitoriosa em um concurso de redação, no qual muitos não se saíram bem. Aquele dia foi inesquecível porque, ao vê-la se dirigindo ao pódio, pensei que, se as modelos de todos os países a vissem, invejariam sua beleza. Nenhuma delas poderia se parecer com Afrodite, a deusa da beleza, como você se parecia. Mas, hoje, descobri que a bela garota se transformou em uma jovem muito mais linda que Afrodite. Beleza e inteligência são atributos que Deus concede a mulheres especiais e, se Ele a considerou digna de possuí-los, é para encantar os olhos e os corações de pobres mortais como eu.

Fez uma pausa para respirar e, levantando-se, pediu permissão para segurar-lhe uma das mãos. Beijando-a, exclamou:

– Mirella Bektiy, é um prazer reencontrá-la! Prazer maior será ter como companheira de curso uma jovem tão inteligente e encantadora. – Afastou-se e se sentou.

Mirella não soube o que dizer, porque o que Derek falara era diferente das bobagens que estava acostumada a ouvir dos rapazes. Olhou de esguelha para ele. O rapazinho havia se transformado em um belo e encantador cavalheiro. O coordenador do curso e alguns professores entraram na sala, apresentaram-se e deram algumas informações sobre o curso. O coordenador apresentou a grade horária e acrescentou:

– Pela grade que receberam, descobrirão que em alguns dias da semana terão horários livres entre as aulas. Utilizem-nos como desejarem, mas não faltem, porque faltas reprovam na disciplina. – Fez uma pausa e continuou: – Após o trote solidário dos veteranos, terá início a primeira aula.

Ele e os professores se retiraram da sala. Os veteranos do curso de Direito entraram e iniciaram os trotes.

❧⚓❧

Os dias seguiram seu curso e, transcorridas duas semanas, Derek e Mirella foram convocados à sala do coordenador do curso, que os cumprimentou e, apontando para uma mulher que ali se encontrava, falou:

– Esta é a professora Lívia, da Faculdade de Educação.

– Prazer em revê-lo, Derek. É uma alegria encontrá-lo na universidade como discente do curso de Direito. – Olhou para o coordenador. – Ele foi um dos alunos que fez parte do meu grupo de estudos, quando eu cursava o doutorado. – Abraçou o jovem, que disse ser um prazer reencontrá-la como professora na universidade.

Lívia, uma mulher de cabelos e olhos negros, estatura mediana, disse a Mirella:

– A professora que em sua cidade natal a acompanhou no grupo de pesquisa de alunos superdotados teceu excelentes comentários a seu respeito. É um prazer conhecê-la.

Mirella a cumprimentou com um sorriso, e Lívia explicou, dirigindo-se aos dois:

– Sou responsável por uma pesquisa científica sobre universitários superdotados e estou convidando alguns acadêmicos para se juntarem a ela. O objetivo dessa pesquisa é o direito previsto no artigo 47 da Lei de Diretrizes e Bases da Educação, sobre abreviação do curso superior aos superdotados. Hoje, às cinco e meia da tarde, farei uma reunião para falar sobre o assunto, e vocês são meus convidados. – Entregou-lhes um cartão com o endereço do local onde se reuniriam.

Derek e Mirella retornaram à sala e, quando a última aula terminou, dirigiram-se à Faculdade de Educação e bateram à porta da sala cujo endereço estava no cartão. Lívia atendeu e os convidou para entrarem e se sentarem. Ali estavam mais duas pessoas.

– Boa tarde a todos! Sejam bem-vindos – disse Lívia. – Vamos iniciar a reunião nos apresentando. Eu sou a professora Lívia, tenho vinte e oito anos, estou lotada no curso de Pedagogia e tenho doutorado em Superdotação.

– Sou Alisson, tenho dezesseis anos e estou no quarto semestre do curso de Psicologia – falou um loiro de olhos azuis, de estatura mediana.

– Lucyenne, mas prefiro ser chamada de Lucy. Tenho quinze anos e sou caloura do curso de Medicina – falou uma afrodescendente.

– Sou Mirella, tenho quinze anos e sou caloura do curso de Direito.

– Derek, mesma idade da Mirella. Também sou calouro do curso de Direito.

Lívia mencionou como havia desenvolvido o Projeto de Pesquisa Científica, explicando como aconteceriam as etapas da pesquisa e quais atividades ela realizaria como coordenadora. Explicou ainda quais atividades os acadêmicos executariam se aderissem ao projeto.

– Eu registrei o projeto no CNPq[1], que disponibilizou duas bolsas de estudo aos acadêmicos envolvidos na pesquisa. Consegui outras duas bolsas de estudo junto à Faculdade de Educação – falou Lívia, dizendo o valor da bolsa. – Se os quatro aceitarem o convite para me auxiliarem neste projeto, todos receberão a bolsa. Foi por isso que só convidei vocês.

Eles aceitaram o convite, e a primeira reunião do grupo aconteceu com a coordenadora deixando aos seus cuidados uma tarefa acadêmica. Despediu-se deles, e os quatro se dirigiram à biblioteca, à procura de alguns livros.

– Lívia nos deu uma tarefa extensa para ser executada em curto prazo. Ler esses oito livros em uma semana e tabular os dados vai ser trabalhoso. Terei que perder algumas horas de sono para me dedicar à tarefa – falou Lucy.

– Nós somos quatro, então sugiro que cada um fique responsável por dois livros. Depois nos reunimos na universidade ou na residência de um de nós, para fazer uma única tabulação das obras – sugeriu Derek. – Penso que Lívia nos deu essa tarefa para verificar se somos capazes de trabalhar em equipe, mesmo nada tendo comentado sobre o assunto.

– Excelente sugestão – disse Alisson. – Acredito que Derek esteja correto a respeito do que Lívia espera de nós. Vamos executar o que ele sugeriu sobre a divisão dos livros e nos reunir no

---

[1] Conselho Nacional de Desenvolvimento Científico e Tecnológico. (Nota da autora espiritual.)

sábado na residência de um de nós. Eu moro no bairro Moinhos de Vento e em minha casa tem um local apropriado para os estudos.

– Resido no mesmo bairro, e em minha casa também tem um local ideal para os estudos – falou Lucy.

– Eu moro em Petrópolis – disse Derek. – Em minha residência existe uma agradável sala de estudos, mas vou precisar da permissão do meu tio para utilizá-la.

– Não moro próximo dos bairros que mencionaram e em minha residência não tem um local propício aos estudos – falou Mirella. – Onde decidirem se reunir, eu me juntarei a vocês.

– Você e Derek estudam na mesma turma e, como já se conhecem, podemos nos reunir na residência dele – falou Lucy, e todos concordaram.

Derek pegou o celular e ligou para o tio pedindo permissão para os amigos se reunirem na mansão. A permissão foi concedida. Os quatro trocaram números de celulares e anotaram o endereço da residência de Derek. Em seguida, fizeram o empréstimo dos livros e se dirigiram ao estacionamento.

Alisson e Lucy telefonaram aos pais, pedindo que os fossem buscar. Derek telefonou a Fred, fazendo o mesmo pedido. Mirella se despediu e se dirigiu a um ponto de ônibus. Derek seguiu atrás dela e lhe ofereceu uma carona, quando Fred fosse buscá-lo.

– Outro dia aceitarei. Hoje irei de coletivo – disse a jovem.

Derek retornou para perto de Lucy e Alisson, que foram os primeiros a ir embora com os pais. Fred chegou logo depois. Já em casa, assim que se dirigia à escada de acesso ao quarto, Derek ouviu de David:

– Até que enfim você chegou. Estávamos esperando-o para eu telefonar à Giovanna, convidando-a para vir à mansão com os pais, a fim de jantarem conosco. – Dirigiu-se ao aparelho telefônico, e Derek seguiu para seu quarto.

Transcorridas duas horas, Giovanna chegou à mansão acompanhada de sua mãe. David as recebeu e as conduziu à sala de estar, onde as aguardavam Fabrício e seus irmãos.

Roberto Diógenes ditado por Sulamita | 225

– Senhor Fabrício, esta é Lizandra, minha mãe – apresentou Giovanna. – Mãe, este é o senhor Fabrício, tio do meu namorado. Aqueles – apontou Derek e Daniel – são os irmãos do David.

Lizandra, uma mulher de 36 anos, de olhos verdes e cabelos castanhos, cumprimentou Fabrício e os sobrinhos.

– Giovanna, onde está seu pai? – perguntou Fabrício. – Eu lhe disse que queria ser apresentado ao seu pai e à sua mãe, não apenas à sua genitora.

– O pai dela me abandonou quando ainda éramos namorados, assim que soube da gravidez. Nunca mais o vi. Sozinha, crio e educo minha filha – disse Lizandra.

– A senhora é mãe solteira? – indagou Fabrício, e ela respondeu afirmativamente. – O que a senhora faz para criá-la? Qual a sua profissão e onde trabalha?

A mulher respondeu a essas perguntas e a outras que Fabrício lhe fez, notando que Derek não parava de observá-la.

– Suas respostas, embora não tenham me agradado, pelo menos demonstraram que David namora uma garota que recebeu uma boa educação.

Fabrício as convidou para o jantar e se dirigiram à copa, onde Anita tinha acabado de servir a refeição.

– Hoje a refeição não precisa ser em silêncio – disse Fabrício.

Passado algum tempo, Derek fixou o olhar na mãe de Giovanna e falou:

– Dona Lizandra, tenho a impressão de conhecê-la de algum lugar, mas não consigo recordar onde nos cruzamos em Porto Alegre.

– Em nenhum lugar da cidade. Esta é a primeira vez que nos encontramos – disse a mulher, que já estava incomodada com a forma como Derek a observava.

Quando terminaram o jantar, todos retornaram à sala de estar. Fabrício pediu a Derek e Daniel que fossem para seus quartos. Ele queria conversar com David, Giovanna e sua mãe. Os dois obedeceram.

Conversaram por trinta minutos. Então Giovanna e a mãe se despediram, entraram no veículo delas e partiram para um edifício em um bairro de classe média.

Quando entraram no apartamento, Elton e Michelle estavam sentados no sofá e as cumprimentaram. Michelle disse:

– Irmã Goreth, quando Elton me falou que tinha se transformado em outra mulher ao assumir o papel de Lizandra, não acreditei. Mas agora acredito, porque está irreconhecível.

– Antes, eu já tinha assumido esse papel e ninguém me reconheceu, mas Derek pode ter reconhecido – falou irmã Goreth, usando a voz de Lizandra.

– Se até a voz está diferente, como ele a reconheceu? – indagou Michelle.

– Não reconheceu de verdade, só disse que tinha a impressão de já me conhecer, mas não se recordava de onde – disse a freira, retirando a peruca. – O tio e os dois irmãos não me reconheceram, por isso, se eu voltar a ter que me passar pela mãe da Giovanna, aquele superdotado não deverá estar presente. – Fez uma pausa e, retomando sua voz normal, disse: – Foi difícil ficar em silêncio ouvindo os absurdos que aquele Fabrício falou sobre uma mulher sozinha criar a filha. Se eu realmente fosse mãe solteira, teria lhe dado uma bofetada e uma boa surra, de tão indignada que fiquei ao ouvir seus comentários preconceituosos.

– Aquele homem é um grosso, mal-educado, chato, estúpido e ignorante – disse Giovanna. – Não gosto dele.

– Não gostar dele fará sua missão se tornar mais fácil – falou Elton. – Missão que até agora pouca coisa realizou para concretizar. Se você falhar, sua família sofrerá as consequências.

– Não falharei, porque estou muito empenhada nessa missão, mas o prazo que me concederam não será suficiente. Derek é muito esperto e até agora não consegui envolvê-lo em minha sedução. Terei de apelar para a arma que o fará ficar caidinho por mim, fazendo tudo o que eu mandar, conforme David tem feito. – Contou como manipulava o jovem e como ele estava apaixonado por ela.

– Seu alvo nunca foi David, mas sim Derek. Creio ter sido um erro Elton recrutá-la – falou Michelle.

– Os Tilewes são o nosso alvo; David é um Tilewes e, se já está morrendo de amores pela Giovanna, será por intermédio dele que atingiremos Fabrício e Derek. Cravando o primeiro punhal em David, isso fará o tio e o irmão sofrerem – disse Elton. – Depois, ela usa sua arma contra Derek, a fim de que o punhal cravado em seu coração o faça verter lágrimas de sangue. Por fim, será a vez de Fabrício.

Olhou seriamente para Giovanna e prosseguiu:

– Você tem razão quando diz que Derek é muito esperto. Deve tomar cuidado com ele, para que jamais suspeite de sua missão. Vou lhe dar mais seis meses de prazo e, se nesse período não tiver conseguido executar sua missão, farei os traficantes que querem colocar as mãos em seu pai descobrirem onde ele se escondeu com a família. Não preciso dizer o que acontecerá a vocês.

A garota se encheu de pavor ao imaginar o que lhe aconteceria e à sua irmã, estando em poder dos traficantes.

– Na próxima semana, deverá se juntar a um grupo de roqueiros cujo um dos membros é portador do vírus HIV. Alie-se a eles e depois faça seu namorado se tornar amigo do portador do vírus HIV. Em seguida, comece a executar os passos finais de sua missão – falou Elton. – Está dispensada. Vá para seu quarto!

Giovanna obedeceu e, ao entrar no quarto, jurou que se vingaria do delegado, que, por meio de cruéis ameaças, a obrigava a fazer o que não desejava.

Na sala, Michelle disse a Elton:

– Não acredito que ela consiga realizar a missão.

– Ela vai se sair bem, porque não quer testemunhar a família padecer nas mãos dos traficantes – falou o delegado.

– Ela é uma garota esperta e, pelo que observei na Mansão Tilewes, creio que será capaz de executar o plano – mencionou irmã Goreth. – Eu já fiz uma parte do que deveria para ajudá-los em sua vingança. Agora, devem me ajudar na minha.

Os três, em voz baixa, para evitar que Giovanna ouvisse, planejaram como fariam a freira iniciar a vingança contra sua inimiga, eliminando-a de seu caminho. Passados 25 minutos, deixaram o apartamento. Elton trancou a porta, porque Giovanna possuía uma cópia da chave. Ela viveria ali até ter cumprido sua parte nos planos do grupo.

⚬⚭ ⚭⚬

No sábado, às nove horas, durante a reunião da mocidade espírita, Derek, considerado pelos membros a pessoa mais preparada para o cargo, foi eleito presidente do grupo. Sua primeira ação como presidente foi convidar os jovens para fazer trabalhos voluntários no Orfanato Menino Jesus. Assim, todos puderam conhecer a obra social desenvolvida por madre Felícia.

⚬⚭ ⚭⚬

Um pouco antes das dezesseis horas, o celular de Derek tocou. Após atender a ligação, disse para Alisson e Lucy:

– Mirella não consegue achar o endereço e me pediu que fosse encontrá-la. Ela não está muito longe daqui. Fiquem à vontade, que não demorarei.

Quinze minutos depois, voltou à mansão acompanhado por Mirella. Conduziu-a à sala de estar, e Alex, que estava na residência, exclamou ao vê-la:

– Miragem! Alucinação! Sonho! Uma mulher tão linda não pode existir.

– Existe, e é minha colega do curso de Direito. É o membro do grupo de acadêmicos superdotados que faltava chegar – falou Derek, que, conduzindo-a até o tio, fez as apresentações.

– Encantada em conhecê-lo. Derek fala muito bem do senhor – disse Mirella.

– Eu que estou encantado em conhecê-la. Derek tece muitos elogios à sua pessoa – falou Fabrício. – Seja bem-vinda à nossa residência!

Derek a apresentou a Alex e seus irmãos, e também aos membros do grupo escolar deles, que se encontravam na mansão.

– Você é a guria que ficou em segundo lugar no concurso de redação que o Derek venceu? – perguntou Nilson.

Roberto Diógenes ditado por Sulamita | 229

– Sou eu mesma.

– Você já era linda, mas agora está muito mais linda. Um mulherão! – exclamou David.

– Pensei que a única mulher que achasse linda fosse eu, sua namorada – falou Giovanna, enciumada.

David a abraçou dizendo que ela também era linda. Derek pediu a Mirella que se sentasse e perguntou se ela aceitava um suco ou uma água. Ela aceitou a água. Ele foi à cozinha e retornou com uma bandeja com um copo de água, entregando-o à garota. Giselle fixou o olhar em Derek e disse:

– Derek, eu e o meu grupo viemos à sua procura para lhe solicitar que, em nome de seu bondoso coração, exerça o "Fora da caridade não há salvação" ao nos socorrer na resolução de um problema de Física, pois o Daniel, que é o mais inteligente da turma, não está conseguindo resolvê-lo. Por favor, auxilie-nos, porque a prova de Física vai ser dificílima.

– Derek, meu grupo veio lhe pedir o mesmo favor sobre a resolução do problema que o professor de Física nos entregou – disse Giovanna. – David falou que você é superdotado e tem facilidade em todas as disciplinas. O professor entregou problemas diferentes, para evitar que um grupo copie a resposta do outro.

Ficando em pé, ela se dirigiu a ele, olhando-o dentro dos olhos ao solicitar:

– Por favor, nos ajude na resolução de nosso problema e, na segunda-feira à noite, nos dê uma aula particular, pois a prova será na terça-feira. Você nos ajuda?

– Eu tenho um trabalho da universidade para fazer com os meus amigos e, assim que o concluir, juntarei-me aos dois grupos e os ajudarei.

– Derek, você e seus amigos são superdotados, e eu fiquei sabendo que superdotados são loucos por desafios – disse Alex. – Desafio os quatro, antes de se envolverem no trabalho acadêmico, a resolverem os dois problemas de Física. Quem o resolver em menor tempo será apontado como o mais inteligente dos quatro. Aceitam o desafio?

– Eu topo – falou Alisson.

230 | Órfãos do amor

Lucy olhou para Mirella e, juntas, disseram aceitar o desafio. Derek também o aceitou.

Alex pediu que Giselle e Giovanna fizessem quatro cópias do problema do grupo delas. As duas fizeram as cópias e entregaram para ele, que solicitou aos superdotados irem para a sala de estudos e se sentarem distante um do outro, enquanto ele e Fabrício monitorariam o tempo. Como a sala de estudos não comportava os membros dos dois grupos, Alex lhes pediu que ficassem na sala de estar, aguardando o final da resolução dos problemas.

Na sala de estudos, Alex entregou os problemas para os superdotados. Fabrício ligou o cronômetro do celular e informou que poderiam iniciar. Passados poucos minutos, foram entregando suas respostas e Fabrício, anotando o tempo que tinham levado. Retornaram para a sala de estar e, ao se reunirem com os outros, Alex e Fabrício consultaram as respostas e o primeiro falou:

– Os quatros encontraram as mesmas respostas para os dois problemas, o que indica que as resoluções estão corretas. Lucy venceu o desafio porque as resolveu no menor tempo.

– Quando cursei o Ensino Médio, nunca tive dificuldades nas disciplinas de Física, Química e Matemática – falou Lucy. – Se os dois grupos desejarem, poderei me juntar a Derek, na segunda-feira, para auxiliá-los na aula particular que ele vai ministrar.

– Nosso grupo quer sua ajuda – disse Giselle. – Obrigada por terem resolvido o problema para nós. Quem me dera ter reencarnado superdotada, mas, como não reencarnei assim, terei de me dedicar aos estudos para a prova se quiser tirar uma boa nota.

– O meu grupo também aceitará a ajuda de Lucy na aula particular – falou Giovanna.

Combinaram o horário da aula. Giselle e os membros de seu grupo despediram-se de Daniel e dos demais, e a jovem pediu que Alex a levasse, e aos outros três membros de seu grupo, a sua residência. Quando partiram, David virou-se para o tio e disse:

– Tio Fabrício, meu grupo já realizou o que tínhamos combinado, que era a resolução do problema de Física. Como ainda é cedo, o senhor me permite ir ao cinema com minha namorada, Nilson e a namorada dele?

– Permissão negada, pois na próxima terça-feira você e o Daniel terão uma prova dificílima de Física. Todos vocês deverão se dedicar aos estudos para conseguirem uma boa nota – falou Fabrício.

– Nós iremos estudar na segunda-feira com o Derek e a amiga dele, e hoje eu...

– Estudará no seu quarto, e o Daniel no dele, porque Derek e os amigos usarão a sala de estudos para realizar o trabalho acadêmico – disse Fabrício, interrompendo-o. – Assunto encerrado.

David o fixou com o olhar, demonstrando ter ficado chateado com a negativa. O interfone foi acionado, e Anita informou ao patrão que eram os Kassiel que ali estavam. Entrando na residência, Denise e os pais cumprimentaram Fabrício e os sobrinhos. Derek os apresentou aos seus amigos. David apresentou a namorada, Nilson e Meire.

– Derek, vim convidá-lo para ministrar uma palestra pública sobre "Perda de pessoas amadas e mortes prematuras" na quinta-feira – convidou Alfredo. – Os jovens da mocidade espírita me disseram que você faz ótimos comentários sobre os temas presentes em *O Evangelho segundo o Espiritismo*, o que me leva a crer que está preparado para ministrar a palestra.

– Eu nunca ministrei nenhuma palestra e não sei se estou preparado para falar em público sobre esse tema – disse Derek.

– Você é um bom conhecedor do espiritismo, não é tímido e tem uma ótima dicção – falou Alfredo. – Hoje é domingo e, até quinta-feira, terá um bom tempo para preparar a palestra. Estou contando com você, pois não tenho outro palestrante para esse dia.

– Se o senhor está contando comigo, aceitarei o convite – disse Derek, pedindo permissão ao tio e recebendo autorização para ministrar a palestra.

Alfredo agradeceu e logo se despediu juntamente com a família. Derek convidou os irmãos para assistirem à palestra. Daniel sussurrou em seu ouvido que iria. David falou que não iria porque era ateu e não gostava de ouvir besteiras sobre religião.

– Você deverá ir à palestra para prestigiar seu irmão durante esse momento importante na vida dele – falou Giovanna. – Eu irei à palestra para ouvir o que Derek falará sobre o tema.

– Se minha namorada irá, eu também irei – proferiu David.

Nilson e Meire disseram que não iriam, porque não eram religiosos. Derek convidou os amigos universitários.

– Sou evangélico, mas já li algo sobre o espiritismo e acho interessante a filosofia dessa religião – disse Alisson. – Irei à palestra.

– Eu e meus familiares iremos. Somos espíritas – falou Lucy.

Mirella perguntou o endereço da Casa Espírita e disse:

– Que pena! Moro muito distante desse bairro e, como sua palestra será à noite, não poderei comparecer, pois ficará muito tarde para eu retornar à minha residência. Meus pais não permitirão que eu ande sozinha à noite.

– Eu faço questão de sua presença – disse Derek. – Assim que terminar a palestra, pedirei ao Fred que a leve em casa. – Virou-se para o tio. – O senhor concede a permissão para o Fred conduzir Mirella à residência dela?

– Tem a minha permissão – falou Fabrício, percebendo o interesse do sobrinho pela garota.

– Obrigado! O senhor é um bom tio e também está convidado, pois, embora seja um ateu declarado, creio que o tema poderá interessá-lo. Além disso, sendo um bom crítico, haverá de tecer comentários positivos ou negativos que me ajudarão bastante.

– Quanto tempo de duração? – perguntou Fabrício.

– Quarenta e cinco minutos. Fundamentarei a palestra no que *O Evangelho segundo o Espiritismo* aborda sobre o tema, em um romance espírita que li e nos exemplos que já vivenciei.

– Você é muito inteligente e racional, o que me leva a crer que não falará nada tolo e entediante. Irei assisti-lo.

– Agradeço por ter aceitado o convite – falou Derek.

– Tio Fabrício, na quinta-feira, eu irei assistir à palestra do Derek, mas hoje gostaria de ir ao cinema com minha namorada e meus amigos. Amanhã, estudarei durante toda a tarde e à noite para a prova de Física – disse David.

Roberto Diógenes ditado por Sulamita | 233

– Esse assunto tinha se encerrado antes de os Kassiel chegarem à mansão e não irei retomá-lo. Você e o Daniel já estão sabendo o que deverão fazer nesta tarde – disse Fabrício. – Despeça-se de seus amigos, leve-os até o portão e vá para seu quarto estudar para a prova de Física. O Daniel fará o mesmo.

Rapidamente, Daniel foi para seu quarto. David cravou um olhar raivoso no tio e disse:

– Se fosse o Derek que tivesse pedido permissão para ir a qualquer lugar, o senhor teria autorizado, mas, como não sou o sobrinho preferido, está sempre negando o que peço.

– Já lhe disse que não tenho sobrinho preferido e nunca mais quero ouvir você mencionar tal coisa. Se o fizer, se arrependerá – falou Fabrício.

– Alisson, Mirella, Lucy, vamos para a sala de estudos. O trabalho do Projeto de Pesquisa nos aguarda – convidou Derek, e os três o acompanharam.

David chamou os amigos para irem à garagem. Nilson e Meire disseram que iriam passear no shopping, uma vez que David não poderia ir com eles e a namorada ao cinema. Giovanna falou que acompanharia os amigos ao shopping.

Os três foram embora, e David entrou na mansão. Ao passar pela sala de estar, não encontrou o tio e foi para o quarto decidido a não estudar coisa nenhuma.

234 | Órfãos do amor

Capítulo 18

SINTOMAS

Os superdotados se dedicaram ao trabalho do Projeto de Pesquisa Científica e, quando o concluíram, Derek os convidou para lanchar. Na copa, após Nair servir o lanche, Derek convidou o tio e os irmãos para se juntarem a eles. Enquanto lanchavam, conversaram sobre a palestra que o rapazinho ministraria. Assim que Daniel sussurrou algo ao ouvido de Derek, Alisson encarou o amigo e perguntou:

– Por que Daniel está sempre sussurrando ao seu ouvido?

– Ele é muito tímido, desde criança, e raramente se pronuncia em voz alta. É um ótimo irmão e gostaria de ajudá-lo a vencer a timidez, mas ele nunca quis fazer tratamento psicológico, porque não consegue ficar sozinho no consultório em companhia de uma pessoa estranha.

– Interessante! Eu vou ser psicólogo e, como seu amigo, não serei estranho ao Daniel. Se ele desejar, poderei usar o que já aprendi para ajudá-lo a vencer a timidez. Nada cobrarei por conversar com ele – falou Alisson.

– Excelente ideia! – exclamou Derek. – Daniel, você está de acordo com a proposta do Alisson?

Roberto Diógenes ditado por Sulamita | 235

Daniel sussurrou em seu ouvido e Derek, virando-se para o tio, falou:

– Tio Fabrício, o Daniel aceita o que o Alisson propôs. O senhor concede permissão para que essas conversas ocorram aqui?

– Permissão concedida, porque o Daniel já tem quinze anos e está na hora de vencer a timidez – disse Fabrício.

Continuaram com o lanche e, ao concluí-lo, já havia anoitecido. Lucy telefonou para sua residência e o irmão ficou de ir buscá-la. Alisson lhe pediu uma carona.

– Quando meu irmão chegar, você irá conosco. Mirella, também quer uma carona?

– Obrigada. Eu moro distante do bairro de vocês e irei de coletivo – disse a garota, não desejando que os amigos descobrissem sua humilde residência.

– Tio Fabrício, o senhor, sendo um homem cavalheiro e gentil com as mulheres, pode ofertar uma carona a Mirella?

– Derek, não precisa incomodar seu tio com o pedido de carona. Eu irei de coletivo, pois já me acostumei a circular pela cidade em diferentes horários – disse a garota.

– Combinado. Eu e Derek a levaremos até sua residência – falou Fabrício. – E não aceitaremos uma resposta negativa.

Derek perguntou em qual bairro a jovem morava e, ao ficar ciente, disse:

– É o mesmo lugar onde residem os pais de Anita, Fred e a mãe dele. Poderemos aproveitar a viagem e levar a Nair também.

Fabrício concordou, e Derek foi à cozinha informar à mulher, que rapidamente lavou a louça do lanche e se preparou para acompanhá-los. Passados alguns minutos, o irmão de Lucy chegou. Ela e Alisson partiram com ele.

Derek, Nair e Mirella entraram no carro de Fabrício, que, meia hora depois, estacionou em frente à casa dos pais de Anita. Nair agradeceu pela carona e entrou em casa. Fabrício percorreu cinco ruas e estacionou na frente de uma casa que Mirella indicou ser sua residência. Uma mulher de 38 anos, de estatura mediana, cabelos castanho-escuros e olhos verde-escuros a esperava no portão.

236 | Órfãos do amor

Os três saíram do veículo, e a mulher, ao ver a filha, disse:

– Mirella, graças a Deus que você chegou! Estava preocupada. Não achei que fosse demorar tanto.

– Antes de iniciarmos o trabalho, estivemos envolvidos em um desafio que ocupou parte do nosso tempo – falou a filha. – Mãe, estes são o Derek e o senhor Fabrício, tio dele. Eles me ofereceram carona e sou grata por isso. – Olhou para Derek. – Esta é Noralice, minha mãe.

– É um prazer conhecê-la, dona Noralice!

– O prazer é todo meu. Minha filha fala muito bem de você – disse a mulher, que, em seguida, cumprimentou Fabrício. – Obrigada por terem trazido a Mirella. Como recompensa, entrem e tomem um cafezinho. Acabei de prepará-lo.

– Mãe, eles moram longe e estão com pressa – falou Mirella, na esperança de não aceitarem o café e Derek não descobrir o quanto sua casa era simples.

– Se tio Fabrício aceitar o café, eu também aceitarei – falou o rapazinho.

– Aceitaremos o café – concordou Fabrício.

Entraram na residência. Um homem que estava sentado no sofá se levantou.

– Este é Wilton, meu pai. E estes são Derek e seu tio, o senhor Fabrício – Mirella apresentou.

Wilton, um homem de quarenta anos, alto, de cabelos negros e olhos azuis, cumprimentou-os. Derek notou que a filha havia herdado a beleza física do pai. Eles se sentaram no sofá, e No-ralice foi buscar o café. Depois de servi-lo, sentou-se próximo ao esposo dizendo:

– Mudamos de Bagé para Porto Alegre assim que a Mirella foi aprovada no vestibular, pois não iríamos deixá-la viver sozinha na capital. Vendemos nossa casa e o dinheiro só deu para comprar este imóvel. Desde que aqui chegamos, eu e meu esposo estamos procurando emprego, mas está muito difícil.

– Mãe, isso não é algo a se dizer para quem nos visita pela primeira vez – ralhou Mirella.

– Não tem nenhum problema sua mãe dizer o que a anda preocupando – disse Derek, que, virando-se para o tio, perguntou:

Roberto Diógenes ditado por Sulamita | 237

– Tio Fabrício, o senhor trabalha em um hospital e em um laboratório farmacêutico. Haveria a possibilidade de ajudar os pais da Mirella a conseguirem um emprego?

– Não viemos aqui para ajudar pobres, que não têm sorte na vida, a encontrar emprego. Mas, como você se comove com a situação ruim das pessoas, e por ser um bom sobrinho, verei o que posso fazer. Qual é a profissão de vocês?

– Sou auxiliar administrativo, motorista e almoxarife – respondeu Wilton, ignorando o comentário preconceituoso daquele homem.

– Sou telefonista, recepcionista e caixa – disse Noralice. – Trabalho no emprego que me ofertarem.

Fabrício retirou a carteira do bolso e, pegando um cartão, entregou-o a Wilton.

– Na segunda-feira, às oito horas, compareçam ao laboratório farmacêutico cujo endereço está no cartão. Levem seus documentos pessoais e a Carteira de Trabalho, que serão contratados.

– Derek, foi Deus que colocou você no caminho de nossa filha – falou Noralice. – Obrigada por ter intercedido junto ao seu tio em nosso favor.

– Também agradeço – disse Wilton.

Fabrício colocou a xícara na bandeja e levantou-se.

– Vamos embora, Derek, antes que nos peçam mais alguma coisa – disse, e seguiu para o carro.

– Desculpem os modos do tio Fabrício. Às vezes, ele não é muito gentil em suas palavras, mas é uma boa pessoa – amenizou Derek, colocando a xícara na bandeja. – Dona Noralice, grato pelo café que nos ofereceu. Em minhas preces, pedirei para Deus abençoá-los quando iniciarem suas atividades profissionais. Na quinta-feira à noite, eu ministrarei uma palestra em uma Casa Espírita e convido a senhora e o senhor Wilton para assistirem. Já repassei o endereço para a Mirella e, quando a palestra terminar, um amigo os trará em casa.

– Minha família comparecerá à palestra – disse Wilton.

– Agradeço a oração que fará por nós. Você é um bom rapaz! – exclamou Noralice.

Derek se despediu e dirigiu-se à saída. Mirella o acompanhou e, antes de o jovem cruzar o portão, ela o abraçou, beijou-lhe a face e agradeceu:

– Obrigada pela carona e por ajudar meus pais!

– Nada tem a agradecer. Quando precisar de mim, não hesite em me procurar.

Depois que Fabrício colocou o carro em movimento, disse a Derek:

– Ela está "caidinha" por você, e você por ela. Por que não a pede em namoro?

– Tio, não sei se ela está "caidinha" por mim. Hoje foi a primeira vez que beijou minha face. No dia em que ela admitir que gosta de mim, também lhe direi o mesmo e farei o pedido de namoro.

– Você é inexperiente em relação às mulheres, por isso ainda não percebeu o interesse dela em você. Mas eu observei esse interesse desde que ela chegou lá em casa – disse Fabrício. – Faça o pedido de namoro porque, linda como ela é, não ficará solteira por muito tempo. Se fizer o pedido e ela aceitar, terá minha permissão para o namoro.

– Fico feliz em saber que aprovará o nosso namoro. Mas só farei o pedido quando tiver certeza de que ela gosta de mim – insistiu Derek. – Muito obrigado por ter trazido a Mirella. E obrigado também por ajudar os pais dela. O senhor é um bom tio e sinto orgulho em ser seu sobrinho.

– Não sou um bom tio, e o David vive me dizendo isso. Mas você é um bom sobrinho, que sempre foi caridoso, educado e gentil comigo. Hoje, fiz esses favores porque percebi seu interesse pela garota. Daqui para frente, não precisa pedir permissão para dar futuras caronas a Mirella. Apenas me comunique, para eu saber onde Fred está.

– Obrigado pela permissão antecipada! É a primeira vez que o senhor está tendo uma boa conversa comigo e me tratando como um pai trataria um filho, e...

– Mas não se empolgue – interrompeu Fabrício. – Não sei se voltarei a lhe oferecer esse tratamento. Você e seus irmãos não são meus verdadeiros familiares por não terem o sangue dos

Roberto Diógenes ditado por Sulamita | 239

Tilewes. Apenas achei que, se seus irmãos já estão namorando, você também deveria fazê-lo. Meu desejo é que namorem boas moças, que se casem e vão embora de minha mansão – disse, silenciando-se a seguir.

"Pensei que o tio Fabrício estivesse mudando, mas, pelo visto, tornar-se um bom tio é algo que ainda demorará muito. Porém devo permanecer sendo educado, gentil e atencioso com ele e fazendo tudo para vê-lo feliz. Não vou perder a esperança", pensou Derek.

Ao chegarem à Mansão Tilewes, Fabrício estacionou o carro, e os dois desembarcaram. Assim que ele fechou a porta do motorista, sentiu vertigem e uma forte cefaleia. Levou a mão direita à cabeça e usou a esquerda para se apoiar no carro.

Derek, que o estava observando, correu até ele e perguntou:

– O senhor está bem?

– Devo ter comido algo que me fez mal – o tio respondeu. – Tive a sensação de que ia desmaiar.

Fabrício estava pálido. Derek o envolveu com o braço esquerdo e, embora o tio relutasse, pediu-lhe que se apoiasse em seu ombro, conduziu-o até a sala e o ajudou a se sentar no sofá.

– Vou buscar sua maleta de primeiros socorros – o sobrinho disse. – Além dela, o senhor quer que eu pegue outra coisa?

– Não preciso da maleta, mas próximo dela estão alguns medicamentos. Traga um analgésico e um pouco de água – pediu Fabrício, que, voltando a sentir vertigem, deitou-se no sofá.

Derek retornou com o analgésico e um copo com água, na qual Fabrício dissolveu algumas gotas do medicamento, ingerindo depois o líquido.

– Vou ficar aqui para ajudá-lo a subir a escada quando o senhor for para o seu quarto – falou Derek.

– Não será preciso. Não estou tão fraco assim.

– Eu sei, mas eu faço questão de ajudá-lo. Embora o senhor não me considere seu verdadeiro familiar, eu o considero e tudo farei para auxiliá-lo a se livrar dessa indisposição.

Fabrício gostou do que ouviu e, passados cinco minutos, permitiu que o sobrinho o ajudasse a ir para o quarto. Ao vê-lo deitado, Derek tirou-lhe os tênis, desejou-lhe melhoras e se ausentou.

"Estranho! Ultimamente essas cefaleias têm me acometido, mas cedem quando tomo algum medicamento. Se persistirem, farei uns exames para tentar descobrir a causa", pensou Fabrício, enrolando-se no cobertor e adormecendo em pouco tempo.

Derek, após duas horas, foi até o quarto do tio e, encontrando-o dormindo, levou a mão à sua testa. Ao constatar que ele não estava com febre, fez uma prece e foi para o seu quarto.

꙰ஐ꙰ ஐ꙰ஐ

No dia seguinte, Fabrício despertou e a cefaleia havia desaparecido, mas, às quinze horas, ela retornou. Na segunda-feira, ele sentiu fadiga e, à noite, ao experimentar forte náusea, começou a desconfiar dos sintomas e a associá-los a determinada doença, que só os exames poderiam comprovar.

Na terça-feira, não sentiu nada, mas, na quarta-feira, assim que despertou e usou o vaso sanitário, observou em sua urina uma espuma que demorou a se desfazer. À noite, antes de se deitar, novamente ao usar o vaso sanitário, notou uma pequena quantidade de sangue misturada à urina.

"Esse sangue, associado aos sintomas que nos últimos dias me acometeram, levam a pensar em grave enfermidade. Amanhã farei os exames e, se comprovarem a doença, vou iniciar o tratamento", pensou.

Seus pais, Marcello, Georg e Edwiges estavam no quarto observando-o. Flaviana virou-se para Edwiges e disse:

– Graças a Deus, Fabrício decidiu fazer os exames. Por que ele não adoeceu quando eu, Gilson e Marcello ainda estávamos ao seu lado? Sendo médicos, nós poderíamos ajudá-lo.

– Antes de reencarnar, Fabrício ficou sabendo que ele e seus familiares seriam médicos e foi informado de que a família regressaria ao mundo espiritual antes dele – falou Edwiges. – A prova que ele solicitou à nova existência física foi que a doença se manifestasse após o desencarne dos familiares.

– Por que ele escolheu tal prova? – indagou Gilson.

Edwiges olhou para Georg. Flaviana, Gilson e Marcello também olharam para ele, aguardando que respondesse.

– Ele solicitou tal prova para poder se harmonizar com sua consciência – disse Georg. – Fabrício só enfrentará a doença sozinho se assim o desejar. Os trigêmeos são seus familiares, e Derek estará sempre próximo a ele, estendendo-lhe as mãos caridosas.

Capítulo 19

A PALESTRA

O salão da Casa Espírita estava lotado. Fabrício, Daniel, David, os Kassiel, os Rudefin, Nicholas, a esposa e Giovanna estavam sentados na primeira fileira. Madre Felícia e duas religiosas do Orfanato Menino Jesus, Anita e seus pais, Fred e Nair, Mirella e os pais, Alisson, Lívia, Lucy e familiares estavam na segunda fileira.

Invisíveis aos encarnados, sentados em cadeiras que tinham sido plasmadas pelo mentor espiritual do Centro, estavam: esse mentor, espíritos que auxiliavam a casa, Georg e Edwiges, Eunice, Marcello e seus pais. Pouco distante deles encontravam-se Wesley, pai biológico dos trigêmeos, e outros espíritos que tinham sido convidados por Georg para assistirem à palestra.

Alfredo se aproximou de um microfone e, após cumprimentar os presentes, fez a prece inicial. Assim que a finalizou, disse:

– O palestrante desta noite é um jovem estimado por todos desta Casa Espírita. Conheci-o quando tinha seis anos e, conversando com ele, descobri ser uma pessoa abençoada por Deus e assessorada pelos bons espíritos. Atualmente é o presidente da nossa mocidade espírita; um jovem portador de nobilíssimo coração e grande conhecedor da Doutrina Espírita. –

Roberto Diógenes ditado por Sulamita | 243

Apontou para o palestrante. – Vamos receber com uma salva de palmas o palestrante Derek Tilewes.

Palmas soaram, e Derek, dirigindo-se ao microfone, posicionou-o próximo aos lábios e cumprimentou os presentes.

– O tema da palestra está presente no item 21, capítulo 5, de *O Evangelho segundo o Espiritismo*, denominado "Perdas de pessoas amadas e mortes prematuras". O tema nos faz recordar familiares e amigos desencarnados. Certamente alguns dos presentes já testemunharam a partida para o mundo dos espíritos dessas pessoas que nos são especiais e queridas. Vamos fechar nossos olhos e nos recordar dos momentos felizes vivenciados na companhia dessas pessoas – pediu, fechando seus olhos, e todos o imitaram.

Uma música clássica foi ouvida por todos.

"Por que fechei meus olhos, se considero uma bobagem ficar recordando de quem já morreu?", indagou-se Fabrício. Mas a música e o ambiente silencioso foram propícios para fazê-lo recordar os momentos alegres desfrutados ao lado dos pais e do irmão, pessoas queridas que o amavam e só queriam o seu bem. Seus olhos ficaram marejados, e ele rapidamente usou os dedos para secá-los.

– Podem abrir os olhos – pediu Derek. – Se recordamos momentos felizes vivenciados ao lado das pessoas amadas, que hoje estão no plano espiritual, é porque elas permanecem vivas em nossos corações e, estando vivas, nunca as perderemos. O nosso amor as conservará. Vivas, essas pessoas estão no mundo dos espíritos, de onde continuam nos amando e recordando os momentos felizes desfrutados em nossa companhia, da mesma forma que delas nos lembramos. A recordação nos proporciona bem-estar, porque nos faz lembrar que fomos capazes de deixar outros interesses de lado para dedicar-lhes nosso tempo e atenção, sendo felizes em sua companhia. Esses momentos felizes nos dão a certeza de que nunca as perderemos e que, mesmo invisíveis aos olhos materiais, elas continuam vivas em nosso coração, e nós no coração delas.

– Que linda explicação! Fiquei emocionada! – exclamou uma senhora ao se recordar da falecida mãe.

Derek abriu *O Evangelho segundo o Espiritismo* e leu o item sobre "Perda de pessoas amadas e mortes prematuras". Georg se aproximou, começando a sussurrar em seu ouvido, e o rapazinho perguntou:

– De acordo com a leitura, por que será que algumas pessoas, mediante o desencarne de alguém jovem de sua família, pensam que Deus é injusto por levar um jovem e deixar os mais velhos encarnados? O autor espiritual da mensagem esclarece que, em vez de reclamar da partida dos mais jovens, deveríamos ficar alegres por eles terem sido privados de viver em um vale de miséria, sujeitos às tentações da matéria. Esses jovens, agora em corpos espirituais, continuam próximos de seus entes queridos. É a revolta dos familiares que os faz sofrerem no mundo dos espíritos, porque revelam assim falta de fé e revolta contra a vontade de Deus.

Derek fez uma pausa para respirar, e Georg colocou as mãos em seus ouvidos, neles assoprando e pedindo que Deus abençoasse seu pupilo com o despertar de sua mediunidade de audição para, por meio dela, continuar praticando o "Fora da caridade não há salvação". Afastou-se dele e, aproximando-se dos outros espíritos, sentou-se. Derek nem desconfiou ter repetido na íntegra o que seu mentor espiritual lhe sussurrara.

– São belos e interessantes os apontamentos do espírito Sanson, autor desta mensagem. Ao serem colocados em prática, esses ensinamentos aliviarão boa parte da dor que sentimos com a partida das pessoas amadas. Mas o que fazer para aliviar a outra parte da dor? A parte que causa sofrimento aos pais que sepultaram o corpo de um filho? – Fez nova pausa e, olhando para todos, disse: – Eles experimentam essa dor porque a partida os transformou em órfãos do amor filial. O amor que um filho oferta aos pais é precioso e abençoado por Deus. O equívoco de pensar que não contam mais com esse amor é o que lhes traz a sensação de que a ferida deixada pela ausência nunca cicatrizará. Tal sensação é causada também por não saberem como o filho está vivendo no mundo dos espíritos; por achar que está desprotegido e infeliz.

Os pais que tinham experimentado essa dor se emocionaram e fixaram o olhar no palestrante, não querendo perder nenhuma palavra que ele voltasse a proferir.

– O sofrimento seria debelado se esses pais lessem *Relato de uma Católica*[1]. – Derek ergueu o livro. – Lendo a obra do espírito Jaqueline, descobririam que ela desencarnou jovem e saberiam o que está vivendo no plano espiritual, mostrando que ninguém morre; que a vida continua ativa depois da morte física. Na cidade espiritual que a acolheu, Jaqueline pensa nos pais, sente saudades e reza em intenção deles, visitando-os quando tem permissão para fazê-lo. E, por meio dessas visitas, mesmo não a vendo, os pais sentem alívio à dor de se encontrarem órfãos do amor filial. Sentir esse tipo de alívio é bem melhor do que ficar padecendo, achando ter perdido a pessoa amada. Grande engano, pois não se perde o que é eterno.

Muitos dos presentes anotaram o nome do livro para depois adquiri-lo.

– Filhos, ao sepultarem os corpos dos pais, sofrem com a dor da partida dessas pessoas amadas, porque se sentem órfãos do amor paterno – prosseguiu Derek. – O sofrimento é maior quando são crianças e percebem que ficaram sozinhas no mundo, sem ninguém que as amará, que se importará com elas e lhes estenderá as mãos. Esse sofrimento é doloroso, pois nenhuma outra pessoa conseguirá substituir o amor puro e singelo que os pais lhes ofertavam. Ter consciência disso faz lágrimas jorrarem dos olhos, porque a perda das pessoas amadas provoca uma dor que nenhum remédio alivia. – Uma lágrima desceu pela face do próprio palestrante ao se recordar de, tão cedo, ter sepultado os corpos dos pais biológicos e o do pai adotivo. Usou os dedos da mão direita para enxugá-la.

Os presentes que conheciam sua história e a de seus irmãos se comoveram. Eunice e Marcello tinham os olhos marejados ao imaginar o quanto o desencarne deles fora doloroso aos trigêmeos.

– Quando são adultos, os filhos também sofrem com a partida dos pais para o mundo dos espíritos, porque, semelhantes às

---

[1] Obra ditada pelo espírito Jaqueline e psicografada por Roberto Diógenes. (Nota da autora espiritual.)

crianças, sentem-se órfãos do amor paterno. É um sofrimento doloroso, porque a dor machuca a alma ao se dar conta de que nenhum remédio a aliviará – continuou Derek. – A dor se intensifica porque, ao transitar pela casa onde viveram felizes na companhia das pessoas amadas, haverão de encontrá-la vazia. Nesses momentos, a recordação da partida intensifica a dor e faz aumentar o sentimento de perda.

Fabrício não impediu que uma lágrima descesse pela face quando, fixando o olhar no sobrinho, teve a sensação de que este lera em seu coração a falta que os genitores lhe faziam.

– Os filhos, que sofrem por se sentirem órfãos do amor paterno, encontrarão alívio para essa orfandade quando recordarem que o amor é eterno e que a pessoa amada continua "viva"; que o amor segue existindo em qualquer plano da vida. A recordação os fará pensar nos momentos felizes desfrutados na companhia dos entes que se foram, porque são esses momentos que os farão continuarem vivos em seus corações, recebendo e transmitindo amor. Sendo eterno esse amor, assim como o espírito o é, as pessoas amadas, ao sentirem saudades dos familiares, semelhantemente ao espírito Jaqueline, os visitarão. Nessas visitas, amarão e se sentirão amadas, aliviando o sentimento negativo imposto pela sensação de perda.

Mais uma breve pausa e prosseguiu:

– Eu acredito nesse alívio, porque, no espiritismo, descobri que ninguém morre. Desde essa descoberta, não mais sofri a perda das pessoas amadas, nem me senti órfão do amor paterno, porque meus pais, Eunice e Wesley, o papai Marcello e meus avós Gilson e Flaviana continuam me visitando e me amando, pois o amor que nutrem por mim é eterno, como eterno é o que sinto por eles. Isso conforta o meu coração e me dá a certeza de que voltaremos a nos encontrar um dia. Que Deus e os bons espíritos nos inspirem a recordar os apontamentos que o espírito Sanson indicou em *O Evangelho segundo o Espiritismo*, no tema "Perdas de pessoas amadas e mortes prematuras", e nos inspirem a recordar também os momentos felizes vivenciados ao lado das pessoas amadas, sem a pesarosa e equivocada impressão de que as perdemos, mas sim com a certeza de que estão próximas a nós, amando-nos e sendo amadas em todos os momentos de nossa vida. Que assim seja!

– Assim seja! – exclamou a maioria dos presentes.

Todos se levantaram e aplaudiram de pé. Marcello saiu correndo e, aproximando-se de Derek, beijou-lhe a fronte, exclamando:

– Filho, sua palestra me emocionou! Você tem o dom da oratória!

Derek olhou à sua direita e à esquerda, surpreso por ter ouvido a voz do pai adotivo.

Floriano, um espírito de 39 anos, alto e forte, de cabelos loiros e olhos azuis, que estava em companhia de Wesley, comentou:

– Seu filho fala bonito. O que ele disse não foram bobagens, como eu acreditava que iríamos ouvir quando o espírito de luz – apontou para Georg – nos convidou para assistir à palestra. Eu me emocionei com o que seu filho disse, porque recordei do meu tempo de encarnado e das pessoas amadas que morreram antes de mim. Com quem seu filho aprendeu a falar tão bonito?

– Chefe, Derek era muito inteligente desde gurizinho e dizia coisas que faziam a gente ficar refletindo. Ao ficar órfão e ser adotado por aquele ali – apontou para Marcello –, que o trouxe a esta Casa Espírita, deve ter aprendido sobre essas coisas bonitas – disse Wesley, um espírito de 28 anos, alto, de cabelos castanhos e olhos cor de mel.

Derek voltou a ficar surpreso ao ouvir o que o pai biológico e o outro espírito haviam dito. Virou-se e não os avistou, pois sua mediunidade era apenas de audição. Alfredo se aproximou dele e o parabenizou, dizendo ter se saído muito bem em sua primeira palestra. Os irmãos o abraçaram, comentando que suas palavras os tinham feito se lembrarem dos pais e sentirem saudades deles. O tio o parabenizou sem nada mencionar.

Giovanna abraçou Derek, dizendo que o que ele havia falado fora muito bonito e a fizera verter lágrimas ao se recordar da falecida avó. Anita e os pais, Fred e Nair, Denise e a mãe, os Rudefin, Nicholas e Elise também o parabenizaram, dizendo nunca terem ouvido uma palestra tão edificante.

Lívia, Alisson, Lucy e os pais, além de Mirella e seus genitores, agradeceram por terem sido convidados para assistirem à palestra e o parabenizaram por saber se expressar sobre um tema que fizera mudar o modo còmo encaravam a partida de pessoas amadas. Outras pessoas também se aproximaram e elogiaram o palestrante.

– Wesley, se seu filho usar o dom da oratória para ganhar dinheiro, ficará rico – disse Floriano.

Ele havia desencarnado há 32 anos, revoltando-se com o modo como o desencarne acontecera. Depois de quatro anos servindo a espíritos malignos, adquirira com eles alguns conhecimentos espirituais, utilizando-os para se vingar dos encarnados que o haviam prejudicado. Recrutara outros espíritos que queriam se vingar de seus desafetos e os liderava, ajudando-os a se vingarem dos inimigos.

– Floriano, Derek, além de ter o dom da oratória, pratica o amor, o perdão e a caridade – falou Georg. – Ele estende suas mãos caridosas a todos os que delas necessitam, porque, sendo ciente de que "Fora da caridade não há salvação", e de que o perdão é uma forma de caridade, consegue perdoar àqueles que...

– O meu grupo não veio aqui para escutar você falar sobre perdão e caridade, pois já estamos cansados dessa conversa – disse Floriano, interrompendo-o. – Só viemos porque, como convidado, o Wesley poderia ver Derek e Daniel, uma vez que, devido à sua proteção e a de seus amigos, ele não consegue se aproximar dos dois. Agora ele já testemunhou que os filhos estão bem e que um deles terá um bom futuro se usar a oratória para se dar bem na vida.

Virou-se para Wesley e os outros seis espíritos que comandava, e disse:

– Corram até a saída do salão e volitem para o local onde vivemos, antes que esse aí – apontou para Georg – nos obrigue a ficar ouvindo sermões e depois nos aprisione para nos fazer lavagem cerebral, impedindo que nos vinguemos de todos os malditos que nos devem.

Antes que saíssem correndo, Eunice se aproximou de Wesley e disse:

– Hoje, você testemunhou o quanto seus filhos cresceram e estão bem. São ótimas pessoas que, embora tenham sofrido com a orfandade precoce, seguiram suas vidas e estão se esforçando para serem bons, assim como você foi bondoso quando estava encarnado. Abandone essa vida de "justiceiro" e venha aprender com Georg e Edwiges como voltar a praticar a caridade e o amor ao próximo.

– Não seguirei com você enquanto não tiver me vingado dos três desgraçados que acabaram com a nossa vida, sem nada termos feito contra eles. Éramos pessoas honestas e trabalhadoras, que nos esforçávamos para criar nossos trigêmeos e não merecíamos ser assassinados por aqueles criminosos. Com a ajuda do grupo de Floriano, já me vinguei de um deles, mas, enquanto não destruir a vida dos outros dois, não mudarei minha conduta – disse Wesley, dando as costas e seguindo com Floriano e os outros elementos do grupo.

– Eunice, não fique triste. Um dia, Wesley descobrirá que a vingança não traz felicidade a ninguém. Nesse dia, lamentará seus atos e talvez aceite seguir conosco – disse Georg. – Está na hora de partirmos. – Aproximou-se do mentor espiritual da Casa Espírita, abraçou-o e agradeceu pela acolhida.

Os outros também se despediram do mentor espiritual e, acompanhando Georg, partiram.

ംഗ്ലൈ ഗ്ലൈം

Fred se aproximou de Derek e lhe disse algo. O rapazinho foi até onde estavam Mirella e os pais e falou:

– Fred já levou os familiares dele até seus lares. Agora está à disposição de vocês. Agradeço por terem me honrado com sua presença.

– Obrigada! Iremos com ele – falou Noralice. – Como faço para comprar o livro da Jaqueline, que mencionou em sua palestra?

– Na livraria desta Casa Espírita você o encontrará – disse Derek.

– Comprarei um exemplar – falou a mulher, que, voltando-se para Fabrício, agradeceu-o por ter conseguido o emprego para ela e seu esposo no laboratório farmacêutico.

Como gratidão, convidou ele e os sobrinhos para almoçarem em sua residência em um domingo. Fabrício, David e Daniel declinaram. Derek, com a permissão do tio, aceitou. Noralice, a filha e o esposo se despediram e acompanharam Fred até o estacionamento. Giovanna, beijando David, dirigiu-se a um ponto de táxi.

Derek, seus irmãos e o tio se despediram dos Kassiel e foram para a Mansão Tilewes. Ao chegarem, David e Daniel foram para os respectivos quartos. Fabrício fixou o olhar em Derek e exclamou:

– Sua oratória é perfeita! Obrigado pelo convite para comparecer à palestra. Ela me fez bem, porque descobri que as pessoas amadas, que já partiram, na verdade continuam vivas em meu coração. Parabéns pela brilhante palestra!

– Obrigado por suas palavras de incentivo – agradeceu Derek.

"Se o tio Fabrício, que é tão difícil de agradar, gostou da palestra, é sinal de que me saí bem mesmo", pensou, enquanto seguia para seu quarto.

Capítulo 20

A DOENÇA

Fabrício acordou cedo. Tomou banho e, após se vestir, tomou o café da manhã e partiu para o seu hospital. Ali, mandou a recepcionista entrar em contato com o nefrologista[1] e dizer-lhe que o estava aguardando em seu consultório. Pouco depois, recebeu um homem de cinquenta anos, moreno, de cabelos e olhos negros, que chegou com um envelope e se sentou em frente ao chefe.

– Doutor Luiz, trouxe o resultado dos exames? – perguntou Fabrício.

O médico entregou o envelope. Ele abriu, retirou os exames e os analisou.

– Doutor Fabrício, pelo resultado, o senhor deve ter observado que os sintomas que o acometeram foram originados por insuficiência renal crônica, que já está em estado avançado. Qual é a sua idade?

– Trinta e quatro anos.

– Geralmente, a insuficiência renal costuma se manifestar depois dos trinta anos. Antes de os sintomas serem percebidos,

---

[1] Médico que se especializou nos estudos sobre os rins e nas doenças que acometem esses órgãos. (Nota da autora espiritual.)

252 | Órfãos do amor

é difícil que ela seja diagnosticada. Em muitos casos, quando a doença se manifesta, já se encontra em fase terminal, porque os rins ficam debilitados ao perderem uma porcentagem muito alta de suas funções. Daí o paciente precisar se submeter a hemodiálise[2]. É o seu caso.

– Meus rins já estão tão debilitados, que necessitarei de hemodiálise?

O médico o encarou, olhou para os exames, ficou em silêncio e, por fim, disse:

– Podemos repetir os exames para verificar se os resultados serão os mesmos, embora eu acredite que se repetirão. Sou especialista em estudos sobre os rins há vinte e dois anos, e essa não é a primeira vez que indico hemodiálise a uma pessoa assim que ela descobre possuir insuficiência renal crônica. No seu caso, recomendo a hemodiálise três vezes por semana, uso da medicação que prescreverei e mudança nos hábitos alimentares.

– Repetiremos os exames e, se o diagnóstico se confirmar, iniciaremos a hemodiálise. Faça a prescrição médica, que hoje mesmo providenciarei a aquisição dos medicamentos. – Cravou o olhar no do médico. – Fora o senhor e sua equipe, nenhuma outra pessoa deve ficar ciente da minha doença. Se outro funcionário souber dela, todos de sua equipe serão demitidos.

Dr. Luiz nada mencionou e, pegando o bloco de receitas da mesa do chefe, escreveu o nome dos medicamentos, carimbou e assinou. Entregou para Fabrício, dizendo:

– Se a hemodiálise não surtir o efeito esperado, só lhe restará realizar um transplante renal. A Lista de Espera Nacional para esse transplante é extensa e, quando encontrar um doador, que poderá ser um familiar vivo ou alguém que teve morte cerebral, o rim doado terá que ser compatível.

Por vinte minutos, ele permaneceu no consultório respondendo às perguntas que o novo paciente lhe fazia, informando como a medicação deveria ser usada e como deveria ser a dieta alimentar. Ele e Fabrício deixaram o consultório e foram ao laboratório do

---

[2] Tratamento a que o paciente portador de doença renal crônica se submete para processo de filtração de seu sangue, por meio de equipamento médico adequado. (Nota da autora espiritual.)

hospital. Fabrício se submeteu a novos exames, solicitando urgência em seus resultados. No início da tarde, recebeu-os, e o diagnóstico da doença renal crônica foi confirmado.

Fabrício colocou os exames em uma das gavetas de sua mesa e se dirigiu ao laboratório farmacêutico. Foi para sua sala e discou o ramal do setor de Alex, pedindo ao rapaz que fosse falar com ele. Logo depois, Alex bateu à porta. Fabrício lhe contou sobre a doença e pediu-lhe que guardasse segredo. Entregou-lhe a receita com o nome dos medicamentos, perguntando se o laboratório os fabricava.

– Sim, nós os fabricamos – disse Alex. – Quanto ao sigilo, tem minha palavra de que não falarei de sua doença para ninguém.

– Quero lhe pedir um grande favor. Vou me submeter a hemodiálise três vezes por semana e, nas tardes desses dias, necessitarei que alguém me leve ao hospital e me busque quando o tratamento terminar. Poderia fazer isso por mim? Você será liberado de suas atividades profissionais nesses dias.

– Antes de ser meu chefe, você é meu amigo e pode contar comigo sempre que precisar. Não há necessidade de me liberar do serviço nessas tardes porque, após o almoço, assim que levá-lo ao hospital, eu volto às minhas funções. E, quando for buscá-lo para levá-lo à mansão, já estarei no fim do expediente – falou Alex. – Dizem que um favor se retribui com outro favor, por isso, gostaria que me auxiliasse a encontrar um apartamento para locá-lo. Não acho justo continuar hospedado na casa do Álvaro. Ele me disse que você conhece o proprietário de alguns apartamentos na capital.

– Na verdade, eu sou o proprietário dos apartamentos. No momento, estão todos locados, mas peça ao seu primo, que é o administrador da locação dos imóveis, para verificar qual deles está com o contrato vencendo. Em vez de renovar, diga para locá-lo a você – disse Fabrício.

– Obrigado, chefe! Você é um verdadeiro amigo – falou Alex, que se levantou e foi buscar os medicamentos.

Fabrício pegou os remédios e a receita. Avisou que não iria trabalhar naquela tarde e dirigiu-se à mansão. Em casa, depois

254 | Órfãos do amor

de ler as bulas, ingeriu um dos medicamentos e, deitando-se na cama, indagou-se por qual motivo teria sido acometido por aquela insuficiência renal crônica, mas não encontrou resposta à sua pergunta.

ఴఅ ఆఴ

Às dezesseis horas, Giovanna chegou à Mansão Tilewes e cumprimentou o namorado. David lhe informou que o tio o havia deixado ir ao cinema com ela, Nilson e Meire. Ficaram conversando na sala de estar enquanto aguardavam os amigos chegarem.

Derek desceu a escada e, ao ver Giovanna, cumprimentou-a e se dirigiu à sala de estudos. Passados alguns minutos, David disse à namorada que iria ao quarto e logo regressaria. Assim que ele se ausentou, Giovanna seguiu para a sala de estudos e entrou, dizendo a Derek:

– Quero conversar com você em particular. É um assunto delicado.

Derek fechou a porta e pediu que ela se sentasse. Giovanna disse:

– O namoro com David está me fazendo feliz, mas seu irmão tem me importunado para termos nossa primeira noite de amor. Desculpe tocar nesse assunto com você, fico até envergonhada, mas, como é o mais correto dos trigêmeos, gostaria que conversasse com o David, fazendo-o ver que a minha recusa nada tem a ver com amá-lo ou não. – Cravou o olhar no dele. – Em parte, ele tem razão ao dizer que não o amo como ele me ama, pois, desde que conheci certo rapaz, apaixonei-me por ele e o amo em segredo.

– Conversarei com o David sobre o assunto que a incomoda, mas, se está amando outro rapaz, por que não rompe o namoro com o David e tenta conquistar quem ama?

Ela se levantou e, sentando-se na mesa, encostou-se no braço esquerdo de Derek e falou:

– Porque o rapaz que amo é você, que nunca me deu uma oportunidade para confessar meus sentimentos, sempre ignorando os meus sinais. – Tocou-lhe o braço. – Eu te amo, Derek, e quero ser só sua. Namoro o David só para ficar perto de você. Se aceitar o meu amor, entregarei a você a minha pureza, que o David tanto quer...

– Cale-se! – disse Derek, interrompendo-a e puxando o braço. – Foi um absurdo o que disse e jamais quero voltar a ouvir isso. Você é a namorada do meu irmão, que tudo faz para vê-la feliz. Se tem alguma consideração por ele, esforce-se para amá-lo, pois de mim nada terá. Para mim você é simplesmente a namorada do meu irmão. – Apontou a porta. – Por favor, saia e vá se juntar ao seu namorado.

Ela saltou da mesa e, encarando-o, falou:

– Se contar ao David o que lhe confessei, direi que é mentira e que está dando em cima de mim. Seu irmão acreditará em mim, e não no irmão que se faz de bonzinho para conseguir tudo o que deseja junto ao tio.

Escutaram batidas na porta. Giovanna rapidamente a abriu e, vendo o namorado, abraçou-o e o beijou nos lábios. Depois disse:

– Assim que você saiu, o Derek me convidou para vir ao escritório a fim de saber sobre o seu comportamento no colégio. Falei que, depois que passou a me namorar, você se tornou um bom aluno, porque sou uma boa influência em sua vida.

– Derek é um bom irmão. Por isso lhe fez essa pergunta. Ele sempre se preocupa comigo e com o Daniel, só desejando o nosso bem – disse David, avisando depois que Nilson e Meire haviam chegado.

Juntaram-se aos amigos e deixaram a mansão, não em direção ao cinema, mas para se encontrarem com o grupo de roqueiros, a fim de escutarem música em alto volume e beberem.

Derek ficou preocupado, certo de que a namorada iria causar sofrimento ao seu irmão. Mas, diante da ameaça de Giovanna, nada poderia fazer. Apaixonado como estava, David não iria mesmo acreditar nele, e sim na garota. Sentou-se e retomou a leitura sobre História do Direito, que tinha sido interrompida com a chegada de Giovanna.

256 | Órfãos do amor

No domingo, ao meio-dia, Derek foi recebido por Mirella, na casa da garota, e entregou-lhe um buquê de rosas. Ela agradeceu, e os dois se sentaram na sala. Noralice, que estava na cozinha lidando com o almoço, foi até ele e o cumprimentou. Disse que as flores eram lindas e entregou um jarro para a filha acomodá-las.

Wilton, que estava no quintal, juntou-se a eles. Derek o cumprimentou e ficou conversando com o homem, enquanto Mirella ajudava a mãe a concluir o almoço. Logo depois, os quatro se reuniram ao redor da mesa, e Noralice fez uma prece, agradecendo a Deus por ter proporcionado à sua família o alimento para aquele dia. Concluída a prece, começaram a almoçar. Enquanto se alimentavam, Noralice tocou no tema da palestra e indagou:

– Derek, há quanto tempo você e sua família são espíritas?

– Em minha família, somente eu e o Daniel somos espíritas. Estamos na Doutrina há seis anos. O espiritismo é uma bela religião, porque se fundamenta numa fé raciocinada, cuja diretriz, sem recorrer a dogmas inquestionáveis, apresenta respostas aceitáveis às perguntas que fazemos, como: se Deus é um pai bondoso e justo, por que algumas crianças nascem saudáveis e outras, com deficiências físicas e mentais? Por qual motivo uma criança nasce filha de pais ricos e outra de pais carentes? Por que, sendo Deus um pai tão bondoso e justo, condenaria alguns a padecerem eternamente no inferno e privilegiaria outros com a glória do Céu?

– O espiritismo tem respostas a essas perguntas? – questionou Wilton.

– As obras codificadas por Allan Kardec apresentam apontamentos que respondem, de forma racional, a essas perguntas e a outras, fazendo-nos compreender que Deus não é o responsável pelo tipo de vida que o espírito terá a cada nova reencarnação; que as experiências que enfrenta são fruto de suas próprias ações em vidas anteriores – explicou Derek. – Quando a Doutrina Espírita é colocada em prática, os verdadeiros espíritas costumam encontrar forças para quando as lições chegam até eles; forças que os ajudam a vencer sua dor e a estender as mãos para quem delas necessita.

– Não sou um homem religioso, mas sua religião parece ser interessante – disse Wilton.

– Interessante e uma bênção para quem a segue e encontra em seus ensinamentos o conforto para a perda das pessoas amadas – falou Noralice. – Quero conhecer melhor o espiritismo. Gostei do que escutei na palestra e do que você acaba de comentar.

Derek explicou como ela deveria proceder para conhecer a religião e lhe repassou os horários das atividades da Casa Espírita que ele frequentava. Mudaram de assunto e, quando concluíram o almoço, Wilton e Derek voltaram para a sala, enquanto Mirella ajudava a mãe a lavar a louça. Noralice disse baixinho para a filha:

– Derek não parou de lhe lançar olhares enquanto almoçava, e você fez a mesma coisa. Filha, ele é o rapaz ideal para namorá-la. Eu e seu pai aprovaremos o relacionamento. Se ele não a pedir em namoro, faça você o pedido.

– Mãe, ele nunca disse que gosta de mim. Enquanto não confessar, não lhe direi que estou apaixonada por ele.

– Mirella, ele é um rapaz educado, atencioso e gentil para com todos. Além de ter essas qualidades, é muito bonito. Um jovem com essas características não ficará muito tempo solteiro. Por isso, confesse logo o que sente por ele e comecem a namorar.

– Nada confessarei, antes que ele confesse o que sente por mim – disse Mirella.

A duas terminaram de cuidar da louça e foram para a sala.

– Mirella, descobri que eu e o Derek torcemos pelo mesmo time de futebol – disse Wilton. – Estávamos falando sobre o último jogo e fiquei surpreso com o conhecimento dele sobre futebol, pois pensava que só entendesse de estudos e espiritismo. – Sorriu, e Derek também sorriu.

Os quatro conversaram sobre outros assuntos e, após quarenta minutos, Derek consultou o relógio e disse que precisava ir.

– Está cedo, fique mais um pouco. Sua companhia é bastante agradável – disse Noralice.

– A companhia da senhora e de sua família também é agradável, mas o tio Fabrício disse que eu deveria retornar para casa às quinze horas – falou Derek, levantando-se. – Agradeço pelo almoço. Estava delicioso!

Despediu-se do casal, e Mirella o acompanhou até o portão.

– Meus pais simpatizam com você, gostam da sua conversa e da sua companhia. Eu também o aprecio muito. Quando quiser almoçar conosco, será bem-vindo.

– Ciente de que apreciam minha companhia, virei outras vezes almoçar com vocês – falou Derek, que, beijando a face da garota, despediu-se e foi para o ponto de ônibus.

"Talvez minha mãe esteja correta sobre ele estar interessado em mim. Espero que não demore para me pedir em namoro", pensou Mirella enquanto fechava o portão.

⚜

Na segunda-feira, um pouco antes das treze horas, Alex estacionou o carro em frente ao hospital e foi com Fabrício até o consultório do dr. Luiz. Deixou-o lá e despediu-se do amigo, informando que às dezessete horas retornaria para buscá-lo. Depois seguiu para o laboratório farmacêutico.

Dr. Luiz levou Fabrício a uma enfermaria individual, onde foi montado o equipamento para a hemodiálise. Apresentou o chefe ao cirurgião vascular e a uma enfermeira, dizendo que o tratamento era sigiloso e que deveria ficar apenas entre os três.

– Por favor, deite-se na maca – pediu o cirurgião, que explicou:
– Durante a hemodiálise, o sangue chegará ao filtro em grande quantidade, num volume superior a duzentos mililitros. Esse volume será atingido por meio da união de uma de suas veias a uma artéria do braço esquerdo, conhecida como fístula arteriovenosa, que deverá manter bem protegida para que se tenha um longo período de uso. Por favor, estenda o braço esquerdo, que nele farei a fístula.

Roberto Diógenes ditado por Sulamita | 259

Assim que Fabrício estendeu o braço, ele e a enfermeira realizaram seu trabalho, e o cirurgião se retirou.

– Doutor Fabrício, a sessão durará quatro horas. De hora em hora, virei verificar se está tudo bem – disse o dr. Luiz. – Se necessitar de algo antes de minha vinda, solicite à enfermeira que foi designada para atendê-lo durante todas as sessões.

O médico se retirou e foi para seu consultório. Enquanto aguardava seu sangue ser filtrado através do equipamento apropriado para limpar as impurezas acumuladas pelo organismo, Fabrício pensava em sua vida, desejando que a hemodiálise surtisse o efeito esperado. Caso contrário, a doença mudaria sua qualidade de vida e poderia até atrapalhar os sonhos que ainda queria realizar.

O rapaz se recordou de ter comprado um livro sobre insuficiência renal crônica, que estava em seu consultório. Ordenou à enfermeira que fosse buscá-lo e iniciou a leitura. De hora em hora, o dr. Luiz aparecia indagando se estava tudo bem. Em uma de suas idas, entregou por escrito como deveria ser a dieta alimentar.

Quando a sessão terminou, Fabrício se dirigiu à recepção do hospital e encontrou Alex, que o levou para casa. Fabrício foi direto para seu quarto e tomou um banho demorado. Depois vestiu uma camisa de mangas longas para esconder a fístula e, indo até a cozinha, entregou uma cópia da dieta para Anita, dizendo:

– Iniciei um tratamento que ajudará a combater as cefaleias e vertigens que vinha sentindo. Esta dieta faz parte do tratamento. Você deverá preparar minhas refeições de acordo com ela.

Antes de se ausentar, disse que queria falar com os sobrinhos e que os estava esperando no escritório. Os trigêmeos chegaram após cinco minutos. Fecharam a porta e se sentaram.

– Iniciei hoje um tratamento para combater as cefaleias, vertigens e outros sintomas que estavam me acometendo. Vou segui-lo à risca e não mais frequentarei a academia onde nos exercitamos. Se os três quiserem continuar frequentando a academia, irão com o Alex.

– Espero que tudo dê certo em seu tratamento – desejou Derek.

– Meus estudos na universidade estão exigindo muito de mim e eu também não vou mais frequentá-la.

Daniel e David disseram também que não iriam mais. Fabrício os dispensou e, abrindo uma das gavetas da escrivaninha, começou a analisar alguns documentos que Álvaro havia lhe entregado na parte da manhã.

༄༅ ༄༅

Os dias seguiram seu curso e, semanalmente, Fabrício comparecia às sessões de hemodiálise. Quando os efeitos colaterais começaram a surgir, ele passou a utilizar os medicamentos prescritos pelo médico. Só vestia camisas de mangas longas e continuou com sua vida normal, trabalhando no hospital e no laboratório farmacêutico.

Daniel permaneceu sendo um bom aluno no colégio, praticando natação e se dedicando ao curso de piano e violão. Namorava Giselle e se empenhava em trabalhar sua timidez mediante as conversas que mantinha com Alisson duas vezes por semana.

David continuava namorando Giovanna, cuja companhia o ajudou a parar de aprontar no colégio. O jovem seguia loucamente apaixonado pela namorada, que, aos poucos, ia infiltrando-o no mundo das bebidas e já tinha conseguido que ele fizesse amizade com o roqueiro portador do vírus HIV. Ela tinha planejado como faria o namorado contrair o vírus e só aguardava uma boa oportunidade para executar o plano.

Derek permanecia dedicado ao curso universitário, às suas atividades na Casa Espírita, à natação e, em sigilo, junto com Fred, continuava empenhado em conseguir provas que incriminassem o grupo de Michelle e Elton.

Uma noite, após a prece que sempre fazia antes de dormir, o jovem mediunicamente escutou Marcello e Eunice. Ficou emocionado e feliz por saber que os dois estavam bem. Também escutou um espírito que se identificou como Georg, que lhe disse estar sempre por perto, auxiliando-o. Conversaram por dez minutos e, pela conversa, Derek descobriu que Georg era seu mentor espiritual.

No sábado, após a reunião da mocidade espírita, Derek procurou Alfredo e lhe contou sobre a mediunidade de audição, deixando-o ciente do que tinha escutado no dia da palestra e em seu quarto. Alfredo o conduziu até a sala do grupo mediúnico e falou para o diretor que a mediunidade de audição de Derek havia aflorado. O diretor pediu ao jovem que explicasse como tinha sido o afloramento e, após escutá-lo, convidou-o para fazer parte do grupo mediúnico, repassando dia e horário em que as reuniões aconteciam.

Derek aceitou o convite, colocando sua mediunidade de audição a serviço de desencarnados e encarnados, conquistando a confiança do diretor do grupo com sua demonstração de gentileza e profundo amor ao próximo.

⚬⚬

Quando completou um mês do início da hemodiálise de Fabrício, o dr. Luiz solicitou a ele que realizasse novos exames de sangue. Ao receber o resultado, o nefrologista falou como estavam as taxas de ureia, cálcio, sódio, ácido úrico, pH sanguíneo, nutrição, anemia e outras, informando que os exames seriam realizados mensalmente, para que as taxas fossem monitoradas.

Fabrício agradeceu pelas informações recebidas e seguiu para a enfermaria individual, onde realizou nova sessão de hemodiálise. Quando Alex o deixou em sua residência e partiu, Derek se aproximou do tio e pediu-lhe permissão para, no dia seguinte, usar a piscina em companhia dos amigos Alisson, Lucy e Mirella. A permissão foi concedida, mas o tio pediu:

– Comportem-se na piscina e nada de indecências nela ou em minha mansão. Se isso vier a acontecer, seus amigos deverão ir embora, e você ficará proibido de usar a piscina por um ano.

– O senhor poderá ficar por perto para observar que nada de anormal irá acontecer – disse Derek. – Convidei o Daniel e

262 | Órfãos do amor

o David para se juntarem a nós, com suas namoradas. Daniel aceitou o convite, mas o David disse que já tem um compromisso com a namorada em algum local da cidade.

– Fez bem em convidá-los. O David nada me falou sobre esse compromisso com a namorada. Se não me deixar ciente de para onde irá e a que horas retornará para casa, não terá minha permissão.

– Tio, eu também convidei o Fred, que, além de ser o motorista da mansão, é um bom amigo. Fiz o convite porque gostaria que ele participasse de um momento de lazer conosco.

– Sendo seu amigo, nada tenho contra tê-lo convidado – disse Fabrício. Depois saiu apressado e seguiu para o quarto, a fim de tomar um banho demorado, o que sempre fazia depois das sessões de hemodiálise.

Capítulo 21

NAMORO

Alisson, Lucy e Mirella chegaram à Mansão Tilewes e cumprimentaram Derek, seus irmãos, Fabrício e Giselle. Após os cumprimentos, David foi para seu quarto. Derek chamou Fred, e este também se juntou ao grupo para o banho de piscina. Depois de alguns mergulhos, ficaram conversando dentro d'água. Mais algum tempo e se sentaram à beira da piscina. Fred fez um gesto para Derek, que foi em direção a Lucy e falou:

– Lucy, você já conhece o Fred. Convidei-o para se juntar a nós porque ele desejava ficar em sua companhia. Pode conceder-lhe alguns minutos de atenção?

– Concedo quantos minutos ele desejar – disse a jovem com um sorriso.

Fred sentou-se ao lado dela e falou:

– Lucy, perdoe minha indiscrição, mas desde a primeira vez que a vi não paro de pensar em você, que é bonita, educada e gentil. Sou um homem honesto e trabalhador e, se a senhorita não for comprometida e não se importar por sermos de classes sociais diferentes, eu gostaria de conhecê-la melhor.

264 | Órfãos do amor

– Gostei da sua educação e sinceridade. Você é o tipo de homem que eu aprecio e não me incomodo que seja de outra classe social – disse Lucy. – Eu também quero conhecê-lo melhor.

– Tudo indica que a Lucy logo estará namorando – falou Alisson sorrindo, e os demais também sorriram.

– Alisson, eu acredito que Derek e Mirella também vão namorar. O modo como se olham indica que se gostam, mas nenhum dos dois tem coragem de confessar o que sente. Deveriam aproveitar esta ocasião para se declararem um ao outro – disse Lucy. – Quando eles começarem a namorar, e eu e o Fred nos acertarmos, só faltará você...

– Não conheço nenhuma garota interessante para namorar, que nela fique pensando, como o Fred pensa em você e Derek em Mirella – respondeu Alisson. – Quanto a Derek e Mirella, os dois deveriam acabar com essa história de serem apenas amigos. Está na cara que se amam.

Nesse momento, Mirella perguntou a Derek:

– Você falou para o Alisson que vive pensando em mim, mas não me disse isso. Por quê?

– Porque você sempre soube disso. Meus olhares e minhas ações não lhe dizem nada? – perguntou ele. Depois, segurando a mão direita da garota, falou: – Mirella, desde que a reencontrei na universidade não consigo mais imaginar minha vida sem a sua presença. Você é a mulher que tem povoado os meus sonhos e me feito sonhar acordado todos os dias. – Cravou o olhar no dela. – Eu estou apaixonado por você e quero lhe pedir em namoro se, porventura, você gostar de mim e me aceitar como seu namorado.

Ela segurou a outra mão dele e, olhando dentro de seus olhos verdes, disse:

– Se todos os dias, mesmo acordado, você sonha comigo, eu também, mesmo acordada, sonho com você. Também estou apaixonada e aceito o seu pedido de namoro.

Em seguida, beijaram-se, e os presentes bateram palmas. O interfone foi acionado e, ao olharem para o portão, viram Giovanna vestida de preto. David, que esperava pela namorada na

Roberto Diógenes ditado por Sulamita | 265

sala de estar, rapidamente apertou o controle para que ela entrasse e disse que já estava indo ao seu encontro.

Da janela de seu quarto, Fabrício viu a garota entrando e foi à garagem perguntar onde os dois pretendiam ir. Assim que viu o tio, Derek, conduzindo Mirella pela mão, aproximou-se dele e falou:

– Tio Fabrício, há pouco eu pedi a Mirella em namoro e ela aceitou. O senhor já tinha me concedido permissão para namorá-la; então lhe informo que, a partir de hoje, vamos iniciar um namoro respeitoso.

– Minha intenção, ao namorar seu sobrinho, é fazê-lo feliz – falou Mirella.

– Desejo que o namoro lhes proporcione felicidades! – exclamou Fabrício com um discreto sorriso.

David e Giovanna também escutaram o que eles tinham dito.

– Tio Fabrício, eu e a Giovanna iremos a um show de rock e, às dezenove horas, eu retorno para a mansão – informou David.

– Que vestimentas e acessórios são esses? – perguntou o tio, apontando para a roupa preta e as correntes no pescoço e nos pulsos do sobrinho.

– Vestimentas e correntes de roqueiro, que comprei com minha mesada.

– Por que não pediu minha permissão antes de comprar essas porcarias?

– Porque o senhor não iria concedê-la. Minha namorada falou que a mesada é minha e que devo fazer com ela o que bem desejar. Disse que já sou um homem e não devo ficar pedindo permissão para tudo que for fazer.

– Giovanna, diga-me o que falou ao David sobre agir sem pedir minha permissão – questionou Fabrício, interrompendo o sobrinho e encarando a garota, que deu um passo para trás.

– Ela me disse o que eu acabei de...

– Cale-se! Não fiz a pergunta a você – interrompeu Fabrício, voltando a encarar a garota, que respondeu:

– O David já disse o que comentei sobre o que penso.

– E desde quando eu lhe pedi que interferisse em nossos assuntos? Quem sustenta o David e o educa sou eu, não você.

266 | Órfãos do amor

A partir de agora, deixou de ser bem-vinda em minha residência – falou Fabrício, que, olhando para David, acrescentou: – Você não irá a nenhum show de rock, porque não pediu minha permissão. Irá para o seu quarto retirar esse lixo que está usando. Proíbo-o de usá-lo, como também está proibido de...

– Não vou retirar a roupa e irei ao show...

– Não me interrompa quando eu estiver falando com você – gritou Fabrício, movimentando a mão direita para dar-lhe uma bofetada.

Mas o golpe não atingiu o sobrinho, que, usando uma técnica aprendida nas aulas de caratê, saltou para trás segundos antes de a mão do tio atingir seu rosto.

– Vá imediatamente para seu quarto e faça o que ordenei. Você não irá ao show e está proibido de se juntar com roqueiros, que só fazem algazarras, tocam e escutam músicas horripilantes e muitos deles consomem bebidas alcoólicas e usam drogas.

– Isso é preconceito, só porque o senhor não gosta de rock – falou David. – Os roqueiros, amigos da Giovanna, não usam drogas. Só ingerem bebidas, que minha namorada me fez experimentar e eu gostei delas, porque são...

– ... um veneno para a sua saúde e um caminho ao alcoolismo – disse Fabrício, interrompendo-o. – Você nunca mais vai experimentar nenhum tipo de bebida. Se o fizer, vai se arrepender amargamente. – Apontou para Giovanna. – Termine o namoro com essa garota, que passou a ser uma péssima influência.

– Não romperei o namoro com a garota por quem sou apaixonado e com quem quero me casar e ter filhos – disse David. – O senhor não é meu pai e não pode me obrigar a fazer o que eu não quero.

– No dia em que for maior de idade e não viver mais em minha casa, você poderá fazer o que desejar de sua vida, mas, enquanto for sustentado por mim, seguirá as minhas ordens sem reclamar. Terá cinco minutos para fazer o que mandei e, se ousar desobedecer, vai se arrepender amargamente. – Deu um passo à frente e, fechando o semblante, encarou o sobrinho, com os braços cruzados, lançando para ele um olhar duro e frio.

Roberto Diógenes ditado por Sulamita | 267

Tal como ocorrera outras vezes em que o tio o havia olhado daquele jeito, David se apavorou e sentiu o sangue gelar. Desviou o olhar, deu um passo para trás, olhou para a namorada e disse:

– Contra a minha vontade, terei de fazer o que o tio Fabrício determinou. Nosso namoro está rompido, mas, quando eu for maior de idade e morar em outro local, reataremos o relacionamento. Por favor, vá para sua casa e não volte mais aqui.

– Seu tio é um carrasco para você, mas não para Derek, o sobrinho predileto que o bajula para conseguir o que deseja – falou Giovanna. – Querido, você não é mais uma criança; é um homem que ama uma mulher, e essa mulher o ama. Por isso, não deve perdê-la para fazer a vontade de seu tio, pois você...

Giovanna teve a fala interrompida quando Fabrício se aproximou e lhe aplicou duas bofetadas. Com o rosto ardendo, ela recuou alguns passos e disse a David:

– Você é um homem e não pode ficar impassível vendo seu tio esbofetear a mulher que ama. Faça alguma coisa para mostrar que não aprovou o que ele fez.

David atirou-se sobre o tio e tentou socá-lo, mas este segurou seu pulso e deu-lhe uma rasteira que o fez cair. Fabrício o chutou e, afastando-se, ordenou:

– Levante-se! Não pense que por estar fazendo aulas de caratê terá êxito. Saiba que eu também pratiquei artes marciais e sei como me defender. – Virou-se para Giovanna e acrescentou: – Não permitirei que cause desentendimentos entre nós. Retire-se imediatamente, antes que eu a pegue pelos cabelos e a atire na rua.

– David, o tio Fabrício está correto sobre a Giovanna não servir para ser sua namorada – disse Derek. – Naquele dia em que você nos encontrou na sala de estudos, ela me confessou que...

– ... que amo seu irmão e por ele sou capaz de fazer qualquer coisa, porque ele é um homem de verdade, que enfrenta o tio carrasco; não um bajulador que se finge de santinho para conseguir o que deseja. Todos o veem como o bonzinho, o correto, o estudioso e religioso, mas você não vale nada, pois por várias vezes me lançou olhares cobiçosos e ficou se insinuando para mim quando David não estava observando.

Giovanna contou essa mentira, interrompendo a fala de Derek. Depois, voltando-se para David, continuou:

– O falso santinho me chamou para conversar aquele dia na sala de estudos e me propôs romper o namoro com você, para ficar com ele. Disse que estava apaixonado por mim e não por essa aí – apontou para Mirella. – Eu lhe disse que sou mulher de apenas um homem, que é você.

– Ela está mentindo, David. Foi ela que me assediou – disse Derek. – Irmão, você me conhece muito bem e sabe que eu não conto mentiras; sempre fui verdadeiro com você e com as outras pessoas.

– David, sou a mulher que você ama, e você é o homem que eu amo. Deve acreditar em mim, não em seu irmão, que é mentiroso e dissimulado – falou Giovanna. – Você sabe onde me encontrar. Quando quiser falar comigo é só me procurar. – Saiu rebolando em direção ao portão.

"Pronto. Já executei os primeiros passos para provocar desentendimentos entre David, seu tio e Derek. Quando contar ao Elton e àquela chata da Michelle que tudo saiu conforme planejei, não mais duvidarão de que executarei com louvor a missão que me foi designada", pensou Giovanna enquanto seguia para um ponto de táxi. "Aguardarei alguns dias para executar o que o delegado me ordenou sobre David contrair o vírus HIV. Já sei o que fazer para isso acontecer e tenho certeza de que ele não desconfiará de minhas verdadeiras intenções quando lhe confessar que decidi lhe entregar minha pureza".

ༀ๑ๅ ๑ๅ๑

Assim que Giovanna se foi, Derek pediu aos amigos que retornassem à piscina e, virando-se para David, pediu que ele fosse ao quarto, vestisse uma roupa de banho e se juntasse a eles.

– Juntar-me a você, depois do que a Giovanna contou? Não quero mais saber da sua amizade nem de qualquer coisa que me diga, pois saberei que é uma grande mentira – respondeu David, seguindo furioso para o quarto.

Roberto Diógenes ditado por Sulamita | 269

– Ele está chateado, mas logo vai raciocinar e descobrir que você disse a verdade – falou Daniel.

Derek e Fabrício se surpreenderam ao ouvi-lo falar em um bom tom de voz.

– Tudo indica que as conversas com o Alisson estão sendo úteis ao Daniel. Espero que um dia ele consiga vencer sua timidez – observou Derek, que, após analisar o tio, indagou: – Tio Fabrício, o senhor está um pouco pálido. Está se sentindo mal?

– Não estou passando mal. É que, devido ao tratamento que tenho feito, o esforço em ter impedido seu irmão de me agredir deve ter provocado isso. Vou tomar alguma medicação.

– Tio, tem certeza de que está bem de saúde? Desde que iniciou esse tratamento, observei que sua alimentação mudou e o senhor só tem usado camisas de mangas longas. – Colocou a mão direita no ombro dele e disse: – Se estiver enfrentando alguma doença, gostaria que confiasse em mim e me falasse dela, a fim de poder ajudá-lo. Considero-me seu verdadeiro familiar, mesmo o senhor só acatando nosso parentesco por via judicial. Meu maior sonho é sermos bons amigos. No dia em que estiver disposto a me ofertar sua amizade, tudo farei para conservá-la e continuar lhe estendendo minhas mãos. Farei isso porque o amo fraternalmente e só quero o seu bem. – Cravou o olhar no do tio. – O senhor está doente?

Fabrício sustentou o olhar, pensando se deveria contar ou não sobre a insuficiência renal, pois a forma como o sobrinho o olhava demonstrava que poderia confiar nele. Levou a mão direita ao ombro de Derek e falou:

– Não estou com nenhuma doença grave, por isso, não se preocupe comigo. Quanto a ofertar-lhe minha amizade, você já a possui, porque reconheço que se importa com o meu bem-estar e só deseja a minha felicidade. Agora vá se juntar à sua namorada e aos seus amigos. Divirta-se.

Emocionado por saber que o tio o considerava um amigo, Derek o abraçou e depois foi para a piscina. Fabrício seguiu para o quarto.

Flaviana, que os observava em companhia do esposo, de Georg e Edwiges, comentou:

– Georg, Fabrício deveria ter contado a Derek sobre sua doença. Se o tivesse feito, o sobrinho lhe daria um grande apoio neste momento delicado que está enfrentando.

– Se Fabrício tivesse confiado em Derek e lhe contado sobre a insuficiência renal, meu neto faria por ele o que eu e Flaviana faríamos se estivéssemos ao seu lado – mencionou Gilson.

– Em nome de seu livre-arbítrio, Fabrício conta a quem desejar sobre sua doença. Derek sempre estará por perto e o ajudará futuramente, se a doença se complicar – falou Georg. – Vamos nos encontrar com Marcello e Eunice, que estão no Orfanato Menino Jesus.

Saiu volitando, e os outros três o acompanharam.

༺ཛ ཛ༻

Nair, aproximando-se da piscina, colocou o lanche sobre uma mesa. Derek convidou todos para lancharem. Quando concluíram a breve refeição, Lucy, Alisson e Giselle telefonaram aos pais, que foram buscá-los. Nair recolheu a louça utilizada no lanche e rapidamente a lavou, pois iria aproveitar a carona, quando Fred e Derek fossem levar Mirella em casa.

Passados alguns minutos, os quatro entraram no veículo e seguiram para o bairro onde Fred, sua mãe e Mirella residiam. Deixaram Nair em frente à residência dos pais de Anita e se-guiram para a casa de Mirella, onde foram bem recebidos por Noralice e Wilton. Sentaram-se na sala, e Derek, fixando o olhar nos pais da jovem, falou:

– Hoje, eu e a Mirella confessamos a paixão que nutrimos um pelo outro. Eu a pedi em namoro, e ela aceitou. Tio Fabrício concedeu sua permissão e aqui estou para lhes perguntar se autorizam que namoremos.

– Demoraram para confessar seus sentimentos. Estou feliz que tenham iniciado o namoro – respondeu Noralice. – Os dois têm a minha permissão. Tenho certeza de que serão muito felizes.

– Possuem também a minha permissão, pois você, Derek, é um ótimo rapaz – disse Wilton.

Por vinte minutos ficaram conversando sobre outros assuntos. Depois Derek e Fred se despediram e seguiram para a Mansão Tilewes.

⚜

No domingo, após o almoço, Derek se dirigiu à casa da namorada e, juntos, foram à residência dos pais de Anita. Por ser dia de sua folga, a empregada da mansão estava no lar e ficou feliz quando Derek lhe contou sobre o namoro com Mirella.

Conversaram com eles por trinta minutos e, pegando um táxi, foram até o Orfanato Menino Jesus, onde Derek apresentou a namorada para madre Felícia e à irmã Aureliana, que lhes deram os parabéns e lhes serviram um cafezinho com cuca[1]. Ficaram conversando com as duas religiosas e, em seguida, o casal partiu para a mansão do desembargador Nicholas e Elise.

Foram recebidos com alegria pelo casal, que os parabenizou pelo namoro. Logo depois, Derek se despediu, prometendo visitá-los em outra ocasião. Nicholas ofereceu-lhe uma carona e os conduziu até a mansão dos Kassiel.

Denise e os pais se congratularam com o casal ao saber do namoro. Alfredo disse que Derek tinha bom gosto ao namorar uma jovem tão bonita. O rapazinho sorriu, e os outros também sorriram. O jovem casal se despediu e foi para uma praça pública, frequentada por outros casais, onde poderia namorar sossegado. Depois, entraram em um táxi e retornaram à casa de Mirella. Derek despediu-se da namorada e, embarcando em um coletivo, dirigiu-se à Mansão Tilewes.

⚜

Na segunda-feira, durante o recreio no colégio, David disse para Giovanna que queria lhe falar em particular. Os dois foram para detrás da biblioteca, aonde ninguém costumava ir, e ele lhe disse:

---

[1] Bolo originário da Alemanha que na culinária gaúcha tem cobertura de frutas e açúcar.

– Desde sábado, não paro de pensar nas acusações que você fez contra o Derek. Ele me garantiu que falou a verdade sobre você, e eu não sei em quem acreditar, pois meu irmão sempre foi verdadeiro em suas falas e ações. Ele é uma pessoa íntegra...

– Eu disse a verdade, David! Seu irmão fez exatamente o que eu falei. Se sou a mulher que você diz amar, é em mim que deve acreditar, não naquele falso santinho.

– Acreditarei em você se, como prova de que disse a verdade, me oferecer sua pureza.

– Minha pureza é o que tenho de mais precioso. Estou guardando-a para entregar ao meu esposo, durante a noite de núpcias.

– Se não me acha digno de merecê-la, é porque mentiu. Começo a me arrepender do que disse ao Derek depois que você foi embora. Ele e tio Fabrício estão corretos sobre você não ser a garota ideal para me namorar. Adeus! – David deu-lhe as costas, mas escutou:

– Espere! David, o amor que sinto por você é verdadeiro. Estou disposta a lhe entregar minha pureza, para lhe mostrar que foi Derek que mentiu. Mas, em troca, você também deve me dar uma prova de amor.

– Que prova você deseja? – indagou David.

Ela disse qual era a prova que queria e, enlaçando-o, beijou-o ardentemente.

– Você terá sua prova – disse David. – Vamos retornar para a sala em separado, para que o Daniel não nos veja juntos e conte ao tio Fabrício.

Capítulo 22

CASA DE PRAIA

Fabrício e dr. Luiz estavam conversando há alguns minutos. Após ouvir o que o paciente lhe disse, o médico comentou:

– A palidez que seu sobrinho percebeu pode ser indício de anemia, que é comum em pacientes com insuficiência renal crônica. Receitarei uma medicação que o ajudará a combatê-la. Mas, se a anemia tornar-se persistente, o senhor terá de se submeter a transfusão de sangue. – Escreveu o nome do medicamento e entregou a receita, solicitando também um exame de sangue.

Como Fabrício já havia realizado a sessão de hemodiálise, passou no laboratório e fez o agendamento do exame. Depois, solicitou a Alex que providenciasse o medicamento e o deixasse em sua sala.

– Quero agradecer pela locação de um dos seus apartamentos, Fabrício. Álvaro fez como você ordenou e vou me mudar em uma semana – falou Alex.

– Que bom! Torço para tudo dar certo – respondeu Fabrício.

Mais tarde, ao avistar o patrão chegando em casa, Fred se aproximou dele e disse:

– Preciso lhe falar com urgência. É um assunto particular sobre David.

274 | Órfãos do amor

Fabrício pediu que o empregado o seguisse até o escritório, e Fred falou:

– Daniel me pediu que trocasse a fechadura da janela do quarto dele e, enquanto fazia o serviço, ouvi David conversando com Giovanna pelo celular, pois o quarto dele é colado ao do Daniel. Penso que a conversa lhe interessará, porque se trata de um assunto relacionado à sua casa de praia em Tramandaí.

O rapaz contou o que tinha escutado, e Fabrício ficou indignado com o que o sobrinho, a pedido da garota, planejava fazer. Então ele disse a Fred o que fariam para impedir que o plano deles fosse executado.

⚜️

Na sexta-feira, durante o jantar, David pediu permissão ao tio para interromper o silêncio da refeição e disse:

– Tio Fabrício, amanhã terá uma competição de caratê entre os alunos da academia que frequento e os alunos de uma academia de Bento Gonçalves, distante cento e vinte e um quilômetros de Porto Alegre. O meu instrutor, que é o mesmo do Nilson, inscreveu-nos para participar da competição. Ele nos levará até Bento Gonçalves e nos trará. O senhor permite que eu participe da competição?

– Por que seu instrutor não me telefonou?

– Ele ligou para o seu celular, que estava desligado ou fora de área – mentiu David.

– Se ele não entrar em contato comigo falando sobre a competição, você não participará.

– Por favor, tio. Permita-me participar – pediu David. – O instrutor disse que eu e o Nilson somos seus melhores alunos, e eu quero muito participar da competição. Desde que o senhor me obrigou a romper o namoro com a Giovanna, eu não tenho nenhuma alegria. Por favor, permita que eu participe!

– Tio Fabrício, concordo que o instrutor deveria ter entrado em contato, mas, se ele tentou e não conseguiu, penso que o senhor deveria permitir que David participe de um evento que o fará feliz – opinou Derek.

– Terá a permissão desta vez, mas só voltará a competir fora de Porto Alegre se o instrutor solicitar pessoalmente – proferiu Fabrício.

– Obrigado, tio! – agradeceu David. – Amanhã, às seis horas, o pai do Nilson me pegará aqui e nos levará para a academia. De lá, seguiremos com o instrutor para Bento Gonçalves. Às dezessete horas já estaremos de volta.

Voltaram a se concentrar na alimentação, e o silêncio reinou.

⚜

No dia seguinte, David seguiu com Nilson e o pai do amigo. Fred entrou no carro de Fabrício e foram para a academia de caratê, estacionando o veículo um pouco distante dela enquanto observavam David e Nilson, que, com mochilas às costas, aguardavam alguém.

Minutos depois, um carro preto e três motos estacionaram. Giovanna saiu do carro, caracterizada de roqueira, beijou David e o convidou para entrar no veículo, junto com Nilson. O motorista partiu a seguir. Os motoqueiros, com três jovens agarradas em suas cinturas, acompanharam o carro.

Fabrício os seguiu mantendo boa distância. Ao vê-los pegando a BR-290, que os conduziria a Tramandaí, fez uma conversão e regressou para a Mansão Tilewes. Ali chegando, acordou Daniel e Derek, ordenando que estivessem na copa o mais rápido possível. Assim que os sobrinhos chegaram, ele disse:

– David mentiu sobre a competição de caratê. Ele não foi para Bento Gonçalves. Roubou a chave da casa de praia e partiu para Tramandaí com Giovanna, Nilson e outras pessoas. Nós, Fred, Nair e Anita iremos até lá e, quando chegarmos à cidade, não devem interferir na lição que David receberá.

Concluíram o desjejum e se organizaram para partir. Os sobrinhos entraram no carro do tio. Anita e Nair entraram no carro de Fred, e os dois veículos seguiram para Tramandaí. George, Edwiges, Eunice, Marcello e os pais seguiram junto, para observarem

276 | Órfãos do amor

os acontecimentos. Fabrício e Fred, ao chegarem à BR-290, aumentaram a velocidade dos veículos. Sentado no banco do carona, Derek pediu:

– Tio Fabrício, o senhor está dirigindo em alta velocidade. Por favor, reduza, e o Fred, que está atrás do senhor, fará o mesmo. Depois permita que eu faça uma prece, pedindo a Deus que abençoe nossa viagem, livrando-nos de algum acidente.

– Prece em meu veículo? – indagou Fabrício, lembrando-se do pedido feito pelo pai antes do acidente que vitimara sua família. – Pode rezar – concordou, reduzindo a velocidade do carro.

Derek fez a prece, finalizando-a com um Pai-Nosso, que também foi recitado por Daniel.

ഹൈ ഹം

Assim que David e os outros chegaram a Tramandaí e estacionaram o carro e as motos na garagem, conduziram o que tinham levado no porta-malas do veículo para dentro da casa. Nela, o roqueiro portador do vírus HIV, um rapaz de 23 anos, alto, magro, loiro e de olhos verdes, falou:

– Esta casa é maneira. A gente vai curtir muito ouvindo altas músicas de rock, bebendo, fumando uns "baseados", injetando cocaína e curtindo com as garotas.

– Ninguém falou nada sobre usar drogas aqui. Ouvir músicas, beber e curtir com as garotas estão liberados. Usar drogas não, porque, se o tio Fabrício descobrir, ele me mata – falou David.

– Um pouco de maconha e cocaína vai nos deixar animados e doidões para fazer tudo o que quisermos, inclusive o que você me pediu – disse Giovanna, beijando-o. – Seu tio está em Porto Alegre e nunca descobrirá o que faremos aqui.

– David, Giovanna tem razão no que disse sobre seu tio jamais saber o que faremos aqui – falou Nilson. – Vamos aproveitar e curtir as garotas. – Abraçou Meire e a beijou.

– Liguem o som e vamos curtir! – pediu Giovanna.

Um dos roqueiros ligou o som em alto volume, e a garota sussurrou no ouvido de David:

– Depois que dançarmos e bebermos, iremos a um dos quartos e lhe entregarei minha pureza, a prova que pediu para acreditar em mim e não em seu irmão. – Beijou-o ardentemente e começou a dançar sob o ritmo acelerado da música. David a imitou.

Uma garrafa de bebida foi aberta por um dos rapazes e passada de mão em mão. O rapaz que apenas Giovanna sabia ser portador do vírus HIV enrolou um cigarro de maconha e começou a fumar.

⁂

Ao chegarem a Tramandaí, Fabrício e Fred estacionaram os veículos em frente à delegacia, e o tio ordenou que os sobrinhos, Nair e Anita ficassem nos carros. O delegado os ouviu com atenção e depois pediu aos dois que o acompanhassem, conduzindo-os até o policial-escrivão, que redigiu o Boletim de Ocorrência.

Fabrício e Fred retornaram para os veículos. O tio falou para Derek e Daniel:

– Ao chegarmos à casa de praia, deverão permanecer dentro do carro e não interferir no que eu, Fred e a polícia faremos com seu irmão e os outros. Não ousem me desobedecer.

O delegado e seis policiais entraram em três viaturas e seguiram Fabrício e Fred. Ao chegarem à casa de praia, estacionaram os veículos e as viaturas. Fabrício pegou a cópia da chave e abriu o portão.

Dentro da casa, uma garrafa de uísque circulava de mão em mão, e alguns fumavam maconha. Giovanna pediu ao rapaz portador do vírus HIV que injetasse cocaína em seu braço, para ela e David observarem como fazer. A garota estava decidida a pegar a mesma seringa e um pouco de cocaína e levá-los para o quarto. Seu plano era dizer a David que só se entregaria se ele experimentasse a droga. Assim o faria contrair o vírus HIV, concluindo uma parte da missão que lhe fora incumbida.

Fabrício abriu a porta de supetão. Os policiais entraram empunhando as armas, e o delegado gritou:

– Polícia! Estão presos por invasão à propriedade privada e consumo de drogas.

Todos se assustaram, e as garotas gritaram. O rapaz loiro que tinha o vírus HIV fez menção de se livrar da seringa e da cocaína, mas um policial encostou a arma nele e disse para continuar com a prova do consumo da droga. Ele obedeceu. Fabrício e Fred entraram com o cinto nas mãos e começaram a aplicar cintadas nos invasores. Fabrício deu fortes cintadas em Giovanna, que berrou de dor, e em seguida fez o mesmo com David. Em poucos minutos, o delegado e os policiais algemaram todos.

Com ódio, David encarou o tio e perguntou:

– Como nos descobriu aqui?

– Ontem, telefonei para seu instrutor de caratê, que o desmentiu sobre a tal competição em Bento Gonçalves – inventou Fabrício, para não comprometer Fred. – Sabendo que havia mentido, decidi segui-lo. Vê como foi fácil? Você não é tão esperto quanto pretende.

– O que está acontecendo aqui? – perguntou Derek entrando na casa, acompanhado por Daniel, Anita e Nair. – Tio Fabrício, o senhor nos ordenou para ficarmos lá fora, mas, como estavam demorando, decidimos entrar. Por que o David e os outros estão algemados?

– Delegado, encontrei maconha, bebidas e preservativos. Parece que depois de invadirem a casa iriam fazer uma festinha – disse um policial, mostrando o que havia apreendido.

– Derek, o que o policial disse responde à sua pergunta – falou Fabrício.

– Levem todos para a delegacia! – ordenou o delegado, e os policiais cumpriram a ordem.

– Tio, David é seu sobrinho. O senhor não pode permitir que ele seja preso – disse Derek.

Ignorando a observação, Fabrício voltou-se para Nair e Anita, ordenando:

– Limpem toda a sujeira que os bêbados e os drogados fizeram, desinfetando bem a casa! – Virou-se para os sobrinhos.

– Ajudem Fred a trazer para cá o que está no porta-malas do carro. Depois, nós quatro iremos para a delegacia, e vocês continuarão sem se manifestar.

Os irmãos fizeram o que o tio determinou e depois partiram com ele e Fred para a delegacia, onde foram recebidos pelo delegado, que disse:

– Os adolescentes foram colocados em celas separadas das dos adultos. Acompanhem-me e os conduzirei até onde estão. – Levantou-se. Fred, Fabrício e os sobrinhos o seguiram.

Ao chegarem à sala onde David e os outros adolescentes estavam, Derek disse:

– David, o que fez foi muito errado e me envergonhou, porque, desde que éramos crianças, eu lhe ensinei que furto é crime.

– Irmão, estou triste em vê-lo preso – falou Daniel.

Fabrício e Fred nada disseram. David encarou o tio.

– Está feliz em testemunhar o que fez comigo?

– Só ficarei feliz quando a lição servir para você e eles não cometerem mais nenhum crime – falou Fabrício, apontando para Nilson, Giovanna, Meire e outra adolescente que estava entre eles.

– Como os cinco têm mais de catorze anos, serão mantidos em detenção por um prazo de vinte e quatro horas. Após esse período, se o juiz não puder recebê-los, ficarão detidos por mais vinte e quatro horas – falou o delegado. – Os outros, que não são mais adolescentes, continuarão presos.

– Tio Fabrício, eu o odeio! – gritou David.

Fabrício chamou Fred, Derek e Daniel para irem embora. O delegado os acompanhou pensando que, se os responsáveis por filhos delinquentes agissem como o sr. Fabrício, a lição os faria pensar duas vezes antes de voltarem a cometer novos crimes.

Ao vê-los partir, Marcello, que juntamente com os cinco espíritos continuava observando os acontecimentos, virou-se para Georg e disse:

– Fabrício agiu de forma errada ao colocar a polícia nesta história e permitir que o David fique preso.

– Quem agiu de forma errada foi o David. Seu irmão fez o certo ao procurar a polícia, o que evitou que David contraísse o vírus HIV – falou Georg.

– Filho, Georg está correto no que mencionou. Devemos agradecê-lo por ter sugestionado a Fred que consertasse a janela do quarto de Daniel na hora em que David telefonou para Giovanna – disse Gilson. – Se não fossem as atuações de Georg e Fabrício, seu filho adotivo teria contraído uma doença grave.

Marcello refletiu e concordou com as palavras do pai, agradecendo e pedindo desculpas a Georg.

꧁꧂

Retornando à casa de praia, Fabrício e os outros encontraram um reboque da polícia conduzindo o carro e as motos dos roqueiros. Anita e Nair continuavam realizando a faxina. Fabrício disse aos sobrinhos que iria trocar de roupa e caminhar pela praia.

– Tio Fabrício, eu e o Daniel podemos acompanhá-lo? – perguntou Derek.

– Outro dia me acompanharão. Hoje prefiro ir sozinho, para refletir onde foi que errei na educação do David.

No quarto, ao tirar a camisa de mangas longas e avistar a fístula no braço esquerdo, por onde era inserido o cateter, Fabrício pensou ter agido corretamente ao dispensar a companhia dos sobrinhos. Colocou uma bermuda e uma camiseta e, carregando uma toalha sobre o braço esquerdo para esconder a fístula, iniciou sua caminhada. Retornou próximo ao horário do almoço. Durante a refeição, Derek pediu ao tio que lhe permitisse levar almoço para David.

– Ele e os outros receberão marmitas – disse Fabrício. – Só retornaremos à delegacia amanhã, e não quero ouvir mais nada referente à detenção do David.

Ninguém mais tocou naquele assunto.

꧁꧂

No domingo, Fabrício despertou cedinho. Acordou Derek e Daniel, e foram para a delegacia. Ali, David foi levado até eles, e o tio lhe disse:

– Fique ao lado dos seus irmãos para testemunhar o que acontecerá com os seus amigos delinquentes. Não deve se pronunciar, nem deixar a delegacia sem a minha permissão. – Cravou o olhar no do sobrinho. – Está proibido de ter contato com sua ex-namorada e não quero saber de desobediência.

David o encarou com ódio e se sentou ao lado de Daniel, sem nada proferir. O delegado entregou o celular de David a Fabrício e ficaram aguardando. Os pais de Nilson e de Meire foram os primeiros a chegar à delegacia. Os filhos foram conduzidos à presença deles e dos outros. Após o delegado informar o que tinham aprontado, os genitores deram uma bronca neles, prometendo tomar providências mais severas em casa. O pai de Nilson virou-se para Fabrício e disse:

– Obrigado! Você agiu corretamente. – Agarrou a orelha do filho e, puxando-a com força, disse que em casa teriam uma séria conversa.

A mãe de Meire agarrou a filha pelo braço e a conduziu ao estacionamento. O esposo as seguiu. Entraram no veículo da família e partiram para a capital. Os pais da outra adolescente chegaram e, depois de lhe darem uma tremenda bronca, levaram-na embora. Transcorridos quarenta minutos, Lizandra chegou e, ao ser informada sobre o que a "filha" havia aprontado, disse:

– Desde que ficou adolescente, Giovanna só me dá problemas.

– Não quero mais que sua filha se aproxime do meu sobrinho. Desde que a conheceu, ele só faz o que não aprovo – falou Fabrício. – Já proibi o namoro deles e, se os pegar juntos novamente, darei uma boa surra nos dois. – Virou-se para Giovanna e disse: – Se voltar a se aproximar do David, farei com que se arrependa amargamente. – Cruzou os braços e a encarou com seu característico olhar duro e frio.

Giovanna se apavorou, sentindo o sangue gelar, e teve mais medo de Fabrício do que das ameaças de Elton. Agarrou o braço da "mãe", e as duas foram embora apressadas. Os outros detidos foram libertados, e Fabrício lhes disse:

– Vocês são maiores de idade e conscientes dos seus atos. Por isso, sabiam que estavam cometendo um crime ao invadirem minha casa. Retirei a denúncia contra vocês, que nunca mais deverão ter contato com David. Se tiverem, vão se arrepender pelo resto da vida. – Cruzou os braços e fechou o semblante, lançando-lhes aquele olhar assustador.

Uma das roqueiras se benzeu e exclamou:

– Cruz-credo! Olhar de um demônio. – Virou-se para um dos amigos e disse: – David está fora do grupo. Mantenha-o distante de nós. – E, voltando-se para o garoto, falou: – David, você, Giovanna, Nilson e Meire não são mais do grupo. Estão fora porque não queremos nenhum problema com seu tio.

A seguir, receberam seus pertences de volta e partiram para a capital gaúcha. Fabrício agradeceu ao delegado, despediu-se, chamou os sobrinhos e seguiram para a casa de praia. Ali, Fabrício disse a David:

– Espero que a lição tenha sido suficiente para ensiná-lo a nunca mais furtar nada da própria casa, a não mentir para mim nem se envolver com bebidas ou drogas. Não quero esse caminho para você, nem para os seus irmãos. – Cravou o olhar no dele. – Por um mês, ficará sem celular e está proibido de ter contato com sua ex-namorada, com o Nilson e a Meire. Pedirei a Giselle, e não mais ao Daniel, que me alerte caso você tenha contato com um dos três.

Apontou para o banheiro e ordenou:

– Vá tomar um bom banho e coloque a roupa que a Anita trouxe. Depois do café, partiremos para Porto Alegre. Você e seus irmãos irão em meu carro e não quero escutar nenhuma palavra de nenhum dos três. Aproveite a viagem para refletir sobre os erros que cometeu.

David o encarou com raiva. Pegou a roupa que Anita lhe entregou e foi para o banheiro sem nada mencionar. Na prisão, já havia decidido o que fazer da vida.

Roberto Diógenes ditado por Sulamita | 283

Capítulo 23

ACIDENTE

Ao chegarem à Mansão Tilewes, David foi para o quarto e colocou em sua mochila o que acreditou ser necessário para ir embora. Dirigiu-se ao escritório, telefonou para uma empresa de mototáxi e informou o endereço, pedindo ao motociclista que não buzinasse quando chegasse ao portão. Depois, voltou para o quarto, abriu uma das gavetas do guarda-roupa, pegou os documentos pessoais e os colocou na mochila. Em seguida, pegou um pouco de dinheiro que tinha guardado na gaveta e o colocou na carteira. Dirigiu-se à janela e ficou observando o portão, aguardando a chegada do mototaxista.

☙ ❧

Chegando ao apartamento onde Giovanna estava residindo, Lizandra lhe disse:

– Elton e Michelle telefonaram dizendo que em trinta minutos estarão aqui. Eles não estão nada satisfeitos com o seu péssimo desempenho na casa de praia dos Tilewes. Eu não poderei esperá-los, porque estou sem tempo.

284 | Órfãos do amor

Lizandra foi para o quarto. Passados cinco minutos, retornou à sala usando o hábito de freira e partiu. Giovanna foi até o quarto que irmã Goreth utilizava e, abrindo uma gaveta do guarda-roupa, pegou o dinheiro que seria para quitar o próximo aluguel e o que deveria ser utilizado para as compras do mês. Depois foi ao seu quarto, apanhou seus documentos verdadeiros e os colocou em uma mala, junto com várias peças de roupa. Fechou a mala, pegou os documentos falsos e os colocou na bolsa. Em seguida, de seu celular, telefonou ao pai pedindo-lhe que abandonasse o local onde estavam escondidos e que a encontrasse na rodoviária junto com a mãe, a irmã e o irmãozinho, porque estavam correndo sério risco de serem capturados pelos traficantes.

Dirigiu-se a um ponto de táxi e pediu que a levassem ao terminal rodoviário. Ali chegando, rasgou os documentos falsos e os jogou em uma lixeira, juntamente com a bateria do celular. Depois foi até outra lixeira distante da anterior e nela atirou o aparelho celular. Sentou-se em um dos bancos da rodoviária e aguardou a família chegar.

☙❦❧

David, ao avistar uma moto estacionar em frente ao portão, colocou a mochila nas costas e deixou apressadamente o quarto. Ao descer a escada, deu de cara com Daniel, que indagou para onde estava indo.

– Vou-me embora da mansão – respondeu. Saiu correndo em direção à porta e apertou o controle que abria o portão, enquanto o irmão gritava que ele estava fugindo.

Derek, Fabrício e Fred, ao escutarem os gritos de Daniel, correram até a garagem. O tio, vendo o sobrinho cruzar o portão e subir na garupa da moto, gritou:

– David, retorne imediatamente e vamos conversar!

– Parta em alta velocidade que pagarei o triplo da corrida – pediu David ao motociclista.

Acreditando que ele fosse maior de idade, o mototaxista partiu em alta velocidade. Quando virou a esquina, colidiu com o carro de Alex. David foi arremessado a uma distância de cinco metros, e o motociclista caiu ao lado da moto. Alex freou o veículo e correu até onde David havia caído. Dois pedestres que tinham presenciado o acidente também correram até onde o corpo estava estendido. Fabrício, Derek e Fred, que haviam testemunhado o acidente, dispararam em direção a David. Ao avistar o sangue do sobrinho escorrendo na pista, Fabrício ordenou a Derek:

– Vá buscar minha maleta de primeiros socorros!

Derek obedeceu, e Fabrício, pedindo a Alex e aos outros dois que se afastassem, sentou-se ao lado do corpo do sobrinho, que tinha um ferimento no ombro direito, de onde o sangue jorrava. David sangrava também por um dos cantos da boca, indicando uma hemorragia interna.

– Fabrício, faça alguma coisa – gritou Marcello, que estava ao lado de David, colocando as mãos sobre o ferimento.

Georg, Edwiges e Gilson o afastaram, pedindo-lhe que se acalmasse, caso contrário, só iria atrapalhar. Eunice e Flaviana abraçaram o rapaz, solidárias à sua dor. Fabrício retirou a camisa, que há pouco tinha vestido e estava limpa. Rasgou as duas mangas e as pressionou sobre o ferimento de David, para tentar estancar a hemorragia. Quando ficaram encharcadas de sangue, ele usou a camisa para o mesmo fim.

Derek chegou acompanhado por Daniel, Nair e Anita, e entregou ao tio a maleta de primeiros socorros. Fabrício retirou a camisa do ferimento, observando que ela estava encharcada de sangue. Pegou gazes na maleta e as pressionou sobre o ferimento, e a saída de sangue, aos poucos, foi diminuindo de intensidade. Colocou a cabeça de David sobre suas coxas para o ferimento ficar acima do nível do coração, o que ajudaria a diminuir o sangramento. Pegou uma gaze e limpou o ferimento da boca do sobrinho. Virou-se para Alex e pediu:

– Empreste-me seu celular, pois deixei o meu em casa. Preciso telefonar para o hospital.

– Eu liguei para o Corpo de Bombeiros informando sobre o acidente – disse Alex, entregando-lhe o celular.

– Eu também já telefonei ao Corpo de Bombeiros pedindo que enviem uma ambulância – falou o motociclista, que só tinha sofrido alguns arranhões.

Fabrício discou o número da emergência do seu hospital privado.

– Quem está falando é o doutor Fabrício Tilewes. Meu sobrinho sofreu um acidente. Enviem com urgência uma ambulância. – Informou o local do acidente e, desligando, devolveu o celular a Alex.

– O senhor foi o culpado pelo acidente e irá responder por ele – disse Alex ao motociclista, e os dois pedestres falaram o mesmo.

Alex telefonou para a polícia e pediu às testemunhas que aguardassem no local. O motociclista ficou em silêncio, sabendo que era o verdadeiro responsável pelo episódio.

– Se o meu sobrinho falecer, o senhor será responsável por sua morte – disse Fabrício. Virando-se para Derek, pediu-lhe que se sentasse e colocasse a cabeça do irmão em seu colo.

Derek obedeceu, e o tio, pegando a maleta de primeiros socorros, usou o que estava nela para lidar com o ferimento do ombro de David, cuja hemorragia já estava desaparecendo. Passados alguns minutos, uma viatura do Corpo de Bombeiros chegou. Três bombeiros foram socorrer David e ouviram:

– Eu sou médico e tio dele. Já lhe ministrei os primeiros socorros e solicitei uma ambulância do hospital que vai... – interrompeu a fala ao ouvir a sirene da ambulância, que estacionou ao lado da viatura do Corpo de Bombeiros.

Um cirurgião e dois enfermeiros rapidamente se acercaram do corpo de David e, após escutarem o que Fabrício lhes disse, realizaram o socorro emergencial.

– O atendimento que o senhor ministrou salvou a vida dele – falou o cirurgião. – Mas precisamos levá-lo ao hospital porque seu estado é muito grave. Acredito que alguns órgãos internos tenham sido lesionados.

Os dois enfermeiros, auxiliados pelos três bombeiros, colocaram David na ambulância. Fabrício virou-se para Derek e disse:

– Vá para casa com o Daniel e os outros. Pegue em meu quarto uma roupa para eu me trocar no hospital e vá para lá com o Daniel. Fred os levará.

Marcello e os outros espíritos volitaram em direção ao hospital. Apressados, Derek e Daniel, Fred, Nair e Anita regressaram para a mansão. Anita e Daniel choravam em silêncio. Alex se aproximou dos dois policiais que haviam acabado de chegar e contou como tinha acontecido o acidente. Os dois pedestres deram seus testemunhos, e os policiais ouviram a versão do motociclista.

ᕫᑫ ᑫᕫ

Elton e Michelle entraram no apartamento gritando por Giovanna, e, ao descobrirem que ela havia fugido levando o dinheiro e os documentos verdadeiros, o delegado falou:

– Ela deve ter ido se juntar à família. Iremos até o local e a faremos se arrepender por ter abandonado a missão sem nos dar sequer uma explicação.

Deixaram o apartamento e foram até um bairro de periferia. Ali chegando, estacionaram à frente de uma casa amarela e bateram diversas vezes na porta.

– Abram a porta! – Elton ordenou gritando. – Sou um delegado e quero falar com vocês.

– O pessoal que morava nesta casa foi embora em um táxi, há uns vinte minutos. Estavam apressados e levavam muitas malas – disse uma vizinha que, ao escutar os gritos de Elton, fora verificar o que estava acontecendo.

Ele e Michelle retornaram aos seus carros e regressaram ao apartamento. Telefonaram para irmã Goreth, pedindo-lhe que fosse ao encontro deles. Sentaram-se no sofá e ficaram aguardando.

– Elton, se Giovanna fugiu, ela poderá nos prejudicar, pois sabe o que pretendíamos fazer com os Tilewes – disse Michelle.

– Ela não tem como nos prejudicar, porque a freira disse residir em outra cidade e trabalhar em um colégio. E você nunca lhe contou que é juíza. Ou seja, ela não sabe onde vocês moram nem o que fazem. Contra mim nada poderá fazer, porque sabe que sou um delegado e tenho provas que podem colocar o pai dela na prisão – falou Elton. – Eles fugiram, mas eu disponho do aparato policial adequado para encontrá-los. Quando colocar as mãos neles, farei Giovanna pagar caríssimo por ter nos traído.

– Quero estar presente para testemunhar essa punição. Depois, eu lhe darei uma lição que ela jamais esquecerá.

Ficaram conversando sobre como se vingariam da garota até o momento em que a freira chegou ao apartamento. Ela se sentou, e os dois lhe contaram o que tinha acontecido.

– Como Giovanna fugiu, teremos que apelar para o plano B – falou Michelle.

– Só os ajudarei se, antes, colocarem em prática o que me prometeram quando assumi o papel de "mãe" da Giovanna – disse irmã Goreth.

– A freira tem razão. Amanhã começaremos a executar os passos que a conduzirão à sua vingança, antes de nos auxiliar no plano B contra os Tilewes – falou Elton.

E combinaram como fariam para que irmã Goreth se vingasse de sua inimiga.

⚜

Assim que avistou os familiares chegarem à rodoviária, Giovanna se dirigiu a eles e os levou para um local onde poderiam conversar em particular. Contou-lhes sobre a missão que o delegado Elton a obrigara a aceitar, sob ameaça, e o motivo de ter fugido.

O pai, que acreditava que o delegado era seu amigo, indignou-se e prometeu que se vingaria dele.

– Não deve se aproximar do delegado, que é muito mais maligno e cruel do que os traficantes que o senhor teme – disse Giovanna. – Eu consegui pegar o dinheiro que estava no apartamento e, junto com o que o senhor escondeu dos traficantes, vamos comprar passagens para outro estado, adotar nomes falsos e iniciar uma nova vida longe daqui.

Ela e o pai contaram quanto dinheiro tinham e, após conversarem com a mãe e a irmã, decidiram partir para Vitória, capital do estado do Espírito Santo. O irmãozinho de cinco anos não foi consultado, naturalmente. Foram a um guichê de uma das empresas de ônibus e compraram as passagens. Dirigiram-se ao local do embarque e, quando o ônibus chegou, embarcaram atentos, temendo que Elton pudesse aparecer acompanhado por policiais. Quando o ônibus partiu, respiraram aliviados, acreditando que o delegado e os traficantes jamais os encontrariam.

⚬৩୧ ୨୧৩⚬

No hospital, assim que David deu entrada, Fabrício foi ao seu consultório e, pegando um jaleco de mangas compridas, vestiu-o e se dirigiu à sala cirúrgica, onde o sobrinho estava sendo socorrido. Cerca de uma hora depois, deixou a sala e foi ao encontro dos que aguardavam por notícias na recepção: Derek, Daniel, Anita, Fred, os Kassiel, os Rudefin, Nicholas e Elise, madre Felícia e irmã Aureliana, Mirella com seus pais e a diretora do hospital. Todos estavam ali.

Fabrício dirigiu-se primeiro à diretora do hospital:

– Quero todos os cirurgiões e ortopedistas o mais rápido possível na sala cirúrgica, para socorrerem o meu sobrinho. Não importa se estão atendendo outros pacientes. Se em cinco minutos não estiverem cuidando do David, todos serão demitidos, inclusive você.

A diretora saiu apressada.

– Tio Fabrício, como o David está? O estado dele é grave? – perguntou Derek.

– Ele foi submetido ao coma induzido[1], para que o cirurgião consiga descobrir os órgãos lesionados responsáveis pela hemorragia interna – respondeu o tio.

– A forma como o senhor se dirigiu à diretora do hospital deu-me a impressão de ser o chefe dela. O senhor é o proprietário deste hospital?

Fabrício nada disse, e foi Álvaro quem respondeu a Derek:

[1] Sedação farmacológica controlada que origina um estado de inconsciência provocado pela equipe médica através de drogas sedativas. (Nota da autora espiritual.)

– Seu tio é o proprietário deste hospital e do laboratório farmacêutico onde Alex trabalha.

Derek estendeu a sacola ao tio, dizendo ser a roupa que ele havia solicitado. Depois falou:

– Obrigado por ter socorrido o David e por estar se empenhando em salvar-lhe a vida. O senhor é um excelente tio! – Derek ficou em pé e beijou a fronte de Fabrício, que, sem nada mencionar, seguiu para o banheiro reservado ao uso dos médicos.

No banheiro, após o banho, assim que vestiu a calça e a camisa de mangas curtas que Derek lhe levara, Fabrício pensou que o sobrinho deveria ter avistado a fístula em seu braço esquerdo e levado justamente aquela camisa só para constatar se ela realmente existia.

Lamentou o ocorrido, mas não havia o que fazer. Colocou a roupa suja na sacola, foi até seu consultório, pegou um jaleco de mangas compridas, vestiu-o e se dirigiu à sala cirúrgica, onde encontrou outro cirurgião e um ortopedista ajudando a examinar David. Fabrício a tudo assistia enquanto os minutos iam passando. Um dos cirurgiões se aproximou dele e lhe disse algo. Ele deixou a sala cirúrgica e, seguindo para a recepção, sentou-se ao lado de Derek, que fixou seu olhar nele, perguntando sobre o irmão. Fabrício disse:

– Queria ser um cirurgião para ajudar a socorrer o seu irmão e impedir...

– ... que ele morra e você se sinta culpado por sua morte – disse Denise, interrompendo-o e se aproximando dele. – Anita me contou o que aconteceu na casa de praia. Se você não tivesse chamado a polícia para prender David, deixando-o dormir na prisão, ele não teria fugido nem sofrido o acidente. Mas, como nunca gostou dele, chamou a polícia para prendê-lo porque é um...

– Cale-se! – ordenou Fabrício, levantando-se e dando-lhe forte bofetada.

Alfredo, Alex, Álvaro e Derek ficaram em pé e se colocaram entre os dois.

– Denise, já me cansei de você estar sempre se intrometendo nos assuntos de minha família sem que eu tenha solicitado sua opinião – falou Fabrício. – Quem você pensa que é para julgar os meus sentimentos? Vá embora do meu hospital e nunca mais apareça em minha mansão, nem tenha contato com os meus sobrinhos. Enquanto forem menores de idade, você está proibida de falar com eles.

– Não irei embora antes de saber o que acontecerá a David, e ninguém me proibirá de ter contato com os filhos do Marcello, que foi um verdadeiro pai para o David e seus irmãos.

– Fará o que eu lhe disse ou vai se arrepender amargamente – disse Fabrício, cruzando os braços e fechando o semblante, enquanto lhe lançava aquele seu olhar frio e duro, fazendo Denise recuar um passo de tanto pavor que havia sentido.

– Doutor Fabrício, venha imediatamente à sala cirúrgica – pediu um dos cirurgiões, que tinha ido à recepção. Fabrício correu para a sala.

– Jesus, Maria, José! – exclamou irmã Aureliana. – Vamos nos unir em oração em intenção da vida de David.

Todos deram as mãos e fecharam os olhos, e a freira começou a rezar em intervalos, enquanto os demais repetiam a oração. Georg e Edwiges, que a tudo assistiam, aproveitaram as energias oriundas da prece e as direcionaram à sala cirúrgica, onde um cirurgião espiritual auxiliava os médicos que socorriam David. As energias provenientes da prece dos encarnados, assim que Georg e Edwiges as direcionaram à sala cirúrgica, transformaram-se em luzes clarinhas que incidiram sobre o cirurgião espiritual e os dois encarnados, envolvendo o corpo de David. O cirurgião espiritual tocou no órgão lesionado e, assoprando os olhos de um dos médicos, colocou a mão direita em sua cabeça. O cirurgião, em alta voz, falou:

– Encontrei o órgão lesionado. Graças a Deus é um só e não foi muito danificado. Rápido! Vamos trabalhar – disse para a equipe que o auxiliava.

Ficaram lidando com o órgão lesionado por uma hora e meia, enquanto o cirurgião espiritual permanecia auxiliando os encarnados, e Georg e os outros desencarnados rezavam em silêncio. Quando o atendimento foi concluído, um dos cirurgiões conversou com Fabrício. Este deixou a sala cirúrgica e foi para a recepção. Assim que Derek notou duas lágrimas descendo pela face do tio, perguntou se o irmão não tinha resistido.

– Ele sobreviveu e está bem – falou Fabrício. – Um pulmão foi lesionado, mas nenhum outro órgão está danificado. David permanecerá no coma induzido por mais algum tempo. Do acidente, ficará com uma cicatriz no ombro e outra no tórax. – Sentou-se. – Agora estou em paz, porque tenho certeza de que tudo fiz para ajudá-lo a sobreviver.

– Graças a Deus, ele sobreviveu – exclamou madre Felícia.

Derek e Daniel beijaram a face do tio e exclamaram juntos:

– Obrigado por ter salvado a vida do David!

Fabrício se emocionou. Nicholas manifestou-se:

– Senhor Fabrício Tilewes, não me arrependo de ter decidido que deveria se tornar o pai dos trigêmeos no passado, pois seus atos comprovaram que está sendo um bom pai para eles, e não um tio.

– Senhor Fabrício, agiu como o doutor Marcello agiria se ainda estivesse vivo. Que Deus o recompense por todo o seu empenho em salvar a vida do sobrinho – disse madre Felícia.

– Fabrício, perdoe-me por, em um momento de dor e sofrimento, ter falado sem pensar e...

– O que ainda está fazendo aqui? – perguntou Fabrício, interrompendo Denise. – Pensei que já tivesse ido embora. Se não se retirar imediatamente do meu hospital, ordenarei aos seguranças que lhe mostrem a saída.

– Fabrício, perdoe-me! – pediu Denise. – Eu falei sem pensar e prometo...

– Não quero saber de nenhuma promessa – disse o rapaz. – Retornarei à sala cirúrgica e, quando voltar, não quero encontrá-la aqui.

– Filha, vamos para casa! – chamou Greice. – Fabrício não gosta de ser contrariado. David não corre mais perigo de vida e pedirei a Derek que nos mantenha informadas sobre a recuperação do irmão.

Denise abraçou Derek e Daniel e, despedindo-se de todos, partiu com os pais. Os outros permaneceram na recepção. Meia hora depois, Fabrício informou que David havia sido transferido para uma enfermaria individual. Disse aos sobrinhos e aos outros que teriam apenas dois minutos para vê-lo, em silêncio. E assim fizeram: de três em três, todos deram uma olhada em David e regressaram para a recepção.

Fabrício virou-se para os dois sobrinhos e disse:

– Vão para casa com Fred e Anita. Eu ficarei no hospital cuidando do David.

– Tio, deixe-me ficar aqui para ajudá-lo a cuidar do meu irmão – pediu Derek.

– Amanhã, você e o Daniel terão aula – respondeu o tio. – Eu e a enfermeira não sairemos de perto do David e daremos todo o auxílio de que ele necessitar quando despertar do coma.

Derek e os outros se despediram de Fabrício e foram para o estacionamento, onde o rapazinho agradeceu aos amigos por terem comparecido ao hospital. Eles se abraçaram e depois entraram nos respectivos veículos, indo para sua residência.

Vendo-os partir, Georg virou-se para o cirurgião espiritual e o agradeceu por ter auxiliado no socorro a David. O benfeitor disse que não havia necessidade de agradecimentos, e os desencarnados também foram embora.

⚭

Transcorridas 21 horas, David despertou do coma induzido, e o tio lhe disse:

– Bom regresso ao mundo dos vivos! Você está bem? Sente alguma dor?

– Tio Fabrício, o que aconteceu comigo? – perguntou David num sussurro.

– Você sofreu um acidente e foi socorrido. Quando se recuperar e retornarmos para casa, falaremos sobre o acidente. Quer alguma coisa?

– Não. Estou com sono e vou dormir – respondeu e logo adormeceu.

– Avise-me quando ele acordar! – ordenou Fabrício à enfermeira, que a tudo observava.

Ele deixou a enfermaria e, de seu consultório, telefonou a Derek informando que o irmão havia despertado do coma. Permaneceu no hospital acompanhando o sobrinho, que, após uma bateria de exames, teve a confirmação de não haver sofrido sequelas mais graves. Depois de dois dias, David recebeu alta, e o tio o levou para casa.

Na mansão, o sobrinho começou a receber a visita dos amigos da família. Nilson, após permissão de Fabrício, que lhe deu uma grande bronca, visitou o amigo e ficou conversando com ele por quarenta minutos.

No dia seguinte, Denise, após muito insistir e implorar a Fabrício que lhe permitisse falar com David, recebeu autorização para visitá-lo e, junto com os pais, foi recebida na sala de estar.

– Terá cinco minutos para conversar com o David. Após esse tempo, deverá se retirar e nunca mais retornar aqui, nem ter contato com os meus sobrinhos – Fabrício disse à moça. – Seus pais continuam sendo bem-vindos em minha residência, mas você não. – Virou-se para os sobrinhos e disse: – Enquanto forem menores de idade, este será o último contato que terão com Denise. Não devem telefonar para ela nem procurá-la, e não quero saber de desobediências. Entenderam?

Derek e Daniel disseram ter entendido.

– Eu entendi, mas não deixarei de ter contato com ela, porque, depois que o papai Marcello morreu, Denise é a única que demonstra amor por nós – disse David. – Assim que eu tirar o gesso do braço, se o senhor Alfredo permitir, irei morar com sua família e nunca mais colocarei os pés nesta mansão. Você é um tio carrasco, que vive me espancando, e fez-me passar vergonha ao me dar cintadas na frente de Giovanna e dos meus amigos. Foi o responsável pela minha prisão e pelo acidente que quase me matou. Eu o odeio e quero ficar longe do senhor, o que será excelente para nós dois, pois, como também me odeia, a distância nos fará bem.

– Eu não gosto de você, mas esse não gostar nunca me fez odiá-lo – disse Fabrício. – Não aceitarei que me julgue culpado do seu acidente porque a culpa é toda sua, que o sofreu tentando fugir de casa ao receber a lição por ter cometido um crime. – Cravou o olhar no dele. – Quando for maior de idade, caso o senhor Alfredo aceite que resida com os Kassiel, poderá ir viver com eles, mas, antes dos dezoito anos, não irá. Assunto encerrado!

– Assunto encerrado coisa nenhuma, porque não ficarei longe da Denise...

– Cale-se! – gritou Derek, interrompendo David. – Você é um ingrato que nunca reconheceu o que de bom o tio Fabrício fez por você e jamais reconhecerá. Ele fez o possível e o impossível para salvar a sua vida, assim que sofreu o acidente. E, em vez de lhe ser grato, acusa-o de um erro que você praticou.

– Só sofri o acidente porque fugi depois do que ele me fez de ruim. Além disso, não lhe pedi que me socorresse e não o agradecerei. Quem deveria ter sofrido o acidente e morrido era ele, mas é tão ruim que não morreu no acidente que vitimou sua família, porque o demônio não quer no inferno alguém mais maldoso do que...

– Cale-se! – gritou Derek, dando-lhe uma bofetada. – Peça perdão ao tio Fabrício pelos absurdos que falou. Ele é seu tio e, desde que ficou órfão pela segunda vez, tem feito tudo para lhe ofertar uma vida cômoda e para educá-lo.

– Derek, só não o faço se arrepender por ter me dado essa bofetada porque estou com o braço engessado – disse David. – Não pedirei perdão ao tio carrasco, de olhar demoníaco, por dizer o que penso. Desde aquele dia em que fui espancado, aos treze anos, meu ódio por ele aumentou e tenho desejado muito a sua morte.

Invisível a eles, Marcello se continha para não se aproximar de David e lhe sugestionar que se acalmasse. Georg e Edwiges já o tinham alertado para não se intrometer e, observando os pais e Eunice, que permaneciam quietos, ele também conseguiu se conter.

Fabrício disse:

– David, estou cansado da sua ingratidão. Reconheço que nunca fui um bom tio por não ter afinidade com você, mas nunca o odiei nem desejei a sua morte, e jamais a desejarei. Se me julga um tio carrasco em função de tê-lo corrigido quando praticou atos ilícitos e diabruras no colégio, considero ter feito minha parte ao tentar lhe oferecer uma boa educação. E foram essas correções que o impediram de destruir sua vida, mas, se é a destruição dela que deseja, em sua maioridade, poderá...

– Liguem o televisor! – gritou Anita, que chegou correndo e interrompeu Fabrício. – Madre Felícia e irmã Aureliana foram presas, acusadas de tráfico de órgãos de crianças e adolescentes.

Derek correu para a sala, e os outros foram atrás dele. Ele ligou o televisor e todos viram madre Felícia e irmã Aureliana algemadas ao lado do delegado Elton e de três policiais. Um repórter aproximou o microfone de Elton, que disse:

– *Há três anos, eu e minha equipe estávamos investigando a quadrilha que trafica órgãos de crianças e adolescentes para a Europa. Hoje, chegaram às minhas mãos provas que comprovam que madre Felícia e irmã Aureliana são chefes da quadrilha. Algumas provas serão reveladas à população gaúcha e as outras posteriormente serão apresentadas à imprensa.* – Ele fez um gesto para Tales, e as provas foram mostradas aos telespectadores.

– *Atirem as criminosas no camburão e levem-nas para a delegacia!* – ordenou Elton aos policiais.

Derek desligou o televisor e gritou por Fred.

– Estou aqui – falou o rapaz.

– Tio Fabrício, permita-me ir junto com Fred provar a inocência de madre Felícia e irmã Aureliana. A missão sigilosa, sobre a qual lhe informei no passado, inocentará as duas e levará os verdadeiros criminosos para a prisão.

O tio lhe deu a permissão. Ele virou-se para os Kassiel e disse:

– Precisarei da emissora de TV de vocês para transmitir o que faremos. Terei que dar dois telefonemas e em seguida partiremos para retirar madre Felícia e irmã Aureliana da prisão.

Apressado, Derek seguiu até o quarto e, pegando os cartões do desembargador Nicholas e do antigo diretor da polícia, regressou à sala. Ligou para os dois homens solicitando-lhes os favores. Concluiu a ligação, agradeceu pelo que iriam fazer por ele e pelas duas religiosas, e, voltando-se para Fred e os Kassiel, chamou-os para irem resolver a questão.

Roberto Diógenes ditado por Sulamita | 297

– Derek e Fred, mantenham-me informado de tudo – pediu Fabrício.

Os dois disseram que telefonariam para dar notícias e depois partiram.

Georg e os outros desencarnados volitaram para a delegacia, a fim de confortar as religiosas injustamente acusadas daquele crime terrível.

Capítulo 24

INOCÊNCIA E MENSAGEM

Na delegacia, na sala de Elton, irmã Goreth parabenizou o delegado e Michelle por terem conseguido ajudá-la a executar sua vingança. Pediu para falar com as prisioneiras, e o delegado a conduziu até a cela onde estavam madre Felícia e irmã Aureliana.

– Irmã Goreth, terá o tempo que necessitar para conversar com as criminosas – disse Elton.

– Não somos criminosas, e Deus nos ajudará a provar nossa inocência – proferiu madre Felícia.

– Irmã Goreth, você telefonou para a superiora da congregação, solicitando-lhe enviar um advogado para nos defender? – perguntou a madre.

– Não telefonei, porque a prisão das duas foi muito noticiada e a superiora já deve ter tomado conhecimento do crime hediondo que praticavam. Nada farei para ajudá-las a deixar a prisão, porque sei que são pessoas malignas. Esperei muitos anos para concretizar a vingança que minha mãe, madre Adalgisa, não conseguiu executar contra as duas. Você – apontou para a madre –, invejando e cobiçando o cargo de diretora que minha mãe ocupava, aliou-se a essa aí – apontou para irmã Aureliana

– e, juntas, providenciaram falsas provas, incriminando-a por adoção ilegal de crianças e adolescentes para a Europa. Minha mãe ficou seis meses padecendo na prisão, até que conheceu alguém que acreditou em sua inocência e a ajudou a ser posta em liberdade.

– Você é filha da ex-madre Adalgisa? Por isso seu rosto me lembrava de alguém, mas eu não recordava quem era – falou irmã Aureliana.

– As duas destruíram a vida de minha mãe, que foi expulsa da congregação por causa das mentiras e falsas provas que lhe atribuíram. Mamãe se tornou muito infeliz e, por dezessete anos, só a ouvi se lamentar de não ter se vingado das duas infelizes que transformaram a vida dela em um inferno. Amando-a com todo o meu coração, prometi-lhe que a faria feliz, vingando-me de suas inimigas. Por isso, vão apodrecer na prisão, onde em breve minha mãe as verá e voltará a ser feliz, porque, antes de morrer, testemunhará as duas pagarem o mal que lhe fizeram no passado.

– Pobre irmã Goreth! – exclamou madre Felícia. – Deixou de viver sua vida, fazendo o que lhe agradaria, para perder tempo acreditando nas mentiras que sua mãe lhe contou. Se tivesse tentado descobrir a verdade junto às religiosas que conviveram com Adalgisa, teria descoberto que ela nunca serviu para a vida religiosa, pois era uma pessoa má, ambiciosa, falsa e ardilosa. Vejo que é você que está por trás das falsas provas que nos incriminaram, mas Deus sabe que somos inocentes e ouvirá nossas preces, enviando-nos um "anjo" para nos ajudar a provar nossa inocência. – Deu-lhe as costas e olhou para irmã Aureliana. – Vamos rezar.

– Há, há, há! – gargalhou irmã Goreth. – Tolas! Continuem ajoelhadas implorando a Deus que as ajudem, enviando o tal "anjo". – Saiu apressada em direção à sala do delegado, onde Michelle perguntou:

– Está feliz por ter conseguido concretizar sua vingança?

– Estou e ficarei mais feliz ainda, quando minha mãe testemunhar que cumpri a promessa que há anos lhe fiz – falou a freira. – Vamos sair para comemorar.

Deixaram a sala de Elton e este, na recepção, deu ordens a Tales para que não permitisse a ninguém falar com as duas prisioneiras enquanto ele estivesse ausente.

Vendo-os partir, Marcello, que ao lado de Edwiges observava os acontecimentos, falou:

– Precisamos fazer alguma coisa para ajudar as duas religiosas a provarem sua inocência.

– Já estávamos fazendo, quando as inspiramos a permanecer firmes na fé e a rezarem neste momento delicado que vivenciam – disse Edwiges.

Georg chegou volitando e convidou:

– Sigam-me até o cemitério!

꧁ꕥ꧂

No estacionamento do cemitério, Fabrício desligou o veículo e se dirigiu aos túmulos que abrigavam os restos mortais dos pais e do irmão. Enquanto caminhava por entre as sepulturas, olhava para todos os lados, certificando-se de que ninguém o observava. Aproximando-se dos túmulos, sentou-se e, sem desconfiar de que os genitores, Marcello, Georg e Edwiges o observavam, disse:

– Pai, mãe, os dois sabiam que eu não acreditava em vida após a morte, mas este é o local que julgo me deixar mais perto de vocês e do Marcello. – Tocou a foto deles, que estava anexa à parte superior da sepultura, e prosseguiu: – Eu me arrependi de não ter dito, no dia do acidente, que os amava. Depois que partiram, passei a me sentir o tipo de órfão do amor que o Derek citou em sua palestra na Casa Espírita. A falta dos três, nos dias em que mais gostaria que estivessem comigo, é dolorosa, porque a saudade me faz ver que não fui um bom filho nem um bom irmão. Embora não o tenha sido, os três foram os melhores pais e o melhor irmão do mundo. Só descobri o que é o verdadeiro amor fraterno depois de ter ficado responsável pelos filhos do Marcello, pois o Derek me tem esse amor. Na convivência com os trigêmeos, descobri que o amo, assim como o Daniel, que são ótimos sobrinhos e só me dão orgulho.

Uma lágrima desceu-lhe pela face e, levantando-se, dirigiu-se ao túmulo do irmão, tocou a foto dele e disse:

– Embora não tenha feito a promessa que você me pediu antes de morrer em meus braços, tenho me esforçado para cuidar bem dos seus filhos, mas esse esforço não tem sido suficiente para conseguir gostar do David e conquistar sua amizade. Ele me considera um carrasco e quer ir embora quando completar a maioridade, para destruir sua vida, o que não desejo, mas não sei como impedir. Não quero que ele se vá, porque pretendo ajudá-lo a se tornar um homem de bem, o que, tenho certeza, acontecerá com Derek e Daniel. Se eu tivesse morrido em seu lugar, você continuaria sendo um ótimo pai para os três, e a ingratidão do David não me feriria por não reconhecer o que tenho feito para ajudá-lo. Se ele não reconhece, é porque eu falhei e, falhando com ele, também falhei com você. – Nova lágrima desceu por sua face.

Fabrício olhou demoradamente para as fotografias do irmão e dos pais e finalizou:

– Sinto falta dos três e do amor que me ofertavam. Gostaria que ainda estivessem aqui para cuidar de mim e me ensinar a ser um bom tio para os trigêmeos.

Lágrimas continuaram descendo por sua face. Os pais e o irmão se sentaram ao lado dele e o abraçaram ao mesmo tempo. Os três estavam muito emocionados com o que tinham ouvido e também choravam. Disseram palavras confortadoras a Fabrício, mas ele não ouviu, pois não possuía mediunidade de audição.

Depois que Fabrício deixou o cemitério, os cinco espíritos saíram volitando em direção à delegacia. Chegaram no momento em que Derek e Fred, o desembargador Nicholas, o antigo e o atual diretores da polícia, Denise e uma equipe da imprensa entravam no local.

– Quero falar com o delegado. Sou o diretor da polícia e este é o ex-diretor – disse um homem alto, moreno, de 65 anos, apontando para o antigo diretor.

– O delegado Elton não se encontra. Em sua ausência, o policial Tales responde pela delegacia – disse o policial-escrivão.

– Diga que quero falar com ele.

Rapidamente, Tales surgiu na recepção.

– Policial, onde o delegado Elton se encontra? – indagou o diretor.

– Ele saiu acompanhado pela juíza Michelle Rodrigues Kawot e por irmã Goreth, que veio visitar as presas. Não falou para onde iria nem quando retornaria – disse Tales.

– Liberte as duas religiosas, cuja inocência foi provada por esses dois jovens – ordenou o diretor, apontando para Derek e Fred. – Eles me procuraram após terem entrado em contato com o desembargador Nicholas e com o antigo diretor da polícia, e me apresentaram provas concretas da inocência da madre e da freira. Os chefes da quadrilha de tráfico de órgãos são o delegado Elton, a juíza Michelle e irmã Goreth, que tiveram a prisão decretada. Todos os policiais da cidade devem se empenhar em prendê-los, para que os três respondam por seus crimes.

– Assim faremos – disse Tales, que, virando-se para o policial-escrivão, falou: – Liberte as religiosas. Vou repassar aos policiais a ordem do diretor.

Logo depois, madre Felícia e irmã Aureliana chegaram à recepção, acompanhadas pelo policial-escrivão. Derek correu até as duas e as abraçou, dizendo:

– Estão livres! Eu e Fred conseguimos provar a inocência das duas, e o diretor de polícia – apontou para o homem –, após ter estudado as provas que apresentamos, acreditou na inocência e determinou que fossem libertadas.

Emocionadas, as duas religiosas beijaram a face de Derek e Fred e, de joelhos, fizeram uma rápida oração agradecendo a Deus por ter se compadecido delas e enviado dois de seus trabalhadores para ajudá-las. Levantaram-se, e a madre pediu:

– Derek e Fred, digam como conseguiram provar nossa inocência.

– Antes de os dois se manifestarem e mostrarem as provas, farei uma chamada para transmitir a liberdade das duas, as provas

Roberto Diógenes ditado por Sulamita | 303

que comprovam sua inocência e as que atestam a verdadeira identidade dos criminosos – disse Denise.

Ela fez um sinal para o câmera e, em seguida, entrou em contato com a emissora de TV dos pais, pedindo para ser colocada no ar. A seguir, começou a transmitir o que Fred e Derek diziam sobre como tinham conseguido provar a inocência das duas religiosas e chegar aos verdadeiros vilões. Além de explicar, os dois mostraram as tais provas.

⋙ ⋘

Em um famoso bar no centro de Porto Alegre, sem a roupa de freira, irmã Goreth, Elton e Michelle tomavam cerveja e comiam petiscos. O celular de Elton tocou e, ao atender, ouviu assustado o que Tales lhe dizia. Desligou o celular e, antes de contar às mulheres o que estava acontecendo, viu Denise aparecer na tela da TV.

– *Estamos falando em frente à delegacia onde as duas religiosas eram mantidas prisioneiras por um crime que não cometeram. A inocência das duas foi provada por Derek Tilewes e Fred Malts, que apresentaram à polícia provas que indicam os verdadeiros culpados de chefiar o tráfico de órgãos de crianças e adolescentes. São eles: o delegado Elton Cavalhares, a juíza Michelle Rodrigues Kawot e irmã Goreth Ribeiro.* – As provas foram mostradas aos telespectadores. – *O delegado, a juíza e a freira tiveram prisão decretada e estão sendo procurados pela polícia. Quem tiver informações sobre o paradeiro deles deve...*

– Corram para os veículos e vamos ao apartamento em que Giovanna vivia – disse Elton para Michelle e a freira, e saiu correndo. Elas o imitiram, e o garçom correu atrás deles, pois não tinham pagado a conta.

Chegando ao apartamento, Elton disse para as duas:

– Vamos colocar em prática o que já tínhamos planejado se as atividades fossem descobertas.

Entraram em um dos quartos, e a freira cortou os cabelos de Michelle e de Elton. Usando maquiagem, fez falsas sardas neles e colocou perucas ruivas nos dois, que vestiram uniforme de uma empresa de viação aérea. A freira se caracterizou como Lizandra e também vestiu um uniforme da mesma empresa. Elton abriu uma das gavetas do guarda-roupa, pegando os documentos falsos que usariam. Lizandra usaria os dela. Pegou três crachás da empresa de viação aérea e, fixando um no bolso do uniforme, entregou os outros para as duas mulheres.

– Os novos visuais, documentos falsos e crachás nos ajudarão a fugir do país – disse o delegado. – Lembrem-se de sorrir para as pessoas, quando chegarmos ao aeroporto, e de nada dizerem quando eu pedir ao funcionário da empresa aérea, que me deve favores, que nos coloque em um voo. Iremos ao aeroporto em meu veículo. Os de vocês ficarão aqui.

– Não podemos fugir do país antes de minha mãe chegar a Porto Alegre. Ela virá hoje de São Paulo e tenho que estar no aeroporto para recebê-la – disse irmã Goreth.

– Telefone para ela e diga para não vir mais – falou Michelle.

– Mas ligue de um aparelho público, pois os nossos celulares devem estar sendo rastreados pela polícia – alertou Elton, pegando uma maleta com dinheiro escondida no apartamento. Em seguida, partiram.

No caminho, a freira foi a um telefone público e ligou para a mãe, pedindo a ela que cancelasse a viagem. Depois, voltou para o veículo, e os três seguiram para o aeroporto. Ali, Elton reconheceu policiais usando roupas civis, que, atentos, olhavam em todas as direções. Ele disse para as duas mulheres:

– Mesmo disfarçados, poderemos ser reconhecidos. Vamos retornar para o carro e fugir para o estado de Santa Catarina. Em Florianópolis, compraremos passagens aéreas para São Paulo e de lá seguiremos para o Chile.

Retornaram ao veículo e seguiram para a BR-101, que os conduziria do Rio Grande do Sul a Santa Catarina. Ao chegarem à rodovia, o delegado acelerou o veículo, porque queria deixar a capital gaúcha o mais rápido possível.

ༀ༅ ༀ༅

Durante o jantar na Mansão Tilewes, Derek, após observar o tio usando uma camisa de mangas compridas, recordou-se de ter visto a fístula em seu braço e, pedindo permissão para interromper o silêncio, falou:

– Tio Fabrício, após o jantar, gostaria que me concedesse alguns minutos de sua atenção para conversamos em particular sobre algo que percebi em seu braço esquerdo.

Passados alguns minutos, após escutar mediunicamente o que Marcello e seus pais lhe disseram, Derek pediu ao tio permissão para voltar a interromper o silêncio.

– De novo? – indagou Fabrício. – O que deseja agora?

– Ouvi o papai Marcello e meus avós Gilson e Flaviana dizerem que desejam transmitir uma mensagem para o senhor.

– Não acredito em vida após a morte nem em comunicação dos mortos com os vivos. Por isso, não estou interessado em nenhuma mensagem espiritual – disse Fabrício.

Derek soltou o talher no prato, fechou os olhos e, recorrendo à sua mediunidade bem educada e trabalhada, falou:

– O papai Marcello está dizendo que, após a conversa particular que teremos no escritório, ele e meus avós querem transmitir uma mensagem relacionada ao que o senhor disse a eles nesta tarde, no cemitério, sentado no túmulo deles e tocando suas fotografias.

Fabrício quase engasgou com a comida. Tomou um copo de água e fixou o olhar no sobrinho, tentando inutilmente avistar a presença de Marcello e de seus pais.

– Escutarei com atenção a mensagem que meu irmão e meus pais querem me transmitir – respondeu por fim.

Daniel e David olharam para os dois, mas continuaram se alimentando em silêncio. Quando o jantar foi concluído, Fabrício e Derek foram para o escritório. Marcello e os pais, Georg e Edwiges seguiram os dois. Assim que a porta foi fechada, David colou um dos ouvidos nela. Daniel o recriminou, dizendo que iria contar ao tio o que ele estava fazendo e, ao fazer menção de que iria bater à porta, David lhe disse que ele deveria voltar a ser "mudo" e foi para o quarto. Daniel também seguiu para o quarto dele.

306 | Órfãos do amor

Dentro do escritório, assim que tio e sobrinho se sentaram, Derek falou:

– No dia em que o David sofreu o acidente, avistei uma fístula em seu braço e, pensando na forma como o senhor passou a se comportar após ter deixado de frequentar a academia onde nos exercitávamos, só usando camisas de mangas compridas, mudando sua dieta alimentar e, três vezes na semana, deixando de trabalhar no período vespertino, fiz algumas pesquisas sobre doença renal e concluí que o senhor é portador dessa doença. – Cravou o olhar no do tio. – Seja sincero comigo, pois no passado disse me considerar seu amigo. Em nome da amizade que nutro pelo senhor e que o senhor tem por mim, quero saber a verdade sobre a sua doença.

– Você sabe que sempre sou sincero em minhas falas e em meus atos – disse Fabrício. – Você está correto sobre a doença que me acometeu. Tenho insuficiência renal crônica e, desde que a descobri, estou me submetendo a sessões de hemodiálise.

– Por que escondeu uma doença tão séria de sua família, e principalmente de mim? Não sou apenas seu amigo, mas seu familiar. Mesmo que assim me considere só por via judicial, deveria ter me contado, para que eu possa ajudá-lo.

Derek ficou em pé, colocou a mão direita no ombro do tio e continuou:

– A partir de hoje, estarei junto ao senhor, dando-lhe forças para enfrentar a doença e tudo fazendo para ajudá-lo a vencê-la. O senhor é o pai que Deus colocou em meu caminho e não permitirei que essa doença o destrua, porque o quero ao meu lado e dos meus irmãos, para continuar nos educando e, futuramente, nos ensinar a educar os nossos filhos. Juntos, vamos vencer essa doença. É uma promessa!

Derek abraçou o tio e beijou sua fronte. Fabrício se emocionou e retribuiu o abraço, o que deixou o sobrinho muito feliz. A seguir, Derek se sentou, e o tio falou:

– Você é um bom sobrinho! Portador de um nobre coração, como nobre foi o coração do seu pai adotivo. Aceitarei que esteja ao meu lado, ajudando-me a enfrentar a doença, porque será agradável receber o apoio de um amigo, que não mais considero familiar por via judicial, mas um verdadeiro familiar. Passo a considerar também os seus irmãos como minha verdadeira família.

– Tio Fabrício, o senhor me emocionou – exclamou Derek, abraçando-o novamente.

Georg e Edwiges se entreolharam e nada disseram. Marcello e os pais se emocionaram. Derek voltou a se sentar, fechou os olhos, fez uma prece e disse ao tio que iria se colocar à disposição da espiritualidade. Gilson se acercou dele e lhe disse que estava emocionado por ter testemunhado o filho passar a considerar os sobrinhos como seus verdadeiros familiares. Derek transmitiu o que escutou e acrescentou:

– Vovô Gilson está dizendo que ele, vovó Flaviana e o papai Marcello estavam no cemitério, ao lado dos túmulos deles, quando o senhor lá esteve e disse ter se arrependido por não ter dito que os amava. Diz ainda que ficaram felizes com a confissão e pedem que o senhor pare de acreditar que não foi um bom filho, porque o foi. Ele e a vovó o amavam e continuam amando-o muito.

Fez uma pausa e continuou:

– Agora é a vovó Flaviana que está dizendo que ela e o vovô Gilson se emocionaram quando o senhor disse que eles foram os melhores pais do mundo. Pede que não se sinta órfão nem do amor paterno nem do materno, porque, nos dias em que o senhor mais necessitou deles ao seu lado, eles estiveram presentes, amparando-o e rezando para Deus ajudá-lo a educar os sobrinhos.

Derek foi repetindo a mensagem que a avó e o avô diziam para o tio. Este, com lágrimas descendo pela face, passou a acreditar na existência da vida após a morte e na comunicação entre "mortos" e "vivos". O que o sobrinho lhe transmitia só poderia ter partido do pai e da mãe, já que ninguém testemunhara sua ida ao cemitério. Continuando de olhos fechados, Derek falou:

– Papai Marcello está dizendo reconhecer seu esforço em cuidar dos filhos dele e agradece por tudo de bom que fez chegar até nós. Disse que está se saindo um pai muito melhor do que ele seria, se tivesse continuado ao nosso lado. Diz que o senhor não falhou na educação do David, muito menos falhou com ele; que as suas correções foram adequadas e que um dia o David reconhecerá isso.

Derek continuou transmitindo a mensagem de Marcello e, ao concluí-la, acrescentou:

– Seu irmão e seus pais se aproximaram do senhor. Pedem que volte a confiar em Deus, rezando como fazia quando era criança. Dizem que continuam amando-o e desejando sua felicidade. Juntos estão abraçando-o. Beijaram sua fronte e agora se afastaram.

Derek abriu os olhos. Fabrício se levantou e, abraçando-o, agradeceu:

– Obrigado por ter transmitido as mensagens. Sua mediunidade de audição é perfeita! – Sentou-se. – Diga aos meus pais e ao Marcello que eu...

– Nada direi, porque eles não são surdos e o escutarão – falou Derek, interrompendo o tio e sorrindo.

Fabrício também sorriu e falou o que gostaria que os pais e o irmão escutassem. Georg se aproximou de Derek e pediu-lhe que continuasse colocando sua mediunidade a serviço dos encarnados e dos desencarnados. Edwiges agradeceu pelo grande bem que fizera ao tio e foi grata por Derek ter se colocado à disposição para ajudá-lo a enfrentar a doença. O jovem, que nas reuniões mediúnicas da Casa Espírita já tinha escutado os dois bons espíritos, pediu-lhes que continuassem auxiliando-o, e também aos irmãos e ao tio. Pediu amparo para Marcello, Gilson e Flaviana e para seus pais biológicos.

Marcello e os pais abraçaram Derek, sendo gratos por ter transmitido a mensagem. Quando os cinco espíritos se despediram e partiram, ele informou ao tio.

⁊⁖⁂⁖

Depois de dirigir por três horas, Elton estacionou em um posto de gasolina, onde havia um restaurante. Abasteceu o veículo e os três aproveitaram para jantar. Depois seguiram viagem. Logo após pegarem a rodovia, ouviram a sirene de uma viatura da polícia e acreditaram que ela os perseguia. Elton passou a dirigir em altíssima velocidade e acabou se chocando com um automóvel ocupado por dois homens que, fugindo dos policiais, invadira a pista contrária. A colisão foi tão violenta que os cinco ocupantes dos dois veículos tiveram morte instantânea.

Floriano e Wesley, que estavam na viatura policial, aproximaram-se dos acidentados. Floriano usou seus conhecimentos espirituais e fez contato com as entidades de sua equipe, que chegaram volitando e ficaram próximas. Floriano desligou os cinco espíritos dos corpos físicos, ordenando aos subordinados que os colocassem no acostamento. Depois, aproximou-se de um dos que fugiam da polícia e o despertou.

Wesley se aproximou do sujeito e, dando-lhe dois socos na face, disse:

– Você e aqueles seus dois comparsas que traficavam drogas invadiram minha casa e assassinaram a mim e à minha esposa. Dos outros dois já me vinguei, pois estão em um presídio, sofrendo algo pior do que a morte. De você me vingarei com crueldade, porque já está morto e os suplícios não o matarão.

Wesley gargalhou, e os outros também gargalharam, enquanto o acidentado os olhava sem nada entender. Ele não compreendia como o sangue podia jorrar daquela forma de seus ferimentos sem que tivesse sequer desmaiado.

– Amarrem os dois e levem-nos para o local onde vivemos! – ordenou Floriano, e suas ordens foram acatadas.

Wesley se aproximou dos outros três e, ao reconhecê-los, pediu que Floriano os despertasse. Ao vê-los acordados, disse:

– Os três morreram no acidente e agora irão pagar pelo que pretendiam fazer aos meus trigêmeos, tencionando enviá-los para o tráfico de órgãos.

– Se tivéssemos morrido, não estaríamos escutando-o nem o vendo – disse irmã Goreth. – Estaríamos no inferno...

– Olhem para seus corpos espirituais – pediu Wesley.

Quando ela e os outros dois olharam e viram os graves ferimentos e o sangue que deles jorrava, ficaram pálidos e muito assustados.

– O inferno é para onde irão, mas não esse que os católicos acreditam existir – disse um espírito que usava capuz e túnica pretos.

Essa entidade, que acabara de chegar ali volitando, estava acompanhada de mais nove que também usavam capuzes e túnicas, porém de cor cinza. O de preto se dirigiu a Floriano e, retirando o capuz, falou:

– A freira, o delegado e a juíza me pertencem e irão conosco. Você se oporá?

– Não irei contra os interesses de quem trabalha para o Mago Negro[1]. Os três são seus – disse Floriano.

O espírito se afastou e, virando-se para Elton, Michelle e irmã Goreth, falou:

– Um dos órfãos que venderam para o tráfico ilegal de órgãos era meu bisneto. Para onde os levarei, descobrirão um inferno muito mais maligno do que o que é disseminado pelo catolicismo. Depois de padecerem os suplícios que lhes preparei, eu os tornarei meus escravos. – Virou-se para os que o acompanhavam. – Acorrente-os e os leve para o meu calabouço na cidade das trevas onde vivemos.

Os espíritos acorrentaram os três e partiram com o líder deles, levando Elton, Michelle e irmã Goreth. Floriano e Wesley também seguiram para o local onde viviam no plano espiritual. Enquanto isso, curiosos se aglomeravam no local do gravíssimo acidente, provocando grande tumulto à margem da rodovia.

---

[1] Segundo alguns autores espirituais, Mago Negro é um espírito das trevas, dotado de grande poder intelectual e mental, que vive na escuridão, usando seus conhecimentos para fins malignos e sobrevivendo da energia que rouba de suas vítimas. (Nota da autora espiritual.)

Capítulo 25

APRESENTAÇÃO MUSICAL

Os meses seguiram seu curso. Derek, quando não estava na universidade, acompanhava o tio às sessões de hemodiálise, dando-lhe força para enfrentar o tratamento. Na quarta-feira à noite, participava das reuniões do grupo mediúnico e, no fim de semana, frequentava as reuniões da mocidade espírita; participava também de outras atividades da Casa Espírita, além de visitar alguns amigos e namorar Mirella. A amizade com Alisson e Lucy – que passara a namorar Fred – se intensificou.

Daniel continuava dedicado aos estudos e ao curso de violão e piano, namorando Giselle e tendo suas conversas com Alisson.

David permaneceu amigo de Nilson e Meire. Após ter se preocupado com o sumiço de Giovanna e tentado encontrá-la, parou de pensar nela, convencido de que, se a garota se importasse com ele, teria lhe enviado notícias.

Fabrício continuou assíduo às sessões de hemodiálise, administrando o laboratório farmacêutico e trabalhando no hospital. Após a mensagem que os pais e o irmão lhe enviaram, por meio da mediunidade de Derek, cancelou o silêncio das refeições, permitindo que os sobrinhos levassem os amigos para a mansão e tentando ser um bom tio.

312 | Órfãos do amor

Quando as férias escolares de julho chegaram, a professora Lívia se reuniu com Derek e Mirella e lhes repassou uma informação que agradou aos dois. Durante o almoço, Derek comentou:

– Tio Fabrício, hoje a professora Lívia me informou que no próximo semestre, por ser um acadêmico superdotado, poderei me matricular em dois semestres do curso, algo que Lucy e Alisson já fazem, por isso estão bem adiantados. A única desvantagem é que estudarei no diurno e no noturno. O senhor permite?

– Tem minha permissão – disse o tio. – Pensei em algo para fazerem em suas férias.

– Com certeza, vai ser algo ruim que nos fará acordar cedo todos os dias – observou David.

Ignorando o comentário, Fabrício falou:

– Os três trabalharão como aprendizes no meu hospital ou no laboratório farmacêutico, mediante contrato estabelecido na Lei de Aprendizagem[1], por seis horas diárias, e receberão um salário mínimo. Também continuarão recebendo a mesada, de cujo gasto não preciso ter mais informações, assim como acontecerá com o salário de vocês.

– O senhor deve ter ouvido na mensagem dos nossos avós e do papai Marcello, que o Derek lhe transmitiu, algo que o fez mudar o tratamento ruim que nos concedia, embora continue sendo um tio chato – falou David. – Quero trabalhar no laboratório farmacêutico como aprendiz do Alex, no período da tarde, para não ter que acordar cedo.

Daniel disse que também queria trabalhar no laboratório farmacêutico, mas no matutino, e Derek optou pelo hospital, no período vespertino.

No dia seguinte, visitaram com o tio o laboratório e o hospital, assinaram o Contrato de Aprendizagem e foram encaminhados para os locais onde exerceriam suas funções. As férias passaram com rapidez e, quando as aulas reiniciaram, o Contrato de Aprendizagem foi cancelado.

Derek e Mirella se matricularam em dois semestres no curso de Direito e, juntos, empenhavam-se nos estudos para conseguirem

---

[1] Lei n. 10.097, promulgada em 19 de dezembro de 2000. (Nota da autora espiritual.)

boas notas. Daniel também se dedicou aos seus estudos no colégio. David só estudava o suficiente para não tirar notas ruins.

Após algumas semanas, Fabrício, cuja anemia não dava trégua, submeteu-se a transfusões de sangue. O semestre passou sem demora, e foi com alegria que Derek e Mirella festejaram a aprovação em todas as disciplinas. Daniel e David foram aprovados para cursarem mais um ano do Ensino Médio.

༄ஓ༄

Quando um novo ano se iniciou, três dias antes de os trigêmeos aniversariarem, no horário do almoço, Daniel entregou ao tio um convite e um ingresso. Fabrício os leu e indagou surpreso:

– No dia de seu aniversário fará uma apresentação musical em um dos teatros da cidade?

– Farei – respondeu Daniel. – Meus irmãos comparecerão, e eu gostaria que o senhor também comparecesse. Ficarei feliz se todos os meus familiares estiverem lá.

– Irei à sua apresentação musical, pois estou curioso para descobrir como um antigo "mudo" se sairá cantando – falou Fabrício.

༄ஓ༄

Na noite da apresentação musical, todas as cadeiras do teatro estavam ocupadas. As pessoas sabiam que o professor de música, o maestro que regeria a orquestra, tinha fama de descobrir jovens talentos. Na primeira fileira de cadeiras estavam os irmãos e o tio de Daniel, os Kassiel, os Rudefin, os Kawot, Alex, Anita e Nair, Mirella e os pais, Fred e Lucy, Alisson e os pais. Madre Felícia, algumas freiras e órfãos estavam na segunda fileira.

Marcello e os pais, Eunice, Georg e Edwiges estavam sentados em cadeiras plasmadas próximas do palco. Pouco distante deles estavam sentados Wesley, Floriano e seu grupo.

Quando as luzes do teatro se apagaram e as do palco foram acesas, todos avistaram um maestro, uma orquestra e um piano.

O maestro se dirigiu ao microfone e, após cumprimentar todos, falou:

– Esta noite, tenho a honra de apresentar-lhes um talento musical descoberto pela minha escola de música: Daniel Tilewes!

O jovem apareceu no palco usando um terno e foi aplaudido. Sentou-se à frente do piano, abriu um caderno de partituras e, colocando os dedos nas teclas, olhou para o maestro. Este fez um sinal, e a orquestra começou a acompanhar assim que Daniel passou a tocar a *Ave-Maria*. Em seguida, ele tocou *Murmures* e *Ballade pour Adeline*. As músicas foram executadas com tanta perfeição, que, surpresos, os familiares descobriram em Daniel um excelente pianista.

Ao fim daquela apresentação, ele foi muito aplaudido. O piano foi retirado. Entregaram um microfone de lapela a Daniel, que o fixou no paletó. O maestro se aproximou do microfone e disse:

– Ouviremos Daniel Tilewes interpretar a *Ave-Maria*, de Franz Schubert. – Olhou para a orquestra e apenas os violinistas se prepararam para tocar, o que fizeram a um sinal dele.

Quando Daniel começou a cantar, sua bela voz tomou conta de todo o teatro. Madre Felícia e as freiras, que nunca tinham escutado a versão da música em homenagem à mãe de Jesus ser cantada com tanta emoção e em tão linda voz, emocionaram-se, ficando com os olhos marejados. Outras pessoas também tinham os olhos cheios de lágrimas.

Cantando, não apenas com a voz, mas com a alma, Daniel emocionava os familiares e todos os que estavam no teatro. Na metade da música, ele se ajoelhou e, unindo as mãos, fechou os olhos, e a canção se transformou em um convite à prece. Muitos fecharam os olhos e, em silêncio, rezaram a prece mariana.

Floriano, Wesley e outro do grupo deles, emocionados, ajoelharam-se e rezaram. Fabrício, Derek, David, Giselle e os amigos dos Tilewes que conheciam Daniel estavam boquiabertos, custando a acreditar no que testemunhavam.

– É um tenor! Sua voz é linda, e ele canta perfeitamente – exclamou Derek, com uma lágrima descendo pela face.

Roberto Diógenes ditado por Sulamita | 315

– Ele é perfeito – exclamou Marcello para os pais e Eunice, que também estavam emocionados.

Daniel se levantou e concluiu a canção. A plateia ficou em pé e o aplaudiu. Ele fez uma mesura e se retirou do palco. A orquestra tocou duas músicas clássicas enquanto uma cadeira foi colocada no palco. Assim que a última música terminou, o maestro anunciou o retorno de Daniel, que apareceu usando calça jeans, camiseta e tênis, e carregando um violão. Ele se sentou na cadeira e, posicionando o microfone próximo à boca, cumprimentou a plateia dizendo que tocaria e cantaria três músicas de conhecidos cantores brasileiros, e assim procedeu. Concluídas as canções, ele falou:

– Peço ao tio Fabrício Tilewes e aos meus irmãos Derek e David Tilewes que fiquem em pé. *Órfãos do Amor* é uma música que compus em homenagem ao Derek, cuja letra ele me inspirou. Ela será cantada em homenagem aos meus familiares e a todos os presentes que, em algum momento de suas vidas, já se sentiram órfãos do amor.

Os irmãos e o tio, que tinham se levantado, voltaram a se sentar. Daniel começou a dedilhar o violão e a cantar sua composição. Derek logo reconheceu na letra da música o significado que ele atribuía aos órfãos do amor e que, cantado na belíssima voz do irmão, fez lágrimas descerem por sua face ao se recordar dos momentos felizes vivenciados ao lado dos pais biológicos, do pai adotivo e dos avós. Lembrou-se também da dor experimentada ao se sentir órfão do amor.

A letra da música, que falava da dor da perda de pessoas amadas, fez David, Fabrício, Giselle e outros que já tinham experimentado essa orfandade se emocionarem. A letra também falava da dor dos espíritos que se sentiam órfãos, por estarem longe das pessoas amadas que permaneciam encarnadas. Georg se emocionou por ter sido ele a sussurrar para Derek o significado da expressão "órfãos do amor", ao se recordar de ter experimentado essa orfandade em uma de suas vidas passadas.

Edwiges exclamou:

– A canção é linda! Wesley, Floriano e o outro espírito estão emocionados. Talvez hoje aceitem ser resgatados.

Georg olhou na direção dos três e observou lágrimas descerem por suas faces. Assim que a canção foi concluída, Marcello correu até Daniel, abraçou-o e o elogiou pela composição e pela bela voz. Sem ter ouvido o que o pai adotivo, em espírito, lhe disse, o rapazinho fez uma mesura, assim que foi aplaudido, e se retirou.

Pelo microfone, o maestro informou o local do teatro onde Daniel receberia os cumprimentos do público. Derek, David, Fabrício e os amigos dos Tilewes rapidamente se dirigiram ao local. Derek abraçou o irmão, parabenizando-o pela belíssima apresentação musical e dizendo:

– Você me emocionou, pois toca e canta divinamente! Estou muito orgulhoso em ter testemunhado que meu irmão, um ex-tímido, é um grande pianista, violonista e cantor.

– O gurizinho e adolescente que fingia ser "mudo" se revelou talentoso – disse David, abraçando o irmão. – Parabéns pela apresentação!

– Você escondeu um grande talento de sua família – disse Fabrício. – Sua voz é bela, e suas canções foram perfeitas. Estou muito orgulhoso de você! – Abraçou o sobrinho e se afastou.

– Você foi perfeito e me fez chorar quando cantou a *Ave-Maria* – falou Giselle, beijando-lhe a face. – Não deveria ter escondido de sua namorada este talento musical.

Amigos dos Tilewes e outras pessoas começaram a parabenizá-lo pela excelente apresentação.

Floriano virou-se para Wesley e ordenou:

– Vá parabenizar seu filho! Eu farei o mesmo. – Saiu caminhando em direção ao jovem, e Wesley o seguiu.

Os dois espíritos parabenizaram Daniel e retornaram para onde estavam.

– Wesley, seu filho me emocionou ao cantar a *Ave-Maria*, porque me fez rezar a oração que me foi ensinada por minha avó, que sempre quis o meu bem – falou Floriano. – As músicas que ele cantou e a palestra do superdotado, sobre perda de pessoas amadas, me fizeram sentir saudades da minha avó e me deram vontade de abandonar essa vida errada.

– A canção da *Ave-Maria* que ele cantou também me fez rezar e pedir à mãe de Jesus que me ajude a mudar de vida – disse um espírito que tinha se ajoelhado e rezado durante a canção.

– Daniel me emocionou ao cantar de uma forma que tocou minha alma – falou Wesley.

Georg e Edwiges, Eunice, Marcello e os pais se aproximaram deles.

– Wesley, você já se vingou daqueles três bandidos e eu me vinguei dos meus inimigos. Está na hora de pararmos de fazer justiça com nossas mãos, porque ela só pertence a Deus, conforme Georg vive nos dizendo. Vou abandonar a vida de justiceiro. Se você quiser seguir comigo, partiremos com eles. – Virou-se para Georg e perguntou: – Espírito de luz, se eu aceitar o convite que você vivia me fazendo para abandonar as ações malignas e partir para a cidade onde vive, poderei me encontrar com minha avó?

– Espíritos de luz são o Cristo, Sua mãe e os anjos. Eu sou apenas um trabalhador de Deus – falou Georg. – Se você partir conosco e mudar sua conduta, preparando-se para ser uma pessoa melhor na próxima reencarnação, a primeira visita que receberá, quando chegar o momento, será de sua avó.

– Irei com você – disse Floriano.

– Eu também irei. Quero seguir com Eunice para, um dia, poder ajudar nossos trigêmeos.

– Eu também irei, porque me cansei desta vida de justiceiro – disse o espírito que tinha se arrependido de suas más ações.

– Vocês querem seguir conosco ou continuarão empenhados em suas vinganças? – perguntou Floriano aos outros de seu grupo.

Todos disseram que permaneceriam empenhados em suas vinganças e fugiram apressados. Eunice abraçou Wesley, dizendo estar muito feliz com a decisão dele, e partiram juntos com os espíritos amigos para a cidade onde viviam.

∽☙☙∼

No dia seguinte, às dezesseis horas, os Rudefin estiveram na Mansão Tilewes, onde foram recebidos por Fabrício e os sobrinhos. Após os cumprimentos, Álvaro disse:

– Daniel, ontem, durante sua apresentação musical, você emocionou a todos porque sua voz fala à alma das pessoas.

– Sou sentimental e meus olhos se encheram de lágrimas quando, ao cantar a *Ave-Maria*, convidou todos a rezar a prece mariana. Eu a rezei – falou Nicete.

– Gisele nos disse que você nunca cantou nem tocou na frente dela. Como conseguiu esconder seu talento artístico dela, que é curiosa e tudo descobre? – perguntou Álvaro.

– Ele também o escondeu dos familiares – disse Derek.

– Tio Fabrício só me deu permissão para treinar no violão em meu quarto, onde tocava e cantava baixinho, para não incomodar os familiares – disse Daniel.

Álvaro virou-se para Derek e disse:

– Vim convidá-lo para estagiar em meu escritório. Aceita o convite?

– Grato por ofertar o estágio, que será uma forma de praticar o que já aprendi e ainda aprenderei no curso – disse Derek. – Se o tio Fabrício permitir, aceitarei o estágio.

– A partir de hoje, você não precisará mais pedir permissão para fazer o que julgar importante para o seu futuro – falou Fabrício.

– Só o liberou de pedir permissão porque ele é o seu sobrinho preferido – provocou David.

Fabrício ignorou o comentário e passaram a conversar sobre outros assuntos. O interfone tocou. Anita disse que o professor de música estava ao portão e desejava conversar com Daniel. Fabrício permitiu a entrada do homem, que foi conduzido à sala de estar. Tinha 47 anos, estatura mediana, cabelos e olhos negros.

Após cumprimentar a todos e se sentar, virou-se para Daniel e disse:

– Sua apresentação musical foi um sucesso e hoje o representante de uma gravadora de São Paulo me procurou, convidando-o para fazer um teste. Se você for aprovado, será contratado para gravar um CD. Representantes de três rádios me procuraram pedindo que você tocasse e cantasse a música *Órfãos do Amor* ao vivo. Um monsenhor quer que você cante a *Ave-Maria* na catedral. Como seu professor e empresário, agendei as datas em que se apresentará. Já o vejo em sua carreira artística, apresentando-se em grandes teatros, catedrais e rádios do Brasil e de outros países. Você ficará rico, muito rico, e, como seu empresário, ficarei com trinta por cento de...

– O senhor não é meu empresário, porque eu não o contratei para me representar artisticamente – disse Daniel, interrompendo-o. – Sou grato por todas as aulas que recebi em sua escola de música, mas que não foram gratuitas. Já fiz o que me pediu ao me apresentar no teatro. Aliás, a apresentação musical foi para provar a mim, e não aos outros, que sou capaz de vencer a timidez, conforme Alisson me informou. Cancele o que agendou em meu nome, sem a minha autorização, pois não quero seguir carreira artística.

– Perdeu o juízo? – perguntou David. – Não o ouviu dizer que ficará muito rico? Não permitirei que desperdice essa chance. Assim que se tornar um cantor famoso e muito rico, usaremos o seu dinheiro para ir embora da mansão...

– Você não é o tio Fabrício para permitir ou não que eu faça o que considero ser o melhor à minha vida – falou Daniel. – Eu nunca quis ser rico, porque, desde que o tio Fabrício ficou responsável por nós, nada nos faltou. O tio nunca me fez mal, e eu só irei embora daqui quando me casar. – Virou-se para o professor e, cravando seu olhar no dele, concluiu: – Não retornarei à escola de música. Já aprendi o que desejava. Não insista para eu seguir carreira artística, pois nada me fará mudar de ideia.

– Estou surpreso com você, que antes só falava sussurrando e agora se portou como quem sabe usar muito bem a voz – disse Derek. – Voltarei a parabenizar o Alisson por ter usado recursos da psicologia para lhe fazer esse grande bem.

O professor de música tentou convencer Daniel a mudar de ideia, mas não ouviu mais nenhuma palavra de sua boca. Apelou para Fabrício e os irmãos dele, pedindo que o ajudassem.

– Não iremos convencê-lo, porque ele já deixou claro que não quer seguir carreira artística, e seu desejo será respeitado – falou Fabrício. – O senhor já lhe informou o que desejava e está na hora de partir.

– Eu convencerei o Daniel, tornando-me um segundo empresário dele e cuidando para que o professor não lhe passe a perna – falou David. – Também o representarei junto às fãs, que serão muitas, e a Giselle, que é ciumenta, não deixará nenhuma se aproximar dele.

– Você não o convencerá a fazer o que não quer. Assunto encerrado – disse Fabrício.

– Desculpe me intrometer em um assunto que não me diz respeito, Fabrício, mas, como advogado dos Tilewes, sugiro que você e o Daniel pensem melhor sobre a futura carreira artística dele, cuja voz é belíssima e não deveria ser desperdiçada – observou Álvaro.

– Não pensarei em futura carreira artística, porque não quero ser um cantor e esse assunto já está me irritando – disse Daniel. – Música para mim é um hobby. A carreira que pretendo seguir é a pediatria.

– Daniel, tudo farei para ajudá-lo a cursar Medicina e, futuramente, seguir a mesma especialidade médica do Marcello – disse Fabrício. – A partir de hoje, tem minha permissão para tocar e cantar na mansão, sempre que tiver vontade.

O professor de música se despediu e seguiu para sua residência, triste por não ter conseguido convencer seu melhor aluno a seguir carreira artística.

꧁ꕥ꧂

Alisson chegou à Mansão Tilewes acompanhado por duas garotas. Anita os levou para a sala de estar, onde foram recebidos por Fabrício e os sobrinhos. Alisson os cumprimentou e apresentou as ruivas de olhos azuis:

– Essas são Anna Paula e Anna Clara, gêmeas de dezesseis anos. Há quinze dias namoro a Anna Paula. Ela e a irmã compareceram à apresentação musical do Daniel e, ao saber que

Roberto Diógenes ditado por Sulamita | 321

sou amigo dele e de sua família, não pararam de me importunar para vir conhecê-lo.

– Daniel, somos suas fãs – disse Anna Paula.

– Você nos dá um autógrafo? – pediu Anna Clara, mostrando duas fotos dele, que havia tirado no teatro, enquanto ele se apresentava.

– Sou o empresário do Daniel junto às fãs, e nenhuma se aproxima dele antes de falar comigo – disse David, ao observar que as gêmeas eram bonitas.

Daniel falou:

– Alisson, você foi responsável pela boa apresentação musical, ao me ajudar a vencer a timidez. Poderá me apresentar a quem desejar.

Alisson o apresentou às gêmeas, e Daniel autografou as fotos de Anna Clara.

– Derek, quero convidá-lo e ao Daniel para, em companhia de suas namoradas, irem ao cinema comigo e a Anna Paula amanhã – disse Alisson. – Fred e Lucy já aceitaram o convite. – Olhou para David. – Quero convidá-lo para ir conosco também, para fazer companhia a Anna Clara.

David se levantou e, aproximando-se da jovem, disse:

– Será uma honra acompanhá-la ao cinema. Após o filme, enquanto os outros casais namoram, aproveitaremos para nos conhecer melhor. Sendo um cavalheiro educado, gentil e atencioso com as mulheres, com uma linda ruiva de olhos azuis, cuja cor de cabelo me encanta, serei muito mais cavalheiro e lhe concederei um tratamento de rainha. – Pegou a mão direita da garota e a beijou.

– Gostei de você e aceitarei sua companhia – disse Anna Clara.

– Tio Fabrício, o senhor me permite ir ao cinema acompanhando Anna Clara e os outros? – pediu David.

– Tem minha permissão – respondeu Fabrício.

Derek e Daniel telefonaram para as namoradas, que aceitaram o convite. Eles e os outros combinaram o horário do encontro no dia seguinte e, depois de conversarem um pouco mais, os visitantes foram embora.

⚜

No dia seguinte, quando os Tilewes tomavam o café da manhã, Fabrício disse:

– Daniel, após o desjejum matinal, iremos a uma loja. Quero lhe dar um piano de presente. Também comprarei um novo violão. Quando o piano e o violão forem entregues, você tocará algumas músicas para seus familiares e cantará a composição *Órfãos do Amor*.

Os instrumentos foram comprados. Dois dias depois, Daniel presenteou os familiares e funcionários da mansão com uma bela apresentação na sala de estar da Mansão Tilewes.

Capítulo 26

DOADOR

Durante as férias, Derek e os irmãos voltaram a assinar Contratos de Aprendizagem no hospital e no laboratório farmacêutico, executando as atividades que já tinham desempenhado antes. Os contratos foram encerrados quando as aulas iniciaram. Daniel, aos fins de semana, presenteava os familiares e amigos com suas canções. David iniciou namoro com Anna Clara e parou de aprontar no colégio.

Derek não se matriculou em dois semestres no curso de Direito. Iniciou o estágio no escritório de Álvaro e conseguiu um estágio para Mirella no escritório advocatício de um amigo do desembargador Nicholas. O curso de Direto, o estágio, as atividades na Casa Espírita e outras que desempenhava tornaram corrida a vida de Derek, que, com alívio, viu chegarem as férias de julho, desfrutando-as para dar maior atenção aos familiares, à namorada e aos amigos.

As férias terminaram e, no novo semestre letivo, Derek e Mirella voltaram a se matricular em dois semestres do curso de Direito. Como permanecia estagiando no escritório advocatício, fora as atividades da Casa Espírita, Derek só tinha tempo para

324 | Órfãos do amor

os estudos e o estágio. Em um domingo, o rapazinho chamou o tio para conversarem no escritório da mansão e lhe disse:

– Embora minha vida esteja corrida, tenho observado que o senhor emagreceu, está anêmico e não tem mais vida social. Está tudo bem em relação ao tratamento de sua doença? Conte-me o que está acontecendo para que eu possa ajudá-lo.

– A insuficiência renal está destruindo minha vida. Eu e o nefrologista tínhamos esperanças de que as transfusões de sangue melhorariam meu estado clínico, mas isso não aconteceu. Terei que me submeter a um transplante renal – disse Fabrício. – Já me inscrevi na lista de espera, que é extensa. Agora é torcer para que não demore a aparecer um doador. Sabe, Derek, eu não temo a morte, mas gostaria de estar vivo para ver você e os seus irmãos formados e encaminhados na vida.

– O senhor estará vivo para continuar ao nosso lado, ajudando-nos a realizar nossos sonhos, porque eu não permitirei que desencarne. Tenho dois rins saudáveis e só preciso de um. Doarei o outro ao senhor – disse Derek.

– Você é muito jovem para ser doador e...

– Já tenho dezesseis anos. Nessa idade, com o consentimento do responsável, que é o senhor mesmo, poderei fazer a doação do rim, se minha maioridade for antecipada – disse Derek, interrompendo-o. – Tio Fabrício, aos nove anos, no Tribunal de Justiça, eu lhe disse que estaria sempre por perto para lhe estender as mãos, quando delas necessitasse. Este momento é muito delicado, e eu peço que aceite o que estou lhe oferecendo. – Ficou em pé, abraçou o tio e concluiu: – Doarei o rim e não aceito que o senhor o recuse, porque o lugar de um pai é ao lado dos filhos.

Fabrício se emocionou e tentou dissuadir o sobrinho de ser o doador. Como Derek não se deixou convencer, ele acabou concordando. Edwiges e Georg, que, junto com Marcello e os pais, observavam os dois, ficaram felizes com a iniciativa do rapazinho.

⋙⋘

Roberto Diógenes ditado por Sulamita | 325

Na semana seguinte, com o auxílio do desembargador Nicholas Kawot e o consentimento de Fabrício, Derek conseguiu a emancipação de sua maioridade. Realizou exames no hospital do tio, que atestaram a compatibilidade de seus rins. Os dois conversaram com o dr. Luiz sobre o transplante, e o nefrologista os colocou em contato com a equipe que iria realizar as cirurgias.

Por semanas, a equipe multidisciplinar composta por médicos, entre eles o dr. Luiz, enfermeiros, psicólogo e assistente social, avaliaram e conversaram com Fabrício e Derek, preparando-os. Oito dias antes de o transplante acontecer, Derek reuniu na Mansão Tilewes os principais amigos da família, seus irmãos e o tio, e os deixou cientes da doença de Fabrício e das providências tomadas para salvar a vida do tio.

– Você é um enviado de Deus à Terra para socorrer os familiares e seus amigos quando estão necessitados de amparo – disse madre Felícia. – Deus abençoará os dois, para que tudo corra bem.

– Derek, desde que o conheci, você sempre se dispôs a auxiliar as pessoas. Por isso, entendo o gesto humanitário que fará. Você tem todo o meu apoio – falou Mirella.

E todos os que estavam presentes parabenizaram Derek por aquele ato tão corajoso, dizendo que rezariam para tudo dar certo.

– Irmão, eu pedirei a Deus e aos bons espíritos que cuidem de você e do tio Fabrício durante o transplante, que, tenho certeza, será um sucesso – disse Daniel.

– Sou contra você ser o doador do rim, porque o tio Fabrício não merece. Ele nunca o amou fraternalmente como você o ama e nunca lhe concedeu, nem aos seus irmãos, um tratamento digno. Pelo contrário, sempre fez questão de nos dizer que nada representamos para ele, considerando-nos familiares apenas por via judicial – falou David. – Não seja o doador do rim. Deixe-o sofrer aguardando na lista de espera. Garanto que, por mais que sofra, ele não morrerá. Vaso ruim racha, mas não quebra.

– Você não deveria ser contra a decisão do Derek, mas sim se oferecer para ser o doador. Quem deve a vida ao tio Fabrício é você, quando sofreu o acidente na moto, lembra-se? Ele fez de tudo para salvá-lo – lembrou Daniel. – Você é um ingrato que nunca reconheceu o que o tio Fabrício fez por nós.

– David, eu jamais deixaria de ser o doador, porque sou grato a tudo o que o tio fez por nós – disse Derek. – Serei o doador que salvará a vida do pai que Deus colocou em nosso caminho. Eu o quero vivo e perto de nós, para continuar nos ajudando a alcançar nossos objetivos.

– O David está correto – disse Fabrício. – Você não deve doar seu rim, porque...

– O David está errado – falou Derek, interrompendo-o. – Serei o doador do órgão que salvará a sua vida e assunto encerrado.

– Fabrício, eu concordo com o Derek. Esse transplante vai salvar a sua vida e está sendo oferecido porque ele o ama. Seu sobrinho quer preservá-lo para que você permaneça ao lado deles e de todos nós, seus amigos, que iríamos sofrer muito caso viesse a desencarnar – disse Denise.

– Você não é minha amiga e é hipocrisia dizer que minha morte a faria sofrer – disse Fabrício.

– Não foi hipocrisia o que a Denise falou – interferiu Derek. – De todos nós, ela é a que mais sofreria com o seu desencarne, porque o ama muito, assim como o senhor também a ama. E eu não estou falando de amor fraterno, mas de amor entre homem e mulher.

– Há, há, há... – gargalhou David. – Foi a coisa mais idiota que eu já ouvi. Denise, uma mulher bondosa, educada, charmosa e dócil, amar o tio Fabrício, um homem grosso, mal-educado, ruim e carrasco.

– Todas as pessoas possuem qualidades e defeitos – disse Derek. – As qualidades do tio Fabrício são: sinceridade, honestidade e responsabilidade, entre outras, que superam os seus defeitos. Desde criança, descobri que ele possui muitas qualidades, algo que a Denise também deve ter descoberto, porque sempre o amou. Ela nunca admitiu esse sentimento por achar que jamais seria correspondida.

Fez uma pausa e prosseguiu:

– Descobri que Denise e tio Fabrício se amam, quando eu e meus irmãos éramos afilhados de fins de semana do papai Marcello. Ao chegar à mansão, a primeira coisa que ela fazia era olhar para todos os lados, tentando avistar o tio, e, quando se viam, os olhos dos dois brilhavam de um modo diferente. Quando tio Fabrício rompeu o namoro com Michelle, Denise demonstrou ter ficado feliz, o mesmo acontecendo com tio Fabrício, quando Alex terminou com ela. Após o desencarne do papai Marcello, Denise nos visitava na mansão a fim de ter um pretexto para descobrir como o homem amado estava vivendo, pois a primeira pergunta que nos fazia era sobre ele. Denise sempre falou o que pensa e nunca se deixou intimidar por ninguém, com exceção do tio Fabrício, cujas determinações acatava; não por temer ficar longe de mim e dos meus irmãos, mas para não deixar de ter contato com ele. Uma mulher só se comporta dessa forma quando ama um homem e não quer magoá-lo.

Derek fez nova pausa e, como todos o olhassem curiosos sobre onde aquilo iria parar, continuou em seu raciocínio:

– Eu observei também que tratar a Denise com indelicadeza foi a forma que o tio Fabrício encontrou para fugir dos próprios sentimentos, pois jamais magoaria seu irmão, admitindo estar apaixonado pela namorada dele. Mas percebi que ele sempre a observava discretamente, interessado em saber como ela estava vivendo. Ao romper o namoro com Débora, tio Fabrício não buscou um novo relacionamento porque sabia que não conseguiria amar nenhuma mulher como ama a Denise e...

– Basta! – gritou Fabrício, interrompendo-o. – Não quero continuar ouvindo essa...

– Verdade – falou Derek, cortando a fala do tio. – O senhor ama a Denise, e ela o ama também. Ela só não rompeu o namoro com o papai Marcello porque admirava o seu comportamento caridoso e achava que deveria se esforçar para fazê-lo feliz. Mas ela sofria em silêncio, sentindo-se culpada, já que o grande amor de sua vida era o irmão dele. Acredito que o senhor também sofria e se sentia culpado por amar a namorada do irmão, guardando este segredo só para si.

Derek desviou o olhar do tio e, olhando para a moça, falou:

– Até hoje não compreendo por que, depois que o papai Marcello desencarnou, você não confessou esse amor ao tio Fabrício. – Olhou para o tio. – Também não compreendo por que até hoje o senhor não confessou à Denise que a ama.

Derek se aproximou de Denise e, segurando-lhe a mão direita, conduziu-a até o tio. Pousou a mão da moça sobre a de Fabrício e disse:

– Depois dos meus irmãos, os dois são as pessoas que eu mais amo. Por isso, quero muito que sejam felizes! Só encontrarão a felicidade se, olhando nos olhos um do outro, tiverem coragem de confessar o que sentem.

Os dois se contemplaram, e Denise tomou a iniciativa:

– Derek deve ter lido minha alma, pois tudo o que ele falou é a verdade. Eu me apaixonei por você quando ainda namorava o Marcello, e a paixão se transformou em amor, mas nunca confessei meu sentimento, exatamente pelos motivos que ele mencionou. Fabrício, eu o amo com todo o meu coração e a minha alma!

– Derek também deve ter lido a minha alma, pois eu me apaixonei por você quando ainda namorava o Marcello – disse Fabrício. – A paixão se transformou em amor e nunca a confessei pelos mesmos motivos que o Derek apontou. Eu te amo, Denise!

Abraçaram-se e se beijaram levemente nos lábios.

Marcello, que junto com os pais, Eunice, Georg e Edwiges acompanhava os acontecimentos, ficou surpreso com o que viu. Olhou para Georg e Edwiges, mas eles não se manifestaram. Apenas se entreolharam e guardaram silêncio. Derek abraçou o tio e Denise em um único abraço, dizendo estar muito feliz com o desfecho daquela história. Com exceção de David, os outros parabenizaram o casal.

Voltaram a falar sobre o transplante e apenas David continuou sendo contra a decisão de Derek, por considerar que Fabrício não era digno de receber o rim de uma pessoa iluminada por Deus, sendo ele um homem cruel e maligno.

Alfredo convidou todos a fazerem um rápido Culto do Evangelho no Lar, no qual pediram que Derek e Fabrício fossem amparados

Roberto Diógenes ditado por Sulamita | 329

durante o transplante renal e que os bons espíritos os assessorassem durante e após as cirurgias.

Georg e Edwiges, usando seus conhecimentos espirituais, utilizaram os bons fluidos provenientes do culto para os espalharem sobre os presentes, principalmente sobre Derek e o tio, e fluidificaram a água que Anita e Nair serviram a todos.

Os amigos dos Tilewes começaram a se despedir e partiram. Fred, a pedido de Derek, conduziu Mirella, Alisson e Lucy até a residência deles. Denise informou aos pais que iria continuar na mansão para conversar com Fabrício.

Quando todos partiram, os trigêmeos foram para seus quartos. Denise e Fabrício seguiram para o escritório, onde conversaram por longo tempo. Depois, foram até o quarto dos trigêmeos e disseram ter decidido iniciar um namoro.

Derek e Daniel ficaram felizes com a notícia, mas David garantiu que em pouco tempo Denise iria se arrepender de ter se envolvido com um homem maligno, frio e carrasco. Demonstrando profunda contrariedade, bateu a porta do quarto.

Capítulo 27

O TRANSPLANTE

No dia do transplante renal, às sete horas, Daniel e David, os Kassiel, os Rudefin, madre Felícia e irmã Aureliana, bem como Anita e Fred, Mirella e os pais, Alex, Alisson e Lucy, chegaram ao hospital dos Tilewes e se dirigiram à enfermaria, onde Derek e Fabrício estavam hospitalizados há alguns dias. Dr. Luiz e dois médicos, especialistas em transplantes renais, explicaram os procedimentos que seriam adotados.

– O tempo estimado entre a retirada do rim saudável de Derek e o transplante para o doutor Fabrício é de quatro a sete horas – disse o dr. Luiz. – Nós iremos nos retirar para que os familiares e amigos conversem com eles por alguns minutos. Findo esse tempo, os dois serão levados para a sala cirúrgica.

Os médicos se ausentaram, e os amigos se apresentaram, desejando-lhes sucesso nas cirurgias e dizendo que ficariam rezando para que tudo corresse bem.

– Vou me juntar aos outros na recepção, rezando para que Deus os proteja – falou Denise. – Na prece, pedirei a Marcello e a seus pais, se for permitido, que estejam com os dois na sala cirúrgica, ajudando o cirurgião espiritual que, com certeza, auxiliará os médicos encarnados. – Beijou a face dos dois e saiu.

Roberto Diógenes ditado por Sulamita | 331

– Derek e tio Fabrício, enquanto estiverem na sala cirúrgica, estarei em prece pelos dois – falou Daniel. – Tenho certeza de que tudo dará certo, porque o Derek é um jovem iluminado por Deus e o senhor tem merecido permanecer conosco.

– Derek, você é um louco de continuar com essa história de doar seu rim para quem não merece recebê-lo – falou David. – Levante-se desta maca e vamos embora, porque a cirurgia a que se submeterá é muito delicada e algo sério poderá lhe acontecer.

– Nada vai me acontecer, nem ao tio Fabrício. O que estou fazendo é em nome do amor que nutro por ele e jamais irei desistir – disse Derek.

– Tio Fabrício, o senhor deveria ser contra o Derek arriscar a vida dele para lhe doar um rim, do qual sabe não ser merecedor – advertiu David. – Mas, como ele não desistirá dessa loucura, antes de o senhor perder a consciência na sala cirúrgica, deseje com todo o seu coração que seu corpo rejeite o rim do Derek. Se fizer isso, a maldade que contamina os órgãos do seu corpo não contaminará o rim puro dele e...

– Basta, David! – gritou Daniel, interrompendo-o. – Pare de falar esses absurdos e vamos deixá-los em paz. Vamos para a recepção!

Daniel agarrou o braço direito do irmão e, antes de conduzi-lo à porta, David, com um safanão, libertou o braço e saiu irritado. Daniel o acompanhou. Fabrício virou-se para Derek e disse:

– O David tem razão.

– Já conversamos sobre esse assunto – disse Derek. – Enquanto estiver sendo anestesiado, farei uma prece pedindo a mesma coisa que tenho pedido a Deus nos últimos dias: que o meu rim seja aceito pelo seu organismo e que salve a sua vida. Tio Fabrício, vai dar tudo certo, acredite! É com amor que estou lhe oferecendo o meu rim. Aceite-o!

Derek fechou os olhos, concentrou-se e começou a rezar em silêncio.

– Boa sorte durante a sua cirurgia! – desejou Fabrício, bastante emocionado com o que acabara de ouvir, mas triste com as palavras de David.

Quatro enfermeiros chegaram e partiram conduzindo as macas com Derek e Fabrício para a sala cirúrgica. Georg, Edwiges, Eunice, Marcello e os pais, além do cirurgião espiritual que havia assessorado os médicos quando David sofrera o acidente, acompanharam-nos. Assim que os enfermeiros entraram com as macas na sala cirúrgica, Georg virou-se para o cirurgião espiritual e disse que ele e os demais desencarnados ficariam do lado de fora, vigiando o ambiente contra possíveis invasões.

Assim que a porta foi fechada, avistaram Michelle, Elton e irmã Goreth usando capuzes e túnicas cinza, acompanhados pelo espírito que usava túnica e capuz pretos.

– O que estão fazendo aqui? Onde estão os guardiões espirituais que estavam cuidando da segurança do hospital? – perguntou Georg.

– Seus inúteis guardiões desfaleceram quando tentaram evitar nossa entrada e foram atingidos pelo poder de Tácio – disse Michelle, retirando o capuz e indicando o espírito que se vestia de preto. – Tácio tem muitos conhecimentos espirituais, e nenhum espírito de luz é páreo para ele. Você e esses inúteis – apontou para Edwiges e os outros – não nos impedirão de entrar na sala cirúrgica para provocar o desencarne de Fabrício e Derek, que nos devem muito. Quando estiverem do lado de cá, nós os faremos pagar por tudo.

– Faremos os dois padecerem suplícios piores do que os que Tácio nos infligiu – disse Elton, que também retirou o capuz.

– Vocês não foram escravizados? – perguntou Marcello. – Como conseguiram se livrar?

– Sofremos muito nas mãos de Tácio e seus servos – disse irmã Goreth. – Mas conseguimos convencê-lo a nos ter como aliados. Ele reconheceu o nosso valor, quando fizemos alguns trabalhos que o deixaram satisfeito. Tácio prometeu nos auxiliar em nossa vingança contra Derek, Fabrício e madre Felícia.

Irmã Goreth ouviu passos atrás de si e virou-se. Os que a acompanhavam também se viraram, avistando os guardiões espirituais, cujos passos se detiveram enquanto um deles falou:

– Georg, não conseguimos impedi-los de entrar no hospital, porque aquele ali – apontou para Tácio – nos atacou usando uma energia maligna que desconhecíamos e que nos fez ficar desfalecidos por alguns minutos. Viemos nos juntar a você e aos outros para expulsá-los daqui.

– Retornem a seus postos; eu lidarei com eles – disse Georg, e os guardiões partiram.

Georg fixou o olhar nos invasores e falou:

– Hoje não é o dia do desencarne de Derek, nem de Fabrício. Não permitirei que nenhum dos quatro entre na sala cirúrgica. Partam imediatamente, antes que...

– Tácio, mostre para ele com quem está lidando – pediu Michelle, interrompendo Georg.

Tácio deu um passo à frente. Cruzou os braços e, fixando Georg, começou a falar baixinho algumas palavras em um idioma estranho. Ao seu redor surgiu uma fumaça preta. Ele estendeu o braço direito na direção de Georg e, antes de realizar nova ação, escutou:

– Se é detentor de algum conhecimento espiritual, deveria usá-lo para refletir bem antes de me dirigir sua energia ruim – disse Georg.

Dando um passo à frente, o espírito bondoso pensou em Deus e uma luz azul-claro envolveu o seu corpo. A luz incidiu sobre a fumaça, fazendo-a desaparecer, e, quando tocou o braço direito de Tácio, rapidamente o fez recolhê-lo e recuar três passos, dizendo:

– Parece que depois de muitos anos encontrei um adversário à altura. – Retirou o capuz, e a fumaça voltou a envolver seu corpo. – Em um passado longínquo, fugi de um espírito de luz porque não tinha os conhecimentos que aprendi com o meu mestre, mas hoje não fugirei e o farei padecer...

Tácio interrompeu a fala quando a luz que circulava Georg ficou mais intensa e, ao incidir sobre a fumaça novamente, a fez desaparecer, queimando sua túnica e seus braços.

– Fujam! Eu não sou páreo para ele – disse Tácio, e saiu em disparada.

Elton, Michele e a freira gritaram quando a luz de Georg tocou suas túnicas e seus corpos. Apavorados, correram atrás do chefe

334 | Órfãos do amor

e fugiram com ele. A luz azul-claro de Georg desapareceu. Ele virou-se para seus amigos e falou:

– Vamos entrar na sala cirúrgica e auxiliar o cirurgião espiritual, se houver necessidade. – Atravessou a porta da sala cirúrgica e os outros o imitaram.

꧁ ꧂

Transcorridas quatro horas, um enfermeiro se dirigiu à recepção do hospital e falou:

– Derek Tilewes foi conduzido a uma enfermaria individual. Tudo correu bem na retirada de seu rim. Ele está sob efeito da anestesia e despertará em algumas horas.

– Graças a Deus! – exclamou Daniel. – E o tio Fabrício?

– Doutor Luiz e os outros médicos se empenham no transplante que está sendo realizado neste momento. Se desejarem, poderão me acompanhar até a enfermaria onde Derek está.

Daniel e David o acompanharam, e os outros seguiram atrás deles. Na enfermaria viram Derek ligado a um soro e um enfermeiro sentado próximo à cabeceira da maca.

– Por ordem do doutor Fabrício, até o sobrinho receber alta hospitalar, um de nós ficará com ele para atender às suas necessidades – explicou o enfermeiro.

Após três horas, Derek despertou, e Daniel, aproximando-se da cabeceira da maca, indagou:

– Você está bem? Necessita de alguma coisa?

– Sinto dores e a sensação de existir um vazio dentro de mim.

O enfermeiro foi à sala cirúrgica e retornou acompanhado pelo dr. Luiz, que disse:

– A sensação de existir um vazio dentro de você desaparecerá após alguns dias. Vou prescrever uma medicação que aliviará suas dores.

Fez a prescrição e a entregou ao enfermeiro, e este rapidamente a preparou e a administrou em Derek, que logo adormeceu.

– Ele irá dormir por duas horas. Se desejar, pode se juntar aos outros.

Daniel foi para a recepção e contou o que tinha acontecido com Derek. Transcorridos mais alguns minutos, um enfermeiro se aproximou deles e disse que Fabrício já estava em uma enfermaria individual, sendo assistido pelo dr. Luiz. Todos se dirigiram à enfermaria e avistaram Fabrício ligado a um soro e a alguns aparelhos. Daniel se aproximou do dr. Luiz, e este falou:

– O transplante renal foi um sucesso!

– Graças a Deus! – disseram ao mesmo tempo Daniel e Denise.

O nefrologista passou algumas orientações e disse que, embora um enfermeiro fosse permanecer na enfermaria, alguém da família deveria ficar como acompanhante. David disse que não ficaria. Daniel falou que seria o acompanhante de Derek, e Denise ofereceu-se para ficar com Fabrício. O dr. Luiz permitiu.

Madre Felícia convidou todos a fazerem uma prece em agradecimento pelo sucesso das cirurgias. Eles deram as mãos e a religiosa fez a oração, que foi concluída com o Pai-Nosso. A madre, irmã Aureliana, David e os outros se despediram de Daniel e de Denise, e partiram para seus lares.

Marcello se aproximou de Derek e, beijando-lhe a fronte, falou:

– Descanse em paz. Sua caridade ao doar o rim que seu tio necessitava foi um gesto nobre e sublime. Ficarei cuidando de você.

Eunice também beijou a fronte do filho. Georg e Edwiges espalharam energias revigorantes sobre Derek e, junto com o cirurgião espiritual, dirigiram-se à enfermaria onde Fabrício estava adormecido. Gilson e Flaviana estavam próximos a Denise. Os dois iriam permanecer no local até Fabrício despertar.

Georg e Edwiges se aproximaram da maca e espalharam energias revigorantes sobre o rapaz. Despediram-se de Gilson e Flaviana, e partiram junto com o cirurgião espiritual.

❧❦❧

No dia seguinte, Derek e Fabrício fizeram vários exames, que foram repetidos durante o período em que estiveram internados, para diagnosticar se tudo estava correto com o organismo deles.

Na tarde em que Derek recebeu alta, Daniel, Fred e Denise estavam na enfermaria e, quando se preparavam para deixá-la, o dr. Luiz entrou, dizendo:

– O organismo do doutor Fabrício está rejeitando o rim transplantado. Um dos cirurgiões que realizou o transplante está no hospital, ministrando-lhe medicamentos para combater a rejeição.

– Irei até ele – disse Derek, seguindo lentamente, apoiado em Fred. Denise e Daniel seguiram atrás dos dois, acompanhando o nefrologista.

Na enfermaria, o cirurgião, ao avistar dr. Luiz, falou:

– Já ministrei no doutor Fabrício a medicação que o fará dormir por algumas horas e os imunossupressores que ajudarão a diminuir a chance de rejeição.

– O organismo dele não deve rejeitar o rim, pois o tio Fabrício necessita dele para voltar a ter uma vida normal – falou Derek, aproximando-se da cabeceira da maca e dizendo: – Tio Fabrício, vou rezar pedindo a Deus que abençoe o seu organismo para que ele aceite o rim que lhe ofereci com tanto amor.

Ajoelhou-se, fechou os olhos e uniu as mãos em atitude de prece. Marcello e Eunice, Gilson e Flaviana, Georg e Edwiges, que estavam na enfermaria, oraram junto com ele.

– Bondoso Deus, o senhor é um pai que só deseja o bem de todos os seus filhos e, embora eu seja pecador e indigno de receber suas bênçãos, humildemente solicito enviá-las ao tio Fabrício, que está necessitado delas para envolverem seu corpo físico, impedindo seu sistema imunológico de rejeitar o rim transplantado – rezou Derek. – Cristo, por favor, envolva o tio Fabrício em suas bênçãos misericordiosas e, junto com Maria Santíssima, abençoe o órgão que ele recebeu.

Daniel fechou os olhos e, unindo as mãos em forma de prece, começou a cantar a *Ave-Maria*, enquanto Derek permanecia rezando. O dr. Luiz, o cirurgião e o enfermeiro, que nunca tinham ouvido o jovem tenor cantando, ficaram surpresos e emocionados com sua bela voz. Denise e Fred também começaram a rezar.

– Deus, por favor, envie suas bênçãos ao organismo do tio Fabrício – pediu Derek, e uma lágrima desceu por sua face. –

Ele merece receber essa bênção, para que possa voltar à vida e ser feliz ao lado da mulher amada. Por favor, escutem minha prece!

De repente, Georg e os outros espíritos avistaram luzinhas claras na frente da porta. A claridade das luzes foi se intensificando. Elas se uniram e emitiram um intenso brilho, obrigando-os a fechar os olhos. Quando conseguiram abri-los, viram um jovem alto, de cabelos compridos até os ombros, olhos azuis, covinhas nas bochechas e fisicamente muito belo. Seu corpo estava rodeado de luz.

O jovem deu um passo e, imediatamente, Georg e Edwiges se ajoelharam e fizeram uma reverência. Eunice, Marcello e os pais imitaram os dois. O jovem caminhou até Derek, e Marcello observou que fios finíssimos estavam ligados ao corpo do jovem. Depois, fixando o olhar em Derek, que continuava rezando, falou:

– Sua prece, brotada de seu coração e feita com muita fé, foi ouvida por Deus. Aqui estou para, em nome Dele, do Cristo e de Maria, dar-lhe uma resposta positiva.

Tocou com o indicador uma lágrima de Derek assim que ela brotou de seu olho. Fechou a mão e a levou até o corpo de Fabrício, onde o rim fora implantado. Abriu a mão e, assim que nela assoprou, luzes clarinhas começaram a circular pelo corpo do rapaz. Tocando a mão direita dele, as luzinhas se infiltraram em seu organismo. Movimentou levemente a mão, e Fabrício se projetou do corpo físico, elevando-se acima da maca. Virando-se, o jovem se aproximou de Derek. Colocou a mão direita em sua cabeça e, nele assoprando, disse:

– Deus o abençoe!

Derek experimentou grande paz de espírito, tendo a certeza de que sua prece fora atendida. Abriu os olhos e enxugou as lágrimas.

O jovem se aproximou de Georg e dos outros, que continuavam ajoelhados, e pediu:

– Por favor, levantem-se!

Eles obedeceram.

– Deus os abençoe, e a todos os que são merecedores de suas preces!

Os seis se sentiram leves e confortados. O jovem fixou Georg e falou:

– Pode levá-lo para a cidade espiritual. Tem minha permissão para executar o que deseja. – Caminhou em direção à porta, e as luzes que envolviam seu corpo começaram a brilhar com grande intensidade, obrigando os seis a fecharem novamente os olhos. Quando conseguiram abri-los, o espírito iluminado havia desaparecido.

– Georg, quem é ele? – perguntou Marcello.

– É o anjo Lugiel[1], que está encarnado na Terra, realizando uma grande missão – respondeu Georg. – Nossa cidade espiritual é assistida por ele e por outros de sua mesma evolução. Lugiel se comove com as lágrimas que brotam durante uma prece sincera e, em nome de Deus, do Cristo e de Maria, dirige-se a quem rezou para dar uma resposta à oração, como fez após ouvir a prece de Derek.

George se aproximou de Fabrício e, segurando-lhe a mão direita, usou seus conhecimentos espirituais para despertá-lo. Fios finíssimos ligavam seu corpo espiritual ao físico. Flaviana e Gilson abraçaram o rapaz, dizendo ter sentido muitas saudades.

– Pai! Mãe! Eu estou sonhando com os dois? – perguntou Fabrício.

– Para você será um sonho, mas para nós é o encontro com um familiar que amamos – disse Marcello, que o abraçou, falando ter sentido saudades.

– Também sinto saudades de você, do papai e da mamãe – falou Fabrício.

O irmão lhe apresentou Georg, Eunice e Edwiges, dizendo:

– Os três são grandes amigos. Georg é o mentor espiritual do Derek, ou anjo da guarda, se assim preferir.

– Se ele é o anjo da guarda do Derek, e se eu estou conversando com você e nossos pais, significa que morri? – perguntou Fabrício.

– A morte como você a concebe não existe. Se ela existisse, não estaria conversando conosco – falou Georg. – Correu tudo

---

[1] O espírito Jaqueline, em seus livros ditados a Roberto Diógenes, narra passagens sobre o anjo Lugiel. (Nota da autora espiritual.)

bem no transplante renal, mas você tem dito para o seu organismo rejeitar o rim que Derek lhe doou, preferindo acatar o que David lhe disse sobre não merecê-lo. Olhe atrás de você – pediu.

Fabrício olhou e assustou-se ao ver seu corpo na maca, e Derek rezando ao lado dele.

– Ele acredita que eu morri? – perguntou a Georg, preocupado.

– Não. Derek reza agradecendo a Deus por ter atendido à prece para abençoar seu organismo, a fim de não mais rejeitar o rim transplantado, algo que deverá fazer quando voltar ao corpo físico – disse Georg. – Você foi retirado de seu corpo para assistir a um filme. – Estendeu a mão direita e pediu: – Dê-me uma de suas mãos e a outra para Edwiges. Depois feche os olhos e só os abra quando eu disser para fazê-lo.

Ele obedeceu, indagando-se por qual motivo não tinha vontade nenhuma de contrariar as ordens de Georg. De olhos fechados, partiram volitando. Eunice, Marcello e os pais seguiram atrás deles em direção à cidade espiritual onde viviam.

Capítulo 28

ELDRIC

Ao chegarem à cidade espiritual, Georg pediu que Fabrício abrisse os olhos. Ele obedeceu e descobriu que estava em um belíssimo jardim, onde todas as roseiras estavam floridas. Pessoas estavam sentadas em alguns bancos, conversando.

– Por favor, sigam-me! – pediu Georg, caminhando pelo jardim em direção a um prédio azul-claro, sendo seguido pelos outros.

Entraram no prédio. Georg e Edwiges, após cumprimentarem algumas pessoas, dirigiram-se a uma sala, e os outros os acompanharam. Entraram, e Fabrício observou que havia ali uma grande tela e muitas poltronas, lembrando uma sala de cinema.

– Sentem-se! – pediu Georg. – Assistiremos a um filme.

Quando todos se acomodaram, Georg apagou a lâmpada e, sentando-se ao lado de Edwiges, apertou um botão que estava fixado no braço da poltrona. Na tela, surgiu uma sinagoga. Nela, judeus rezavam, os homens separados das mulheres por uma divisória. Assim que as preces terminaram, duas famílias ficaram em frente à sinagoga. Um rapaz de 22 anos, alto, de cabelos castanhos e olhos azuis, aproximou-se de uma jovem, que tinha um véu sobre os cabelos, e disse baixinho:

– Dinah, durante o jantar, direi a todos que a amo e que quero me casar com você.

– Ezekiel, eu também o amo e ficarei feliz se o papai aprovar nosso casamento – disse a moça, que tinha vinte anos, estatura mediana, cabelos e olhos castanho-claros.

– O que os dois estão cochichando? – perguntou Levi, um rapaz de 21 anos, também de alta estatura como Ezekiel, com cabelos e olhos castanhos.

– Levi, ouvi você perguntar o que minha filha está cochichando com o filho de Amnon? – indagou Gideon, um homem de cinquenta anos, de cabelos e olhos castanhos. – Dinah, junte-se à sua mãe e à sua prima. Uma moça não deve ficar cochichando com um homem. Isso é vergonhoso. Quando chegarmos em casa, será castigada por esse comportamento inadequado a uma judia.

Rapidamente, Dinah se aproximou da mãe e de Adina, a prima. O rabino se juntou a eles, e Amnon, um homem de 52 anos, alto, de cabelos castanhos e olhos azuis, disse:

– Rabino Jacob, será uma honra tê-lo em minha residência, jantando com meus familiares e a família de Gideon.

– A honra será toda minha – falou o rabino, um homem corpulento, de cabelos e olhos negros.

Seguiram para a residência de Amnon, localizada em um dos bairros nobres de Berlim. Ali chegando, sentaram-se na sala.

– Pai, antes de jantarmos, tenho algo importante para falar – disse Ezekiel. – Eu e Dinah nos amamos e queremos nos casar. Peço sua bênção e a do senhor Gideon.

– Minha bênção não terá e não permitirei que Dinah se case com você, porque não tem uma profissão decente para manter uma família – disse Gideon, que, virando-se para o pai de Ezekiel, falou:
– Amnon, Dinah se casará com Abner, seu filho mais velho. Ele é médico e ganha um bom dinheiro. Os dois terão minha bênção. O casamento será vantajoso para as duas famílias, porque uniremos nossas fortunas. Abner é meu preferido para se casar com minha filha porque, além de ter uma profissão decente, ele se comporta como um verdadeiro judeu.

– Senhor Gideon, eu trabalho no banco do papai e...

– ... e o que ganha trabalhando como caixa no banco é muito pouco para ofertar uma vida cômoda à Dinah – disse Gideon, cortando a fala de Ezekiel. – Eu não simpatizo com você, que sempre foi preguiçoso e nunca se interessou em estudar para ter uma profissão decente, que cause orgulho à sua família. Não consentirei minha única filha casar com quem eu não tenho afinidade. Você é um péssimo judeu.

Virou-se para Abner, um rapaz de 27 anos, alto, de cabelos castanhos e olhos azuis, e disse:

– Abner, já está em idade de se casar. Nossas famílias são muito amigas, e eu ficarei feliz e honrado se você desposar Dinah, cujo casamento terá minha bênção. Aceita?

– Ezekiel e Dinah se amam. O correto será...

– Cale-se, mulher! – ordenou Amnon, interrompendo a esposa. – Uma judia só se manifesta quando o marido permite. Eu não lhe dei essa permissão.

Miriam, uma mulher de 47 anos, estatura mediana, de cabelos castanho-claros e olhos azul-claro, baixou a cabeça e ficou em silêncio.

– Se papai conceder a bênção ao casamento, desposarei Dinah – disse Abner, que secretamente mantinha paixão pela moça.

– Papai, o senhor deve ser contra esse casamento, pois eu amo Dinah, ela me ama e queremos nos casar – falou Ezekiel. – Já conversamos sobre eu não receber um bom salário. Dinah não se importa de termos uma vida simples e humilde.

– Dinah não se casará com você – disse Gideon.

– Ezekiel, eu sempre fiz o que estava ao meu alcance para ajudá-lo, mas agora nada poderei fazer. Se Gideon tem preferência por Abner, ele terá minha bênção para desposar Dinah – falou Amnon. – Você ainda é jovem e encontrará uma boa moça para ser sua esposa.

– Abner, você não estava pensando em se casar com Adina? Foi isso que minha irmã me contou quando os peguei conversando na joalheria do tio Gideon – falou Levi.

Abner olhou para Adina, uma moça de 23 anos, com 1,70 metro de altura, de cabelos e olhos castanhos, e falou:

– Eu e Adina conversávamos como amigos. Nunca falei que iria contrair matrimônio com ela. Desposarei Dinah.

– Abner, eu o deixei ciente do amor que sinto por Dinah. Por isso, deve recusar...

– Não recusarei, porque o pai de Dinah quer que eu seja seu esposo, e nosso pai concederá a bênção ao casamento, que nos trará felicidades. Viveremos em paz, e depois Javé enviará nossos filhos – proferiu Abner, interrompendo Ezekiel.

Ezekiel o encarou com ódio e, desviando o olhar, ficou em silêncio.

– Gideon, Dinah confessou amar Ezekiel. Se casarem, serão felizes – disse Lia, uma mulher de 42 anos, com 1,68 metro de altura, cabelos castanho-escuros e olhos verdes.

– Mulher, não a autorizei a falar. Por isso, fique em silêncio – ordenou Gideon. – Nossa filha se casará com quem eu considerar ser um bom esposo para ela.

– Em um casamento deve existir amor. Se Ezekiel e Dinah se amam, o fato de ele não ter uma boa profissão não será empecilho para serem felizes – proferiu o rabino.

– Rabino, aprecio sua sabedoria, mas essa apreciação não lhe dá o direito de se intrometer em um assunto em que eu e Amnon estamos de acordo – disse Gideon. – Dinah se casará com Abner.

– Tio Gideon, solicitando permissão para falar, amanhã irei conversar com as freiras e pedirei que me aceitem no convento – disse Adina.

Gideon virou-se e, dando-lhe uma bofetada, falou:

– Você é uma judia. Não permitirei que renegue a única e verdadeira religião, para ficar adorando um crucificado. Está proibida de tocar nesse assunto.

– O senhor é meu tio, não meu pai. Por isso, não acatarei a proibição e serei uma freira – falou Adina com determinação.

– Você e Levi são dois ingratos que, em vez de me agradecerem por tê-los acolhido em meu lar quando ficaram órfãos,

344 | Órfãos do amor

vivem se rebelando contra o que considero ser o melhor para vocês. Herdaram o sangue ruim do meu irmão, que foi outro ingrato – disse Gideon. – Se quer passar o resto de sua vida presa em um convento, servindo a um crucificado, amanhã a levarei até as freiras e deverá se esquecer da minha família, porque estará morta para nós.

– Quer ser freira só porque Abner não a ama e se casará com Dinah? – indagou Levi.

– Não. No convento, serei feliz e rezarei pela minha família – respondeu a irmã.

Ezekiel fixou o olhar em Dinah e perguntou:

– Dinah, você confessou me amar, mas aceitará se casar com meu irmão só porque seu pai assim deseja?

– Mesmo amando-o, eu sou uma mulher e não posso me rebelar contra meu pai – falou Dinah. – Aceitarei o infeliz destino que ele me reservou.

Com muito ódio, Ezekiel fixou o olhar em Gideon, em Abner e no pai, determinado a se vingar deles. Amnon e Gideon começaram a falar sobre os preparativos do casamento, decidindo que Dinah iria morar com o esposo no lar de Amnon. As mulheres serviram o jantar, e Miriam convidou todos para se alimentarem.

– Perdi o apetite – disse Ezekiel, levantando-se. – Levi, depois do jantar, gostaria de conversar com você. Estarei na varanda.

O rabino fez uma prece agradecendo pelos alimentos e todos se serviram. Ao concluírem o jantar, Levi se dirigiu à varanda, onde conversou com Ezekiel. Depois de algum tempo, os dois retornaram à sala e, aproximando-se do pai, Ezekiel falou:

– Sou contra o casamento de Abner com Dinah e, para não ser obrigado a conviver com os dois, partirei para Roma, onde cursarei Medicina. O senhor bancará as despesas do curso e de minha estadia na cidade. Quando eu estiver formado e trabalhando, reembolsarei os gastos.

– Assim farei, pois tomou a decisão correta sobre o que fazer de sua vida – disse o pai.

– Tio Gideon, eu gostaria de cursar Farmácia em Roma, na mesma universidade que Ezekiel cursará Medicina – disse Levi. – Peço-lhe que pague as despesas. Depois eu...

Roberto Diógenes ditado por Sulamita | 345

– Nada pagarei para quem não é meu filho – falou Gideon, interrompendo-o. – Já lhe dei um emprego em minha joalheria e uma moradia em meu lar. Nada mais farei por você.

Ezekiel e Levi se sentaram e, em silêncio, ficaram ouvindo a conversa dos outros. Passados vinte minutos, o rabino, Gideon e familiares se despediram e partiram para seus lares.

No dia seguinte, Levi e Gideon conduziram Adina ao convento, onde ela foi muito bem recebida pela madre superiora, pois a moça, em outras ocasiões, já tinha visitado o local e conversado sobre o desejo de se tornar religiosa. O irmão se despediu prometendo visitá-la.

⚬⚭⚮⚭⚬

Transcorridas duas semanas, Ezekiel, com o auxílio de Levi, conseguiu documentos falsos com o nome de Eldric e partiu para Roma, onde se matriculou no curso de Medicina e se dedicou aos estudos. Formou-se em Cirurgia e passou a trabalhar na capital italiana. Em Roma, fez amizade com Lorenzo, que foi seu colega de curso e tornou-se clínico.

Passados dois anos, Eldric se tornou um dos melhores cirurgiões de Roma e começou a ganhar muito dinheiro, depositando-o em um banco. Quitou o que devia ao pai e mantinha contato com a família mediante correspondências.

Em 1940, quando soube que a Alemanha, a Itália e o Japão tinham assinado o Pacto Tripartite, formando a aliança dos países do Eixo para lutarem na Segunda Guerra Mundial, Eldric foi à residência de Lorenzo e lhe disse:

– Em Roma, você é o único que conhece minha história e, sendo meu amigo, quero que me ajude a retornar a Berlim, colocando-me em contato com os militares amigos de seu pai, que estão diretamente envolvidos na guerra, pois quero usá-la para vingar-me de Gideon, Abner e meu pai.

– Eldric, muitas vezes lhe pedi que esquecesse sua vingança, porque vingar-se não lhe trará felicidade alguma – disse Lorenzo, um rapaz de 31 anos, alto, loiro e de olhos verdes. – Mas, pelo

346 | Órfãos do amor

que vejo, essa vingança é mais importante para você do que perdoar para desfrutar a paz de espírito. Sou contra o que pretende fazer, mas, como seu melhor amigo, irei colocá-lo em contato com os militares. Inclusive, ontem, ouvi um deles dizer ao meu pai que chegaram de Berlim um cirurgião e uma química, pessoas de confiança de Himmler, líder do exército nazista, para realizar uma reunião com militares italianos. Meu pai, que é da alta hierarquia do Exército, participará dessa reunião. Posso pedir para irmos com ele.

– Eu tinha certeza de que iria me auxiliar, porque nos consideramos como irmãos – falou Eldric.

– Você terá que mudar seu visual para participar da reunião. Sendo alto, tendo olhos azuis e boa compleição física, pintarei seu cabelo de loiro, para que fique parecendo um ariano[1] – disse Lorenzo. – Amanhã à noite irei à sua casa levando tintas de cabelo.

No dia seguinte, Lorenzo foi à casa do amigo e informou o dia e horário da reunião dos militares. Pintou os cabelos de Eldric, que, após tomar banho, colocou óculos e mudou a forma de pentear os cabelos. Lorenzo disse que ele não se parecia com um judeu, mas sim com um verdadeiro ariano.

❧ ❧

Transcorridos dois dias, às dezenove horas, o pai de Lorenzo levou o filho e Eldric até o local da reunião dos militares – membros do Partido Fascista que apoiavam a guerra – e os apresentou para alguns deles.

O casal alemão chegou, e a reunião se iniciou. Ao ser concluída, o pai de Lorenzo apresentou o filho e Eldric ao casal. Lorenzo falou:

– O doutor Eldric veio residir na Itália, após judeus terem feito grande mal à sua família. Ele é um dos melhores cirurgiões de Roma e tenciona regressar a Berlim para vingar-se dos judeus. Mas sua família não vive mais na cidade e ele não tem nenhum contato que possa auxiliar seu regresso.

---

1 Segundo a teoria nazista, os arianos eram considerados uma raça pura e superior às outras raças. (Nota da autora espiritual.)

– Cirurgiões são bem-vindos aos Campos de Concentração para realizar experiências com os prisioneiros de guerra, dentre eles, muitos judeus. O doutor Eldric poderá perseguir seus inimigos e enviá-los para que sejam feitas experiências em órgãos. Eu e o doutor Willy o levaremos conosco para Berlim e, após ajudá-lo a se estabelecer na cidade, o ajudaremos a localizar seus inimigos e destruí-los – disse Nadine, a química, uma loira alta, de 32 anos e olhos azuis.

– Só o levaremos conosco se se juntar à equipe de médicos e químicos pesquisadores no Campo de Concentração, onde eu e Nadine atuamos – falou Willy, um cirurgião de quarenta anos, alto, loiro e também de olhos azuis.

Eldric deu sua palavra de que se juntaria a eles na equipe de pesquisadores e combinaram o dia que partiriam para Berlim. Lorenzo falou que acompanharia o amigo para auxiliá-lo a vingar-se. No íntimo, desejava aproximá-lo dos familiares para convencê-lo a desistir da vingança.

Após três dias, Eldric e Lorenzo seguiram com Nadine e Willy para Berlim.

⚜

Na Alemanha, Eldric e Lorenzo ficaram hospedados na residência de Nadine e Willy. Durante a madrugada, Nadine foi ao quarto de Eldric e, dizendo ter-se apaixonado por ele, prometeu tudo fazer para ajudá-lo a encontrar seus inimigos judeus, se ele se tornasse seu amante. Eldric foi contra, mas ela o ameaçou dizendo que, se recusasse, o enviaria junto com Lorenzo a um Campo de Concentração, sob a acusação de serem espiões dos países aliados, que combatiam os países do Eixo. Tendo obtido o que desejava do rapaz, Nadine voltou para junto do marido, que dormia pesadamente.

No dia seguinte, ela e Willy apresentaram Eldric e Lorenzo para um dos comandantes da SS, a polícia nazista, que no mesmo dia lhes informou ter encontrado uma residência para o dr. Eldric, entregando-lhe os documentos de um sobrado no centro de

Berlim. O comandante falou que designaria uma patrulha para ficar à disposição do dr. Eldric, conforme Nadine lhe solicitara. À noite, Eldric e Lorenzo se mudaram para o sobrado.

Às nove horas do dia seguinte, Nadine e Willy chegaram à residência de Eldric acompanhados por Berdina, uma mulher de 32 anos, média estatura, cabelos loiros e olhos azuis, que fora contratada para trabalhar na casa dos dois médicos. O cirurgião e a química, ao ficarem cientes de que Eldric e Lorenzo queriam montar uma clínica no sobrado, entraram em contato com o comandante da SS que tinha sido designado para servir ao casal, e, em dois dias, o militar e seus subordinados confiscaram de outras clínicas o equipamento necessário à montagem da clínica de Eldric.

O comandante, acatando ordens de Nadine e Willy, entregou as chaves de um veículo para Eldric, que foi estacionado na garagem do sobrado, e lhe apresentou a patrulha de quatro militares que ficaria a serviço dos dois médicos, comandada por Bertram, um homem de trinta anos, alto, de cabelos e olhos negros.

Passados dois dias, no térreo do sobrado, a clínica de Eldric e Lorenzo iniciou as atividades. No finalzinho daquela tarde, Nadine e Willy visitaram os dois, e Willy falou:

– Na segunda-feira, eu e Nadine os levaremos ao Campo de Concentração de Sachsenhausen, distante trinta e cinco quilômetros de Berlim, para apresentá-los à equipe de pesquisadores a fim de que iniciem suas atividades.

– Eu não irei, pois vim a Berlim para ajudar Eldric a encontrar seus inimigos. Permanecerei na clínica, trabalhando como clínico geral, enquanto Eldric estiver no Campo de Concentração, pois, sendo cirurgião, é ele que lhes será útil – disse Lorenzo.

– Lorenzo é muito sensível e religioso. Tem um coração bondoso e é incapaz de fazer mal a alguém. Ele só atrapalharia a equipe de pesquisadores – falou Eldric.

– Ele ficará aqui. Não levaremos conosco um médico de coração bondoso – disse Nadine.

Mudaram de assunto, e Berdina serviu um café ao casal, que partiu após tomá-lo. Berdina, após lavar a louça do café, despediu-se e seguiu para o local onde vivia. Na madrugada, Nadine apareceu na casa de Eldric, e os dois voltaram a ficar juntos.

∽ঔৎ ঔৎঌ

Na segunda-feira, cedinho, Eldric partiu com Nadine e Willy para o Campo de Concentração de Sachsenhausen, onde ele foi apresentado para Werner – médico líder do trabalho de pesquisa – e toda a equipe. Werner determinou, após o treinamento de Eldric, que uma das enfermarias comandadas por Willy fosse destinada às experiências do novo cirurgião.

Nadine e Willy levaram Eldric para as enfermarias, sob o comando do segundo, e, ao ficar ciente de quais experiências médicas eram realizadas com os prisioneiros de guerra, Eldric concluiu que elas seriam ideais à sua vingança contra o pai, o irmão e Gideon.

Ele foi treinado sobre como deveria se comportar junto às vítimas de suas experiências, e como mudar a voz para que ela se parecesse com a de outra pessoa. Aprendeu ainda a olhar com determinada expressão física para provocar medo e pavor nos prisioneiros.

Após quatro dias, Eldric iniciou suas experiências médicas nos órgãos de suas primeiras vítimas. Pelos resultados que obteve, recebeu elogios de Werner e de toda a equipe. Werner determinou que ele iniciasse as mesmas experiências com órgãos de crianças e adolescentes.

No dia seguinte, duas crianças e um adolescente judeus foram encaminhados para a enfermaria de Eldric. Temendo o que iria lhes acontecer, os três começaram a gritar e chorar. Eldric cruzou os braços, fechou o semblante e lhes lançou um olhar duro e frio. Os três se apavoraram e, enchendo-se de temor, gritaram e choraram ainda mais alto.

Uma enfermeira e um enfermeiro que auxiliavam Eldric colocaram mordaças na boca dos três, que estavam amarrados às macas. Aplicaram drogas neles e os três perderam a consciência.

Eldric, usando seu equipamento cirúrgico, retirou um dos rins das crianças e do adolescente e neles fez suas experiências, que foram um sucesso. Werner e Willy muito o elogiaram. O primeiro decidiu que Eldric ficaria responsável por realizar experiências apenas em órgãos de crianças e adolescentes.

Transcorrida uma semana, Eldric retornou para Berlim e não contou para Lorenzo quais experiências havia realizado no Campo de Concentração. Passou a realizar pequenas cirurgias na clínica, e seus serviços eram muito requisitados, em função de serem vários os feridos de guerra. Como cirurgião, ele também atendia crianças e adolescentes, recebendo um bom dinheiro com seu trabalho.

Uma tarde, Bertram chegou em sua clínica com o filho de nove anos, que havia quebrado a perna direita e tido o osso exposto. Eldric atendeu o garoto sem nada cobrar de seu pai, dizendo lhe ser grato por cuidar de sua segurança e de Lorenzo.

Passados dois dias, Eldric, acompanhado por Lorenzo, foi à residência de seus familiares e a encontrou demolida, assim como a casa de Gideon, o banco de Amnon e todos os estabelecimentos comerciais que pertenciam aos judeus.

Dirigiram-se a um banco alemão, abriram uma conta e depositaram uma boa quantia em dinheiro. Depois disso, Lorenzo falou:

– O doutor Eldric tinha uma conta em um banco judeu, cujo proprietário se chamava Amnon. O que aconteceu com o banco e as lojas comerciais dos judeus? Estivemos lá e encontramos tudo demolido.

– Em novembro de 1938, os nazistas invadiram sinagogas, bancos, lojas e as casas dos judeus. Saquearam todos os bens e demoliram tudo. Mataram muitos judeus, mas alguns conseguiram fugir e vivem escondidos em algum lugar de Berlim, ou em outras cidades – disse o gerente. – Amnon, o ex-banqueiro, foi um dos que conseguiram fugir com a família. Sei de sua fuga porque, após dois meses, ele veio a esse banco solicitar um empréstimo, que não lhe concedi porque ele não tinha meios para quitá-lo. Quanto ao dinheiro que o doutor Eldric tinha no banco dele, é certo que nunca mais o verá.

Lorenzo e Eldric agradeceram pela informação e foram para casa. Lá chegando, Eldric falou:

– Se meu pai conseguiu fugir com a família, creio que Gideon também fugiu com a dele, pois os dois eram muito amigos e um não iria deixar o outro para trás. Assim que encontrá-los, vou me vingar deles com crueldade.

– Eles devem estar passando por grandes dificuldades. O correto seria ajudá-los – falou Lorenzo.

– Não vou desistir de minha vingança, muito menos ajudá-los – retrucou Eldric. – Vou localizá-los e mandá-los para o Campo de Concentração de Sachsenhausen.

– Depois que se vingar, espero que não sinta remorso, pois é isso que irá acontecer – disse Lorenzo. – Quando sua vingança se concretizar, retornaremos para a Itália.

Lorenzo foi para seu quarto e, ajoelhando-se em frente ao oratório, começou a rezar pedindo a Deus que retirasse do coração do amigo aquele desejo de vingança e que o inspirasse a estender as mãos aos familiares, caso os encontrasse. À noite, Lorenzo voltou a pintar os cabelos de Eldric, que continuava se passando por ariano.

∞℘ℰ ℊℰ∞

No dia seguinte, Eldric contou para Nadine e Willy o que tinha descoberto sobre a fuga de seus inimigos judeus. Os dois passaram a informação para o comandante da SS que lhes servia e, após Eldric repassar as características físicas do pai, do irmão e de Gideon, cinco patrulhas militares foram destinadas a procurá-los por toda a Berlim. Uma delas era a chefiada por Bertram, que Eldric liberou de estar a seu serviço para procurar seus inimigos. A caçada se iniciou, mas ninguém foi encontrado.

Passados três dias, Eldric partiu para o Campo de Concentração de Sachsenhausen e retomou suas experiências com os órgãos de crianças e adolescentes, principalmente rins. As vítimas gritavam, choravam, esperneavam e se desesperavam.

Eldric não suportava os gritos, choros e suas vozes. Por isso, lançava-lhes o olhar que elas acreditavam ser o de um demônio.

Após duas semanas, ele regressou para Berlim e retomou a vida de cirurgião em sua clínica. A polícia nazista continuou procurando Amnon, Abner e Gideon, sem lograr êxito. Nadine continuava procurando-o na condição de amante.

As semanas e os meses foram passando, e o ano terminou sem que os inimigos de Eldric fossem capturados pela polícia nazista. Ele solicitou que fosse cancelada a perseguição, e a patrulha de Bertram voltou a zelar por sua segurança e de Lorenzo.

As imagens na tela desapareceram, e Georg falou:

– A primeira parte do filme foi concluída. Alguém tem alguma pergunta?

Nada foi perguntado, e Marcello disse:

– Georg, nós não estamos assistindo apenas a um filme, mas testemunhando como vivemos em uma existência passada. Identifiquei-me com um dos personagens.

O pai, a mãe e Eunice disseram a mesma coisa.

– Eu também me identifiquei com um dos personagens e estou curioso para continuar assistindo – disse Fabrício.

Georg e Edwiges se entreolharam e nada disseram. Ele apertou o botão de sua poltrona e novas imagens surgiram na tela.

Capítulo 29

TOBIAS

Na capela de um convento, às seis horas, um padre, auxiliado por um coroinha, rezava missa para algumas freiras e outras pessoas. Durante a celebração, um coral formado por crianças e comandado por uma freira idosa cantava músicas religiosas. Antes de a celebração terminar, Liena, uma garota de nove anos, branca, de cabelos loiros e olhos azuis, em uma belíssima voz, cantou a *Ave-Maria*. Concluída a canção, padre Helmo, um homem de 47 anos, alto, de cabelos loiros e olhos verdes, deu a bênção final.

As crianças se juntaram às pessoas que tinham assistido à missa, entre elas Berdina, e seguiram para um alojamento localizado nas imediações do convento, onde viviam algumas famílias fugitivas da guerra. O coroinha – um garoto de treze anos, cabelos castanhos e olhos azul-claro – aproximou-se das freiras e, fixando o olhar em uma delas, de 55 anos, branca e de olhos azuis, perguntou:

– Madre Leonore, deseja que eu realize algum serviço?

– Obrigada, Tobias! Hoje acontecerá a eleição da freira que se tornará madre e comandará o convento nos próximos quatro

354 | Órfãos do amor

anos. Não precisamos que nos preste nenhum favor – disse a madre.

O jovem retirou a roupa de coroinha e seguiu para o alojamento dos fugitivos. O padre e as freiras foram para um grande salão e, após se sentarem, madre Leonore falou:

– Convidei padre Helmo, que é irmão do bispo e vive no alojamento com as duas famílias judias e uma cigana, para realizar a contagem dos votos que elegerá a futura madre. As duas candidatas são irmã Adina, enfermeira do convento – apontou para a sobrinha de Gideon –, e irmã Sabine – apontou para uma freira de 45 anos, alta, magra e de olhos azuis.

As freiras olharam para as duas candidatas. Madre Leonore escreveu um nome no papelzinho que tinha em suas mãos, dobrou-o e o colocou em uma pequena caixa. As freiras a imitaram. Padre Helmo pegou a caixa e, após a contagem dos votos, disse:

– Irmã Adina recebeu sete votos, e irmã Sabine recebeu nove votos.

As religiosas que tinham votado em irmã Sabine a parabenizaram pela vitória. Madre Leonore e as freiras que haviam votado em irmã Adina olharam para ela com tristeza. Todas foram para o refeitório e iniciaram o desjejum. De repente, Tobias e Berdina entraram no refeitório. Ele se dirigiu à madre Leonore e falou:

– Perdoe por atrapalhar o café da manhã das freiras. Só o fiz em função de uma emergência. Meu pai, enquanto cortava lenha, sofreu um grande corte no punho esquerdo e, mesmo sendo médico, vai precisar dos cuidados de um cirurgião, pois corre o risco de perder a mão. Eu realizei os primeiros socorros no ferimento e solicito a irmã Adina ir socorrê-lo. Peço também a madre Leonore permitir que o padre Helmo use o veículo do convento para irmos até o trabalho de Berdina, a fim de trazer o cirurgião, patrão dela, para socorrer o papai.

– Doutor Lorenzo é um clínico muito bondoso. É religioso e sempre presta caridade para quem necessita. Pedirei que fale com o doutor Eldric para vir socorrer Abner, e ele o fará. Os dois são como irmãos e não negam favores um ao outro – falou Berdina.

– O carro do convento é para uso exclusivo da madre e das freiras; não é para ser usado por fugitivos de guerra. Proíbo...

– Irmã Sabine, você nada proíbe enquanto não tiver terminado o meu mandato, que se encerra em trinta dias – disse madre Leonore, interrompendo a freira. – Enquanto eu ainda dirigir o convento, nada recusarei para auxiliar os fugitivos.

A madre virou-se para irmã Adina e a chamou para prestarem socorro a Abner. Dirigindo-se ao local onde ficavam as chaves do convento, pegou a do veículo e a entregou a padre Helmo, que seguiu com Berdina e Tobias para a clínica de Eldric. Ali chegando, Berdina se dirigiu ao quarto de Lorenzo e bateu à porta. Quando o rapaz a abriu, ela o convidou para ir até a sala, onde lhe apresentou o padre e Tobias. O garoto contou o que tinha acontecido a seu pai e o motivo de estarem ali.

Lorenzo foi até o quarto de Eldric e acordou o amigo, colocando-o a par dos acontecimentos. O cirurgião se vestiu e foi para a sala. Ao avistar Tobias, ficou surpreso vendo que o garoto se parecia muito com ele, quando ainda tinha as características físicas de Ezekiel.

Tobias se levantou e, cumprimentando Eldric, falou:

– Meu nome é Tobias Ezekiel. Meu pai, Abner, feriu gravemente o punho esquerdo com um machado e está necessitado dos seus serviços cirúrgicos. Não o trouxemos porque minha família é fugitiva da guerra e está escondida no alojamento de um convento. Berdina – apontou a mulher – disse que o senhor e o doutor Lorenzo são bons médicos e, em nome de seu coração bondoso e em nome de Deus, peço-lhe humildemente que nos acompanhe ao convento para impedir que meu pai perca a mão esquerda. Não temos muitos recursos financeiros, mas o vovô Amnon usará o pouco dinheiro que conseguiu esconder durante a fuga para pagar seus serviços. Por favor, atenda ao meu pedido! – implorou, cravando seu olhar no de Eldric.

A menção aos nomes do irmão e do pai fez Eldric perceber que finalmente havia encontrado sua família.

– Vou pegar minha maleta. Eu e o doutor Lorenzo vamos socorrer o seu pai – disse Eldric, e assim procedeu.

Após trinta minutos seguindo o carro que o padre dirigia, chegaram ao convento e se dirigiram ao alojamento. Tobias, Berdina e o padre conduziram Eldric e Lorenzo a um grande quarto. Ao vê-los, Amnon exclamou:

– Javé seja louvado! Tobias, você prometeu que traria o cirurgião para socorrer seu pai e conseguiu. Abner é um judeu abençoado por Javé, que lhe concedeu um primogênito que socorre o pai quando o vê necessitado. – Aproximou-se dos dois médicos e disse: – Amnon agradece por terem vindo socorrer meu primogênito, que está deitado naquela cama – apontou o móvel, e Eldric avistou o irmão e duas freiras próximas à cabeceira.

– Vou precisar de água quente – falou Eldric, usando a voz que não era a de Ezekiel.

– Já pedi que providenciassem água quente para higienizar seu equipamento – disse a freira. – Sou irmã Adina, enfermeira do convento, e esta é madre Leonore. Eu e Tobias ministramos os primeiros socorros ao ferimento e conseguimos estancar a hemorragia. Se precisar de meus serviços, estarei à sua disposição.

– Proceda à higienização do equipamento e, junto com o doutor Lorenzo, me auxilie.

Adina fez o que Eldric lhe pediu e, por 25 minutos, ela e Lorenzo ajudaram Eldric a cuidar do punho ferido. Ele se afastou da cama, deu uma olhada pelo quarto e se deparou com a mãe, Gideon, Dinah, um garoto e uma garota ao lado de Berdina. Ficou contente ao perceber que nenhum familiar, nem Gideon ou Dinah, o haviam reconhecido.

– Senhor Amnon, fiz o que foi possível para impedir que seu filho perdesse a mão. Ele vai precisar de remédios para o ferimento não infeccionar. Esses remédios custam caro e terá que pagar por eles, após quitar o valor dos serviços que ministrei ao ferimento do seu filho – disse Eldric.

– Vovô Amnon, busque o dinheiro para pagarmos o cirurgião – pediu Tobias, e todos olharam para Amnon.

Este se aproximou de Eldric e falou:

– Berdina nos disse que o doutor Lorenzo é um médico caridoso, que nada cobra aos pobres que necessitam de seus serviços

Roberto Diógenes ditado por Sulamita | 357

médicos. Eu, que era um judeu rico, fiquei pobre depois que os nazistas confiscaram tudo o que eu tinha, e só consegui fugir com um pouquinho de dinheiro para dá-lo a Ezekiel, meu outro filho que reside na Itália, para que venha socorrer a família, levando-nos para Roma. O senhor não é um cirurgião caridoso igual ao doutor Lorenzo? Poderia gratuitamente...

– Se eu trabalhasse de graça, não seria um médico rico. Se não quer pagar o valor que informei, vou embora. Se o ferimento infeccionar e seu filho perder a mão, a culpa será toda sua – disse Eldric, interrompendo-o.

– Amnon, pague o cirurgião e os remédios, pois a mão de seu primogênito é mais importante do que o dinheiro que você escondeu – manifestou-se Miriam.

– Abner deveria ter sido cuidadoso quando estava cortando a lenha e, devido ao seu descuido, vou perder o dinheiro que consegui esconder, arriscando minha vida...

– Pare de lamentar a perda do dinheiro, porque é ilusão guardá-lo para Ezekiel. Aquele seu filho ingrato, que nunca respondeu à carta que você lhe enviou há três anos, não virá socorrer a família – falou Gideon, cortando a fala de Amnon. – Ezekiel nem deve se lembrar de que tem familiares que podem estar precisando de ajuda na Alemanha nazista.

– Vovô Gideon tem razão e eu concordo com ele – disse Nathan, um garoto de onze anos, de cabelos castanhos e olhos verdes, que carregava uma metralhadora nas costas. – Vovô Amnon, dê logo o dinheiro para o cirurgião, porque aquele ingrato do tio Ezekiel nunca virá nos levar para a Itália. Ele, que nunca foi um bom judeu, deixou de carregar em suas veias o sangue de nossa família, quando ignorou o pedido de socorro feito por carta. Se algum dia me encontrar com ele, direi que sou seu familiar por consideração e não o tratarei como meu tio, mas como um ingrato.

– Você, que nunca gostou de estudar, deveria se interessar pelos estudos para saber que, quando se tem o mesmo grupo sanguíneo da família, continuará com esse sangue correndo em suas veias – falou Tobias. – Pare de ficar repetindo o que o vovô Gideon nos dizia desde que éramos crianças sobre o tio Ezekiel não ser um bom judeu, nem um bom filho. O vovô Amnon, a vovó Miriam e a mamãe sempre nos disseram que ele foi um bom filho, bom judeu e ótima pessoa. Levi e vovó Lia também nos disseram que o tio Ezekiel era bom, e eu acredito nos cinco, não em vovô Gideon, que nunca gostou do tio Ezekiel e o impediu de se casar com nossa mãe. Os dois se amavam e, se tivessem se casado, teriam vivido felizes. Além disso, se ele fosse um filho tão ingrato, depois de formado não teria devolvido o dinheiro que vovô Amnon emprestou quando ele partiu para a Itália.

Tobias fez uma pausa e prosseguiu:

– Tio Ezekiel fez o correto em ter ido estudar na Itália. No lugar dele, eu teria agido da mesma forma, sabendo que a mulher amada iria se casar com meu próprio irmão. Deus tocou o coração dele, fazendo-o partir para Roma. Se ficasse aqui, poderia querer se vingar de quem o fez infeliz, e o desejo de vingança só causa dor e sofrimento àquele que o nutre em seu coração, porque, preso a esse desejo, jamais conseguirá ser feliz.

Tobias se aproximou de Gideon e acrescentou:

– Vovô, pare de acusar o tio Ezekiel de ingratidão. E tem mais: eu não considero ilusão pensar que ele ainda virá nos socorrer, pois acredito que o tio simplesmente não recebeu aquela carta, que deve ter sido interceptada pelos nazistas. Todos os dias eu rezo, ajoelhado, na capela do convento, pedindo a Deus que o tio Ezekiel descubra que a família passa fome e vive escondida, correndo risco de morte. Tenho certeza de que, assim que ele souber, virá nos socorrer.

– Um judeu não se ajoelha na capela de mulheres que seguem um crucificado. Seu Deus se chama Javé, a quem deve servir, e nunca se humilhar para as freiras apenas por terem dado um esconderijo para a sua família – disse Nathan. – Você, que se chama Tobias Ezekiel, é igual ao seu tio: um péssimo judeu. Se continuar defendendo aquele ingrato, será igual a ele e deixará de ser considerado membro de nossa família.

– Parem com essa conversa, porque os dois médicos não são obrigados a escutá-la – pediu Dinah. – Senhor Amnon, pague o cirurgião.

Apressado, Amnon deixou o quarto e se dirigiu ao local onde havia escondido o dinheiro. Verificando se ninguém o estava observando, pegou um dos seis saquinhos que possuía e retornou para o alojamento, entregando-o para Eldric, que o abriu e, conferindo o valor, disse:

– Este dinheiro não é suficiente para quitar meus serviços, nem para os remédios. – Colocou-o de volta no saquinho.

– Isso é tudo o que eu consegui carregar quando a SS invadiu minha casa. Não tenho mais nenhum dinheiro – mentiu Amnon.

Tobias se aproximou de Eldric e falou:

– Doutor Eldric, eu aprendi com a irmã Adina e com o meu pai como ser um bom enfermeiro. Se o senhor permitir, serei enfermeiro em sua clínica, pois Berdina me contou que lá não tem nenhum. Trabalharei de graça até quitar o que falta para pagar seus serviços e os remédios. – Ajoelhou-se na frente do cirurgião. – Por favor, permita que eu seja seu enfermeiro. Fui eu que pedi para socorrer o meu pai, e é meu dever quitar o que vovô Amnon não consegue.

– Um judeu só se ajoelha para Javé. Tenho vergonha de ser seu avô – disse Gideon.

– E eu tenho vergonha de ele ser meu irmão – confirmou Nathan.

– Levante-se, Tobias Ezekiel – pediu Eldric, estendendo uma das mãos.

O garoto se apoiou nela e ficou em pé.

– Você tem um belo nome e, pelo pouco que ouvi e observei, tem um nobre coração – disse Eldric. – Eu me comovi com sua atitude e permitirei que trabalhe em minha clínica, sendo meu enfermeiro e do doutor Lorenzo. Mas não trabalhará de graça, pois mensalmente receberá um bom salário. Fique com esse dinheiro e o use como desejar. – Entregou o saquinho para ele. – Você irá conosco para a clínica.

Abriu a maleta de primeiros socorros e, retirando dois medicamentos, aproximou-se de irmã Adina, dizendo:

– Estes remédios vão impedir a infecção do ferimento. – Entregou-os para ela, explicando como deveriam ser ministrados.

Lorenzo olhou para o amigo, surpreso em vê-lo comovido com a atitude de Tobias, pois desde que o conhecia nunca o vira se comover com nada. Tobias se aproximou de Amnon e lhe entregou o saquinho. O avô beijou sua fronte e disse:

– Javé seja louvado por ter mandado um primogênito para Abner que é um bom filho, bom neto e um judeu que, aos treze anos, já irá ganhar dinheiro para usá-lo em benefício da família. Quando voltar a testemunhar seu avô perdendo o dinheirinho dele, faça o que você fez para impedir. – Beijou o saquinho. – Tobias, você é meu neto preferido!

– E Nathan, que é um bom judeu e a quem ensinei a usar uma metralhadora para matar os nazistas, caso voltem a fazer o mal à sua família, é o meu neto preferido! – exclamou Gideon.

– Tobias, estou contente com o modo como se comportou – disse padre Helmo. – Você é um bom filho, e Deus o recompensará. Ele também recompensará o doutor Eldric pela caridade que prestou ao seu pai.

– Tobias, você é um garoto muito abençoado por Deus, e suas ações e seus atos sempre me fazem pensar que é um santo vivendo entre pecadores – falou madre Leonore.

Eldric pegou a maleta de primeiros socorros e foi embora acompanhado por Lorenzo, Berdina e Tobias. Chegando à clínica, Berdina preparou o café da manhã, e Lorenzo a convidou para sentar-se à mesa com eles.

– Berdina, há um bom tempo você trabalha aqui e nunca nos contou que vive escondida em um alojamento de fugitivos da guerra – falou Lorenzo. – Fiquei curioso em saber sua história.

E ela a narrou:

– Meu pai trabalhava no banco do senhor Amnon. Os dois eram muito amigos e, na noite de 1938, quando os nazistas invadiram as sinagogas e os estabelecimentos comerciais dos judeus, o senhor Amnon e o senhor Gideon foram até nossa casa com seus familiares solicitar esconderijo. Os nazistas descobriram onde eles estavam e invadiram nossa casa, atirando em todos. Meus pais, minha irmã e meu cunhado foram mortos. Eu agarrei Liena, minha sobrinha, corremos para o porão e fugimos

Roberto Diógenes ditado por Sulamita | 361

por uma saída secreta, junto com os judeus. O senhor Gideon nos levou ao convento e pediu a irmã Adina que nos escondesse. Ela levou madre Leonore e padre Helmo, que já tinham escondido outra família judia e uma cigana no alojamento, para conversarem conosco. Daí eles nos abrigaram no alojamento onde vivemos, aguardando que Ezekiel, filho do senhor Amnon, venha socorrer a família.

– Eu nunca esquecerei a noite de 1938, em que eu e Nathan estávamos na casa de vovô Gideon e os nazistas a invadiram, atirando. Vovó Lia e Levi usaram seus corpos para impedir que as balas nos acertassem. Peguei meu irmão e corri com ele nos meus braços em direção à casa do vovô Amnon. Vovô Gideon nos seguiu – falou Tobias, usando os dedos da mão direita para impedir uma lágrima de escapulir ao se recordar das cenas.

"Por isso não vi Levi nem Lia no alojamento. A SS matou os dois", pensou Eldric.

– Todo dia, eu rezo pedindo para Deus enviar o tio Ezekiel até nós, para nos ajudar a fugir para a Itália e, de lá, para um país que não esteja envolvido na guerra – disse Tobias. – Deus é um pai bondoso e misericordioso, e, por mais que demore a atender as preces dos seus filhos, embora eu seja um grande pecador e indigno de receber suas bênçãos, um dia Ele me ouvirá e o tio Ezekiel virá socorrer a família. Nesse dia, eu o abraçarei e, beijando suas mãos, direi ser grato por ele ter vindo de tão longe para estender as mãos aos familiares.

Lorenzo e Eldric se entreolharam.

– Suas falas e ações de hoje me revelaram que você não é um grande pecador, muito menos um jovem indigno de receber as bênçãos de Deus. Eu acredito que Ele já enviou as bênçãos até você e não demorará muito para que seu tio Ezekiel venha socorrê-los – falou Lorenzo, olhando para Eldric.

– Que os anjos digam amém! – exclamou Tobias, fechando os olhos e fazendo uma rápida prece. Depois, disse: – Se Deus enviasse o tio Ezekiel até nós, ele descobriria que sua família não tem alimentos para este dia, pois as poucas verduras que temos só darão para uma sopa para as crianças e as mulheres. Eu e os homens ficaremos sem nos alimentar para que a sopa seja suficiente para minha mãe, avó, Liena e Nathan. E, em trinta dias, quando irmã Sabine se tornar a nova madre do convento, os fugitivos passarão fome e poderão ser expulsos do alojamento, pois ela é contra nossa permanência ali. Sendo expulsos, nossas vidas se transformarão em um inferno, pois não teremos onde nos esconder dos nazistas. Poderemos ser assassinados ou enviados a um Campo de Concentração. Irei intensificar minhas preces para que Deus se apresse em enviar o tio Ezekiel até nós. Ele é uma boa pessoa e tenho certeza de que nos socorrerá.

Lorenzo se emocionou com o que o jovem falou e, fixando o olhar em Eldric, ficou em silêncio. Concluíram o café da manhã, e Eldric falou:

– Tobias, vá com Berdina para a clínica. Ela lhe dirá como proceder. Assim que algum paciente chegar, venha em nossos quartos e nos chame. – Apontou para o corredor, indicando onde os quartos ficavam, e seguiu para o seu. Lorenzo o acompanhou.

Tobias ajudou Berdina a lavar a louça do café e foram para a clínica.

No quarto de Eldric, Lorenzo se sentou em uma cadeira e indagou:

– Agora que encontrou seus familiares e sabe da situação deles, ainda irá se vingar de seu pai, de Abner e do senhor Gideon, ou vai auxiliá-los, conforme pensa Tobias?

– Quero a vingança contra os três, mas o Tobias é um jovem completamente diferente dos meus familiares. Ele tem um coração e uma alma nobres. Jamais imaginaria que o primogênito de Abner fosse se parecer comigo fisicamente e, mesmo sem me conhecer, acreditar que sou uma boa pessoa. As falas e ações dele me tocaram e terei de encontrar outro meio de me vingar – disse Eldric.

– Esqueça sua vingança e ampare seus familiares – sugeriu Lorenzo. – Seu pai e Tobias acreditam que você fará isso e, sendo um bom filho e bom tio, é o que deverá fazer, ajudando-os a fugir para outro país.

– Você viu a Dinah? Ela está linda!

– Ela é uma mulher bonita, mas não se esqueça de que é casada e mãe dos seus sobrinhos. Não é uma mulher para você desposar – disse Lorenzo.

Os dois ficaram conversando e só interromperam o diálogo quando ouviram batidas na porta. Era Tobias avisando que um casal precisava de atendimento para o filho, que havia quebrado o nariz. Eldric cuidou do nariz do garoto e Tobias o auxiliou. Outros feridos e doentes chegaram à clínica e foram atendidos por Eldric e Lorenzo. Tobias auxiliou os dois e foi comprovada sua eficiência como enfermeiro.

Fecharam a clínica trinta minutos antes do horário do almoço e se sentaram na sala, aguardando Berdina informar quando o almoço estaria servido. Eldric pediu que Tobias falasse um pouco de sua vida.

– Sou o primogênito de meu pai Abner, muito amado por minha mãe, vovó Miriam e vovô Amnon, que são ótimas pessoas e sempre me trataram bem – disse Tobias. – Meu pai e vovô Gideon não me têm o mesmo amor que nutrem pelo Nathan, porque, desde que nasci, pareço-me fisicamente com o tio Ezekiel. Como os dois não gostam dele, não simpatizam comigo também, mas eu os amo e em minhas orações peço a Deus que os abençoe.

Fez uma pausa e prosseguiu:

– Minha mãe foi obrigada a se casar com o irmão do homem que ela amava, e o casamento dos dois não trouxe felicidade a nenhum deles. Meu pai a acusa de continuar amando o tio Ezekiel, algo que ela nunca confessou, tendo sempre sido gentil com o papai, mas só gentileza não faz um casamento ser feliz. Se mamãe tivesse se casado com o tio Ezekiel, teriam sido felizes, e em nosso lar reinaria a paz. Alegria é algo raro em nossa família, principalmente depois que os vovôs perderam tudo na guerra e passamos a viver escondidos. Vovô Gideon, que não suporta o tio Ezekiel, fala ser culpa dele o fato de estarmos vivendo na miséria, porque, se ele não fosse um filho ingrato, já teria vindo nos socorrer. Nathan, que herdou o gênio difícil de vovô Gideon, também coloca a culpa no tio. Os dois fazem questão de chamá-lo de ingrato e de dizerem que não pertence mais à família.

Fez nova pausa e continuou:

– Mas eu penso diferente e, embora acredite que o tio Ezekiel nunca tenha recebido a carta, tenho esperança de que minhas preces chegarão a Deus e Ele o enviará até nós. Quando isso acontecer, pedirei ao tio Ezekiel para viver com ele na Itália, depois que enviar nossa família a um país seguro. Vou pedir também que me ajude a cursar Direito, pois pretendo ser um bom advogado, ganhar dinheiro com meu trabalho e quitar a dívida que ele terá com nossa família. Também quero morar com ele, porque imagino que seja um homem solitário, sem ninguém que o ame fraternalmente e que o ajude a ser feliz. Eu serei essa pessoa, se ele permitir. Gostaria, inclusive, de solicitar aos senhores que me ensinem o idioma italiano, se for possível. Prometo que me esforçarei para aprender essa língua, que será muito importante quando o tio Ezekiel nos levar para a Itália.

Eldric se comoveu ao pensar que alguém se importava com sua felicidade mesmo nunca o tendo conhecido nem convivido com ele.

Berdina os convidou para almoçar e, na copa, iniciaram a refeição.

– Tobias, amanhã, eu e Lorenzo começaremos a lhe ministrar aulas de italiano. Após o almoço, por favor, carreguem da dispensa todo o alimento que nela existir e o levem para o porta-malas de meu carro. Depois o levaremos para sua família – falou Eldric, antes de ir para o quarto.

Em seus aposentos, o cirurgião pegou algum dinheiro e regressou para a copa. Quando os alimentos já estavam no veículo, ele entregou o dinheiro para Tobias, dizendo:

– Este é seu salário de enfermeiro. Estou lhe pagando adiantado, para usá-lo como desejar.

– Obrigado! O senhor é uma boa pessoa! Deus o conserve assim! – respondeu o jovem, beijando-lhe a fronte, e Eldric se emocionou.

Lorenzo olhou para o amigo, feliz com suas ações. Foi ao seu quarto e, pegando também um pouco de dinheiro, regressou à copa e o entregou ao rapazinho.

Roberto Diógenes ditado por Sulamita | 365

– Este é o seu salário, que também estou pagando adiantado. Como você será meu enfermeiro e do doutor Eldric, é justo que receba dois ordenados – disse ele.

Tobias agradeceu e beijou sua fronte, falando que ele também era uma boa pessoa e que, em suas preces, pediria a Deus que o abençoasse e ao dr. Eldric. Foram para o convento, e Berdina os acompanhou. Chegando ao local, Eldric pediu que os três o aguardassem, enquanto ele conversava com madre Leonore e irmã Adina. Depois de alguns minutos de conversa, ele pediu para conversar em particular com irmã Sabine, a quem disse:

– Soube que a senhora é contra a permanência dos fugitivos no alojamento do convento e que, ao assumir o cargo de madre, poderá expulsá-los. Não quero que isso aconteça.

– Quem é o senhor para me dizer o que devo ou não devo fazer, quando for a nova madre?

– Sou doutor Eldric, cirurgião que atende os nazistas feridos na guerra. Sou amigo de Himmler, líder da SS – mentiu. – Se a senhora fizer algo para prejudicar Tobias e sua família, farei com que se arrependa pelo resto da vida. – Cruzou os braços, fechou o semblante e lançou para ela seu olhar duro e gélido.

Irmã Sabine se benzeu ao sentir o sangue gelar, acreditando que um demônio tinha deixado o inferno para torturá-la. Pálida e suando, tamanho o pavor que sentia, disse que faria tudo o que Eldric lhe pedisse, e ele falou como deveria agir.

Deixaram a sala e se juntaram a madre Leonore, a irmã Adina e aos que estavam no veículo, seguindo para o alojamento. Ali, dirigiram-se a um salão usado como refeitório, onde avistaram mulheres e crianças tomando sopa e os homens apenas observando. Padre Helmo também estava no local. Tobias falou:

– Embora Deus ainda não tenha enviado o tio Ezekiel até nós, Ele escutou minhas preces nos enviando o doutor Eldric, que é uma boa pessoa e trouxe alimentos para todos nós. Ele e o doutor Lorenzo pagaram meu salário antecipado e o entregarei para o padre Helmo comprar novos alimentos para todas as famílias que vivem no alojamento.

– Se o dinheiro é seu, deve usá-lo para comprar alimentos apenas para a sua família, não para os outros fugitivos – falou Gideon.

– Vovô Gideon está correto. Esse dinheiro pertence à nossa família – disse Nathan.

Tobias ignorou o que os dois disseram e entregou o dinheiro para o padre.

– O doutor Eldric me disse que quinzenalmente enviará alimentos para vocês. Falou que Tobias se tornou seu protegido e não quer que nada de ruim lhe aconteça, nem aos seus familiares – disse irmã Sabine. – Eu sou contra a permanência de vocês neste alojamento e iria expulsá-los daqui, mas o cirurgião me fez mudar de ideia ao dizer algo que jamais esquecerei e que guardarei só para mim. Quando me tornar a nova madre, poderão continuar vivendo no alojamento.

– Javé abençoe ao doutor Eldric pelo grande bem que nos fez – falou Amnon.

– Que Javé o abençoe – disseram os judeus, menos Gideon e Nathan.

– Que Deus e Santa Sara Kali abençoem o doutor Eldric – desejaram os ciganos.

– O senhor e o doutor Lorenzo são duas pessoas iluminadas por Deus. Rezarei pedindo ao Pai Celeste que os abençoe, livrando-os do mal – falou madre Leonore.

– Que Deus os recompense por tudo o que estão fazendo e farão pelo Tobias e pelos fugitivos – desejou padre Helmo.

Tobias pediu aos homens que conduzissem os mantimentos do veículo até o refeitório. Eles acataram o pedido e, quando todos os alimentos foram transportados, Miriam chamou as mulheres para prepararem uma rápida alimentação para os homens.

As freiras regressaram ao convento. Enquanto os homens se alimentavam, Eldric observava a todos, ouvindo a conversa deles. Quando concluíram a refeição, o cirurgião disse que queria conversar com os familiares de Tobias e, junto com Lorenzo, acompanhou-os até o quarto onde viviam. Padre Helmo os seguiu. No quarto, Eldric disse:

– Tobias me solicitou, e ao doutor Lorenzo, ensinar-lhe o idioma italiano, e assim o faremos. Eu e doutor Lorenzo, dentro de alguns meses, retornaremos para Roma. Estou pensando em levar Tobias conosco para o ajudarmos a encontrar seu tio Ezekiel.

– Javé seja louvado! – exclamou Amnon. – Foi Ele que enviou os dois médicos até nós, depois de ter ouvido minhas orações e a de Tobias. Meu neto partirá com os dois quando forem para a Itália. Ao encontrarem Ezekiel, tenho certeza de que ele reembolsará aos médicos tudo o que estão gastando conosco, pois ele se tornou um homem rico.

– Pare de ficar se iludindo com o fato de Ezekiel fazer alguma coisa por nós. Se fosse nos ajudar, já o teria feito quando recebeu a carta do senhor – falou Abner. – Meu primogênito não viajará com pessoas que não são seus familiares, ainda mais para procurar aquele ingrato.

– Papai está correto. Tobias não deve viajar para outro país com quem não pertence à sua família. Além disso, Tobias será o responsável por uma possível fuga das crianças se os nazistas descobrirem nosso esconderijo. O lugar dele é aqui – falou Nathan, com inveja do irmão.

– Tobias não viajará com esses médicos, que são amigos de nazistas e podem estar se fazendo de bonzinhos para nos enganar – disse Gideon. – Não confio em nazistas e em seus amigos. Abner está certo em proibir sua ida. Ezekiel nada fará pela família, porque pessoas ruins e ingratas só pensam nelas próprias.

Eldric se aproximou dele e, olhando-o dentro dos olhos, disse:

– Eu e Lorenzo não somos amigos de nazistas. Somos médicos que trabalham atendendo a nazistas e a quem possa pagar pelos nossos serviços. Se pretendêssemos fazer mal a Tobias e a sua família, já teríamos feito isso quando ele foi a minha casa pedir ajuda e me informou onde a família judia se esconde. Se eu fosse amigo dos nazistas, faria questão de procurar a SS e informar onde o senhor está escondido. Assim o senhor descobriria o que eles fazem com os judeus nos Campos de Concentração. – Cruzou os braços, fechou o semblante e lhe lançou um olhar muito duro e gélido.

368 | Órfãos do amor

Gideon encheu-se de temor e recuou três passos, temendo ser fuzilado por aquele olhar. Eldric deu as costas para ele e, fixando o olhar em Abner, falou:

– Já lhes disse o que eu e o doutor Lorenzo pretendemos fazer para ajudá-los. Se você é contra seu filho partir conosco, não tocaremos mais nesse assunto. Espero que consiga oferecer uma vida melhor ao seu primogênito. – Dando-lhe as costas, virou-se para Berdina e falou: – Hoje não precisa voltar para a nossa casa. Retorne amanhã, junto com o Tobias, para executarem as suas atividades no sobrado e na clínica. – Despediu-se e foi embora com Lorenzo.

– Eldric, eu estou muito orgulhoso de você – disse o amigo, enquanto seguiam para casa. – Suas falas e ações de hoje demonstraram que talvez não se vingue e ainda estenda as mãos aos seus familiares. Que Deus continue abençoando-o!

Eldric nada falou. Concentrado na direção do veículo, pensava nos acontecimentos daquele dia.

Capítulo 30

A REVELAÇÃO

Três meses se passaram. Tobias se tornou um exímio enfermeiro na clínica de Eldric. Os pacientes o apreciavam e requisitavam seus serviços. Após se dedicar aos estudos da língua italiana, o rapazinho surpreendeu os dois médicos, demonstrando ter dominado o idioma. Eldric o parabenizou, dizendo-lhe que, quando uma oportunidade surgisse, falaria com Abner sobre sua ida para a Itália. A convivência com Tobias fez com que Eldric e Lorenzo descobrissem que ele era honesto, bondoso, religioso, íntegro, educado, inteligente, gentil e humano. Os três se tornaram bons amigos.

Eldric raramente ia ao convento e, quando visitava os fugitivos de guerra, ficava poucos minutos. Ele não deixou de enviar os alimentos e, por intermédio de Tobias, mandava também remédios para os familiares, quando algum deles ficava doente. Quando se dirigia ao Campo de Concentração de Sachsenhausen, mentia dizendo que iria a outras cidades atender soldados feridos na guerra.

Quando Tobias confessou amá-lo fraternalmente, Eldric desistiu da vingança contra o pai, Abner e Gideon, pois não queria

370 | Órfãos do amor

fazer o jovem sofrer. Essa iniciativa fez com que o cirurgião percebesse que também amava fraternalmente o seu novo amigo.

Em uma manhã em que iria para o Campo de Concentração, Tobias lhe disse:

– Doutor Eldric, no dia em que lhe demonstrei, e ao doutor Lorenzo, ter aprendido o idioma italiano, o senhor disse que falaria com meu pai sobre minha possível viagem para a Itália. Quero lhe pedir o favor de antecipar essa conversa, pois está difícil viver no alojamento. Preciso encontrar o tio Ezekiel e contar a ele o que está acontecendo.

– O que houve no alojamento? – perguntou Eldric.

– Após ter me tornado enfermeiro em sua clínica e feito amizade com o senhor e com o doutor Lorenzo, vovô Gideon e Nathan vivem me dizendo que... – Interrompeu o que iria falar. – Desculpe. Falei sem pensar. O que eles dizem não tem importância. Eu só gostaria que o senhor falasse com o meu pai para me deixar ir para a Itália.

Eldric ficou pensando no que Gideon e Nathan estariam dizendo a Tobias para deixá-lo tão chateado. Pensou em dar uma boa lição nos dois, mas decidiu que estava na hora de revelar sua verdadeira identidade. Depois disso, com a ajuda de Lorenzo, providenciaria a fuga dos familiares para Roma e, a partir dali, para um país da América do Sul.

– Tobias, quando eu voltar do trabalho, terei algo para lhe revelar. Depois irei ao alojamento e farei a mesma revelação à sua família. Tudo farei para convencer seu pai a permitir que viaje conosco para a Itália – disse Eldric.

Lorenzo fixou o olhar no amigo, contente com o que acabara de ouvir, imaginando a felicidade que tal revelação traria a Tobias. Escutaram batidas na porta. Berdina atendeu e voltou dizendo:

– Doutor Eldric, o doutor Willy e dona Nadine estão lá fora aguardando-o.

Eldric se levantou, pegou a mala que já tinha organizado, desceu a escada e foi ao encontro de Nadine e Willy. Tobias e Lorenzo o seguiram.

– Doutor Eldric, viemos buscá-lo porque nunca se atrasou para irmos ao...

– Já estava indo ao encontro dos dois – disse Eldric, cortando a fala de Nadine para evitar que ela pronunciasse o nome do Campo de Concentração na frente de Tobias.

O rapazinho se aproximou dele e o abraçou, beijando-lhe a fronte e exclamando:

– Boa viagem. Vá com Deus!

Eldric o abraçou e falou em italiano:

– Em minha ausência, ajude o doutor Lorenzo a cuidar da clínica e seja um bom enfermeiro.

– Assim procederei – respondeu Tobias, também em italiano.

Nadine, que estava perdidamente apaixonada por Eldric e que nunca tinha recebido dele nenhuma demonstração de afeto, encheu-se de ciúmes vendo a forma carinhosa com que seu amante tratara Tobias.

– Doutor Eldric, quem é esse jovem que lhe tem tanta afeição? É seu familiar? – perguntou ela.

– Tobias é sobrinho de Lorenzo e veio da Itália passar uns dias com o tio – mentiu. – Ele é religioso, bondoso e sensível, igual a Lorenzo. Sempre que viajo, é dessa forma que Tobias se despede de mim.

– Não sei como suporta viver com pessoas religiosas e bondosas – disse Willy.

– Hitler deveria mandar fuzilar as pessoas religiosas que vivem na Alemanha, pois são inúteis e nada fazem para ajudar o país a prosperar. Por isso, deveriam morrer – falou Nadine.

– Vamos embora! – chamou Willy. – Já estamos atrasados.

⚜

– Doutor Lorenzo, quem são aqueles que viajaram com o doutor Eldric? – perguntou Tobias, vendo o carro se distanciar.

– São nazistas que odeiam pessoas religiosas. Não suportam judeus, ciganos, nem outros perseguidos pela guerra. Sempre que os avistar, dirija-se a mim e ao doutor Eldric falando em italiano. Agora vamos para a clínica, que um novo dia de trabalho nos aguarda.

Transcorridas duas semanas, no Campo de Concentração de Sachsenhausen, após ter realizado a última experiência no rim de um adolescente, Eldric cuidou do ferimento para impedir que a vítima morresse. Nadine estava na enfermaria e lhe disse:

– Você é o único da equipe de pesquisadores que cuida do ferimento das cobaias. A convivência com Lorenzo e aquele jovem deve estar tornando-o bondoso como eles.

– As vítimas de nossas pesquisas sofrem muito em função do tratamento que aqui recebem. Não considero justo terem de morrer com o ferimento exposto, depois de seu órgão ter sido retirado – falou Eldric. – Vamos embora! Estou com saudades de minha casa.

– Saudades de sua casa ou de Tobias? Ele deve ser seu sobrinho, não de Lorenzo.

Eldric virou-se e, dando-lhe duas fortes bofetadas, falou:

– Eu lhe disse que ele é sobrinho de Lorenzo e não admitirei que me chame de mentiroso. Se o fizer novamente, farei com que se arrependa.

Nadine recuou três passos e disse:

– Não repetirei tal erro. Mas não consigo esquecer a forma carinhosa com que você e aquele Tobias se trataram. É natural que eu sinta ciúmes, porque você nunca me fez um carinho, mesmo sabendo que é o homem da minha vida.

– O homem da sua vida é o seu esposo, não eu. A partir de hoje, não me procure mais. Não vou mais me sujeitar aos caprichos de uma mulher casada, que nada significa para mim e que não cumpriu a promessa de me ajudar a encontrar os meus inimigos – disse Eldric, dando-lhe as costas e saindo.

"Não perderei o homem que amo. Se for para perdê-lo, prefiro matá-lo com bastante sofrimento", pensou Nadine.

Quando ela e o marido regressaram a Berlim, conduziram Eldric até a residência dele. Ali, avistaram Tobias esperando-o na porta da clínica. Assim que o viu se aproximar, o rapazinho correu ao encontro dele e o abraçou, dizendo ter sentido saudades.

Roberto Diógenes ditado por Sulamita | 373

"Esse Tobias é muito apegado a Eldric. Vou encontrar um meio de descobrir quem é ele e, se estiver certa sobre o que desconfio, terei Eldric em minhas mãos", pensou Nadine, enquanto partia com Willy.

Tobias pegou a mala de Eldric e a levou para a residência. O cirurgião lhe disse:

– Vou tomar um banho. Depois conversaremos sobre a revelação que quero lhe fazer.

Mais tarde, Eldric chamou Tobias e Lorenzo ao seu consultório e, retirando os óculos, falou:

– Tobias, a decisão de fazer essa revelação foi tomada depois de muito refletir. Penso em levar você e seus familiares para a Itália e, uma vez em Roma, ajudá-los a fugir para o Brasil. Farei isso porque, depois de ter confessado que me ama fraternalmente, descobri ter por você o mesmo tipo de sentimento. Também farei a revelação porque sempre admirei o fato de você, que não conhece o seu tio Ezekiel, acreditar que ele é uma boa pessoa e desejar o bem dele. Estou feliz por receber duplamente o seu amor fraterno, pois eu sou o seu tio Ezekiel. Essa é a revelação que eu queria fazer – exclamou, usando a voz normal de Ezekiel.

Tobias atirou-se em seus braços e, depois de abraçá-lo, falou emocionado:

– Tio Ezekiel, eu tinha certeza de que Deus ouviria minhas preces e o enviaria para ajudar sua família a fugir da Alemanha nazista. Mas por que não revelou sua identidade assim que se reencontrou com seus familiares?

Eldric respondeu às perguntas e disse nunca ter recebido a carta que Amnon lhe tinha enviado. Lorenzo ficou feliz com a revelação que o amigo fez a Tobias, e os três começaram a planejar como seria a fuga para a Itália. Mais tarde, Eldric colocou os óculos e chamou Berdina para irem ao convento. No alojamento, Tobias procurou padre Helmo e o chamou para irem ao quarto onde sua família vivia. O padre os acompanhou e, quando entraram no quarto, todos os familiares foram reunidos ali. Então, Tobias disse:

– O doutor Eldric tem uma importante revelação para fazer.

Eldric olhou um por um e falou:

– Eu encontrei Ezekiel. Ele está morando em Berlim e...

– Aquele ingrato está morando em Berlim e não tentou descobrir o que aconteceu com sua família? – indagou Gideon, interrompendo-o. – Quando eu falo que Ezekiel é um ingrato, que virou as costas para a família e jamais fará algo por ela, apenas o Nathan acredita em mim. Os outros só acreditarão quando ele aparecer aqui e disser que não nos ajudará. Ele é a ovelha negra da família e sempre será, porque nunca prestou e jamais prestará.

– Que mal Ezekiel lhe fez para odiá-lo tanto? – perguntou Lorenzo.

– Ele era um péssimo judeu, que envergonhou minha família. Depois de nossas preces, na sinagoga, ficou cochichando com minha filha, sem antes ter solicitado permissão para falar com ela. Ele também era preguiçoso, não gostava de estudar e não tinha uma profissão decente, que o fizesse ganhar dinheiro – disse Gideon.

– Ezekiel nunca foi ingrato, nem ovelha negra. Era um bom filho – falou Amnon.

– Ele sempre foi um bom filho – confirmou Miriam.

– Senhor Gideon, se Ezekiel fosse preguiçoso e não gostasse de estudar, não teria se formado médico e ficado rico – falou Eldric. – Ele virá aqui para ajudar a família...

– Se ele aparecer e quiser levar a família para a Itália, o que duvido, eu não irei. Não confio nele – falou Gideon, interrompendo Eldric.

– Com o ingrato, que não pertence mais à família, eu também não fugirei para a Itália. Ficarei na Alemanha com o vovô Gideon – disse Nathan.

Eldric tirou os óculos e, com a voz de Ezekiel, falou:

– Eu sou o Ezekiel e aqui estou para levá-los à Itália. De lá, seguirão para o Brasil, onde Lorenzo tem parentes que os acolherão. Essa é a revelação que eu tinha para fazer. – Cravou o olhar em Gideon. – Você não pertence à minha família e não irá comigo. Não quero em minha residência quem me odeia e só deseja o meu mal.

Reconhecendo a voz de Ezekiel, Miriam e Amnon atiraram-se nos braços do filho, demonstrando forte emoção.

– Agora está explicado por que, desde que realizou a cirurgia em meu punho, sempre nos enviou alimentos e remédios, além de se tornar amigo de Tobias – disse Abner. – Por que não respondeu à carta que o papai lhe enviou, fazendo-se passar por um cirurgião alemão?

– Não recebi a carta e só usei o disfarce quando descobri o que os nazistas fazem com os judeus, pois, como médico alemão, seria mais fácil ajudar minha família a deixar a Alemanha nazista – explicou Eldric. – Demorei a me revelar porque, junto a Lorenzo, estava planejando como seria a fuga de vocês. Nós já a planejamos e, durante a madrugada, partiremos para Roma. – Virou-se para Gideon e proferiu: – Nunca fui a ovelha negra da família, nem um filho ingrato. Não causei nenhum mal aos meus pais e devolvi o dinheiro gasto comigo. Ter conversado com a Dinah na frente da sinagoga não foi um comportamento inadequado a um judeu, porque conversava com ela na frente de sua família e da minha. Jamais fui preguiçoso e sempre gostei de estudar, o que me fez ser um cirurgião bem respeitado em Roma e hoje possuir muito dinheiro.

Dando-lhe as costas, virou-se para Nathan e falou:

– Em vez de ficar perdendo tempo acreditando nas mentiras que seu avô Gideon disseminava, deveria imitar o exemplo do Tobias e ser um garoto estudioso. Se tivesse feito isso, descobriria que eu jamais deixei de pertencer à minha família, porque o sangue que corre em minhas veias é o mesmo do seu avô Amnon. – Cravou o olhar no do garoto. – Você não vai ficar na Alemanha nazista, porque pertence à minha família e aqui estou para levar todos os meus familiares para a Itália. – Deu-lhe as costas e disse a Berdina: – Você e sua sobrinha também partirão com minha família.

– Obrigada, doutor Eldric! – agradeceu a mulher. – O senhor é uma boa pessoa!

– Ezekiel, fico feliz em saber que veio auxiliá-los a fugir – falou padre Helmo. – Quero lhe pedir, e ao doutor Lorenzo, que levem dois garotos judeus e uma menina cigana, amiga de Liena. Seus familiares concordaram que os três fugissem com a família de Amnon, se um dia Ezekiel viesse socorrê-la.

– Eles irão conosco – falou Lorenzo.

– Enquanto estivermos na Alemanha, não devem me chamar de Ezekiel, mas de doutor Eldric, pois é dessa forma que os nazistas me conhecem – disse o cirurgião, colocando os óculos e usando a voz que adotara como disfarce. – A fuga de vocês para a Itália tem uma condição.

– O ingrato jamais faria algo gratuitamente para a família e vai exigir alguma coisa grandiosa em troca – proferiu Gideon.

Eldric, ignorando-o, olhou para os pais de Tobias e falou:

– Abner e Dinah, o Tobias me contou sobre seu desejo de cursar Direito e quero ajudá-lo a frequentar o curso que ele almeja. A condição para ajudar na fuga é que vocês o deixem ficar na Itália, quando partirem para o Brasil, pois farei dele o meu herdeiro.

– Herdeiro? – perguntaram ao mesmo tempo Amnon e Abner.

– Sim. Tobias será meu herdeiro.

– Tobias já lhe tinha sentimentos fraternos antes de conhecê-lo pessoalmente. Agora que o conhece e aprecia sua companhia, será feliz vivendo ao seu lado. Nada tenho contra a condição que nos impõe para fugir – mencionou Dinah.

– Também não sou contra. Se Tobias quiser viver em Roma e se formar em Direito, futuramente será bem recebido, quando for visitar a família no Brasil – disse Abner.

Gideon fez um gesto para Nathan e deixaram o quarto. Fora do alojamento, Gideon disse:

– Tobias é o preferido do seu tio, que, além de ficar morando com ele em Roma, terá o curso de Direito pago pelo ingrato e ainda herdará a fortuna de Ezekiel, enquanto você nada receberá. Isso não é justo, porque você também é sobrinho dele e deve ficar com parte da herança.

– Ele não gosta de mim porque me ouviu por várias vezes chamando-o de ingrato e acusando-o de não pertencer à família. Por isso, jamais deixará seu dinheiro para mim nem permitirá que eu fique morando na Itália, algo que eu não quero. Prefiro ficar com minha família – disse Nathan.

– Se quer ficar com sua família, não deve partir com ela para a Itália, nem para o Brasil, mas ficar comigo na Alemanha, pois sou seu familiar, o avô que muito o ama. Juntos, impediremos o ingrato de levar seus familiares para Roma, deixando-me sozinho na Alemanha nazista.

– Vovô Gideon, gosto muito do senhor, mas não vou impedir que o tio Ezekiel leve nossa família para a Itália. Não quero que meus familiares sejam mortos pelos nazistas – proferiu Nathan. – O senhor deveria lhe pedir perdão e fugir conosco.

– Não pedirei perdão, porque não gosto dele – disse Gideon.

"Ezekiel não vai me afastar do meu neto, nem da minha filha, pois não permitirei que os levem para a Itália. Farei com que ele, que também é judeu, seja enviado pela SS a um Campo de Concentração", pensou Gideon.

Retornando ao quarto, ficou ouvindo Ezekiel e Lorenzo dizerem como tinham planejado a fuga para a Itália, enquanto ele planejava como faria para denunciar aos nazistas a verdadeira identidade do dr. Eldric.

ༀༀ ༀༀ

Usando um capuz preto, e após ter se certificado de que ninguém a estava observando, Nadine bateu no portão do convento e, assim que ele foi aberto, pediu para falar com madre Sabine. A freira que abriu o portão a reconheceu de outras vezes que Nadine tinha ido ao local e a conduziu à sala de madre Sabine. Esta a abraçou e, convidando-a para se sentar, fechou a porta da sala. As duas conversaram por um longo tempo. Em seguida, madre Sabine convidou Nadine para tomarem café no refeitório.

ༀༀ ༀༀ

Após Eldric e Lorenzo terem explicado como seria feito o transporte dos familiares, do alojamento para sua residência e de lá para a Itália, Tobias fixou o olhar no pai e perguntou:

– Papai, o senhor permite que eu vá para a residência do doutor Eldric e fique lá até o momento de nossa fuga?

– Se permitir que o Tobias vá, eu também quero ir para ajudar – disse Nathan. –Tenho uma metralhadora e a usarei se algum nazista tentar impedir nossa fuga. – Virou-se para Eldric. – Peço perdão por ter falado que o senhor era ingrato e não pertence à família. Eu só dizia isso porque o vovô Gideon me fez acreditar que era verdade.

– Está perdoado e, se seu pai permitir, você e o Tobias podem ficar em minha casa até o horário de nossa fuga – falou Eldric.

Abner se aproximou do irmão e disse:

– Só darei a permissão se você fizer uma promessa.

– Qual seria?

– Prometa que cuidará dos meus filhos e não permitirá que nada de ruim lhes aconteça.

– Prometo. Dou minha palavra de que cuidarei dos dois durante nossa fuga e não permitirei que nada de ruim lhes aconteça – disse Eldric.

– Os dois podem ir para a sua residência e, a partir deste momento, seus sobrinhos estão sob sua responsabilidade até chegarmos à Itália.

– Abner, não deve permitir que seus filhos...

– Cale-se, Gideon! – ordenou Amnon, interrompendo-o. – Abner é o pai deles e deixou os filhos sob os cuidados do tio. Você não deve se intrometer em um assunto que não lhe diz respeito.

Gideon o olhou com raiva. Dinah se aproximou de Eldric e pediu:

– Por favor, cuide bem dos meus filhos. Eles são meus bens mais preciosos.

– Doutor Eldric, vamos informar madre Leonore e irmã Adina sobre nossa partida para a Itália. Avisaremos também madre Sabine, que ficará feliz com nossa ida, já que não gosta de nós – disse Tobias.

Ele, o irmão e os homens que estavam no quarto foram para o convento. Tobias deu a notícia para madre Leonore e irmã Adina, que ficaram felizes e disseram a Eldric que rezariam para

Roberto Diógenes ditado por Sulamita | 379

a fuga de sua família ser um sucesso. As duas os conduziram até o refeitório para Eldric e Tobias falarem com madre Sabine.

No refeitório, ao avistar Nadine tomando café com madre Sabine, Eldric perguntou:

– Nadine, o que faz aqui? Você disse que Hitler deveria ordenar que as pessoas religiosas fossem fuziladas, porque são inúteis ao país.

– O nome dela não é Nadine, é Helga. Ela é irmã de madre Sabine – disse madre Leonore.

– Irmã de uma madre? Interessante! – exclamou Eldric. – Nadine, você ainda não respondeu à minha pergunta.

– Eu é que pergunto o que está fazendo em um convento, pois o religioso é Lorenzo, não você – falou Nadine, ficando em pé e observando que Tobias estava bem próximo de Eldric.

– Helga, esqueci de lhe contar que o doutor Eldric vem ao convento todos os meses...

– ... cuidar da saúde das freiras – falou Eldric, cortando a fala de madre Sabine. – Era isso que iria dizer à sua irmã, não era? – Cravou o olhar na madre, que se encolheu ao recordar o que ele havia dito que faria se ela prejudicasse a família de Tobias.

– É isso que os dois médicos vêm fazer no convento – disse madre Sabine.

– É mentira. Doutor Eldric é um judeu que se chama Ezekiel – proferiu Gideon. – Ele é tio do Tobias e, junto com doutor Lorenzo, fugirão para a Itália com a família judia, mas...

Sua fala foi interrompida ao receber duas bofetadas que Eldric lhe aplicou.

– Eldric, você mentiu para mim e Willy. Suas mentiras e a possível fuga da Alemanha lhe custarão caro, porque hoje mesmo eu...

A fala de Nadine foi interrompida quando Eldric saltou próximo a ela e agarrou-lhe o pescoço com a mão direita; com a esquerda prendeu o de madre Sabine, dizendo:

– As duas ficarão em silêncio sobre o que acabaram de ouvir. Se fizerem qualquer ação para me prejudicar ou à minha família, arrancarei a pele de seus corpos e seus órgãos. – Soltou o pescoço delas, cruzou os braços e lhes lançou aquele olhar duro e frio.

Nadine e madre Sabine se apavoraram e recuaram, encostando-se à parede. Eldric deu duas fortes bofetadas em Nadine, que a fez se desequilibrar e cair. Agarrou-a pelos cabelos e, erguendo-a, falou:

– Que interessante! Descobri que você é irmã de uma religiosa e você descobriu que eu sou judeu. Guardaremos as revelações para nós, está bem? Promete que o fará? – Soltou os cabelos dela.

– Prometo.

– Muito bem. Se nos prejudicar, você e sua irmã sofrerão em minhas mãos.

– Ela não usará a revelação de você ser judeu para prejudicá-lo e impedir sua fuga e de sua família para a Itália, mas eu a usarei – disse Gideon, que saiu correndo em direção ao portão.

– Padre Helmo e Abner, impeçam Gideon de deixar o convento! – ordenou Eldric, desviando o olhar de Nadine e madre Sabine.

Nadine então pegou um punhal, que sempre carregava preso à cintura, e fez um corte no braço de irmã Adina, que estava próxima dela. A freira gritou, e Nadine a empurrou com violência sobre Eldric. Imediatamente saiu correndo em direção ao portão, ameaçando apunhalar Abner, que se colocou no caminho dela. Pulou o portão, pelo qual Gideon já tinha saltado, e fugiu por um caminho oposto ao dele.

Quando Eldric conseguiu chegar ao portão, era tarde demais. Gideon e Nadine tinham desaparecido.

No refeitório, Lorenzo cuidava do ferimento no braço de irmã Adina. Eldric explicou como deveriam agir, caso Gideon retornasse com soldados da SS, e pediu a padre Helmo, Abner e seu pai que agilizassem os preparativos da fuga. Madre Sabine foi trancada em um quarto. Eldric e irmã Adina, com uma maleta de primeiros socorros, foram para a recepção do convento, enquanto madre Leonore seguiu para dar ordens às freiras.

❧❦❧

Ao fugir do convento, Gideon, assim que avistou uma patrulha da SS, dirigiu-se a ela e, indagando quem era o comandante, disse-lhe:

Roberto Diógenes ditado por Sulamita | 381

– Sou tio de uma freira e a visitava no convento quando um judeu, que se passa por cirurgião alemão e esconde a família judia em um alojamento, aproximou-se de nós. Ele queria me obrigar a ficar com sua família em minha casa até de madrugada, quando fugirão para a Itália. Eu consegui fugir do convento, mas estou preocupado com que ele possa fazer algum mal à minha sobrinha e às outras freiras.

– Entre no jipe e indique o caminho do convento! – ordenou o comandante da patrulha, e Gideon obedeceu.

Em poucos minutos chegaram ao convento, e a patrulha, arrombando a fechadura do portão, correu até a recepção, onde encontrou dr. Eldric e duas freiras, uma delas com um grande curativo no braço. Eldric ficou em pé e, fixando o olhar no comandante da patrulha, indagou:

– Hildebert, o que aconteceu para sua patrulha derrubar o portão do convento e invadi-lo?

Hildebert, confuso, contou o que ouvira de Gideon.

– E você, que me conhece há um bom tempo e sabe onde trabalho e o que faço com judeus, acreditou na mentira desse homem? – perguntou Eldric.

– Essa freira é a minha sobrinha – disse Gideon, apontando para irmã Adina. – E ele é um judeu disfarçado de cirurgião alemão – apontou para Eldric.

– Eu não conheço esse homem e nunca fui sobrinha dele – falou irmã Adina. – Doutor Eldric costuma socorrer as freiras, quando uma de nós se machuca. Foi isso que ele veio fazer no convento. – Mostrou o braço e o curativo.

– Doutor Eldric e sua família alemã são amigos de minha família. Desde que se formou cirurgião, ele tem sido um bom médico para as freiras, sem nada cobrar – disse madre Leonore. Depois, apontando para Gideon, falou: – Este homem lhe contou uma mentira, pois foi ele que invadiu nosso convento, pedindo abrigo contra a polícia nazista, sem nos contar por que fugia. Sua raiva se deve à minha recusa em abrigá-lo.

– É mentira! – gritou Gideon. – A madre e a freira estão mentindo. Doutor Eldric é um...

382 | Órfãos do amor

– Cale-se – ordenou Hildebert. – Todas as patrulhas da SS que atuam em Berlim conhecem doutor Eldric e sabem quem ele é e o que faz – Virou-se para os soldados. – Levem este homem para o jipe!

Os soldados agarraram Gideon, que começou a gritar, e o arrastaram para fora. Hildebert pediu desculpas a madre Leonore por ter arrombado o portão, prometendo que no dia seguinte retornaria com a patrulha para consertá-lo.

– Está tudo bem. Colocarei uma corrente com um cadeado no portão até amanhã – disse madre Leonore.

Assim que a patrulha foi embora, Eldric disse:

– Madre Leonore e irmã Adina, procedam como já lhes instruí, pois Nadine retornará com várias patrulhas.

As duas foram tomar as providências que lhes cabiam. No alojamento, as instruções já tinham sido seguidas. Os familiares de Eldric, os ciganos e outra família judia já estavam preparados para a fuga.

Todos ficaram aguardando madre Leonore e as freiras se juntarem a eles e, quando isso aconteceu, seguiram para uma saída secreta que existia no cemitério do convento e que só era conhecida pela madre. Passaram por essa saída, e Eldric levou a família, Berdina e Liena, os dois garotos judeus e a menina cigana para sua residência, onde os esconderia no porão de sua casa. Nathan ia com a metralhadora, disposto a atirar no primeiro nazista que tentasse impedir a fuga. Padre Helmo e madre Leonore levaram as freiras e os outros fugitivos para a casa do bispo.

꧁꧂

Quando a patrulha de Hildebert se distanciou do convento, ele ordenou ao motorista que estacionasse o jipe. Virou-se para Gideon e falou:

– Você é um mentiroso, e sua falsa história me fez passar vergonha na frente do doutor Eldric. Nunca mais contará uma mentira em sua vida e, se estava fugindo da SS é porque alguma coisa errada você fez. – Pegou a pistola e deu um tiro fatal na cabeça dele.

Os soldados jogaram o corpo em uma vala. Quando seguiram seu percurso, encontraram dez patrulhas em sentido oposto. Em uma delas estava Nadine, que ordenou a Hildebert:

– Junte-se a nós! Descobri que o doutor Eldric não é cirurgião alemão, mas um judeu que esconde a família em um alojamento do convento. Ele contou muitas mentiras para mim, Willy e Werner. Recebi ordens do comandante para levar Eldric e a família judia ao Campo de Concentração de Sachsenhausen.

"Então era verdade o que aquele homem que acabei de matar falou sobre o dr. Eldric ser judeu", pensou Hildebert.

Mas era tarde demais para consertar o que tinha feito.

Capítulo 31

CAMPO DE CONCENTRAÇÃO

O bispo rezava na capela de sua residência quando um sacerdote se aproximou e, interrompendo sua prece, informou que padre Helmo e madre Leonore estavam no salão. O bispo, um homem de 69 anos, dirigiu-se ao salão e perguntou à madre e ao seu irmão:

– Madre Leonore, padre Helmo, a polícia nazista invadiu o convento?

– Conseguimos fugir antes que invadissem, mas a essa hora já devem tê-lo feito – respondeu a madre.

Padre Helmo contou ao irmão o que tinha acontecido e pediu abrigo para as freiras e as famílias judia e cigana, informando que ele, madre Leonore e irmã Adina precisavam partir para a residência do dr. Eldric, a fim de auxiliar na fuga para a Itália.

O bispo falou que naquela noite enviaria as feiras e as duas famílias a um local seguro. Atendendo ao pedido do irmão, entregou-lhe a chave de um dos veículos da diocese. Padre Helmo, madre Leonore e irmã Adina entraram no veículo e seguiram para a residência de Eldric, abandonando o veículo em uma rua distante do imóvel e se dirigindo em seguida ao local.

Roberto Diógenes ditado por Sulamita | 385

Padre Helmo bateu à porta, falando seu nome. Berdina atendeu e os levou ao porão, onde se juntaram a Eldric, Lorenzo e os outros fugitivos. Voltaram a conversar sobre os detalhes da fuga. Nathan, contra sua vontade, entregou a metralhadora a padre Helmo, que foi para a recepção da clínica, juntamente com madre Leonore e irmã Adina. Sentaram-se, e o padre escondeu a metralhadora atrás do corpo.

Eldric pediu aos sobrinhos, aos dois garotos judeus, a Liena e à menina cigana que ficassem juntos, dizendo-lhes:

– Os seis estão sob minha responsabilidade e tudo farei para levá-los à Itália. Se algo der errado durante a fuga e a SS começar a atirar em nós, não corram. Obedeçam ao que lhes pedirei para fazer. Se nos levarem para um Campo de Concentração, e eu for obrigado a fazer algo ruim com vocês, aplicarei uma medicação que os fará perder a consciência. Ao despertarem, não sentirão dor; apenas verão um curativo em seus corpos. Mas só farei isso se for para impedir a morte de vocês. Por isso, deverão fazer o que eu pedir. Confiarão em mim?

– Confiaremos e faremos tudo o que o senhor nos solicitar – falou Tobias.

Os outros imitaram Tobias, e Eldric lhes disse o que deveriam fazer. Falou para os pais, Abner, Dinah, Lorenzo e Berdina como deveriam proceder se não conseguissem fugir para a Itália. Todos se prontificaram a executar o que foi determinado. Tobias pediu que todos dessem as mãos e rezassem rogando a Deus abençoá-los durante a fuga. Assim procederam e, após a prece, ficaram em silêncio, aguardando a hora de partir.

⚬⚬⚬

Quando as patrulhas chegaram ao convento, Nadine ordenou aos soldados que derrubassem o portão. A seguir, invadiram o local. Na recepção, ela ordenou:

– Tragam até mim as duas madres e matem as freiras! Encontrem o doutor Eldric, o doutor Lorenzo e os judeus que se escondem no convento, e tragam todos até mim! A patrulha de Bertram ficará cuidando de minha segurança.

Rapidamente, as dez patrulhas começaram a percorrer todas as dependências do convento. Um soldado, ao avistar madre Sabine no quarto, disparou três tiros em sua cabeça antes de ela ter tempo de informar seu nome.

Após 25 minutos, as patrulhas encontraram o alojamento vazio. Retornaram para a recepção do convento, e Hildebert falou:

– Dona Nadine, vasculhamos todo o convento e um alojamento que fica próximo ao cemitério. Só encontramos uma freira, que foi morta. Pelo jeito, todos fugiram.

– As madres e freiras devem ter fugido para outro convento. Esqueça-as; vamos para a residência do doutor Eldric – disse Nadine.

Correram até os jipes e partiram para a residência de Eldric. Ali, derrubaram a porta e, quando entraram no local, avistaram padre Helmo, madre Leonore e irmã Adina sentados, rezando.

– Fugiram do convento e vieram parar aqui? – perguntou Nadine. – Onde estão o doutor Eldric e sua família judia? Digam a verdade ou morrerão.

– Fugiram para outra cidade alemã e dela seguirão para a Itália – disse padre Helmo.

– Está mentindo, pois eles não tiveram tempo para fugir de Berlim, sem que a fuga fosse interceptada – disse Nadine. – Matem os três!

Padre Helmo se virou e, pegando a metralhadora, disparou no soldado que estava na frente de Nadine, preparando-se para atirar nos demais. Os outros soldados atiraram nos três religiosos, que desencarnaram com rapidez.

– Morreram por serem mentirosos e protegerem judeus – disse Nadine. – Vasculhem a casa e a clínica! Encontrem os fugitivos, matem os adultos, e tragam doutor Eldric e as crianças até mim!

Os soldados começaram a procurar os fugitivos, arrombando portas que estavam fechadas e destruindo o que encontravam pela frente, mas não acharam Eldric e os outros.

– Bertram, sua patrulha era responsável por cuidar da segurança do doutor Eldric, portanto devem saber se nesta casa existe alguma passagem secreta. Existe? – perguntou Nadine.

– Nada sabemos sobre passagem secreta, só da existência de um porão cuja entrada não é fácil de ser vista – falou Bertram.

– Leve as patrulhas até esse porão e executem as ordens que já lhes dei.

Bertram foi para a cozinha, e os outros o seguiram. Ele entrou na despensa e, retirando alguns alimentos de uma prateleira, arrastou-a, tornando visível a entrada do porão. Três soldados arrombaram a portinhola do porão e o invadiram. Os outros seguiram atrás deles com lanternas acesas.

As luzes das lanternas incidiram sobre Lorenzo e Berdina, que, de braços abertos, estavam na frente dos outros adultos. Os dois começaram a rezar, e os soldados atiraram neles. Em seguida, miraram as metralhadoras em Amnon e Abner, Miriam e Dinah, e atiraram. Apontaram as armas para Eldric, que, ficando na frente dos sobrinhos, gritou:

– Não atirem! Os que ainda estão vivos são adolescentes e crianças.

– Doutor Eldric, siga-nos com os seus sobrinhos – pediu Bertram. – Dona Nadine quer falar com o senhor.

– Eles mataram tia Berdina e os outros, e irão nos matar – disse Liena, chorando.

– Não chore. Recorde-se do que pedi a vocês – lembrou Eldric. – Venham atrás de mim quando eu começar a andar.

Bertram gritou para deixarem o porão. Quando saíram, Nadine fixou o olhar em Eldric e disse:

– Como os judeus perderam tudo nesta guerra, o único local para onde poderia ter trazido sua família judia era para a própria residência. – Deu-lhe duas bofetadas. – Agora estamos quites em relação às bofetadas que me aplicou no convento. – Cravou o olhar no dele. – Você mentiu, fazendo-se passar por um cirurgião alemão. Pagará caro por isso. – Virou-se para as patrulhas. – Levem o doutor Eldric e seus protegidos para o Campo de Concentração de Sachsenhausen!

Quando chegaram ao Campo de Concentração, Nadine pediu para falar com o diretor e indagou se Werner estava ali.

– Doutor Werner só retornará amanhã. Mas hoje o doutor Willy veio para o campo e está em sua enfermaria – disse o diretor.

– Eu e o doutor Eldric trouxemos crianças e adolescentes para as experiências. Serão levados para a enfermaria do doutor Eldric e não quero que ninguém nos incomode – falou Nadine.

O diretor disse que ela tinha liberdade para agir como desejasse. Nadine foi então para a entrada do campo e falou:

– Com exceção da patrulha de Bertram, as outras estão dispensadas para retornar a Berlim. Partam e mantenham silêncio sobre as prisões de hoje.

Hildebert e os outros comandantes disseram algo para as patrulhas e partiram. Nadine ordenou à patrulha de Bertram para conduzir dr. Eldric e os outros à enfermaria do cirurgião. A ordem foi acatada. Tobias e os demais foram amarrados, e a mulher disse para Eldric:

– Não foi amarrado porque quem realizará as experiências nos órgãos de seus sobrinhos será você. Após a experiência, farei uma proposta. Se aceitá-la, permitirei que cuide dos ferimentos dos dois. Cumpra minhas ordens com perfeição e talvez sua vida, a de seus sobrinhos e dos outros quatro sejam poupadas. – Apontando para Tobias, ordenou a Eldric:

– Acorrente-o na maca e retire um dos rins dele!

Eldric se aproximou de Tobias, que estava com os pés e as mãos amarrados, e pediu:

– Perdoe-me pelo que terei que fazer com você, mas tenho de acatar a ordem para tentar evitar sua morte, a de Nathan e dos outros. Recorde-se do que lhes falei. – Abraçou o sobrinho, e uma lágrima lhe desceu pela face.

– Tio Ezekiel, eu o perdoo pelo que será obrigado a fazer – falou Tobias. – Confio no senhor. Pode me acorrentar.

Eldric se afastou e pegou uma corrente.

– Liena, o doutor Eldric vai arrancar o rim do Tobias e depois fará o mesmo conosco. Eu estou com muito medo da morte. Cante, Liena! Cante para a sua música espantar meu medo – pediu a menina cigana.

Roberto Diógenes ditado por Sulamita | 389

Liena, que também estava apavorada, temendo a morte, fechou os olhos e, unindo as mãos em forma de prece, começou a cantar a *Ave-Maria*, e sua belíssima voz tomou conta da enfermaria. Eldric, Nadine, Bertram e os soldados pensaram jamais ter escutado uma voz tão bela.

Nadine, que odiava tudo o que era religioso, aproximou-se de Liena e gritou:

– Pare de cantar, ou arrancarei a sua língua!

A garota abriu os olhos e, olhando para Tobias, falou:

– Tobias, você prometeu que cuidaria de mim e não deixaria ninguém me fazer mal. Impeça essa mulher má de cortar a minha língua – e começou a chorar.

– Se ele está amarrado e logo será acorrentado, como é que vai me impedir de cortar sua língua? – perguntou Nadine, mostrando um bisturi para Liena, que chorou ainda mais alto. – Sua voz, enquanto canta, é linda, mas seu choro é horrível e irritante – acrescentou Nadine. – Mas não serei eu a cortar sua língua; será o doutor Eldric.

Virou-se para ele e ordenou:

– Acorrente a garota na maca e corte a língua dela! Depois retire seu rim, e em seguida retirará o de Tobias. Quero vê-lo testemunhar a garota perder a língua e o rim, sem nada poder fazer para cumprir a promessa que lhe fez.

Eldric se aproximou de Liena e, pedindo para se recordar do que tinha falado no porão, pegou-a nos braços e a deitou na maca. Acorrentou-a e, aproximando-se de seus instrumentos cirúrgicos, preparou uma anestesia, enquanto a garota chorava e gritava, implorando para não ter a língua cortada.

– Tio Ezekiel, não corte a língua da Liena, que tem uma voz linda e a perderá – falou Tobias. – Corte a minha língua no lugar da dela. Não sentirei falta da minha.

Eldric ignorou o pedido do sobrinho e pegou a anestesia. Liena, a menina cigana e os garotos judeus começaram a gritar e chorar. Nathan pensava em uma forma de fugir do Campo de Concentração. Eldric colocou a anestesia na mesa, cruzou os braços, fechou o semblante e lançou um olhar duro e gélido para Liena. Depois fez o mesmo com a menina cigana, os garotos e os sobrinhos. Todos sentiram o sangue gelar e, enchendo-se de pavor, ficaram em silêncio, por acreditar que seriam mortos. O cirurgião pegou a anestesia e a injetou em Liena. Assim que ela perdeu os sentidos, ele pegou um bisturi e cortou sua língua. Estancou a hemorragia e cuidou do ferimento.

– Doutor Eldric, executou a ordem com perfeição. Antes de retirar o rim da garota e o de Tobias, irei lhe fazer a proposta, pois já estou ciente de que não hesitará em cumprir minhas novas ordens – disse Nadine, que, virando-se para Bertram e seus soldados, ordenou: – Amarrem o doutor Eldric e se retirem!

Eles amarraram o cirurgião e saíram. Nadine falou:

– Sua vida e a de seus sobrinhos estão em minhas mãos. Se você quiser continuar vivo e salvar a vida deles, deverá aceitar a proposta que farei: eu os ajudarei a fugir para a Itália se me levar junto e me tratar muito bem, ofertando-me seu amor e recebendo o meu.

– Aceito – disse Eldric.

Ela o abraçou e o beijou, e, mesmo amarrado, ele correspondeu ao beijo. Nadine disse que fugiriam do Campo de Concentração por uma passagem secreta que ficava na enfermaria de Werner. Essa passagem os levaria a uma casa abandonada onde existiam três veículos escondidos. Entrariam em dois veículos e fugiriam para um local de Berlim que apenas ela conhecia. Passados alguns dias, partiriam para a Itália.

Ouviram fortes batidas na porta e a voz de Willy gritando para Nadine abri-la. Ela desamarrou Eldric e abriu a porta. Willy entrou e disse:

– Nadine, o diretor do campo me informou que você e Eldric trouxeram crianças e adolescentes para esta enfermaria. Por que não me procurou? Por que a patrulha de Bertram está de guarda na porta da enfermaria?

– As vítimas são filhos de judeus e ciganos – disse Nadine. – Eles tinham metralhadoras, que devem ter roubado de soldados mortos. Os garotos as dispararam nos soldados que nos acompanhavam, quando descobrimos o esconderijo deles – mentiu.

– Foi por isso que solicitei à patrulha de Bertram ficar de guarda na porta da enfermaria de Eldric. Acabamos de amarrar as vítimas e uma delas teve a língua arrancada, porque seu grito e choro eram insuportáveis. Eu já estava indo à sua procura, para informá-lo sobre os acontecimentos.

Willy deu uma olhada nos que estavam amarrados e em Liena na maca, e falou:

– Está muito tarde para realizar experiências médicas. Siga-me, pois quero conversar com você.

– Doutor Eldric, assim que minha conversa com Willy terminar, retornarei a esta enfermaria e executaremos o que combinamos – falou Nadine.

Ordenando a Bertram e aos outros que continuassem vigiando a porta, fechou-a por fora e seguiu para a enfermaria de Willy. Rapidamente, Eldric desamarrou os sobrinhos e os outros três, deixando Liena na maca, pois ela continuava sob o efeito da anestesia. Ele falou que só aceitara a proposta de Nadine para que pudessem fugir em segurança e explicou como fariam para sair dali, dizendo onde ficava a enfermaria de Werner e como chegariam até ela.

Nathan, os garotos judeus e a menina cigana encostaram-se a uma parede, e Nathan ficou cochichando algo para eles. Eldric preparou três anestesias. Deixou duas sobre a mesa e entregou a outra para Tobias, que ficou ao lado da porta. Eldric gritou o nome de Bertram, dizendo que estava precisando de ajuda. A porta foi aberta, e Tobias ficou atrás dela. Bertram entrou, perguntou o que estava acontecendo e fechou a porta. Tobias injetou-lhe a anestesia, e Eldric tapou-lhe a boca para impedir que ele gritasse antes de perder a consciência. Assim que a anestesia fez efeito, Eldric e Tobias o acorrentaram em uma das macas e o amordaçaram.

Nathan pegou a metralhadora de Bertram e voltou a ficar próximo dos garotos e da ciganinha. Passados alguns minutos, Liena recuperou os sentidos. Foi retirada da maca e lhe disseram o que tinha acontecido. Ela tentou falar, mas não conseguiu e começou a chorar, sendo consolada por Tobias. Transcorridos mais alguns minutos, ouviram o barulho da fechadura. Rapidamente Eldric pegou uma anestesia e a ficou segurando. Nadine entrou na enfermaria e, ao fechar a porta, disse:

– Já conversei com Willy, que determinou... – A fala foi interrompida quando Eldric lhe injetou a anestesia e tapou sua boca. Tobias auxiliou o tio a acorrentar Nadine em outra maca e a amordaçá-la.

– Só nos restou uma anestesia. Teremos de guardá-la para quando estivermos fugindo – falou Eldric. – Vou tentar convencer os soldados a entrarem, um por um. Depois de dominá-los, seguiremos para a passagem secreta da enfermaria de Werner, que fica vazia durante a noite.

Ele explicou como fazer para chegar em segurança ao local da passagem. Eldric e Tobias se aproximaram da porta e se prepararam para colocar em prática o que atrairia os soldados para dentro da enfermaria. Sorrateiramente, Nathan se aproximou dos instrumentos cirúrgicos de Eldric. Pegou uma adaga e a enfiou com violência duas vezes nas costas do tio. Depois se afastou e disse:

– Tobias, já fiz o que você me pediu. Esfaqueei o tio Eldric, que é um cirurgião nazista e não deve continuar vivendo para, em vez de nos levar à Itália, fazer experiências diabólicas em nossos órgãos. Vamos matá-lo e fugir, pois já estamos cientes de onde fica a passagem secreta na enfermaria do tal Werner.

Surpreso com o que ouviu, Eldric virou-se para Tobias e falou:

– Eu confiei em você. Dei-lhe o meu amor fraterno e tudo fiz para beneficiá-lo. O que recebo em troca é você pedir a seu irmão que me mate?

– Tio Ezekiel, Nathan está mentindo, porque eu não lhe pedi que o esfaqueasse. Vou cuidar do seu ferimento e... – Sua fala foi interrompida quando Eldric emitiu um grito de dor, assim que um dos garotos judeus, que tinha pegado um bisturi entre os instrumentos cirúrgicos, cravou-o próximo aos dois ferimentos feitos pela adaga. Depois disse:

– Tobias nos pediu que matássemos o senhor quando estivesse desprevenido, porque é um médico maligno, que iria nos fazer grande mal. E é verdade, porque o senhor cortou a língua da Liena.

– Tio Ezekiel, é mentira. Eu nunca...

– Cale-se! – ordenou Ezekiel, cortando a fala de Tobias. – Eu confiei em você, o que foi um grande erro. A partir de hoje não voltarei a confiar em crianças nem em adolescentes, e jamais os amarei. Afaste-se de mim, pois eu mesmo cuidarei dos ferimentos. Depois acertarei contas com Nathan e o garoto que me cravou o bisturi. – Levou a mão direita às costas e puxou o instrumento. Sentiu uma vertigem e muita fraqueza, em função da perda de sangue, e sentou-se.

A menina cigana gritou ao avistar o sangue começando a escorrer. Tobias correu até o armário de medicamentos e, abrindo-o, começou a pegar o que poderia estancar a hemorragia, mas Nathan rapidamente se aproximou do tio e o degolou com a adaga. Eldric desencarnou de olhos abertos, encarando seu assassino. A menina cigana gritou e fechou os olhos.

Liena fixou o olhar no corpo sem vida de Eldric, satisfeita com sua morte. Tobias correu até o tio. Chorando, sentou-se ao lado dele, apoiou sua cabeça no colo e pediu perdão pelo que Nathan havia feito.

– Tio Ezekiel, nesta vida eu não consegui ser um bom sobrinho para o senhor. Não pude ajudá-lo quando precisou de mim, mas, se existir a reencarnação, como padre Helmo acredita, prometo que na nova vida estarei ao seu lado estendendo-lhe minhas mãos quando delas necessitar. – Beijou a fronte do tio. – Que sua alma parta em paz e seja acolhida por Deus, pois o senhor foi um bom tio e uma boa pessoa. – Fechou os olhos e fez uma prece silenciosa em intenção do tio. Ao concluí-la, levantou-se, encarou o irmão e falou:

– Nathan, você enlouqueceu e se transformou em um assassino. Matou seu tio, que foi um bom homem e só fez o bem à sua família. E agora? Como faremos para fugir?

– Tio Ezekiel, que se fazia passar por doutor Eldric, nunca foi um bom homem, mas sim um médico nazista responsável pela morte dos nossos pais e avós, e também por nossa prisão. Ele não prestava, porque nenhum nazista vale nada. Matá-lo foi a coisa mais certa que eu fiz – disse Nathan. – Já sabemos onde fica a passagem secreta que vai nos libertar. Iremos até ela, pegaremos o carro e fugiremos.

– E quem vai dirigir? – perguntou Tobias.

Antes de Nathan responder, ouviram fortes batidas na porta.

– Nadine, abra a porta. Quero falar com você e Eldric sobre o que acabei de descobrir sobre ele – gritou Willy. – Abra essa porta, ou pedirei aos soldados que atirem na fechadura.

– E agora, o que faremos? – perguntou o garoto que tinha cravado o bisturi em Eldric.

– Eu atirarei nos soldados assim que a fechadura for detonada e correremos até a enfermaria do tal Werner – falou Nathan, que, aproximando-se das macas, usou a mesma adaga para degolar Nadine e Bertram.

– Nathan, quero distância de você, que é um assassino de sangue-frio, igual aos nazistas – disse Tobias. – Depois de ter assassinado nosso tio e os outros dois, não conseguiremos fugir, porque os nazistas não... – Interrompeu a fala quando ouviram tiros. Ele se aproximou dos dois garotos, da cigana e de Liena, e ficou na frente deles, dizendo que tudo faria para protegê-los da morte.

Nathan segurou firme a metralhadora que era de Bertram e mirou a porta. Assim que a fechadura foi detonada e a porta se abriu, ele atirou e matou Willy. Mas, antes que pudesse atirar nos soldados, recebeu vários tiros e também morreu.

Os quatro soldados entraram na enfermaria e, ao avistarem o que tinha acontecido com Nadine, Bertram e Eldric, miraram as metralhadoras em Tobias e nos outros. Tobias deu dois passos, ficando na frente de Liena, da menina cigana e dos dois garotos judeus, e abriu os braços. Recebeu as primeiras balas. Assim que ele tombou sem vida, os tiros acertaram os outros quatro... e as imagens desapareceram da tela de projeção.

෨൙ ൙෨

Georg se levantou e, ao ligar a lâmpada, viu Marcello, Eunice, Flaviana e Edwiges secando as lágrimas. Gilson e Fabrício também tinham os olhos marejados de lágrimas. Ele se sentou e esperou todos se recomporem.

– O filme que assistiram revelou como viveram na existência passada. Reencarnaram no Brasil para tentarem acertar onde erraram na Alemanha. Se o acerto ocorreu é algo que devem indagar à própria consciência, porque foi para se harmonizar com ela que voltaram a se encontrar na nova vida terrena. – Olhou um por um e disse: – Ezekiel ou Eldric reencarnou como Fabrício; Abner como Marcello; Dinah é Denise. Gideon reencarnou como Gilson e Miriam como Flaviana, que pediu para voltar a ser mãe dos mesmos filhos, a fim de tentar ajudá-los. Como Flaviana, ofertou uma boa educação a eles, amou-os fraternalmente e os ensinou a serem amigos.

– Foi uma boa mãe e grande amiga! – exclamou Marcello, beijando a face de Flaviana.

– Foi uma grande amiga e boa mãe, que me aceitou como sou – falou Fabrício, abraçando Flaviana, que se emocionou com o que ele e Marcello haviam dito.

– Gideon pediu para reencarnar como pai de Abner e Ezekiel, para ajudar Ezekiel a se aproximar da mulher amada e com ela se casar, o que não foi possível, porque Fabrício nunca contou a Gilson quem era essa mulher amada – falou Edwiges. – Ao ter se empenhado para colocar a Doutrina Espírita em prática, Gilson se aproximou dos filhos e fez o que esteve ao seu alcance para vê-los felizes, amando-os fraternalmente e os auxiliando a alcançar seus objetivos.

– Foi um ótimo pai e bom amigo! – exclamou Marcello, beijando a fronte de Gilson.

– Como Gilson, ele foi um bom pai – disse Fabrício.

– Fabrício, você não foi um excelente filho como o Marcello, mas foi um bom filho – falou Gilson. – Perdoe-me por tê-lo impedido de ser feliz com a mulher amada na encarnação anterior.

– O pedido de perdão deveria ter acontecido quando vivemos como Ezekiel e Gideon – falou Fabrício. – Mas, como ele não aconteceu, ter me educado para ser alguém honesto, sincero e responsável fez do senhor um bom pai. – Abraçou-o, e Gilson correspondeu ao abraço.

Georg e Edwiges se entreolharam, e ele disse:

– Antes de viverem na Alemanha, Abner foi filho único de Gideon, um senhor feudal que atendia a todos os caprichos do filho. Este, aos vinte anos, apaixonou-se por Dinah, esposa de Ezekiel, um vassalo do senhor feudal. Ela recusou a proposta indecorosa que o jovem lhe fez, dizendo ser feliz ao lado do esposo e dos filhos: Tobias e Liena. Ele não aceitou a recusa e, contando ao pai sobre sua paixão, pediu-lhe que destruísse a família dela e a obrigasse a ser sua esposa. A perseguição ao casal foi terrível. Eles perderam os bens e as terras e tiveram seus filhos assassinados. O casal foi levado para a masmorra, e o jovem estuprou a esposa na frente de seu marido, que, em um acesso de ódio, conseguiu matá-lo enforcado. O senhor feudal o assassinou e se tornou amante de sua esposa. Esta, após dois meses, envenenou o senhor feudal e se suicidou, tomando do mesmo veneno.

Fez uma pausa e continuou:

– Abner, Gideon e Ezekiel só conseguiram criar laços amigáveis e se amar fraternalmente ao viverem como Marcello, Gilson e Fabrício. Os dois primeiros pediram para, na nova vida, desencarnar antes de Dinah e Ezekiel confessarem se amar e se entenderem, para não atrapalhar o relacionamento dos dois, e também para lhes devolver os filhos que tinham assassinado e, a Ezekiel, os bens que lhe tinham confiscado na Idade Média. O débito contraído foi ressarcido, pois deixaram para Fabrício grande parte da herança dos Tilewes, aproximando-o dos antigos filhos, pois Derek e Daniel são as reencarnações de Tobias e Liena. David é Nathan.

– O fato de Fabrício não suportar crianças, nem seus gritos e choros, foi por ter carregado impressos na alma os gritos, choros e desespero de suas vítimas no Campo de Concentração de Sachsenhausen. Não ofertar sua amizade para crianças e adolescentes é reflexo da traição que julgou ter sofrido de Tobias,

Roberto Diógenes ditado por Sulamita | 397

acreditando nas mentiras de Nathan – explicou Edwiges. – Por ter estendido as mãos a David e impedido seu desencarne no acidente de moto, venceu a prova de não se vingar dele por ter sido o responsável pelo desencarne de Ezekiel. E Fabrício dizia aos sobrinhos não serem seus verdadeiros familiares por não terem o sangue dos Tilewes exatamente pelo fato de Natan mencionar que Ezekiel deixara de pertencer à família judia por não mais carregar sangue judeu nas veias.

– Fabrício, a doença renal foi a lei de ação e reação cruzando o seu caminho, pois, como lição de vida, você pediu para contrair insuficiência renal, a fim de se harmonizar com sua consciência sobre as más experiências que Eldric realizava, extraindo rins de crianças e adolescentes – falou Georg. – Enfrentar a doença sozinho era o que Eldric desejava, mas Tobias, o espírito mais evoluído da família, cujos laços de amizade e amor fraterno nutridos por você vêm desde que viveram juntos no Império Romano, quis estar ao seu lado para cumprir a promessa feita, após o desencarne de Ezekiel, de que estaria ao seu lado, estendendo-lhe as mãos quando delas necessitasse.

– Daniel sempre evitou falar, porque carregou o trauma de ter perdido a língua em função de sua belíssima voz. Tinha pavor de Fabrício porque, inconscientemente, sabia ter sido ele que lhe fizera aquele mal. Mas o modo como o tio o tratou, tudo fazendo para ajudá-lo a atingir seus objetivos, fez com que o pavor desaparecesse. Ezekiel, agora como Fabrício, ressarciu o débito que tinha contraído ao cortar a língua de Liena – explicou Edwiges. – Nathan é rival de Fabrício e, na Idade Média, competiu com ele pelas terras que o senhor feudal determinou pertencerem a quem foi Ezekiel nessa existência, um rapaz trabalhador e honesto, enquanto Nathan não gostava de trabalhar e só desejava vida fácil.

– Amnon é Alex, que, ao lado de Fabrício, está fazendo o que Amnon gostaria de ter feito pelo filho Ezekiel – disse Georg. – Levi é Alfredo. Lia reencarnou como Greice. Berdina é Anita. A menina cigana e os dois garotos judeus reencarnaram como Giselle, Álvaro e Nicholas. Fred é Bertram. Madre Leonore, padre

Helmo e irmã Adina são madre Felícia, irmã Aureliana e Eunice. Wesley foi um antigo noivo de Eunice, por ela rejeitado na vida anterior à de irmã Adina.

– Nadine, Willy e madre Sabine reencarnaram como Michelle, Elton e irmã Goreth – falou Edwiges. – Mirella e Derek se amam desde que viveram a primeira existência juntos, no Império Romano, e ela foi esposa dele.

– Após todos da vida passada terem desencarnado, Tobias, ao observar os espíritos dos familiares sofrendo no Umbral, em um dia em que o anjo Lugiel visitou sua cidade espiritual, ajoelhou-se na frente do anjo e, chorando e rezando, suplicou que fossem autorizadas novas reencarnações para ele e seus familiares. As lágrimas e a prece comoveram o anjo, que fechou os olhos e, após telepaticamente se comunicar com seu superior, permitiu as novas reencarnações. É por isso que reencarnaram após curta passagem pelo plano espiritual – explicou Georg, que, virando-se para Fabrício, falou: – Alguns débitos contraídos como Ezekiel você conseguiu ressarcir; outros ainda está em tempo de quitar como Fabrício. Recomendo que se esforce para ser um bom tio para seus sobrinhos e cultivar laços amigáveis com David.

Cravou o olhar no de Fabrício e, colocando a mão direita na cabeça dele, disse:

– Assim que retornar ao corpo físico, não se recordará de como viveu em sua vida passada, apenas se lembrará de ter sonhado com seus pais e seu irmão, e de ter conversado com os três e com amigos deles. Vai se lembrar também da minha recomendação. – Retirou a mão de sua cabeça. – Está na hora de você retornar ao corpo físico. Ao despertar no hospital, seu organismo não mais rejeitará o rim que Derek lhe doou, porque você recebeu a bênção de um anjo. Segure minha mão e a de Edwiges e feche os olhos – pediu.

– Antes de partirmos, quero saber quem é a reencarnação de Lorenzo, pois em suas explicações e na de Edwiges não mencionaram quem atualmente ele é – falou Fabrício.

– Ele não reencarnou – disse Georg.

– Por que não reencarnou para me ajudar a educar meus sobrinhos?

– Porque um espírito evoluído, que é Derek, voltaria a reencarnar ao seu lado. Por isso, optei por permanecer no plano espiritual, para ajudá-lo como seu anjo da guarda – disse Edwiges.

– Você foi Lorenzo? – indagou Fabrício, com grande surpresa. – E como pode ser meu anjo da guarda se é uma mulher? Eu acreditava que os anjos da guarda fossem do sexo masculino.

– Deus não é machista – disse Edwiges. Georg e Marcello sorriram.

Marcello e Eunice se aproximaram de Fabrício e lhe agradeceram por tudo de bom que estava fazendo por seus filhos adotivos e biológicos. Marcello e os pais abraçaram Fabrício, dizendo que rezariam para tudo dar certo em sua vida após o transplante renal. Georg voltou a pedir a Fabrício que segurasse sua mão e a de Edwiges, e que fechasse os olhos. Ele obedeceu, e todos partiram volitando para o hospital.

Capítulo 32

BOM TIO

Fabrício despertou e a primeira pessoa que viu foi Derek, sentado próximo de sua cabeceira. Vendo-o abrir os olhos, o sobrinho exclamou:

– Graças a Deus, o senhor acordou. Eu estava preocupado, porque estava dormindo há muitas horas, após ter recebido medicação para o seu organismo não rejeitar o rim transplantado. O senhor está bem?

Antes de responder, Fabrício se recordou de ter sonhado com os pais, com Marcello e outras pessoas, lembrando-se de que uma delas lhe recomendara ser um bom tio para os trigêmeos e se tornar amigo de David. Fixando o olhar em Derek, ele disse:

– Estou bem. Sinto como se meu corpo vendesse saúde.

– Que ótima notícia! – disse Derek. – Tenho fé que, após Deus ter ouvido a minha prece pedindo que seu organismo não mais rejeite o rim, o senhor terá uma nova vida.

O enfermeiro informou que iria chamar o dr. Luiz e, assim que o nefrologista entrou na enfermaria, indagou como Fabrício se sentia e ouviu o mesmo que ele havia dito a Derek.

– Se está vendendo saúde, é sinal de que tudo funciona bem em seu organismo – disse o dr. Luiz. – Ficará mais alguns dias

Roberto Diógenes ditado por Sulamita | 401

no hospital e, se for comprovado que não há mais rejeição ao rim transplantado, receberá alta.

O médico virou-se para Derek e disse que ele poderia ir para casa, pois já estava de alta. O rapazinho telefonou para Fred, pedindo que fosse buscá-lo no hospital, e disse ao tio:

– O Fred, a Denise e o Daniel estavam aqui, mas, como o senhor demorou a despertar, eles tiveram que ir embora cuidar de suas atividades.

Fabrício estendeu a mão direita e, tocando a esquerda do sobrinho, agradeceu:

– Obrigado por ter doado o rim que salvou a minha vida! Agradeço por ter estado sempre ao meu lado, estendendo-me suas mãos. Você é um ótimo sobrinho, portador de um coração nobilíssimo e de grande amor para com seus familiares. A partir de hoje, vou me empenhar para ser um bom tio para você e seus irmãos.

– O senhor me emocionou – exclamou Derek, beijando a fronte do tio.

꧁ ꧂

Transcorridas algumas semanas, após ter se submetido a diferentes exames, foi constatado que o organismo de Fabrício estava reagindo bem ao transplante, e ele recebeu alta hospitalar.

– Doutor Fabrício, o rim transplantado fará com que retome suas atividades normais, mas os medicamentos deverão ser usados rigorosamente pelo resto da vida – disse o nefrologista.

– Eu me certificarei de que a medicação seja usada corretamente – falou Derek, que, junto com Fred, tinha ido buscar o tio.

O dr. Luiz repassou algumas informações sobre o modo como uma pessoa transplantada deveria se comportar e liberou o paciente.

Derek e Fabrício agradeceram e se despediram do médico. Chegando em casa, Daniel abraçou o tio, dizendo estar feliz com seu retorno ao lar. Anita e Nair também se alegraram.

– Estou feliz que tenha voltado – falou Derek. – Esta mansão ficou triste sem a sua presença.

– Para mim, ela ficou alegre sem ele por perto controlando nossas vidas – disse David. – Agora vai voltar a nos infernizar, querendo que só façamos o que considera ser o melhor para nós. Deveria ter continuado no hospital, pois não senti sua falta.

– Eu senti falta da mansão e dos meus sobrinhos – falou Fabrício.

– Vou tomar um banho e depois quero conversar com os três.

– David, você poderia ter sido acolhedor com o tio e não ter dito o que deveria ter apenas pensado – recriminou Derek, quando Fabrício se ausentou.

– Disse-lhe a verdade sobre o que senti na ausência dele. Pena que não ficou vários meses no hospital – falou David.

⚜

Georg e Edwiges, Eunice, Marcello e os pais chegaram à Mansão Tilewes na hora em que Fabrício e os sobrinhos entraram no escritório. O tio e os trigêmeos se sentaram, e Fabrício lhes pediu que contassem o que tinham feito em sua ausência. Após ouvi-los, falou:

– Com exceção do David, fico contente em saber que Derek e Daniel continuaram dedicados aos estudos e demais atividades. – Olhou para os três. – Durante minha estada no hospital, refleti sobre a educação severa que lhes ministrei. Embora tenha sido ideal para que se tornassem pessoas honestas, responsáveis e trabalhadoras, ela não foi eficiente para nos aproximar e nos tornar amigos, porque não os considerava meus verdadeiros familiares. Percebi que isso foi um erro e não mais o repetirei, pois somos uma família e devemos viver em harmonia. Por isso, vou me esforçar para ser um bom tio.

Fez uma pausa e continuou:

– Os três já possuem idade para discernir sobre o que é melhor às suas vidas e estão liberados de pedir permissão para fazer o que desejam. Cancelarei as regras que eram obrigados a seguir, mas, antes de trazerem alguém para a mansão, quero ser informado. Apoiarei a profissão que desejarem seguir e estou pensando em passarmos uns dias de nossas férias em Tramandaí, em companhia de nossas namoradas. Espero que desse modo possamos nos tornar familiares unidos, com um apoiando o outro em suas necessidades.

– Para o senhor ter voltado do hospital decidido a se tornar um bom tio, é sinal de que o rim do Derek está agindo como se fosse o coração dele. Só espero que tudo isso seja verdade – disse David.

– Vou me esforçar para ser um bom tio e você fará o mesmo para ser um bom sobrinho – falou Fabrício, que indagou quais profissões eles tinham pensado em seguir.

– Como já havia informado ao senhor, estou decidido a ser juiz, após me formar em Direito – falou Derek.

– Eu serei pediatra – disse Daniel.

– Não gosto de estudar e, ao concluir o Ensino Médio, não prestarei vestibular para nenhum curso superior – proferiu David. – Não gosto de acordar cedo para trabalhar. Serei garoto de programa, porque quero ganhar dinheiro rápido para financiar um apartamento e viver sozinho.

– Ser garoto de programa não é profissão decente. Aliás, nem sei se é uma profissão – falou Fabrício. – Não deverá vender seu corpo para financiar um apartamento. Como não gosta de estudar, dedique-se a um emprego honesto, economize seu salário e, com o tempo, terá ajuntado dinheiro para comprar o que quiser.

– O senhor falou que apoiaria a profissão que quiséssemos seguir, e o que quero é ser garoto de programa e nada me fará mudar de ideia – insistiu David.

– Não apoiarei você se tornar garoto de programa, mas, se é o que quer para a sua vida, só deve fazê-lo quando não mais residir nesta mansão. Em sua maioridade, ajudar-lhe-ei a adquirir o apartamento e nele viverá como desejar.

– Tio Fabrício, eu fiquei feliz em saber que o senhor está disposto a ser um bom tio; algo que, para mim, sempre foi. Estou feliz também pelo fato de que passará a nos considerar seus verdadeiros familiares – disse Derek. – Vou me esforçar para ser um bom sobrinho.

– Você e o Daniel já são bons sobrinhos. Espero que o David se torne um.

– Serei um bom sobrinho enquanto o senhor for um bom tio – disse David, olhando-o seriamente.

⚭⚭⚭

As semanas e os meses seguiram seu curso, e Fabrício se empenhava em cumprir o prometido. Usava de forma adequada a medicação que lhe assegurava levar uma vida normal e voltou a trabalhar em seu hospital e a administrar o laboratório farmacêutico. De tanto Derek insistir, o tio leu dois livros da Codificação Espírita e passou a assistir às palestras que o sobrinho ministrava na Casa Espírita que frequentava e em outras de Porto Alegre. Interessou-se em estudar o espiritismo e se matriculou em um curso sobre a Doutrina. Ao concluí-lo, decidiu se tornar espírita, o que deixou Derek muito feliz.

O namoro de Fabrício com Denise se intensificou e os ajudou a se tornarem bons amigos. No fim do ano, tio e sobrinhos, Anita, Fred e Nair foram para Tramandaí. Por nove dias, Fabrício deu atenção exclusiva aos trigêmeos, nadando no mar, caminhando pela praia, jogando bola, xadrez e baralho, e conversando muito com eles. Tudo fez para se aproximar de David e se tornarem amigos, o que não era fácil, porque os dois não simpatizavam um com o outro, mas estavam conseguindo ter uma boa convivência.

Passados dois dias, Denise, Lucy e as namoradas dos sobrinhos se juntaram a eles na praia e, ao lado delas, continuaram desfrutando as férias. Antes de voltarem a Porto Alegre, Derek reuniu todos na sala e disse:

– Estas foram as primeiras férias que eu e meus irmãos desfrutamos em paz, ao lado do tio Fabrício e na companhia de nossas namoradas, de Anita, Nair e Fred. Foram excelentes os dias vivenciados com todos vocês. Para continuarmos em harmonia, peço ao tio Fabrício permissão para realizarmos um rápido Culto do Evangelho no Lar, em que agradeceremos a Deus pelas bênçãos recebidas e pediremos amparo para um retorno feliz ao lar.

Roberto Diógenes ditado por Sulamita | 405

– Você e seus irmãos estão dispensados de me pedir permissão para realizarem o que lhes será benéfico – disse Fabrício. – Esta casa de praia é da nossa família e nela você tem todo o direito de rezar.

Gilson, Flaviana e Marcello se entreolharam. Depois olharam para Georg e Edwiges, que a tudo observavam, apreciando a fala de Fabrício. O culto foi realizado, e Georg e Edwiges aproveitaram a oração para espalharem boas energias no ambiente.

෴

Quando iniciou o novo ano letivo, David ficou feliz por ser o ano em que concluiria o Ensino Médio e se dedicou um pouco aos estudos, porque não queria reprovar, para não se desentender com o tio, que estava mudado e tinha se transformado em uma boa pessoa. Daniel continuou estudioso e sendo o melhor aluno do colégio.

Na universidade, Derek e Mirella se matricularam em dois semestres no curso de Direito e se empenharam nos estudos. O tempo passou rápido e, quando um novo semestre se iniciou, repetiram o feito e diminuíram o tempo de conclusão do curso.

Os meses passaram velozmente. Duas semanas antes de concluir o Ensino Médio, David recebeu uma ligação da casa da namorada, pedindo que fosse até lá. Solicitou a Fred que o levasse e, ao chegar, a mãe de Anna Clara disse:

– Minhas filhas não estão em casa. Fui eu que pedi à funcionária que lhe telefonasse, porque tenho algo para lhe dizer em particular. Por favor, siga-me até o escritório.

A mulher de 44 anos, ruiva e de olhos azuis seguiu para o escritório, e David a acompanhou. Ela pediu que o jovem se acomodasse e, sentando-se à frente dele, falou:

– Você e o Alisson, que namoram a Anna Clara e a Anna Paula, sabem que meu esposo é um empresário muito rico, que vive viajando a serviço. Suas viagens me deixam solitária e, para vencer a solidão, eu pago a belos rapazes para me fazerem companhia. – Cravou o olhar no dele. – Desde que iniciou o namoro com Anna Clara, eu o tenho observado e estou interessada

406 | Órfãos do amor

em você, que é um jovem bonito, alto, atraente e charmoso. E, embora namore minha filha, quero lhe fazer uma proposta, que será nosso segredo. Quer ouvi-la?

– Dona Heidy, escutarei a proposta – falou David, já imaginando qual seria ela.

– Me chame apenas de Heidy. Proponho lhe dar uma boa quantia em dinheiro para ser meu amante. Depois lhe apresentarei para algumas amigas que também apreciam rapazes, e elas lhe pagarão muito bem para agradá-las.

David fingiu estar indignado com a proposta, falando ser inadmissível a mãe de sua namorada lhe propor virar um garoto de programa. Disse que era fiel à namorada e não precisava de dinheiro, já que seu tio não deixava faltar nada para ele e os irmãos.

– Seu tio não lhe dará tudo o que deseja. Tendo em seu poder o dinheiro que eu e minhas amigas lhe daremos, será capaz de adquirir muitas coisas – falou Heidy. – Sobre fidelidade, isso é algo do tempo dos meus avós. Você é de outra geração e deve colocar à frente da fidelidade o seu futuro financeiro, que será promissor se aceitar a proposta. Além disso, ninguém precisará saber, muito menos a minha filha.

– No próximo mês, completarei dezoito anos e pensarei em sua proposta. Enquanto morar na casa de meu tio, a resposta é não – falou David. – Para não me esquecer da proposta, diga-me quanto ganharei com isso.

Ela disse quanto seria, e ele falou:

– Triplique o valor e pensarei melhor. Sendo jovem, bonito, alto, atraente, charmoso e sedutor, se me tornar um garoto de programa, o preço dos meus serviços será alto.

Ela pediu que ele aguardasse alguns minutos, ausentou-se e retornou com sua bolsa. Abriu-a, retirou o triplo do valor que tinha informado a David e entregou-lhe, dizendo com um sorriso malicioso:

– Leve esse dinheiro como presente antecipado de aniversário. Tenho certeza de que isso o fará pensar melhor na proposta.

David retribuiu o sorriso e, após contar as notas, colocou-as no bolso da calça. Ouviram um barulho de carro. O motorista da residência estava estacionando na garagem. Os dois retornaram rapidamente para a sala de estar. Quando as gêmeas entraram, David as cumprimentou e disse para Anna Clara que havia sentido saudades dela, razão pela qual estava ali.

⚬⚭ ⚭⚬

No dia da formatura de David e Daniel, o tio e o irmão, com suas namoradas e familiares, participaram do evento. Após parabenizá-los, compareceram à festa organizada pelo colégio.

O fim daquele ano chegou e um novo teve início. Nos primeiros dias de janeiro, Daniel, Giselle e outros de sua turma do Ensino Médio prestaram os exames vestibulares, concorrendo a vagas de diferentes cursos universitários. Passados alguns dias, os trigêmeos completaram dezoito anos, e a data foi comemorada com um jantar na Mansão Tilewes, ao qual compareceram os amigos da família. No dia seguinte, Fabrício se reuniu com os sobrinhos no escritório e falou:

– Ontem, vocês atingiram a maioridade e passaram a ser responsáveis por suas ações. Mas, se algum dia necessitarem de mim para resolver algum problema, tudo farei para ajudá-los. – Olhou para eles. – O presente de aniversário que lhes darei será pagar uma autoescola para conseguirem a CNH. Se o Daniel for aprovado no vestibular, ganhará um carro zero. Derek receberá um quando se formar em Direito. David só ganhará um carro se desistir de se tornar garoto de programa e se matricular em um curso pré-vestibular, ou trabalhar no meu hospital ou no laboratório farmacêutico.

– Só porque não gosto de estudar e porque não aprova o que quero fazer, está me punindo – disse David. – Quando o senhor retornou do hospital, disse que seria um bom tio e me ajudaria a ter o meu apartamento. O senhor está conseguindo ser um bom tio, mas, agora que sou maior de idade, quero que cumpra o que prometeu.

O tio e os irmãos tentaram convencê-lo a desistir da ideia de se tornar garoto de programa, mas não tiveram êxito. Fabrício disse a David que iria ajudá-lo a conseguir o apartamento. Conversaram sobre outros assuntos e, quando os sobrinhos deixaram o escritório, Fabrício telefonou para Álvaro e lhe pediu que providenciasse um de seus apartamentos para David e o mobiliasse.

No dia seguinte, o tio matriculou os trigêmeos em uma autoescola para conseguirem a CNH. Transcorridas duas semanas, o resultado do vestibular foi publicado. Daniel foi aprovado em Medicina, e Giselle, a namorada, foi aprovada em Medicina Veterinária. Os Rudefin e os Tilewes comemoraram a aprovação dos dois com um jantar entre as famílias.

⚜

Quinze dias se passaram. Fabrício informou a David ter locado um apartamento mobiliado para ele no centro da cidade. David ficou feliz e finalmente deu um abraço de gratidão em seu tio. Na tarde do dia seguinte, Fabrício, Derek e Daniel ajudaram David a se mudar para o apartamento. O tio disse ao sobrinho:

– Quem morava neste apartamento era Alex, que conseguiu financiar um para ele e se mudou. O contrato de locação do apartamento está em meu nome e, por três meses, quitarei o aluguel para você. Depois irá assumir o pagamento – mentiu, porque o apartamento lhe pertencia. – Os alimentos que trouxemos darão para muitos dias. Nair virá por duas semanas, para lhe ensinar a cozinhar, limpar o apartamento e cuidar de suas roupas. Deverá aprender, porque tem de saber se virar sozinho. – Cravou o olhar no dele. – A educação que lhe ministrei e aos seus irmãos não era para tê-lo conduzido à vida que escolheu, mas, sendo maior de idade, não posso impedi-lo de fazer o que considera ser o melhor para você. Saiba que o tipo de vida que escolheu não será um mar de rosas, por isso, cuide bem de sua segurança. Se um dia se envolver em complicações, me procure. E, se vier a se arrepender de sua escolha, a Mansão Tilewes estará de portas abertas para acolhê-lo. – Entregou-lhe um envelope. – Este dinheiro é para as suas primeiras despesas.

– Obrigado, tio Fabrício! O senhor se transformou mesmo em um bom tio – disse o sobrinho.

– David, você é ciente de que seus familiares desaprovam a vida que iniciará como garoto de programa, mas, como não conseguimos fazê-lo mudar de ideia, respeitaremos o seu livre-arbítrio. Apenas peço que não mencione ser trigêmeo comigo e com o Daniel; peço também que se previna para não contrair doenças sexualmente transmissíveis, nem se envolva com drogas – pediu Derek. – Semanalmente virei visitá-lo.

Daniel disse que acompanharia Derek em suas visitas.

– Vamos fazer uma prece pedindo a Deus que envie bênçãos ao novo lar do David e o ajude a ser feliz – falou Derek, que fez a prece, concluindo-a com o Pai-Nosso.

Os irmãos e o tio se despediram de David e partiram. O rapaz pegou o celular e, discando o número da residência da namorada, rompeu o namoro com ela. Após quinze minutos, discou o mesmo número e disse à mãe de Anna Clara:

– Heidy, já estou em meu apartamento. Encontre-me hoje às dezoito horas e traga o valor que combinamos quando fez sua proposta.

David informou o endereço, desligou o telefone e começou organizar seu guarda-roupa.

Georg, Eunice e Marcello o observaram, e o último disse:

– Georg, a vida que meu filho iniciará não é a que desejávamos para ele. Nós lhe demos uma boa educação e não compreendo como o David foi fazer essa escolha. Você é um espírito evoluído e poderia usar seus conhecimentos espirituais para sugestionar a ele que não se torne um garoto de programa.

– O espírito evoluído que eu conheço se chama Lugiel, que respeita o livre-arbítrio de encarnados e desencarnados, algo que os irmãos de David e o tio também estão fazendo. Você precisa respeitar a escolha dele, pois ninguém tem o direito de impedir que David leve a vida que almeja – falou Georg.

David continuou envolvido com suas roupas. Depois colocou os calçados em um local apropriado. Consultou o relógio e, dirigindo-se ao banheiro, tomou um banho bem demorado. Vestiu-se, perfumou-se e ficou aguardando a chegada de Heidy, que foi pontual.

Os dois conversaram por alguns minutos. Ela entregou o valor cobrado pelo encontro e os dois ficaram juntos por duas horas. Antes que ela fosse embora, David pediu que o ajudasse a encontrar uma empregada doméstica, e a mulher disse que atenderia ao seu pedido. Despediram-se e ela partiu.

No dia seguinte, David entrou em contato com os classificados de um jornal e, adotando um novo nome, fez um anúncio ofertando seus serviços para mulheres. Comprou uma microcâmera e a usou para filmar secretamente os seus encontros. Heidy e suas amigas eram as "clientes" mais assíduas. Ela e uma de suas amigas tinham se apaixonado perdidamente por David e faziam tudo o que o jovem lhes pedisse. As outras davam muitos presentes ao rapaz, principalmente depois que ele passava a chanteá-las com as filmagens.

Após três semanas, a esposa de um político se tornou "cliente" de David. Logo se apaixonou por ele e começou a lhe dar presentes caros. Nilson, o melhor amigo, costumava visitá-lo no apartamento. Quando David lhe confessou o que andava fazendo, o amigo lhe pediu que o ajudasse a também se tornar garoto de programa, sem que sua família soubesse. David atendeu ao pedido e, em dez dias, Nilson iniciou as atividades. Transcorridos dois meses, Nilson se mudou para o apartamento de David, pois havia sido expulso de casa, após os pais descobrirem o que andava fazendo.

⚜

Os dias e semanas foram passando. Os trigêmeos já estavam habilitados para dirigir. Fabrício comprou um carro zero para Daniel. Este, muito feliz, beijou-lhe a fronte como gesto de gratidão. No final de junho daquele ano, Derek e Mirella se formaram no curso de Direito. Um jantar foi oferecido aos dois na Mansão Tilewes. Os amigos da família compareceram e se congratularam com os formandos.

– Derek, depois de você e Mirella terem se formado e sido aprovados no exame da OAB[1], quero contratá-lo para ser o novo advogado do meu escritório – disse Álvaro.

– Em nome de um amigo, dono do escritório advocatício onde Mirella estagiou, quero lhe oferecer um emprego de advogada no escritório dele – falou Nicholas.

– Eu e Mirella agradecemos, mas decidimos nos dedicar a concursos públicos – falou Derek. – Ao sermos aprovados em um deles, continuaremos estudando para, quando completarmos vinte e um anos, prestarmos novo concurso para o cargo de juiz.

– É isso o que devem fazer, pois ser juiz é o sonho dos dois – falou Lívia, que estava feliz com a formatura deles. Os dois haviam feito parte de seu projeto de pesquisa na universidade.

– Concordo com a Lívia. Os dois devem prestar esses concursos, pois são disciplinados e, sendo superdotados, não terão dificuldade na aprovação – disse Lucy. – Eu prestei um concurso há quatro meses e fui aprovada. Em vinte e cinco dias, estarei trabalhando como clínica em uma cidade circunvizinha a Porto Alegre.

Derek e Mirella parabenizaram-na pela conquista. Alisson também a parabenizou e disse:

– Eu não pretendo prestar concurso público. Abri meu consultório psicológico no centro da cidade e já tenho alguns pacientes. Vou lhes entregar meu cartão e, se necessitarem de meus serviços, serão bem recebidos. – Entregou os cartões.

– Derek e Mirella com certeza serão juízes, pois só falam disso desde que iniciaram o namoro. Eu e meu esposo temos rezado para que o sonho deles se realize – disse Noralice.

Alex ficou em pé e falou:

– Derek, quero lhe agradecer por ter me apresentado a Lívia. Depois de nos conhecermos melhor, iniciamos namoro e estamos felizes com o relacionamento.

Derek, Mirella, Lucy e Alisson felicitaram o casal. Os demais fizeram o mesmo. Fabrício e Denise se levantaram, e ele disse:

---

[1] Ordem dos Advogados do Brasil.

– Como hoje é um dia feliz para os Tilewes, em função da formatura do Derek, e como ouvimos tantas notícias boas, eu e Denise também queremos transmitir uma.

– Eu e Fabrício decidimos ficar noivos – falou Denise. – O noivado será em algumas semanas, na residência dos meus pais, e todos estão convidados.

Derek abraçou o casal, dizendo ter ficado muito feliz com a notícia. Daniel e David os parabenizaram. Os outros também fizeram o mesmo.

– Convido todos a fazer uma prece agradecendo a Deus pela minha formatura e pela formatura da Mirella, e por todas as boas notícias que recebemos hoje – convidou Derek, solicitando à madre Felícia que fizesse a oração.

Ela ficou em pé e todos a imitaram. Pediu que unissem as mãos e, juntos, fizeram a prece.

Georg e Edwiges, que acompanhavam os acontecimentos juntamente com Marcello, os pais deste e Eunice, espalharam boas energias sobre todos durante a oração.

◦◦◯◦ ◯◦◦◦

Na semana seguinte, Fabrício e Derek foram a uma concessionária e o tio comprou para o sobrinho o veículo que ele escolheu. Derek agradeceu dizendo que ele era um bom tio. Quando o veículo foi entregue, Derek convidou Fabrício, Daniel e Fred para darem uma volta. Eles circularam pela cidade, fizeram uma visita a David e retornaram para a Mansão Tilewes. Fabrício chamou Fred para conversarem no escritório, junto com os sobrinhos, e disse ao rapaz:

– Meus sobrinhos não mais necessitarão que seja o motorista deles. Por isso, ofereço-lhe trabalho de motorista no laboratório farmacêutico, ou outro emprego que seja do seu agrado.

– Serei motorista no laboratório farmacêutico, porque gosto de minha profissão – disse Fred. – Lucy me convenceu a fazer matrícula em um curso pré-vestibular noturno e estou me dedicando, porque ela tem me ajudado nos estudos.

Roberto Diógenes ditado por Sulamita | 413

Os três gostaram da novidade e parabenizaram Fred por retomar os estudos interrompidos há anos. O motorista olhou para Fabrício e fez um pedido:

– Gostaria de pedir ao senhor para continuar executando os trabalhos que realizo na mansão, nos fins de semana, pois não gostaria de ficar distante dos seus sobrinhos.

– Não vai precisar fazer esses trabalhos nos fins de semana para frequentar a mansão – respondeu Fabrício. – Poderá visitar meus sobrinhos sempre que desejar, porque eles apreciam a sua amizade.

Fred agradeceu, emocionado, e disse que estava muito feliz pelo novo emprego e pela amizade que a família lhe devotava.

◦◦◦

O dia do noivado de Fabrício e Denise chegou. Os trigêmeos, e os amigos dos Tilewes e dos Kassiel se reuniram na mansão de Alfredo para, mediante um jantar, comemorar a data. Os pais e o irmão de Fabrício também compareceram, juntamente com Georg e Edwiges.

As semanas e os meses foram passando. Derek e Mirella se inscreveram em um concurso do estado. Após dois meses, o resultado foi publicado, e eles foram aprovados. Assumiram os cargos e se transformaram em advogados públicos do governo estadual.

Capítulo 33

NOVA VIDA

Três anos se passaram. No aniversário de 21 anos dos trigê-meos Tilewes, David trancou o apartamento e foi para o estacio-namento do edifício, junto com Nilson. Entraram no veículo que David ganhara naquele mesmo dia da esposa do político, e os dois partiram para a Mansão Tilewes, onde chegaram às vinte horas.

David recebeu os parabéns dos irmãos e do tio e lhes falou do presente recebido. Os familiares nada comentaram sobre o veículo, já que não aprovavam as atividades do rapaz. Ficaram conversando na sala de estar até que os Kassiel, Mirella e os pais, os Rudefin e os Kawot, madre Felícia e irmã Aureliana, Lucy e Fred, Alisson e Anna Paula chegassem à mansão. Todos parabenizaram os trigêmeos e lhes deram muitos presentes. Depois do jantar, voltaram a se reunir na sala de estar, e Fabrício disse:

– Eu e Denise agendamos a data do casamento e contamos com a presença de todos.

Denise informou a data, dizendo que convites seriam enviados, e os dois foram parabenizados.

– Eu e Lívia, que não pôde comparecer ao jantar, também decidimos nos casar. Verei com ela a possibilidade de o casamento acontecer na mesma data do de Fabrício e Denise – falou Alex.

David e Nilson se despediram dizendo ter compromissos para aquela noite. Entraram no veículo de David e retornaram ao apartamento. Assim que abriram a porta, ouviram:

– Entrem sem fazer barulho e se sentem! As pistolas automáticas têm silenciador e atiraremos se fizerem alguma besteira – disse um homem usando uma touca preta sobre o rosto, enquanto encostava a arma em David.

Outro sujeito, que também usava uma touca, encostou a arma em Nilson. Os rapazes obedeceram, mas David fez um gesto para Nilson, que sinalizou ter entendido.

– Eu e meu amigo fomos enviados pelo esposo de quem deu um veículo ao que se chama David. Depois de darmos uma boa lição nos dois, levaremos o carro. A profissão de vocês é perigosa, porque se envolvem com mulheres de homens ciumentos que, não querendo sujar as mãos com quem não presta, contratam outros para se livrarem do problema – disse o sujeito.

Quando ele e o comparsa deram coronhadas no nariz de David e Nilson, receberam golpes de caratê nas mãos, e suas armas caíram. Antes que pudessem revidar, receberam dois novos golpes que os fizeram despencar. David e Nilson correram até a porta, dirigiram-se à escada do prédio e, apressados, começaram a descê-la.

Os dois homens se recuperaram, pegaram as armas e foram atrás deles. Assim que viram David e Nilson fugindo no automóvel, entraram em seu carro e continuaram a perseguição. David dirigia em alta velocidade, sem se incomodar com o sangue que escorria de seu nariz e do de Nilson, observando pelo retrovisor que os agressores os perseguiam. Conduziu o veículo até uma delegacia e, quando estacionaram, viram o veículo fazer uma conversão e desaparecer.

David esperou um pouco e retornou à Mansão Tilewes. No caminho, pediu a Nilson que pegasse seu celular e discasse para Fabrício, pedindo que abrisse o portão e se preparasse para socorrê-los. Ao chegarem à mansão, Fabrício ministrou os primeiros socorros nos ferimentos deles, e David contou o que tinha acontecido.

– Vou levá-los ao hospital para o ortopedista ver a gravidade dos ferimentos. Quando retornarmos, conversaremos sobre o que aconteceu. – Virou-se para Derek. – Telefone aos pais do Nilson e informe sobre o ocorrido.

Derek acatou o pedido, e Fabrício conduziu David e Nilson ao seu hospital, onde o ortopedista comprovou que nada de grave havia acontecido aos dois. Receitou uma medicação, e eles retornaram para a Mansão Tilewes. Ali, os pais de Nilson os aguardavam na sala de estar. Todos se reuniram, e Fabrício, fixando o olhar em David, falou:

– Suas atividades como garoto de programa se encerraram esta noite. Sua vida é preciosa para seus familiares e não queremos que a perca. Embora seja maior de idade e já responda por seus atos, vou interferir nesse assunto, porque não quero vê-lo morto; quero-o vivendo em harmonia neste lar, que também é seu, ao meu lado e de seus irmãos. Você vai telefonar para quem lhe deu o veículo e agendar um horário com essa pessoa para pegá-lo de volta amanhã mesmo. Eu e seus irmãos estaremos no apartamento com você quando o carro for entregue. Depois o ajudaremos na mudança para a mansão. Na próxima semana, começará a trabalhar no laboratório farmacêutico com Alex. – Abraçou-o e pediu: – Volte para casa e inicie uma nova vida, envolvendo-se em um trabalho que cause orgulho à sua família e evite que seja ferido e morto.

– David, tio Fabrício tem razão e lhe faço o mesmo pedido – disse Derek. – Retorne para o seu verdadeiro lar e inicie uma nova vida trabalhando no laboratório. Com sua mudança para o apartamento, eu, Daniel e tio Fabrício ficamos órfãos do amor de quem nos é importante. Só queremos a sua felicidade porque o amamos e desejamos viver muitos anos em sua companhia. – Abraçou o irmão e beijou-lhe a fronte. – Volte para casa!

Daniel fez o mesmo pedido e, abraçando o irmão, pediu que fizesse o que o tio havia pedido.

– Eu e Nilson passamos por um grande susto. Mesmo gostando do que fazia, vou abandonar essa vida e fazer o que me pediram. Mas só trabalho no laboratório se for no período vespertino, porque nada me fará acordar cedo para ir trabalhar – disse David.

O tio e os irmãos sorriram e o abraçaram, demonstrando alegria por sua decisão.

– Nilson, você também irá abandonar o que andava fazendo. Retornará para casa e procurará uma profissão decente – disse o pai dele, que agradeceu a Fabrício por ter socorrido seu filho.

No dia seguinte, David devolveu o veículo e se mudou para a Mansão Tilewes. Uma semana depois, iniciou a nova vida como funcionário do laboratório farmacêutico e se interessou em aprender a profissão de Alex.

ּֿ≈ִ֎€ €֎ִ≈

Transcorridos quatro meses, Fabrício e Denise, Alex e Lívia se casaram e partiram para Fernando de Noronha, onde ficaram por quase um mês, tendo se encantado com as belezas naturais do arquipélago do estado de Pernambuco. Retornando para o Rio Grande do Sul, Fabrício se dedicou à vida de casado. A presença de Denise se tornou uma grande alegria para ele e os sobrinhos, que passaram a desfrutar uma boa convivência ao lado dela.

Conforme os dias foram passando, Fabrício descobriu ter mais afinidade com Denise do que imaginava. A esposa passou a informá-lo sobre os horários em que deveria usar os medicamentos, acompanhava-o à Casa Espírita, e os dois estudavam juntos a Doutrina codificada por Kardec. Costumavam se sentar com os trigêmeos para conversar, e assim ficavam cientes do que andava acontecendo com eles.

Foi por meio dessas conversas que descobriram que Daniel, no sétimo semestre de Medicina, era apontado pelos professores como o melhor aluno do curso. Souberam que, a pedido de Derek e de madre Felícia, Daniel havia levado um pediatra, seu professor, para atender voluntariamente no Orfanato Menino Jesus, até ele se formar e assumir o voluntariado. Nas horas livres do rapaz, ele presenteava o casal e os irmãos com suas belas canções ao piano e ao violão.

David estava gostando do trabalho no laboratório farmacêutico e havia iniciado namoro com uma jovem que frequentava o mesmo curso pré-vestibular que ele estava fazendo. Derek permanecia dedicado ao emprego como advogado do governo estadual, às atividades na Casa Espírita e ao trabalho voluntário no Orfanato Menino Jesus. Ao ficarem cientes de que ele e Mirella tinham feito inscrição em um concurso para juiz, Fabrício e Denise disseram que iriam torcer e rezar por sua aprovação.

O casal, quando dispunha de um tempo livre e sabia que não iria atrapalhar, acompanhava os sobrinhos e as namoradas para se divertirem em algum local da cidade.

⚜️

Passados três meses, o resultado do concurso público que Derek e Mirella haviam prestado ao cargo de juiz foi publicado. Os dois tinham sido aprovados. Denise lhes disse que comemorariam a aprovação com um belo jantar. Agendou o evento para o sábado à noite e contratou um bufê para preparar tudo, pois Anita e Nair seriam convidadas e não trabalhariam naquela noite.

Fabrício, ao ficar sabendo do jantar, aprovou e telefonou para Álvaro, pedindo-lhe que levasse um determinado documento. No sábado, a empresa responsável pelo jantar o organizou próximo à piscina, conforme solicitação de Denise. Duas cozinheiras e três garçons ficaram à disposição dela.

Às vinte horas, todos os convidados chegaram e parabenizaram Derek e Mirella por mais aquela conquista. Sentaram-se à mesa, e os garçons lhes ofereciam bebidas, sucos e aperitivos. Daniel se aproximou do piano, que tinha sido colocado próximo à mesa que ele e os familiares ocupavam, e começou a tocar algumas canções.

Usando túnicas e capuzes pretos, Michelle, Elton e irmã Goreth chegaram volitando à frente do portão da Mansão Tilewes.

Roberto Diógenes ditado por Sulamita | 419

– Eles estão felizes e se divertindo, o que não é justo, porque nós três nunca fomos felizes depois que morremos – disse Michelle. – Vamos entrar e destruir a alegria deles. Depois ficaremos na mansão para nos vingar de Derek e Fabrício.

– Desde que morremos, você tenta se vingar deles e não consegue, porque o espírito de luz que protege Derek e seus familiares não permite que nos aproximemos – lembrou irmã Goreth.

– Já conseguimos dominar todos os conhecimentos espirituais de que o Tácio é detentor. Se o espírito de luz aparecer, não será páreo para nós três – disse Elton.

Os três tentaram atravessar o portão, mas levaram um grande choque. Recuaram dois passos. Retiraram os capuzes e se reaproximaram. Concentraram-se e, ao fechar os olhos, uma fumaça preta surgiu ao redor de seus corpos. Levaram as mãos ao portão, mas novo choque os fez recuar.

Georg e Edwiges se tornaram visíveis aos três, e Georg falou:

– Não conseguirão atravessar a barreira de proteção, pois ela foi construída em função do Culto do Evangelho no Lar que os Tilewes fazem semanalmente na mansão; culto realizado com fé, por meio de uma oração sincera, por meio da qual recebem as bênçãos de Deus, do Cristo e de Maria, bem como o amparo dos espíritos que os protegem.

– Não é justo eles estarem reunidos e felizes, enquanto nós nunca tivemos um momento de alegria e paz desde que morremos – mencionou Michelle. – Só teremos paz quando nos vingarmos de Derek e Fabrício, que nos fizeram muito mal e foram responsáveis pela nossa morte.

– Georg já lhes explicou que o desencarne dos três iria acontecer naquele dia, e que Derek e Fabrício não foram responsáveis por ele – proferiu Edwiges. – Os três não serão capazes de ultrapassar a barreira e, mesmo que conseguissem, não fariam mal a Derek. Ele é um rapaz íntegro, responsável, humano, amoroso e praticante do "Fora da caridade não há salvação". A boa energia dele anulará a energia ruim dos três. Como ele reza pelos familiares e está sempre perto deles, também não conseguirão fazer mal a Fabrício. Desistam dessa vingança, reflitam sobre as ações malignas praticadas, arrependendo-se delas e desejando iniciar uma nova vida. Poderemos acolhê-los na cidade espiritual onde eu e Georg vivemos. Ali trabalharão para aprender a acertar onde antes erraram.

– Não vamos desistir de nossa vingança – falou Elton. – Precisamos encontrar uma forma de superar Georg e entrar na mansão.

– Se querem entrar, serão meus convidados. Eu e Edwiges estaremos atentos aos três e, se tentarem prejudicar alguém, nós vamos interferir e conduzi-los para fora da mansão – alertou Georg, dissipando a barreira protetora que envolvia o portão. – Sigam-nos! – pediu ele, e, junto com Edwiges, conduziu-os às cadeiras que tinham sido plasmadas. Algumas estavam ocupadas por Eunice, Marcello e seus pais, Floriano e Wesley.

Eles se sentaram nas cadeiras que estavam vazias. Michelle, virando-se para Wesley e Floriano, falou:

– No dia em que eu, Elton e irmã Goreth controlávamos os homens que foram dar uma lição em David e no amigo dele, vocês foram mais rápidos ao sugestionar que eles usassem os conhecimentos de artes marciais e que estacionassem próximo à delegacia. Se não interferissem, um grande mal teria acontecido ao David, levando sofrimento ao tio e a Derek. O garotinho de programa não mais andaria com as próprias pernas.

– Eu não aprovava o que David andava fazendo, mas tinha que respeitar o livre-arbítrio dele. Aprendi, na cidade onde eu e Floriano estamos vivendo, a ser correto. A única forma que encontrei para fazer meu filho abandonar aquele tipo de vida foi ajudando-o a se livrar dos bandidos que vocês controlavam – falou Wesley. – Estou feliz por ter ajudado meu filho a decidir iniciar uma nova vida depois daquele susto.

A música que Daniel tocava ao piano terminou, e ele voltou a se sentar próximo aos familiares. Fabrício ficou em pé e falou:

– Derek tem algo para falar, mas, antes de ele se manifestar e iniciarmos o jantar, quero agradecer a presença de todos e dizer obrigado por tudo de bom que fizeram para os meus sobrinhos e para mim, desde que meus pais e o Marcello desencarnaram.

A presença de vocês foi essencial para vivermos hoje como amigos e em harmonia. Obrigado!

Ouviram-se palmas, e Fabrício retomou a palavra:

– Nesta noite, comemoramos a aprovação de Derek e Mirella no concurso público ao cargo de juiz. Aproveitei a ocasião para que Derek fique ciente de um documento importante que foi deixado por meus pais e por Marcello.

Pegou um envelope que estava sobre a mesa, retirou um documento e o entregou ao sobrinho, pedindo que o lesse em alta voz. Derek fez a leitura do testamento que lhe foi entregue e, conforme lia, todos ficaram surpresos ao descobrir os bens que Gilson e Flaviana possuíam.

– Agora lerei o último parágrafo do testamento – disse Derek. – "Todos os bens pertencentes a Gilson e Flaviana Tilewes, com seu desencarne, serão herdados pelos filhos Fabrício Tilewes e Marcello Tilewes, em partes iguais. Marcello Tilewes abdica dos bens em favor de seu irmão Fabrício Tilewes, com exceção de um dos apartamentos e da metade do valor financeiro, que deverão ser herdados por Derek Matielin e administrados pelo tio Fabrício Tilewes até o sobrinho completar vinte e um anos. Nessa idade, Derek Matielin, ou Derek Tilewes, deverá ficar ciente do que herdou e utilizar os bens para ter uma vida confortável ao lado dos irmãos David e Daniel Matielin, ou David e Daniel Tilewes, aos quais não deve permitir que nada lhes falte. Se o desencarne de Marcello Tilewes acontecer quando os filhos adotivos ainda forem menores de idade, o tio Fabrício Tilewes, se decidir não ficar responsável pelos sobrinhos, deverá contratar uma governanta para educá-los no apartamento herdado por Derek Matielin, onde viverá com os irmãos, devendo o tio visitá-los regularmente para que não se sintam órfãos do amor."

Derek colocou o testamento sobre a mesa e viu que todos o observavam.

– Derek, você é milionário! – exclamou David. – Parte do dinheiro é meu e do Daniel.

Derek pegou o testamento e, dirigindo-se aos Rudefin, fixou Álvaro e indagou:

– Doutor Álvaro, existe alguma cópia do testamento?

– Existem duas. Estão no envelope que contém o original que você leu – disse Álvaro.

Derek retornou à sua mesa. Pegou o envelope e, retirando as duas cópias, juntou-as ao documento original, aproximou-se do tio e falou:

– Tio Fabrício, tenho certeza de que o senhor administrou e continua administrando muito bem os bens que herdou e os que papai Marcello me deixou. Por isso, abdico da minha herança em seu favor. – Rasgou em vários pedaços o original e as cópias do testamento, atirando-os em uma lixeira.

David se levantou para protestar, mas voltou a se sentar, quando o irmão lhe fez um gesto para ficar em silêncio. Em pé, Derek falou:

– Eu e Mirella agradecemos a todos que compareceram ao jantar em comemoração à nossa aprovação no concurso público. Comunico que, após assumirmos o cargo, eu e ela ficaremos noivos, e todos estão convidados a participar do evento, cuja data lhes será informada.

Mirella levantou-se, e os dois se beijaram levemente nos lábios. Novas palmas foram ouvidas. Daniel ficou em pé, e Giselle, deixando sua mesa, aproximou-se dele, que falou:

– Eu e Giselle, que muito nos amamos, decidimos ficar noivos no mesmo dia do noivado de Derek e Mirella, e convidamos todos a prestigiarem o acontecimento.

Os dois também foram aplaudidos, enquanto se beijavam discretamente.

– Eu e o Daniel, após termos conversado com nossas namoradas, decidimos que, depois do noivado, vamos programar os casamentos para quando, após se formar médico, Daniel tiver conseguido emprego como clínico geral – falou Derek. – Gostaríamos que o David também ficasse noivo na mesma data e se casasse conosco, mas ele, que graças a Deus criou juízo, falou que só ficará noivo e se casará depois de formado, quando estiver trabalhando como farmacêutico, o que revela que realmente criou juízo.

Roberto Diógenes ditado por Sulamita | 423

Todos sorriram. Giselle e Mirella voltaram a se sentar. David se levantou e ficou próximo dos irmãos, que permaneciam de pé. Derek olhou para todos e disse:

– Eu, David e Daniel agradecemos a todos os que estenderam suas mãos caridosas em nossa direção, sendo boas pessoas e ótimos amigos em nossa vida, desde que ficamos órfãos do amor. Primeiramente, agradecemos à madre Felícia e à irmã Aureliana – olhou para as duas –, que nos acolheram no Orfanato Menino Jesus e não permitiram que nada nos faltasse. As duas foram as "mães" de que necessitávamos naquele momento. Muito obrigado por tudo de bom que fizeram por nós, e que Deus as recompense em nosso nome.

As duas religiosas se emocionaram e seus olhos marejaram.

– Agradecemos ao desembargador Nicholas, que, com suas decisões judiciais, sempre proporcionou o bem para nós três. Sua amizade e a de sua esposa, que considero a de grandes amigos, me ajudaram a continuar focado em ser um juiz, algo que em breve acontecerá. – Olhou para Nicholas e Elise, e o casal, que o estimava, emocionou-se.

– Nós três somos gratos a Anita, Nair e Fred, que, com suas profissões, ofertaram-nos uma vida cômoda na mansão e sempre estiveram ao nosso lado, auxiliando-nos quando deles precisamos – disse Daniel, olhando para os três, que ficaram felizes com o agradecimento.

– De modo especial, agradecemos a Denise, seu pai e sua mãe, por estarem presentes em nossa vida quando, pela segunda vez, nos tornamos órfãos do amor. De forma indireta, ajudaram em nossa educação e os consideramos nossos familiares – falou David, que, junto com os irmãos, olharam para Denise, Alfredo e Greice, que se comoveram com o agradecimento.

– Somos gratos a Alex e aos Rudefin, por serem grandes amigos e por tudo de bom que nos fizeram e ao tio Fabrício – disse Derek. – Também sou grato ao Alisson, à Mirella, à Lucy e à Lívia, pelo companheirismo na universidade, que nos levou a uma sadia amizade. – Olhou para eles, que ficaram felizes com o agradecimento.

Os trigêmeos então se aproximaram do tio. Derek lhe pediu que ficasse em pé e disse:

– Tio Fabrício, seus sobrinhos agradecem por ter nos acolhido quando voltamos a ficar órfãos do amor; por ter nos ofertado uma vida cômoda e uma ótima educação; por ser um bom tio, dando-nos o seu amor fraterno; e por nos ter conduzido ao caminho que nos levou às profissões que almejávamos. O senhor é o "anjo" bom que Deus colocou em nosso caminho após o desencarne do papai Marcello e dos vovós Gilson e Flaviana. Agradecer tudo o que o senhor fez por nós é muito pouco, porque nenhuma palavra é capaz de expressar a gratidão que sentimos por ter nos transformado em homens honestos, trabalhadores, sinceros e responsáveis. Mesmo assim, queremos dizer...

– ... obrigado por ter sido um bom tio para nós – exclamaram os três. – Fraternalmente, nós o amamos!

Abraçaram-no, e Fabrício ficou tão emocionado, que seus olhos se encheram de lágrimas. Palmas soaram e, impedindo com os dedos que as lágrimas escapulissem de seus olhos, o tio falou:

– Eu que agradeço os três por terem me aturado e sido bons sobrinhos. Sou grato por terem me ajudado a iniciar uma nova vida, que foi benéfica para mim e para os três. – Abraçou-os, e novas palmas foram ouvidas.

Os trigêmeos e o tio se sentaram. Derek, que, mediunicamente, tinha escutado Georg lhe informar quais espíritos estavam presentes, falou:

– Eu e meus irmãos agradecemos aos nossos pais biológicos: Eunice e Wesley, que nos concederam novas vidas terrenas, quando voltamos a encarnar como seus filhos. Somos gratos ao vovô Gilson e à vovó Flaviana, que foram muito amáveis conosco quando nos acolheram no lar deles. Agradecemos ao papai Marcello, o primeiro "anjo" bom que Deus colocou em nosso caminho, quando nos transformamos em órfãos do amor. O que o senhor fez por nós está gravado em nosso coração e nossa alma, e jamais esqueceremos. Amamos os cinco, e obrigado por tudo o que fizeram por nós três, quando conviveram conosco.

Eunice, Wesley, Gilson, Flaviana e Marcello se emocionaram.

– Agradeço ao meu mentor espiritual, Georg, e a Edwiges, por ampararem os Tilewes – prosseguiu Derek. – Sou grato à Michelle, ao Elton e à irmã Goreth, que, quando encarnados, me deram a oportunidade de trabalhar a paciência, a caridade e o perdão. Em minhas preces, rezo pelos três, pedindo a Deus que os abençoe no mundo dos espíritos e lhes conceda a graça de viverem em um bom lugar.

Elton, Michelle e irmã Goreth ficaram surpresos ao descobrir que Derek rezava por eles e queria o bem dos três.

– Não queremos suas orações, muito menos que nos deseje o bem – falou Michelle. – O que queremos é...

– Michelle, Elton e irmã Goreth estão aqui e acabei de escutar Michelle dizer que a prece lhes tem feito um grande bem no mundo dos espíritos. Por isso, vamos todos ficar em pé e rezar pelos três – falou Derek, cortando a fala de Michelle.

– Michelle, eu e seu tio nos tornamos espíritas e temos rezado pedindo a Deus que abençoe você e o Elton, e os inspire a se arrependerem pelos seus erros – disse Elise. – Também pedimos aos bons espíritos que cuidem dos dois e os instruam para, na próxima existência física, serem capazes de praticar o bem. Estamos felizes em saber que nossas preces fazem bem aos dois. Continuaremos rezando em sua intenção, na de Elton e na da freira.

– Irmã Goreth, desde o dia em que soubemos que você, a juíza e o delegado morreram no acidente automobilístico, eu, irmã Aureliana e as outras freiras temos orado para que encontre paz no mundo espiritual. Pessoalmente, tenho pedido aos bons espíritos que orientam o Derek que lhe estendam as mãos e a acolham em uma cidade espiritual, onde aprenderá a praticar a verdadeira caridade – falou madre Felícia.

Irmã Goreth baixou a cabeça ao ver que, mesmo tendo prejudicado madre Felícia e irmã Aureliana, elas rezavam em sua intenção. No mundo dos espíritos, tinha descoberto que sua mãe era mesmo a culpada pelos crimes que havia imputado às duas. Também tinha se arrependido de ter ajudado Michelle e Elton

426 | Órfãos do amor

a prejudicar Derek e seus familiares. No fundo, os dois nunca tinham feito nenhum mal a ela.

– Vamos dar as mãos, fechar os olhos, pensar em irmã Goreth, Michelle e Elton e, juntos, rezar pedindo a Deus que os abençoe e os ajude a viver em paz e felizes – disse Derek.

Todos deram as mãos e começaram a repetir a prece que ele fazia de forma pausada. Rapidamente, Michelle ficou em pé e, olhando para a freira e para Elton, chamou:

– Vamos embora! Não quero saber de preces nem de viver com os bons espíritos para aprender sobre bondade.

Elton se preparou para acompanhá-la. Irmã Goreth, no entanto, olhou para os dois e, permanecendo sentada, disse:

– Não irei com vocês. Estou arrependida dos males que pratiquei e quero me corrigir. Eu me comovi em saber que Derek, madre Felícia e irmã Aureliana rezam por mim e vou aceitar partir com ele – apontou para Georg. – Espero poder iniciar uma nova vida ao lado dos bons espíritos e, futuramente, me preparar para uma nova encarnação, na qual tentarei reparar os meus erros.

– Tola! Se se arrepender de ter mudado para o lado da luz, não nos procure, porque não mais a aceitaremos em nossa companhia – disse Michelle, que, junto com Elton, correu até o portão.

Os dois levaram um tremendo choque quando encostaram na grade. Volitando, Georg se aproximou do portão. Fixando o olhar nos dois, disse:

– Pensem em tudo o que presenciaram e ouviram nesta noite, para se recordarem quando desejarem viver em paz. Quando se arrependerem de seus erros e quiserem iniciar uma nova vida, pensem em mim e irei prestar-lhes auxílio.

George tocou no portão e a barreira de proteção se dissipou. Elton e Michelle o atravessaram e volitaram para fora. O bondoso espírito se aproximou de irmã Goreth e indagou se ela realmente estava arrependida de suas ações ruins e se desejava mesmo iniciar uma nova vida. Depois cravou o olhar no dela e ficou aguardando a resposta.

– Arrependi-me com toda a minha alma e sinceridade – disse a freira. – Estou cansada dessa falta de paz. Quero ser feliz. Desejo partir com vocês, por favor!

– Seu arrependimento é sincero. Você partirá conosco quando nos dirigirmos à nossa cidade espiritual – falou Georg.

Na hora em que a prece dos encarnados foi concluída, Georg se aproximou de Derek e, nele assoprando, falou que naquela noite o rapaz não ouviria mais nenhum espírito. Retornou para junto dos desencarnados e disse:

– Nesta noite, ouvimos Derek e Daniel dizerem que ficarão noivos com Mirella e Giselle e que se casarão, assim que Daniel concluir o curso de Medicina e conseguir um emprego. Isso ocorrerá em dois anos e meio. Quando os dois casais completarem três anos de casados, Mirella e Giselle engravidarão, e o sexo dos bebês será feminino. Elas crescerão e se casarão. Após cinco anos de matrimônio, ficarão grávidas de trigêmeos. A filha de Daniel e Giselle será mãe de Eunice, Wesley e Floriano, que reencarnarão no sexo feminino. A filha de Derek e Mirella será mãe de Marcello, irmã Goreth e de um espírito que tem afinidade com Derek, que reencarnarão no sexo masculino. Os seis, em suas novas vidas terrenas, não serão órfãos do amor, porque, desde o nascimento, serão amados e receberão atenção, carinho e cuidados dos pais, dos avós e de Denise e Fabrício, que não terão filhos e vão bajular os seis. Também serão paparicados por David e sua futura esposa, que não terão filhos.

– Georg, que notícia maravilhosa nos transmitiu – exclamou Marcello. – Reencarnar próximos de Derek será uma bênção para nós, que com ele aprenderemos muito sobre o amor e a caridade.

– Será mesmo uma bênção. Eu e Georg esperamos que não a desperdicem – falou Edwiges. – Gilson e Flaviana pediram para não reencarnar por alguns anos. Ao meu lado e de Georg, estudarão muito para assessorá-los espiritualmente, quando os seis reencarnarem.

Eunice ficou feliz com a notícia. Wesley e Floriano disseram o mesmo, e irmã Goreth falou que, reencarnando em um lar onde seria amada e no qual desde cedo lhe ensinariam a praticar a caridade e o amor fraterno, teria tudo para acertar onde antes havia errado.

※ ※ ※

– Antes de o jantar ser servido, Daniel irá nos presentear com uma de suas belíssimas canções ao violão – falou Derek, e os espíritos olharam para ele. – Após a canção, iremos jantar, porque todos já devem estar com fome.

Derek sorriu, e alguns dos presentes também sorriram. Daniel pegou o violão e, sentando-se, começou a dedilhar as cordas e a cantar a composição que fizera em homenagem ao irmão.

– Retornemos à cidade espiritual, pois não temos mais nada para fazer na Mansão Tilewes – convidou Georg. Depois, aproximando-se de irmã Goreth, pediu que ela segurasse sua mão direita. A freira obedeceu. Volitando, os nove espíritos partiram ao som da belíssima voz de Daniel, que tocava e cantava *Órfãos do Amor*.

Sulamita

OUTROS LIVROS DO AUTOR
ROBERTO DIÓGENES

LIÇÕES PARA UMA VIDA FELIZ

Paz de espírito, serenidade, confiança, alegria, desapego, paciência e muita fé. Quem não gostaria de viver cotidianamente com essas virtudes do coração e sentir a felicidade em toda a sua plenitude? Mas ainda somos aprendizes, não somos perfeitos. Erramos e caímos. E, por bondade de Deus e com a ajuda dos amigos espirituais, levantamos novamente e seguimos nossa estrada.... Este é o objetivo de "Lições para uma Vida Feliz: ser seu amigo nos momentos de queda e seu conselheiro nos instantes de tranquilidade. Em suas páginas, um verdadeiro roteiro para conquistar, a cada dia, uma vida renovada e repleta de vibrações positivas.

RENÚNCIA POR AMOR

Um grupo de ciganos, criado em 1754, tem hoje como líder Sindel. Sua irmã, Consuelo, é a líder espiritual. Os integrantes atuais seguem uma lei criada naquela época e registrada em um caderno. Contudo, ela necessita ser repensada e reescrita: os tempos são outros. Esta é a história de um povo livre cuja líder espiritual é médium e conhece os ensinamentos da Doutrina Espírita, já que entrou em contato com o Espiritismo quando jovem.

SÓ O AMOR EXPLICA

Lucrécia e Teófilo formam um casal riquíssimo da alta sociedade de Brasília. Marta é uma professora universitária influente da capital federal. O que eles não imaginavam é que seus filhos, Rebecca e Tarcísio, iniciariam um namoro no colégio que se transformaria em uma verdadeira provação para todos. Um noivado-relâmpago, um casamento precoce, um filho e uma sucessão de conflitos familiares mudam completamente os sonhos dos pais.

Livros de Elisa Masselli

À beira da loucura

No sertão da Bahia, Cida foi encontrada quase morta. Ao se recuperar, constatou que não lembrava do que lhe havia acontecido e o que estava fazendo naquele lugar, naquelas condições.
Passou um longo tempo à procura dessas respostas. Somente amigos, tanto encarnados como desencarnados, poderiam ajudá-la. Enquanto tentava descobrir, recebeu ensinamentos espirituais preciosos, que a fizeram entender o que alguém é capaz de fazer por ciúmes.

O destino em suas mãos

Esta é a história de alguns imigrantes espanhóis que vieram para o Brasil em busca de sonhos e de riqueza. Assim que chegaram, viram seus sonhos destruídos, mas a vida precisava continuar.
Lola e Carmem, duas mulheres que ficaram sozinhas, tiveram de lutar contra o preconceito, o ciúme, o sentimento de posse e o apego a coisas e pessoas. Aprenderam, através de muito sofrimento, que as pessoas a quem amamos não nos pertencem, são livres e com o direito de fazer suas próprias escolhas.

Sempre existe uma razão

Maria Clara estava revoltada com a vida. Não entendia por que todos os seus relacionamentos terminavam assim que falasse em casamento ou algo mais sério. Muito menos entendia por que havia sido abandonada ao nascer e deixada na porta de um orfanato. Nunca tivera o que mais desejava: uma família.
Se Maria Clara conhecesse a história de Sofia, talvez ela pudesse compreender que sempre existe uma razão para tudo.

Livros de Elisa Masselli

É preciso algo mais

A violência se faz presente no mundo todo e, geralmente, está relacionada às drogas. Mas, se tudo está sempre certo e a Lei é justa, por que as drogas existem? Por que Deus permite isso? Por que um jovem, vindo de uma boa família com condições financeiras, usa drogas?
A história de Arthur, um adolescente inexperiente, mostra o que pode acontecer a quem se deixar levar pelas drogas: um longo caminho de dor e sofrimento para chegar à regeneração. Este livro pretende consolar todos que, direta ou indiretamente, estejam envolvidos com drogas.

Deus estava com ele

Walther é um jovem que mora no exterior, tem uma boa profissão e uma vida tranquila. Após a morte de sua mãe, descobre segredos que o fazem tomar uma atitude que muda completamente sua vida, levando-o a repensar conceitos, preconceitos e a conhecer a espiritualidade. Uma história emocionante e repleta de ensinamentos.

As chances que a vida dá

Selma leva uma vida tranquila em uma pequena cidade do interior. O reencontro inesperado com uma amiga de infância traz à tona todo o peso de um passado que ela não queria recordar, e toda a segurança de seu mundo começar a ruir de um dia para o outro. Que terrível segredo Selma carrega em seu coração? Neste livro, vamos descobrir que o caminho da redenção depende apenas de nós mesmos e que sempre é tempo de recomeçar uma nova jornada.

Apenas começando

Ao passarmos por momentos difíceis, sentimos que tudo terminou e que não há mais esperança nem um caminho para seguir. Quantas vezes sentimos que precisamos fazer uma escolha; porém, sem sabermos qual seria a melhor opção? Júlia, após manter um relacionamento com um homem comprometido, sentiu que tudo havia terminado e teve de fazer uma escolha, contando, para isso, com o carinho de amigos espirituais.

Não olhe para trás

Olavo é um empresário de sucesso e respeitado por seus funcionários. Entretanto, ninguém pode imaginar que em casa ele espanca sua mulher, Helena, e a mantém afastada do convívio social. O que motiva esse comportamento? A resposta para tal questão surge quando os personagens descobrem que erros do passado não podem ser repetidos, mas devem servir como reflexão para a construção de um futuro melhor.